DIE GRÖSSTEN KATASTROPHEN

DIE GRÖSSTEN KATASTROPHEN

VON NATURKATASTROPHEN UND SEUCHEN ÜBER DEN FLUCH DER TECHNIK BIS HIN ZU KRIEG UND TERROR

Herbert Genzmer   Christian Schütz   Sybille Kershner

Parragon

Bath • New York • Singapore • Hong Kong • Cologne • Delhi
Melbourne • Amsterdam • Johannesburg • Auckland • Shenzhen

INHALT

VULKANE, ERDBEBEN UND FEUER 10

STÜRME UND FLUTEN 56

KRIEG UND TERROR 160

SCHRECKEN DER LUFTFAHRT 204

SCHRECKEN DER SEEFAHRT 238

FLUCH DER TECHNIK 270

Katastrophe bedeutet in der wörtlichen Übersetzung aus dem Griechischen einerseits „Umkehr" oder „Wende", andererseits kann es auch „Unheil, Verhängnis, Zusammenbruch" bedeuten. Und so verwenden wir das Wort, wenn wir es benutzen, eben im Sinne einer Wendung hin zum Unglück. Dies aber würde bedeuten, dass wir in Frieden leben und Unheil immer etwas ist, das uns plötzlich und unverhofft heimsucht und schädigt, dann nämlich, wenn wir am wenigsten daran denken. Das stimmt jedoch so nicht, denn in unserer an Katastrophen so reichen Zeit leben wir ständig mit ihr, auch wenn wir sie glücklicherweise nur selten am eigenen Leib erfahren oder erleiden müssen.

Ein Buch über Katastrophen könnte dicker und schwerer werden als dieses, wenn man sich bei der Auswahl nur auf die Katastrophen beschränkt hätte, die seit dem Beginn dieses Jahrtausends über die Menschheit hereingebrochen sind und ständig hereinbrechen. Das sind Katastrophen, die zu allen Kapiteln passen, die in diesem Band zusammengestellt sind: Vulkane und Erdbeben suchen die Menschheit seit eh und je heim; Stürme und Fluten haben Teile der Welt verheert und Opfer gefordert wie nie zuvor; Hunger und Durst gehören zu unseren ständigen Begleitern; Seuchen und Epidemien sind Weggefährten seit ewigen Zeiten, und längst als geheilt angesehene Krankheiten kehren drohend zurück; Krieg und Terror geschehen an zahlreichen Orten, während diese Zeilen geschrieben werden; Schrecken der Luft- und Seefahrt, überhaupt des Verkehrs auf unserem Planeten gehören zum täglichen Brot; und zu guter Letzt ist der Fluch der Technik etwas, das der westlichen Welt den Komfort liefert, an den wir alle gewöhnt sind und der gleichzeitig jederzeit seinen Tribut fordern und uns ins Verhängnis stürzen kann.

Doch natürlich wurden ebenso Unglücksfälle ausgewählt und aufgenommen, die sich bereits vor langer Zeit ereignet haben. Denn unser Planet ist ein fragiler Ort, und seine Geschichte ist reich an dramatischen und oft sehr folgenschweren Ereignissen, die seine Struktur schon bestimmt haben, lange bevor der Mensch Einzug hielt. Seitdem er aber da ist, trägt er in stets wachsendem Maße zu diesen Ereignissen bei, ja, die meisten sind inzwischen ausschließlich auf seine Existenz zurückzuführen. Seitdem Medien weltweit in Echtzeit berichten und jedes Ereignis sofort aufgenommen und verarbeitet wird, stellen sich immer häufiger die Fragen: Wie geht der Mensch, wie geht man selbst mit einer Katastrophe um? Wie soll man vor allem mit der Menge an katastrophalen Nachrichten umgehen, die uns tagtäglich belagert? Und: Wie misst man eine Katastrophe? Indem Tote gezählt werden? Oder die Tränen der Hinterbliebenen und überlebenden Opfer? Oder summiert man am besten die Jahre, um die die Menschheit oder eine bestimmte Gruppe in ihrer Entwicklung zurückgeworfen wurde? Immer können Schäden in Geldsummen gemessen werden, Rückversicherungen liefern darüber exakte Daten. Aber das Maß liegt gar nicht dort, sondern in der Überraschung, im Eintreten des Unerwarteten. Das unvorstellbare Grauen der Überraschung ist das Maß.

Die vorliegende Auswahl der einzelnen Katastrophen, die in diesem Band vorgestellt werden, hat sich weitgehend an dieser Messlatte orientiert. Was ist die schlimmstmögliche Katastrophe? Ein Tsunami? Ein Staudammbruch? Der Zusammenstoß zweier Jumbos? Der atomare GAU? All diese Horrorszenarien sind eingetreten und uns vorgeführt worden – in Echtzeit –, aber wir gehen davon aus, dass das Ungeheuerliche uns persönlich nie ereilen wird. Denn nur so kann der Mensch weiterleben. Das Ereignis selbst wird den Menschen immer unvorbereitet treffen, egal, wie sehr er versucht, sich darauf vorzubereiten. Und es verschlägt uns immer wieder aufs Neue den Atem.

VULKANE, ERDBEBEN UND FEUER

Die meisten Menschen halten die Erde für einen festen und sicheren Ort, sie errichten Städte und Existenzen. Erdbeben, Feuer und Vulkanausbrüche stellen diese Sicherheit jedoch immer wieder infrage. Vulkanausbrüche haben schon vor langer Zeit ganze Kulturen ausgelöscht, Erdbeben im Verlauf der Geschichte viele Städte zerstört. Feuer verzehrt nicht nur regelmäßig Land, oft bedroht es auch den Menschen, wenn er nicht schnell genug Herr der Flammen wird.

Eine Kultur wird vernichtet

Die Vulkantätigkeit auf Santorini

Dort, wo im Mittelmeer die eurasische und die afrikanische Kontinentalplatte zusammenstoßen, liegt das heutige Santorini, eine karge Insel vulkanischen Ursprungs, die vor 3600 Jahren zusammen mit Kreta Zentrum der sagenhaften minoischen Kultur war – einer Kultur, die in der Lage war, zweistöckige Häuser zu bauen, gewaltige Städte anzulegen und die über ein feines Gefühl für Kunst und Farbe verfügte. Durch eine der größten vulkanischen Katastrophen der Menschheitsgeschichte wurde diese Kultur ausgelöscht.

Santorini trug im Lauf der Zeit viele Namen, unter anderem „Thera, die Wilde" – was auf die Vulkantätigkeit auf der Insel hinweist.

Eine Insel mit vielen Namen

Über 2000 Inseln liegen verstreut im östlichen Mittelmeer, 200 davon bilden die Gruppe der Kykladen in der griechischen Ägäis. Der Name Kykladen leitet sich von griechischen Wort „kyklos", zu Deutsch: „Kreis", her, denn die Inseln liegen kreisförmig um die heilige Insel Delos. Die Kykladen sind kleine, kahle, meist unbewohnte, felsige Inseln. Nur acht Inseln aus der Gruppe sind größer als 100 km². Die südlichste hat in ihrer bewegten Geschichte viele Namen gehabt: In der Antike hieß sie Kallisti, die Schöne, dann Strongyle, die Runde, und, nachdem sie ihren gewalttätigen Charakter offenbart hatte, Thera, die Wilde. Seit dem 13. Jahrhundert heißt sie Santorini, nach ihrer Schutzpatronin Santa Irini.

Heute hat Santorini als Ergebnis unzähliger großer und kleiner Vulkanausbrüche und Erdbeben die Form einer Sichel. Grund für die heftige Erdtätigkeit in dieser Region ist das Zusammenstoßen der eurasischen und der afrikanischen Kontinentalplatte an dieser Stelle. Von 1600 v. Chr. bis 197 v. Chr. trat zwischen den Platten immer wieder Magma aus dem Erdinnern, wodurch im Lauf der Zeit durch die erkaltete Magmamasse unterseeisch ein riesiger Vulkankegel wuchs. Der griechische Geograf und Historiker Strabo nennt die Insel nach ihrer Vulkantätigkeit im Jahr 197 v. Chr. Teufelsinsel.

> **Eine literarische Beschreibung Santorinis**
> *„Wenn ich meine Augen von dem Feuerherd ablenke, trinkt sich der Blick voll an der märchenhaft schönen Landschaft: die schwarze Kraterwand, hoch oben die weißen Häuschen der Insel wie eine Kette weißer Korallen auf schwarzem Samt und zerklüfteten Klippen ... gegen das tiefe Blau des Himmels gereckt ...“*
> Franz Spunda (1889–1963), österreichischer Schriftsteller

Die Steilküste von Santorini gehört zu einer der schönsten und eindrucksvollsten auf der Welt.

Die Vulkantätigkeit Santorinis

Seit 197 v. Chr. fanden neun große Ausbrüche statt: 46 n. Chr. 726, 1570, 1707, 1866, 1925, 1939, 1950 und 1956 – einige zogen sich mit vielen kleinen Eruptionen über Jahre hin. Seit dem letzten Ausbruch ruht die Insel, aber ständiger Wasserdampf, heiße Quellen, Schwefeldämpfe und andere Gase zeugen von der unterschwellig vorhandenen Erdgewalt an dieser Stelle. Beim letzten Beben 1956 bewegten zwei Erdstöße die Insel, die Epizentren lagen bei den Inseln Amorgos und Ios und erreichten eine Stärke von 7,7 auf der Richterskala. Die Orte in der Nähe von Oia und Fira wurden fast völlig zerstört. Die heutige Sichelform jedoch erhielt die Insel durch den wohl größten und gewaltigsten Vulkanausbruch, den die bewohnte Erde je erlebt hat: Vor etwa 3600 Jahren ereignete sich die als Minoische Eruption bekannte Katastrophe.

Der Minoische Ausbruch

Neueste Datierungen durch eine dänische Wissenschaftlergruppe aus Kopenhagen sowie Radiokarbonuntersuchungen an der Universität Aarhus datieren das Desaster um das Jahr 1645 v. Chr., zu einer Zeit also, da die Insel die „Runde“ genannt wurde, weil sie mit ihrem zentral gelegenen Vulkan eine fast perfekt runde Form gehabt haben muss. Die Menge Magma, die bei dem Ausbruch in die Luft geschleudert wird und die sich anschließend über die Erde ergießt, beträgt etwa 30 Mrd. m^3, das sind 30 km^3. Das austretende Magma ist so reich an Gas, dass es stark aufschäumt und auf das Dreifache seiner eigentlichen Masse anwächst. Es werden Bimsstein und Asche ausgeworfen. Feinste Aschepartikel und Gase werden bis zu 36 km hoch in die Stratosphäre geschleudert. Der Ausbruch muss durch die Verschmutzung der Stratosphäre zu weitreichenden Klimaveränderungen geführt haben –

Die Illustration aus dem amerikanischen Magazin Harper's Weekly *zeigt den letzten Vulkanausbruch auf Santorini im Jahr 1956.*

Minoische Kultur

Die minoische oder kretisch-mykenische Kultur dehnte sich in der Bronzezeit von Kreta über die Kykladen bis zum Festland aus und erschloss später auch die Liparischen Inseln. Mehr als eine homogene Kultur, bestand sie aus einem Geflecht von Beziehungen, das die einzelnen, teilweise weit auseinanderliegenden Teile verband. Florierender Handel mit Getreide, Töpferwaren, Marmor, Kupfer und Zinn, den Grundstoffen für die Herstellung von Bronze, bildete die Grundlage für den Reichtum der minoischen Kultur, die sich mit schnellen, hochseetüchtigen Schiffen im gesamten östlichen Mittelmeer und sogar bis an die spanischen Küsten bewegten.

Auf Santorini finden sich überall Spuren minoischer Kultur. Hier sind zwei boxende junge Männer auf einem minoischen Fresko dargestellt.

möglicherweise ist er auch verantwortlich für die heutige Kargheit der Inselgruppe. Partikel der Asche und des Bimssteins findet man noch heute im gesamten östlichen Mittelmeer, und sogar im Inlandeis von Grönland sind sie nachgewiesen. Santorini wird selbst heute noch von einer bis zu 50 m dicken Schicht aus weißem Bimsstein bedeckt.

Durch den Ausstoß der gewaltigen Mengen an Magma wurde vor allem die Magmakammer im Zentrum des Vulkankegels fast vollkommen geleert, was schließlich zu ihrem Zusammenbruch führte. An ihrer Stelle bildete sich die so genannte Caldera. Durch die Meereslage Santorinis füllte sich diese mit Meerwasser, und die Insel erhielt ihre heutige Sichelform.

Dieses in Akrotiri gefundene Fresko zeigt eine Hafenszene mit der minoischen Flotte. Es verdeutlicht den Reichtum dieser Kultur.

Eine 250 m hohe Flutwelle

Auf der „Runden", die nun nicht mehr rund war, wurde jedes Leben ausgelöscht, als der mittlere Teil der Insel, der sich im Lauf der Zeit über der nun leeren Magmakammer als harte Kruste gebildet hatte, einstürzte. Das, was in minoischer Zeit als Insel bekannt gewesen war, sank in die Tiefen des Meeres, und nur Bruchstücke des Rands blieben stehen – die Sichel, bestehend aus den Inseln Santorini oder auch Thera, Therissia und Aspronissi, blieb bis heute unverändert. Seit dem katastrophalen Ausbruch tritt das Magma in der Mitte der nun entstandenen Caldera aus. Dadurch haben sich langsam die Inseln Palea Kameni, die „Alte Verbrannte", und Nea Kameni, die „Neue Verbrannte", als neuer Vulkankrater gebildet.

Den Zusammensturz der Inseldecke verursachte eine Flutwelle, die sich aller Wahrscheinlichkeit nach mit einer Geschwindigkeit von etwa 350 km/h fortbewegte und die dabei eine Höhe von etwa 250 m erreichte. In weniger als einer halben Stunde hatte sie das südliche Kreta erreicht und ertränkte in Küstennähe alle Spuren minoischer Kultur.

Es gilt heute als nachgewiesen, dass sich diese Katastrophe genau so ereignet hat, aber es gibt keine schriftlichen Daten darüber. Lediglich die griechische Mythologie und auch das Alte Testament berichten über schreckliche Zerstörungen im Mittelmeerraum, die durch Flutwellen ausgelöst wurden. Der Göttervater Zeus soll die Flut als Bestrafung für die Menschen geschickt haben, der Mythos von Deucalion und Pyrrha berichtet davon. Ein anderer Mythos erzählt von der Wut Poseidons, in der er Attika zerstörerischen Fluten preisgab, als er im Kampf mit Athena nicht die Herrschaft über Athen gewann. In seiner Interpretation des Alten Testaments berichtet Anthony N. Kontaratos von der zerstörerischen Überschwemmung der ägyptischen Küste und auch von der Vergiftung der Atmosphäre durch Schwefeldämpfe als Strafe Gottes. Fest steht, dass Kallisti, die Schönste, wie sie nun hieß, erst wieder ab dem 13. Jahrhundert besiedelt wurde.

Der Vulkanausbruch um 1645 v. Chr. begrub die wohl erste europäische Stadt unter Lava, Bimsstein und Asche. Nahe dem Dorf Akrotiri fand man 1967 gut erhaltene Überreste dieser Stadt. Einige Wissenschaftler glauben sogar, in Santorini das sagenhafte Atlantis gefunden zu haben.

Begraben unter 50 m Bimsstein und Asche liegt die Stadt Akrotiri, die bei der Erdbebenkatastrophe von vor über 3500 Jahren zerstört wurde.

Der römische Kaiser mit der Lyra in der Hand betrachtet „sein Werk", das brennende Rom. Wahrheit oder frühchristliche Propaganda?

Rom brennt

DER ERSTE VERHEERENDE STADTBRAND DER GESCHICHTE

In der Nacht vom 18. auf den 19. Juli des Jahres 64 n. Chr. wird aus der Ewigen Stadt ein Flammenmeer, große Teile werden zerstört. Immer wieder nennt man bei der Frage nach dem Brandstifter den Namen Kaiser Neros, obwohl dieser bei Ausbruch des Feuers gar nicht in Rom weilte. Viele Historiker sind inzwischen allerdings davon überzeugt, dass es sich um einen gewöhnlichen Brand gehandelt hat, der in der Gegend des Circus Maximus ausbrach und sich wegen der schlechten baulichen Bedingungen durch die Stadt fressen konnte. Die Katastrophe wurde als Auslöser für die Verfolgung der Christen benutzt, denen man die Schuld zuwies. Die Stadt wurde nach dem Brand vollkommen neu und nach Neros Plänen gestaltet.

Die größte Stadt der bekannten Welt

In Rom leben 64 n. Chr. etwa 1 Mio. Menschen dicht gedrängt in oft mehrgeschossigen Häusern. Liest man die Berichte der Geschichtsschreiber, gibt es zu dieser Zeit in Rom fast täglich Brände verschiedenen Ausmaßes, denn die meisten Häuser sind aus Holz gebaut, die Gassen eng, die Menschen kochen auf offenen Feuern, und besonders in den ärmeren Gegenden der Stadt gibt es kein System, das die Brände löschen oder verhindern könnte. Der katastrophalste Brand in der Geschichte der Stadt entfacht sich wahrscheinlich durch eine Unachtsamkeit beim Kochen in einer der Garküchen einer Ladengegend um den Circus Maximus. Die meisten der Geschäfte sind Holzbauten, sie brennen rasch lichterloh. Außerdem begünstigen starke Winde die Ausbreitung des

Die Geschichte vom Brand Roms beschäftigte nicht nur Historiker, sondern auch Künstler. In diesem Werk wird das Thema von Raffael (1483–1520) interpretiert.

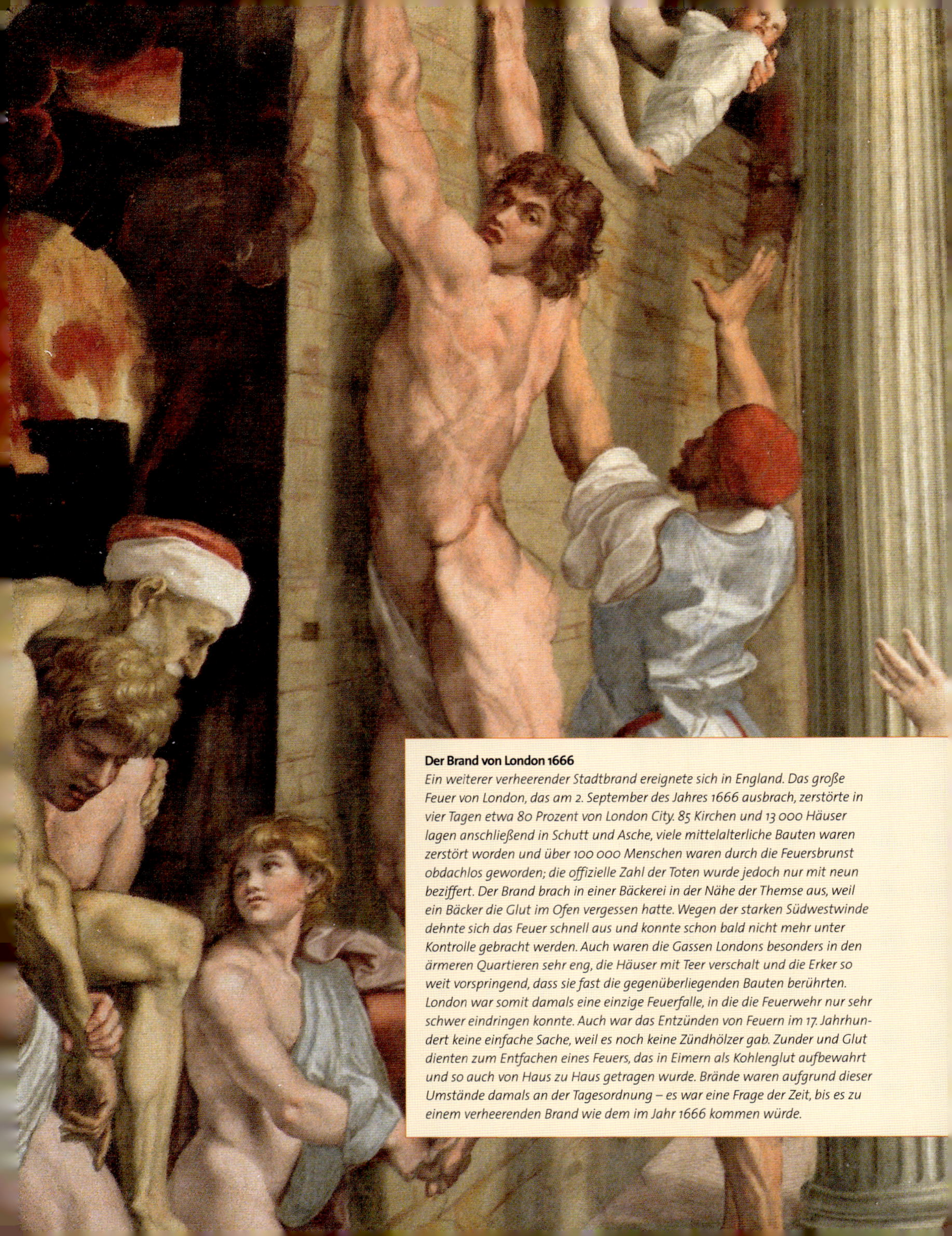

Der Brand von London 1666

Ein weiterer verheerender Stadtbrand ereignete sich in England. Das große Feuer von London, das am 2. September des Jahres 1666 ausbrach, zerstörte in vier Tagen etwa 80 Prozent von London City. 85 Kirchen und 13 000 Häuser lagen anschließend in Schutt und Asche, viele mittelalterliche Bauten waren zerstört worden und über 100 000 Menschen waren durch die Feuersbrunst obdachlos geworden; die offizielle Zahl der Toten wurde jedoch nur mit neun beziffert. Der Brand brach in einer Bäckerei in der Nähe der Themse aus, weil ein Bäcker die Glut im Ofen vergessen hatte. Wegen der starken Südwestwinde dehnte sich das Feuer schnell aus und konnte schon bald nicht mehr unter Kontrolle gebracht werden. Auch waren die Gassen Londons besonders in den ärmeren Quartieren sehr eng, die Häuser mit Teer verschalt und die Erker so weit vorspringend, dass sie fast die gegenüberliegenden Bauten berührten. London war somit damals eine einzige Feuerfalle, in die die Feuerwehr nur sehr schwer eindringen konnte. Auch war das Entzünden von Feuern im 17. Jahrhundert keine einfache Sache, weil es noch keine Zündhölzer gab. Zunder und Glut dienten zum Entfachen eines Feuers, das in Eimern als Kohlenglut aufbewahrt und so auch von Haus zu Haus getragen wurde. Brände waren aufgrund dieser Umstände damals an der Tagesordnung – es war eine Frage der Zeit, bis es zu einem verheerenden Brand wie dem im Jahr 1666 kommen würde.

Feuers, das schnell von Laden zu Laden überspringt, dann ganze Straßenzüge befällt. Während seines sechstägigen Wütens zerstört es drei der 14 Bezirke Roms vollständig, und sieben weitere werden stark mitgenommen, nur vier Bezirke blieben intakt – zwei Drittel der Stadt sind zerstört.

Augenzeugenbericht des Historikers Tacitus

In den Gassen der brennenden Stadt herrscht unvorstellbares Chaos. Der Historiker Tacitus schildert eindringlich die Katastrophe: „Dazu noch das Wehgeschrei angsterfüllter Frauen, kraftlose Greise und unselbstständige Kinder und die Leute, die sich selbst und die andere zu retten suchten, im Bestreben, Hilflose wegzuschleppen oder nachkommen zu lassen, teils stehen bleibend, teils eilfertig, verursachten lauter Hindernisse; und oft, während sie sich nach hinten umschauten, wurden sie auf den Seiten oder von vorne abgeschnitten; oder wenn sie in der Nachbarschaft durchgedrungen waren, wurde auch diese vom Feuer ergriffen, und auch dasjenige sah man im selben Missgeschick verfallen, was man für weit entfernt angesehen hatte. Zuletzt unvermögend zu wählen, vor was sie fliehen und wohin sie sich wenden sollten, standen sie dicht gedrängt in den Straßen, warfen sie sich auf dem Feld nieder, manche ihrer ganzen Habe beraubt, auch der Lebensmittel für den Tag."

Die Legende, Nero habe vor dem brennenden Rom Gesänge vorgetragen, hat sich durch die Jahrhunderte hindurch gehalten.

Das Volk will einen Schuldigen

Wie immer in der Geschichte der Menschheit fordert man einen Schuldigen für die Katastrophe. Die Macht ist diesem Wunsch stets gefolgt, ja, stimulierte den Wunsch meist sogar, und oft wurden Schuldige produziert, denn auf diese Weise konnten bestimmte politische Prozesse in Gang gesetzt und Ziele verfolgt werden – die Katastrophe diente als politisches Instrument. Kaiser Nero (54–68 n. Chr.) wird von seinen Beratern unter Druck gesetzt, und schließlich macht man die unliebsamen Christen zu den Brandstiftern – die Christenverfolgung beginnt. Aber diese Verfolgung einer Minderheit, die in einem Vielgötterstaat wie Rom eigentlich sehr gut aufgeht, ist lange nicht von der Gewalt geprägt, wie spätere Historiker wissen wollen.

Ließ Nero den Brand legen?

Heute ist man überzeugt, dass die Legenden um die Märtyrer der Urchristen erst mit wachsendem zeitlichem Abstand im 4. Jahrhundert aufkamen. Und für sie benötigte man Nero als mutwilligen Brandstifter, der die Verantwortung schließlich auf die Christen abgeschoben hatte. Auch werden inzwischen die Grausamkeiten, die spätere Generationen Nero zuschrieben, in Zweifel gezogen. Seine Grausamkeit im Umgang mit den Christen, die Propaganda von „seinem Rom", das er prächtiger wollte und tatsächlich prächtiger wieder aufbauen ließ, der prunkvolle Neubau seines Palastes, der mit seiner 40 m hohen Statue geschmückt wurde, seine Gewalt, sein nahender Wahnsinn, all das hatte die Gerüchte geschürt. So soll er zwei Tage vor dem verheerenden Feuer in einem Streit über die Übersetzung eines Stücks aus dem Griechischen mit Ofonius Tigellinus, einem seiner Ratgeber, gestritten haben, der Anfang des Dramas solle nicht heißen „Wenn ich tot bin, mag Feuer die Welt verschlingen", son-

Claudius Caesar Augustus Germanicus, genannt Nero
Geboren wird er am 15. Dezember 37 n. Chr. in Antium als Lucius Domitius Ahenobarbus. Als seine Mutter den späteren Kaiser Claudius (41–54 n. Chr.) heiratet, nennt man ihn Claudius Caesar Augustus Germanicus. Immer schon war es der Ehrgeiz seiner Mutter Agrippina, ihren Sohn auf dem Kaiserthron zu sehen. Im Alter von 17 Jahren und nach dem Tod Claudius' hat Nero dieses Ziel 54 n. Chr. erreicht.
Mit 16 heiratet er seine Stiefschwester Octavia. Dann, im Jahr 62 n. Chr., Poppaea Sabina, mit der er eine Tochter, Claudia, bekommt, und schließlich, 66 n. Chr., Statilia Messalina.
In seinen letzten Lebensjahren lässt er zunehmend seine Rivalen töten, selbst seinen Stiefbruder, schließlich seine Frau Octavia und sogar seine eigene Mutter. Überschattet durch diese Morde und seine zunehmende Paranoia erklärt ihn der Senat zum Staatsfeind.
Am 9. Juni 68 begeht er Selbstmord, und die damnatio memoriae (Tilgung des Gedächtnisses) wird über ihn verhängt, weshalb nur wenige seiner Büsten erhalten geblieben sind – die meisten wurden zerstört.

dern „Solange ich noch lebe, muss Feuer die Welt verschlingen". Weiter sagt man Nero nach, er habe stets verlauten lassen, sein kaiserliches Auge würde von der Hässlichkeit der Bauten der Stadt beleidigt. Fest steht, Nero war zwei Tage vor Beginn des Brandes in seinen Geburtsort Antium an Latiums Küste südlich von Rom gereist. Als er nach vier Tagen zurückkehrte und Rom brennend vorfand, soll er die 800-jährige Stadt von einem Turm seines Palasts aus betrachtet und von der Schönheit der Flammen gesprochen haben, vom berauschenden Schauspiel der Vernichtung. Er soll zur Lyra gegriffen und Verse vom Fall Trojas gesungen haben: Das Monster Nero war geschaffen.

Die christliche Kirche schürt das Bild vom Monster Nero

Verglichen mit anderen römischen Kaisern wie Augustus (27 v. Chr.–14 n. Chr.), Tiberius (14–37 n. Chr.) oder Caligula (37–41 n. Chr.) war Nero eher harmlos. Wie man nämlich feststellen muss, hat Nero durch die Katastrophe neben seinem Palast sehr viel mehr verloren: seine Kunstsammlung und vor allem Geld, denn als Kaiser war er selbst für Obdach und Ernährung seiner Untertanen verantwortlich. Daher vermuten Kritiker, dass die Brandstiftertheorie von Sueton (70–140 n. Chr.) in die Welt gesetzt wurde, einem Autor, der nicht die wahre Geschichte aufzeichnete, sondern Geschichten, und mitunter unreflektiert Gerüchte und Anekdoten verbreitete, die er irgendwo aufschnappte. Fest steht außerdem, dass Nero zur Zeit der Christenprozesse in Griechenland war. Es ist durchaus möglich, dass er nicht einmal etwas von den Verfolgungen wusste. Außerdem war er kein Freund organisierter Gewalt und wollte sogar die Gladiatorenkämpfe abschaffen. Es war aber vor allem die erstarkende christliche Kirche, die ab dem 4. Jahrhundert die Gerüchte um seine Grausamkeit und vor allem um seiner Täterschaft bei der Brandstiftung schürte.

Der Petersplatz, aufgenommen von der Spitze des Petersdoms aus, dem Sitz der katholischen Kirche im Vatikanstaat in Rom. Die katholische Kirche stellte die Verfolgung der Urchristen wahrscheinlich dramatischer dar, als sie war.

1944 ereignet sich der schlimmste Ausbruch des Vesuv seit 72 Jahren – ein gigantische Rauchwolke verdunkelt das ganze Gebiet.

Begraben unter einer Glutwolke

Der Ausbruch des Vesuv

Der Vulkan Vesuv am Golf von Neapel gilt als erloschen, und die menschlichen Siedlungen Pompeji, Herculaneum und Stabiae sind dicht an seine Hänge gebaut, als dieser im Jahr 79 n. Chr. die Meinungen Lügen straft und ausbricht. Über 17 000 Menschen werden unter dem Ascheregen begraben und kommen um. 1709 werden die Ruinen entdeckt und ausgegraben und die Leiden der vielen Opfer sichtbar gemacht.

Ein als erloschen geltender Vulkan bricht aus

Der Vesuv in der Region Kampanien/Italien, im Golf von Neapel, ist der einzige noch zeitweise tätige Vulkan auf dem europäischen Festland. Seine Höhe variiert durch kleine Eruptionen ständig; so wurde sie 1998 noch mit 1279 m angegeben, während er heute nur noch 1182 m misst. Der Berg ist ein so genannter Doppelvulkan mit den beiden Gipfeln Monte Somma und Monte Vesuvio. Seine Magmakammer befindet sich in einer Tiefe von 5 km. Der heute sichtbare Kegel hat sich auf den Resten eines älteren Vulkans in einem Sprengtrichter von 4 km Durchmesser aufgebaut. Reste der alten Caldera-Umrandung, der großen kesselartigen Vertiefung am Gipfel also, sind am Monte Somma auszumachen. Erstaunlicherweise galt der Vesuv im Altertum als erloschen – eine Meinung, die er im Jahr 79 n. Chr. allerdings widerlegt, als er in einer gewaltigen Eruption die römischen Städte Pompeji, Herkulaneum und Stabiae zerstört. Weitere schwere Ausbrüche ereignen sich in den Jahren 1631, 1872, 1906 und 1944.

Plinius der Jüngere

Gaius Plinius Caecilius Secundus (61–113 n. Chr.) wurde in Como geboren und starb als Konsul von Bithynien in der heutigen Türkei. Er war römischer Senator und Schriftsteller. Sein Onkel, Plinius der Ältere (23–79 n. Chr.), war als Beamter verantwortlich für die römische Flotte in der Bucht von Neapel. Die Briefe von Plinius dem Jüngeren, darunter seine Briefe an Kaiser Trajan, wurden im 16. Jahrhundert entdeckt. Sie erlauben dem heutigen Leser detaillierte Einblicke in viele Lebensbereiche des antiken Rom.

Ausbruch schon um das Jahr 1740 v. Chr.

Ausgrabungen in jüngster Zeit belegen allerdings, dass es bereits vor dem Ausbruch von 79 n. Chr. einen gewaltigen und zerstörerischen Ausbruch gegeben hat. Um das Jahr 1740 v. Chr. wurden die Dörfer Avellino, Nola und San Paolo Bel Sito bei der so genannten Avellino-Eruption unter teilweise meterhoher Asche begraben. Durch den Bau einer Autobahn 1972 und den Bau eines Supermarkts in Nola 2001 wurden Gebrauchsgegenstände, verendete Haus- und Nutztiere sowie Häuser freigelegt, die Belege für den überstürzten Aufbruch der Bewohner dieser Region sind. Im Gegensatz zum späteren Ausbruch von 79 n. Chr. hatten die Menschen der Bronzezeit Gelegenheit zur Flucht, denn die bezeichneten Ortschaften liegen etwa 35 km vom Vulkan entfernt. 1800 Jahre später kommt es anders. Pompeji allein zählt etwa 20 000 Einwohner, die meisten kommen bei dem plötzlichen Ausbruch ums Leben.

1777 entstand dieses Gemälde des Hafens von Neapel mit dem ausbrechenden Vesuv im Hintergrund.

Dieser Wachhund ist Opfer des Vulkanausbruchs geworden. Man hatte vergessen, ihn loszubinden, sodass er nicht fliehen konnte.

Der Zorn der Götter

Am frühen Nachmittag des 24. August 79 bemerken Bewohner der umliegenden Ortschaften plötzlich eine gewaltige Wolke am sonst wolkenlosen und strahlend blauen Himmel, die Wolke variiert in der Farbe von Schmutzig-Grau bis Weiß. Sie hat die Form eines Regenschirms, der sich langsam entfaltet. Eine nicht direkt wahrzunehmende Eruption hatte Tausende Tonnen Staub und Asche in den Himmel geschleudert, und mit ihrem Heruntersinken auf den Boden dehnt sich die Wolke aus und wird zu einem Schirm, der die Sonne verdunkelt. Als Quelle der unheimlichen Wolke machen die Menschen schließlich den Vesuv aus. Schon nach kurzer Zeit beginnt der heiße und dichte Ascheregen, auf die Erde niederzugehen. Als Erstes fallen die größeren und schwereren Brocken, dann folgt die feine, glühend heiße Asche. Schiffe, die sich der Küste bei Rectina nähern wollen, um den verzweifelten Menschen dort zu helfen, laufen auf Grund, denn der Meeresboden hat sich bereits durch das herabfallende Geröll, Steine und Asche erhöht. Deshalb ist auch an ein Verlassen der Küste per Schiff nicht mehr zu denken. Ein Auslaufen aus den Buchten, in denen sich die Häfen befinden, ist unmöglich geworden.

Ascheregen geht nieder

Inzwischen ist es Nacht geworden, und der Ausbruch des Vesuv ist kilometerweit zu sehen und zu hören. Blendende Flammen lodern in die Nacht und machen sie zum Tag. Die Straßen und Plätze der Städte Pompeji, Herkulaneum und Stabiae füllen sich mit Asche und Bimssteinen. Die Gebäude erzittern durch das Beben, Erdstöße lassen sie auf ihren Fundamenten

Brief von Plinius dem Jüngeren, in dem er berichtet, wie es ihm und seiner Mutter am zweiten Tag nach dem Ausbruch erging

„Die Asche fiel noch nicht sehr dicht. Ich schaute mich um: Eine dicke schwarze Wolke dräute hinter uns und ergoss sich über die Erde wie eine Flutwelle. ‚Lass uns die Straße verlassen, solange wir noch sehen können', sagte ich, ‚oder wir werden in der Dunkelheit von den Menschenmassen niedergetrampelt.' Wir hatten uns kurz zur Rast niedergesetzt, als die Dunkelheit sich über uns schloss. Es war keine Dunkelheit wie in einer mondlosen oder wolkigen Nacht, es war, als ob in einem geschlossenen Raum das Licht gelöscht worden wäre. Man konnte das Kreischen der Frauen, das Weinen der Kinder und die Rufe der Männer hören ... Viele baten um den Beistand der Götter, aber die große Mehrheit meinte, es gäbe keine Götter mehr und das Universum wäre in ewiger Dunkelheit verloren ...
Ein vages Licht kehrte zurück, aber wir betrachteten das als Warnung für die herannahenden Flammen und nicht als Tageslicht. Aber die Flammen blieben in einiger Entfernung. Dann schloss uns die Dunkelheit wieder ein, und erneut begann Asche zu fallen, diesmal in großer Menge und Dichte. Wir erhoben uns von Zeit zu Zeit, um uns davon zu befreien, sonst wären wir darunter begraben worden."

Die Asche konserviert die Leichen im Augenblick des Todes. Die in der Asche gefundenen Hohlräume der verwesten Leichen wurden mit Gips ausgegossen.

schwanken, einzelne stürzen ein. Viele Menschen, denen die Flucht versagt ist, flüchten sich, um vor dem Glutregen sicher zu sein, in ihre Häuser. Dort fühlen sie sich sicher und harren auf das Ende dessen, was zu diesem Zeitpunkt noch gar nicht als Katastrophe abzusehen ist. Außer dem Beben und dem Glutregen ist kein Lavafluss zu erkennen, der sie unmittelbar bedroht. Der Ascheregen wird nicht als Bedrohung wahrgenommen, wie Plinius der Jüngere (61–113 n. Chr.) in einem Brief an Cornelius Tacitus versichert. Er weilte zu dieser Zeit im Haus seines Onkels Plinius dem Älteren (23–79 n. Chr.) in der kleinen Stadt Misenum, die etwa 40 km vom Vesuv entfernt liegt.

Rauch und Asche verdunkeln den Himmel

Die Menschen, die sich dennoch auf den Straßen bewegen oder eine Flucht aus den betroffenen Gegenden versuchen, haben sich Kissen auf ihre Köpfe und Schultern gebunden, um sich vor herabfallenden Steinen zu schützen. Zwar ist Bimsstein nicht schwer und recht porös, aber gleichzeitig scharfkantig, und die größeren der herabfallenden Brocken könnten Verletzungen verursachen. Für die Menschen in den betroffenen Orten bleibt es tiefe Nacht, als die Sonne andernorts schon wieder hoch am Himmel steht – der Asche- und Glutregen und der damit verbundene Rauch verdunkeln den Himmel. Was die Menschen als Gefahr unterschätzt haben, macht sich nun in den Morgenstunden als äußerste Bedrohung bemerkbar, und viele Menschen sterben: Der Ascheregen belastet ihre Atmung. Staubpartikel und Rauch in der Luft dringen in ihre Lungen ein und füllen sie, bis sie nicht mehr atmen können und ersticken. Wie Schläfer findet man sie in ihren Häusern oder auf den Straßen. Viele der Leichen von Menschen und auch Tieren werden im Todeskampf unter der schließlich meterhohen Ascheschicht konserviert.

Die von Archäologen freigelegten Ruinen von Pompeji sind ein prachtvolles Museum römischer Kunst, Architektur und Lebensart.

Die Bewohner müssen hilflos mitansehen, wie Lava die Hauptstraße von San Sebastiano entlangdrängt, als der Vesuv 1944 erneut ausbricht.

Der Kilauea, Hawaiis größter Vulkan, bricht aus. Es handelt sich um einen klassischen Hot-Spot-Vulkan, der gewaltige Ströme von Lava speit.

Unbezähmbare Naturgewalten

Wissenswertes über Vulkane

Verschiedene Vulkane

Vulkane unterscheiden sich in ihrer Lage, im Aufbau und in ihrer Form. Einige sind gewaltige Berge, zum Teil mit perfekter Kegelform, die sich im Laufe vieler Jahrhunderte aufgebaut und geformt haben, andere sind nichts anderes als Erdspalten am Meeresboden. Die Erdkruste ist keine starre Hülle, sie besteht aus beweglichen tektonischen Platten. Die meisten Vulkane liegen dort, wo tektonische Platten aneinanderstoßen, denn dort ist die Erdtätigkeit besonders stark und die harte Erdkruste schwächer als an anderen Stellen. Etwa die Hälfte der weltweit ca. 550 aktiven Vulkane befindet sich im Pazifischen Ozean und formt den so genannten „Feuergürtel". Aber natürlich gibt es auch Vulkane im Mittelmeer, in Afrika und auf dem Boden des Atlantiks.

Vulkantypen

In der Hauptsache unterscheidet man zwei Vulkantypen:

(a) Schicht- oder Stratovulkane: Sie sind meist hoch aufragend und haben oft eine ausgeprägte Kegelform. Ihr Aufbau wechselt ab zwischen Lagen aus Lava, vulkanischer Asche und Schlacke. Sie werden auch Subduktionsvulkane genannt, weil sie stets in Subduktionszonen zu finden sind, d.h. an Stellen, wo zwei oder mehr tektonische Platten aneinander stoßen. Beispiele für Schichtvulkane sind Mount Fuji (Japan), Mount St. Helens (USA) oder der Vesuv (Italien).

(b) Schild- oder Lavavulkane: Sie sind von der Form her eher flach und haben eine weitläufige Ausdehnung, da sie aus dünnflüssiger Lava gebildet werden, die schneller und weiter fließen kann. Sie kommen sowohl innerhalb tektonischer Platten – dann Hot-Spot-Vulkane genannt – als auch an Divergenzzonen, also an den Plattenrändern, vor. In diese Gruppe gehören z.B. die Vulkane Hawaiis und Islands.

Die Eruptionstypen

Nicht nur die Form der Vulkane ist unterschiedlich, auch die jeweilige Art ihres Ausbruchs variiert.

Schichtvulkane beherbergen meist zählflüssige Lava, deren Wasserdampf- und Kieselsäuregehalt recht hoch ist. Durch die zähe Lavakonsistenz wird den Gasen allerdings der Aufstieg versperrt, wodurch sich der Druck im Vulkaninnern erhöht. Irgendwann entlädt sich der Druck in einem Ausbruch von unbeschreiblicher Gewalt, wie z.B. in der Antike beim Vulkan von Santorini. Bei ihm verlor zusätzlich der Deckel durch die plötzlich entleerte Magmakammer seinen Halt und stürzte wie das Dach eines Hauses ein. Einen so entstandenen Krater nennt man Caldera (span.: „Kessel").

Manche derartige prähistorische Schichtvulkane, von Geologen auch Supervulkane genannt, entfachten eine Zerstörungskraft vergleichbar dem Einschlag eines kleinen Asteroiden und gehören zu den schlimmsten Naturkatastrophen, die die Erde je gesehen hat. Bei einem Ausbruch wie zu prähistorischen Zeiten im Yellowstone Nationalpark in den USA kommt es zu einer Explosion, die, verursacht durch den ungeheureren Druck,

schaumartige Gemische aus Gas, Lava und Asche mit Überschallgeschwindigkeit bis zu 50 km hoch in die Stratosphäre schleudert. Das auf die Erde herabfallende Material bildet Glutwolken. Auf dem Boden schließlich bewegen sich Lava und Ascheteilchen mit Geschwindigkeiten bis 400 km/h, kein Auto und kaum ein Flugzeug könnten bei einem derartigen Tempo entkommen. Dazu entstehen Temperaturen von 600 bis 700 °C, und alles wird verbrannt, um dann unter Lava und Asche begraben zu werden. Beispiel hierfür ist der Ausbruch des Vesuv 79 n. Chr. Bei derartigen Ausbrüchen bleibt aber auch der Rest der Welt nicht verschont, wochenlang herrscht Dämmerung, denn die Aschewolken verdunkeln den Himmel. Die Folgen sind Abkühlung der Erdatmosphäre und Verödung ganzer Landstriche durch Missernten.

Die Lava der Schildvulkane ist hingegen sehr viel dünnflüssiger, Wasserdampf- und Kieselsäuregehalt sind hier viel niedriger. So können die Gase leichter aufsteigen, und die Vulkane entladen sich weniger häufig explosionsartig, sondern in ausfließenden Lavaströmen. Aber natürlich kann es auch hier zu explosionsartigen Entladungen, wie bei den Hot-Spot-Vulkanen, kommen. Hier brennt die Magma von unten wie ein Schneidbrenner auf die Erdkruste, und es kommt zum Ausbruch, wenn die Hitze so viel Gestein zum Schmelzen gebracht hat, dass die abdeckende Erdkruste dem Druck von unten nicht mehr standhalten kann.

Verfahren zur Untersuchung und Überwachung von Vulkanen gibt es, und sie werden mit voranschreitender Technik immer fortschrittlicher und genauer, aber letztendlich verhindern können sie eine Eruption und die daraus vielleicht resultierende Katastrophe nicht.

Erdbeben, Tsunami, Feuersbrunst

Das Erdbebeninferno von Lissabon

Am 1. November 1755 um 9.30 Uhr morgens erschüttert ein Erdstoß die portugiesische Hauptstadt Lissabon. Kurze Zeit darauf folgen zwei weitere Stöße. Das Erdbeben entwickelt sich zu einer der folgenreichsten Naturkatastrophen der Neuzeit. Lissabon wird zerstört, Kirchen, Paläste, Brücken und Türme stürzen ein. Als wäre dies nicht schlimm genug, wird die Stadt anschließend von mehreren bis zu 15 m hohen Tsunamiwellen heimgesucht, die die Unterstadt komplett überfluten. Schließlich verdunkelt eine riesige Staubwolke den Himmel, bevor die Stadt in Flammen aufgeht.

Schutt und Asche am Allerseelentag

Am Morgen des Allerseelentags 1755 erbebt die Erde unter Lissabon dreimal, und eine der größten, bedeutendsten und reichsten Städte Europas liegt in Schutt und Asche. Von den 275 000 Einwohnern sterben über 60 000. Das Beben wird auf dem gesamten europäischen Kontinent wahrgenommen, noch in Hamburg zittert die Erde. Man errechnet die Stärke des Bebens auf der Richterskala mit 9.

Eine halbe Stunde nach den drei Erdstößen schiebt sich eine bis zu 15 m hohe Tsunamiwelle den Tejo – den größten Strom der Iberischen Halbinsel, der bei Lissabon in den Atlantik mündet – hinauf und überflutet die Unterstadt. Menschen werden in die Fluten gerissen, Boote mit Passagieren, die sich auf der Flucht vor der Katastrophe auf der anderen Flussseite in Sicherheit bringen wollen, kentern und sinken, die Menschen ertrinken.

Kurze Zeit darauf folgt ein alles verwüstendes Feuer, das die Stadt in Asche legt. Ihre schmalen Straßen sind durch das Beben voller Trümmer, was den Zugang zu den Brandherden unmöglich macht. Das Feuer nimmt katastrophale Ausmaße an, und binnen fünf Tagen brennt Lissabon aus.

Doch nicht nur Lissabon wird vernichtet, der Tsunami verwüstet die Küsten von Portugal, Spanien und Marokko; die Flutwelle wälzt sich den Guadalquivir, einen der längsten Flüsse Spaniens, bis nach Sevilla hinein hoch. In den marokkanischen Städten Fez und Meknes kommen Tausende Menschen durch das Beben um, in Schottland und der Schweiz steigen die Wasserstände der Seen. Bis nach Schweden hoch reißen Schiffe aus Verankerungen. Für Lissabon kann man als Resümee sagen, dass Feuersbrunst und Flutwelle weitaus zerstörerischer waren als ihr Auslöser, das Erdbeben.

Ungewissheit über den Auslöser des Bebens

Bis heute herrscht Ungewissheit über den Auslöser des Bebens. 250 Jahre nach dem Unglück tappen Geologen immer noch im

Der Stich zeigt, wie die Tsunamiwellen den Tejo hinaufrollen und die Stadt überschwemmen. Tausende kommen in den Fluten um.

Dunkeln über die geologischen Bedingungen und auch über die genaue Lage des Epizentrums. Es soll bei den Azoren – einer Gruppe portugiesischer Inseln im Atlantik zwischen Europa und Nordamerika – gelegen haben, also mehrere hundert Kilometer vor der Küste. Nur so ließe sich der verheerende Tsunami erklären, der nach dem Abklingen der Erdstöße die Küsten heimsuchte.

1969 kam es vor der Küste Portugals zu einem Beben mit der Stärke 7,9. Experten waren damals der Ansicht, es handle sich hier um dasselbe Epizentrum wie 1755. Allerdings kam es nur zu einer Flutwelle von einem halben Meter Höhe. Wegen des großen Unterschieds im Ausmaß der Flutwelle vermuten andere Wissenschaftler, dass die Zentren nicht identisch sind. Ungeklärt bleibt, was der Auslöser war und wo er sich befindet.

Sebastian José de Carvalho e Melo, der spätere Marquês de Pombal, war der Krisenmanager, der 1755 die Zügel für den Wiederaufbau in die Hand nahm.

Krisenmanagment unter dem Marquês de Pombal

Zum ersten Mal in der Geschichte gibt es nach der Katastrophe im Lissabon von 1755 eine Art Krisenmanagment. König José I. beauftragt seinen Staatssekretär Sebastián José Carvalho e Melo (1699–1782) mit dieser Aufgabe. Auf die Frage des Königs, was man tun solle, antwortet er: „Die Toten begraben, für die Lebenden sorgen." Seinem pragmatischen Vorgehen ist es zu verdanken, dass die Metropole schon ein Jahr später frei von Trümmern ist. Außerdem legt der aufgeklärte Staatsmann Carvalho e Melo den Grundstein für moderne Erdbebenforschung. In einer Umfrage lässt er empirische Daten über Länge des Bebens, Menge der Nachbeben, Schäden an Gebäuden etc. durchführen und trägt so wichtige Daten zusammen. 1769 ernennt ihn der König zum Dank zum

Das Beben von Lissabon ist nach Ansicht vieler Wissenschaftler die erste Katastrophe, bei der ein moderner Aufbauplan aufgestellt und durchgeführt wurde.

Die stärksten Erdbeben seit Beginn des 20. Jahrhunderts

wann	*Ort*	*Stärke*	*Opfer (ca.)*
04.04.1905	Himalaya (Indien)	8,6	19.000
31.01.1906	Kolumbien / Ecuador	8,9	1000
17.08.1906	Zentralchina	8,6	20.000
18.08.1906	US-Westküste	8,3	> 3000
16.12.1920	Zentralchina	8,6	200.000
22.05.1922	Nördliches Zentralchina	8,3	200.000
03.02.1923	Russland / Halbinsel Kamschtka	8,5	unbekannt
01.09.1923	Zentraljapan	8,3	> 142.000
02.03.1933	Russland / Halbinsel Japan	8,9	3000
15.01.1934	Indien / Nepal	8,4	> 10.000
01.02.1938	Indonesien	8,5	unbekannt
25.01.1939	Zentralchile	8,3	28.000
07.12.1944	Südjapan	8,3	> 1000
20.12.1946	Südjapan	8,4	> 1000
15.08.1950	Himalaya (Indien und Tibet)	8,7	> 1000
04.11.1952	Kamschtka	8,9	0
22.051960	Südchile	9,5	> 2000
13.10.1963	Russland / Kurilen	8,5	unbekannt
28.03.1964	Alaska	9,2	125
04.02.1965	Alaska	8,7	0
26.12.2004	Indonesien / Sri Lanka / Indien/ Thailand	9,0	280.000
28.03.2005	Sumatra	8,7	> 1000

Das Beben von Lissabon ist so stark, dass selbst in Paris die Glocken zu läuten beginnen und vor der Küste Finnlands das Wasser ansteigt.

Marquês de Pombal. In dieser exponierten Position lässt er die Sklaverei abschaffen, vertreibt die Jesuiten und stellt die brasilianischen Indianer den Portugiesen rechtlich gleich. In einer durch das Beben aufgerüttelten Gesellschaft führt er als einer der Ersten die Diskussion nicht mehr über Sünde und Schuld, sondern über Katastrophe und Risiko und aktive Lösung bzw. Maßnahmen zur Vorbeugung. Statt der Sintflut als Strafe Gottes diskutierte er Geowissenschaften.

Das Zeitalter der Aufklärung erschüttert alte Werte

Das 18. Jahrhundert ist bestimmt von dem Glauben an die Vernunftstruktur der Welt, an die Wissenschaft und den Fortschritt der menschlichen Kultur – Aufklärung nennt man die neue Zeit. Der Tod all jener Menschen in Lissabon und die Trümmer eines der wichtigsten Handelszentren Europas verstören das Selbstverständnis der Welt, wie sie bis dahin gelebt hat.

Das Beben war nicht nur eine Naturkatastrophe, die drei Erdstöße vom 1. November, die Flutwelle und das Feuer stellen einen Wendepunkt im Verhältnis zu einer Naturkatastrophe dar. Zum ersten Mal in der Geschichte der Menschheit setzt man sich mit Ausdrücken und Konzepten wie Katastrophe und Risiko auseinander und nicht mehr mit den alten, kirchlichen Werten wie Sünde, Sintflut und Schuld. Dieses Erdbeben war keine Strafe Gottes, denn wie sollte es dieser gute Gott zulassen, dass seine Gotteshäuser zerstört werden. Die Macht der Kirche als Institution wird durch dieses neue Denken in ihren Grundfesten erschüttert. 1756 veröffentlicht der französische Philosoph Voltaire (1694–1778) sein „Poème sur le désastre de Lisbonne" („Gedicht über die Katastrophe von Lissabon"), das das Gefühl, den Bereich der Religion verlassen zu haben, europaweit stärkt. Die religiöse Deutung von Katastrophen ist an ihr Ende gelangt, die Wissenschaften, allen voran die

Gerechtigkeit und Vernunft

„Das Beben von Lissabon löste im geistigen Europa des 18. Jahrhunderts eine heftige Diskussion über die Gerechtigkeit Gottes und die Vernünftigkeit der Welt aus. Die Tsunami-Katastrophe im Indischen Ozean vom Dezember 2004 verleiht dem Thema über den Erinnerungstag hinaus unerwartete Aktualität."

Prof. Dr. Volker Sellin, Professor für Neuere Geschichte, Universität Catania, Italien

Die Aufklärung
In der Kulturgeschichte markiert die Aufklärung die Bewegung, die sich in Denken und Handeln auf die Vernunft beruft und sich als Selbstbefreiung von aller Bevormundung durch Traditionen und vor allem kirchliche Autorität begreift. Ihren Ausgang nahm sie im 17. Jahrhundert in den Niederlande und England, setzte sich anschließend in Frankreich durch und beherrschte das geistige Leben in Deutschland in 18. Jahrhundert.

Geologie, die Naturbeobachtung als Methode, die Seismografie ersetzen die kirchliche Logik von Sintflut. Erdbeben und Flutkatastrophen werden von nun an zu den natürlichen Übeln gezählt und nicht mehr als Bestrafung für moralischen Verfall betrachtet. Darum hatte das Erdbeben von Lissabon im Jahr 1755 so weitreichende Folgen, die bis heute ihre Gültigkeit nicht verloren haben. Generationen von Theologen, Philosophen und Schriftstellern werden von diesem Ereignis geprägt und versuchen sich an einer Deutung.

Beim heutigen Blick auf das Hafenviertel Lissabons, vom Miradouro Santa Lucia aus gesehen, erinnert nichts mehr an die Katastrophe von 1755.

Die Ruinen des Convento de Carmo in Lissabon sind als Mahnmal der Zerstörung stehen geblieben.

Feuerbälle, Aschestürme, Flutwellen

Der Ausbruch des Krakatau 1883

In der Sundastraße zwischen Sumatra und Java im indonesischen Inselreich mit seinen mehr als 1700 Eilanden liegt Krakatau. Hier gibt es einen unscheinbaren Vulkan, der jedoch – wie sich in einer unvorstellbaren Tragödie herausstellt – zu den bösartigsten der Welt zählt. Im August des Jahres 1883 kommt es zu einem Ausbruch, der bis nach Australien wahrgenommen wird. Das Brüllen der Eruption hört man noch auf der 4700 km entfernten Insel Rodriguez nahe Mauritius. Auf das Feuer folgt eine Sturzflut, bei der bis zu 40 m hohe Tsunamiwellen über 36 000 Menschen in den Tod reißen.

Augenzeugenbericht
„Der die Augen beizende Regen aus Sand und Steinen, die tiefe Schwärze um uns, die nur das ständige Zucken großer und kleiner Blitze durchbricht, und das fortgesetzte brüllende Donnern des Krakatau machten unsere Lage wahrhaft entsetzlich ... und in den Fluten tobten Hunderte von Milliarden Tonnen aufgepeitschten, donnernden und schäumenden Wassers."
W. J. Watson, Kapitän des Frachtschiffs „Charles Bal", das auf dem Weg von Belfast nach Hongkong war

Ein Ausbruch, der die Sonne verdunkelt

Im Mai 1883 beginnt eine Serie von Eruptionen, deren anfängliche Druckwellen noch in 150 km Entfernung, etwa in der Region des heutigen Jakarta, zu spüren sind. Dampf- und Aschewolken steigen in den Himmel, und Bimsstein und Asche regnen auf das Land. Den gesamten Sommer hindurch kommt es ständig zu kleineren Ausbrüchen und leichten Beben, bis die Eruptionen am 22., 26. und 27. August ihren Höhepunkt erreichen. Die Naturgewalten katapultieren mehr als 18 m^3 Asche und Gestein bis zu 80 km hoch in die Atmosphäre. Die bei diesem verheerenden Ausbruch freigesetzte Energie entspricht etwa 10 000 bis 100 000 Hiroshima-Atombomben. Überlebende schildern die kurz nach dem Ausbruch einsetzende, fast drei Tage anhaltende absolute Finsternis als bedrückend und beängstigend. Glühend heiße Ströme aus Gestein, Gas und Asche, so genannte pyroklastische Ströme, werden mit Geschwindigkeiten bis zu 800 km/h in die Nacht geschleudert und erleuchten den Himmel auf gespenstische Weise. Auf den umliegenden Inseln werden Städte und Dörfer zerstört, Menschen getötet. Noch im 40 km entfernten Telukbetung an der Südküste Sumatras schlagen kürbisgroße Lavabomben ein.

Indonesien wird immer wieder von Vulkanausbrüchen heimgesucht. In den 1980er-Jahren brach z. B. der Galunggung auf Java aus.

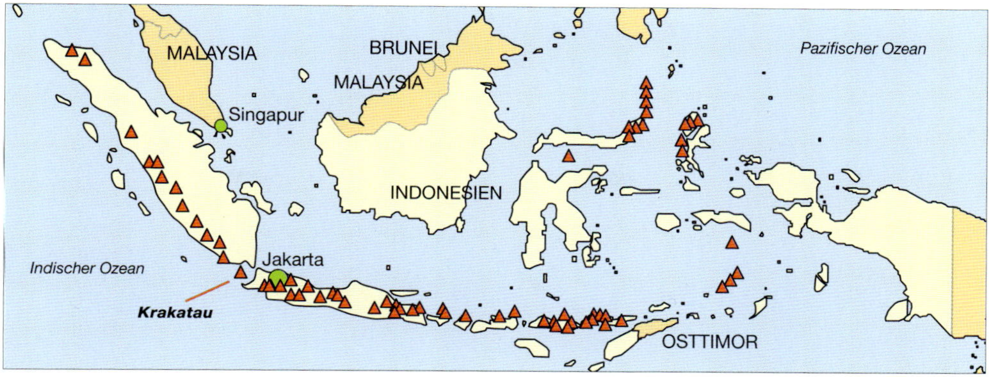

Aufgereiht wie auf einer Kette, befindet sich auf den indonesischen Inseln ein Großteil der aktiven Vulkane der Welt.

Über 200 Jahre lang hatte ein Pfropfen aus erstarrtem Magma und Gestein den Vulkan verstopft, während in seinem Innern der Druck ständig wuchs, bis er schließlich seine Bergkappe wegsprengt. Die bei der Eruption freigesetzte Asche wird bis auf die 2000 km entfernten Cocos-Inseln geschleudert, und in unmittelbarer Nähe des Vulkans ist das Meer mit Bimstein bedeckt, dass es den Eindruck vermittelt, es sei festes Land. In den folgenden Monaten werden diese schwimmenden Bimsteinfelder sogar bis nach Afrika geschwemmt.

Brandrote Sonnenuntergänge auf der ganzen Welt

Die Eruption hat auch klimatische Folgen, auf der Nordhalbkugel sinkt die Temperatur um durchschnittlich 1,2 °C, der Sommer wird ungewöhnlich kühl und verregnet, katastrophale Missernten sind die Folge. Die Druckwelle der Explosion läuft mehrmals um die Erde, 15 Tage lang nimmt man sie von London bis San Francisco wahr. Die Staubpartikel, die in den Himmel geschleudert worden sind, haben die Winde über den gesamten Erdball verstreut. Sie bescheren dort von Island bis Neuseeland aufgrund der veränderten Lichtbrechung bei Sonnenuntergang ein spektakuläres Farbenspiel. Die glutroten Sonnenuntergänge werden von Künstlern auf der ganzen

Die Titelseite der Illustrierten London News *vom 08.09.1883 zeigt die Bilder der Katastrophe von 1883, dem Ausbruch des Krakatau.*

Durch den Ausbruch des Krakatau 1883 wurden aus einer Insel zwei.

Welt festgehalten. Der Himmel in Edward Munchs (1863–1944) berühmtem Bild „Der Schrei" basiert auf den Farben, die der Künstler damals sah. Zwei bis drei Jahre lang halten sich die Partikel in der Atmosphäre. Kaum ein Vulkanausbruch der letzten 2000 Jahre hat derart globale Auswirkungen gehabt wie die schreckliche Katastrophe von 1883.

Nach dem Vorspiel kommt die Flut

Alle Beben und Eruptionen sind jedoch nur das Vorspiel zur eigentlichen Katastrophe: In der Nacht des 27. August fällt in einem letzten Ausbruch der gesamte Kesselbereich des Kraters wie bei einer Implosion in sich zusammen. 28,5 km² der Insel Krakatau stürzen in die nun leer gepumpte Magmakammer. Von der durch die Explosion ausgelösten Druckwelle werden im 150 km entfernten Batavia Mauern umgeworfen. Der Einsturz verursacht insgesamt zehn riesige Flutwellen, und unvorstellbare Wassermassen ergießen sich über die Insel – zwei Drittel von ihr versinken im Meer. Mit einer Durchschnittsgeschwindigkeit von 100 km/h rasen die Tsunamis bei vollkommener Dunkelheit auch auf die Küsten der anderen Inseln zu. In Küstenregionen verlangsamen sie ihr Tempo, weil die Wassertiefe geringer ist, und die Wellen türmen sich bis zu 40 m hoch auf. Innerhalb nur zwei Stunden nach dem letzten Ausbruch werden die Küstenregionen von Sumatra und Java überrollt. Im Hafen von Telukbetung wird das holländische Kanonenboot „Berouw" erfasst und kilometerweit ins Landesinnere geschleudert, wo es noch heute als Mahnmal im Dschungel liegt. 36418 Menschen finden in einem Radius von 80 km um den Vulkan in den Wassermassen den Tod, 295 Orte werden vollständig zerstört.

Die Lehre von der Plattentektonik

Es war der deutsche Polarforscher und Geophysiker Alfred Wegener (1880–1930), der 1915 die Theorie von der Kontinentalverschiebung aufstellte und dafür von seinen Zeitgenossen verlacht wurde. Heute ist seine Theorie wichtige Grundlage für das Wissen über die Plattentektonik. Sie besagt, dass die Erde ein Puzzle von mehreren, bis zu 100 km dicken Platten ist, die sich sowohl aufeinander zubewegen, als auch gegeneinander drücken und aneinander reiben. Ebenfalls weiß man heute, dass Vulkane wie an einer Schnur aufgereiht liegen, nämlich dort, wo die verschiedenen Platten zusammentreffen. An diesen Stellen entsteht auch die so genannte Subduktion, d. h., Platten schieben sich untereinander, was den Druck – wie im Fall des Krakatau – erheblich erhöht. Am Krakatau treffen sich die Australisch-Ozeanische Platte und Teile der Asiatischen Platte. Das bedeutet, sie reißen, sich nach unten schiebend, leichteres Gestein in die Tiefe. Dieser Prozess führt letztendlich zur Explosion des Vulkans und im Fall des Krakatau zu einer der schrecklichsten Katastrophen aller Zeiten.

Der Sohn des Krakatau

Bis zum heutigen Tag ist der Vulkan Krakatau sehr aktiv. Aber schon 40 Jahre nach der Katastrophe begann dort, wo sich der ursprüngliche Krater des Vulkans befunden hatte, ein neuer Vulkan zu wachsen. 1930 durchbrach er die Wasseroberfläche innerhalb des riesigen Krakatau-Kessels und ist heute 450 m hoch. Man nennt ihn Anak Krakatau, den Sohn des Krakatau, der mit neuen kleinen Ausbrüchen in den vergangenen Jahren immer wieder auf sich aufmerksam gemacht hat und die Menschen der Region in Angst und Schrecken versetzt.

„Die Zivilisation besteht aufgrund der Duldung der Geologie – fristlose Änderungen vorbehalten", besagt ein Zitat, das häufig dem kanadischen Philosophen Will Durant zugeschrieben wird.

Noch heute findet man überall auf der Insel Vulkanaschefelder.

Anak Krakatau, der „Sohn des Krakatau", zeigt Drohgebärden. Aus den Resten des alten Vulkans aufgestiegen, bricht er immer wieder aus – wie hier bei einer Eruption im Jahr 1969.

Der Tag, an dem der Himmel brannte

Das Erdbeben in San Francisco 1906

Am 18. April 1906 um 5.13 Uhr wird San Francisco von einem Erdbeben der Stärke 8,25 auf der Richterskala heimgesucht und anschließend von einer gewaltigen, vier Tage währenden Feuersbrunst verwüstet. Obwohl das Beben kaum mehr als eine Minute dauert, werden 490 Straßenblocks mit 25 000 Gebäuden zerstört. 250 000 der ca. 400 000 Einwohner werden obdachlos, und mehr als 3000 Menschen werden erschlagen oder kommen in den Flammen um.

Das größte Beben aller Zeiten

Das Beben von San Francisco war eines der größten Erdbeben aller Zeiten, und es beendete abrupt die Belle Époque, die „schöne Zeit" der goldenen Stadt am Pazifik. Am 18. April 1906 um 5.12 Uhr ereignet sich ein Vorbeben entlang der St.-Andreas-Spalte und durch die gesamte Bay Area hindurch, wie die Gegend um die Bucht von San Francisco genannt wird. Und nur eine knappe halbe Minute später erzittert die Stadt, denn das Epizentrum liegt in unmittelbarer Nähe. Ausläufer des Bebens spürt man von Oregon im Norden bis Los Angeles im Süden. Die verschiedenen geologischen Bodenformationen der Stadt reagieren unterschiedlich auf das Erdbeben: Die größten Schäden erleiden die Stadtgebiete, die der Bucht im Zuge der Landgewinnung abgerungen worden sind; hier herrscht im Gegensatz zu den felsigen Gebieten völlige Zerstörung.

Das Erdbeben selbst ist allerdings gar nicht verantwortlich für die große Verwüstung der Stadt. Dafür ist es Auslöser für das folgende verheerende Feuer, das die Stadt so schlimm mitnimmt. Verantwortlich für die Feuersbrunst sind hauptsächlich Kurzschlüsse an beschädigten Stromleitungen, entweichendes Gas, aber auch umgestürzte Heizöfen (meist Kohle- oder Holzfeuer) bilden Brandherde, die dann nicht mehr unter Kontrolle zu bringen sind. Nach der Katastrophe spricht man von etwa 700 Toten, durch die Menge unregistrierter Bewohner hauptsächlich chinesischer Abstammung jedoch muss die Zahl auf über 3000 korrigiert werden.

Flammen lodern am Himmel

Unter den Überlebenden des Bebens bricht eine unvorstellbare Panik aus, als die Feuersbrunst mit rasender Geschwindigkeit um sich greift, denn nicht nur die Gas-, sondern auch die Wasserleitungen der Stadt sind zerstört – das Gas facht die Feuer an, aber es fehlt Wasser zum Löschen. Von allen Seiten versuchen Helfer, Wasser herbeizuschaffen, um die brennenden Häuser – die meisten davon aus Holz – zu löschen. Noch in morgendlicher Dunkelheit erhellen Flammen den Himmel, und bei Tagesanbruch liegt eine gewaltige, weithin sichtbare Rauchwolke über der Stadt.

Es kommt zu schrecklichen Tragödien in der verwüsteten Metropole. So stehen nach Augen-

Dichte Rauchwolken verdunkeln den Himmel über San Francisco.

zeugenberichten drei Männer auf dem Dach des brennenden Hotels Windsor auf der Market Street, die unmöglich gerettet werden können. Um sie nicht bei lebendigem Leib verbrennen oder aus Verzweiflung in den sicheren Tod springen zu lassen, gibt der zuständige Polizeioffizier Anweisung, die drei Männer zu erschießen. An anderer Stelle liegt ein Mann eingeklemmt unter Bauschutt, als sich das Feuer nähert. Es ist den Helfern unmöglich, ihn zu befreien. Als seine Füße zu brennen beginnen, bittet er um den Gnadenschuss. Ein Polizist tritt zu ihm, nimmt seine Personalien auf und tötet ihn mit einem Kopfschuss. Andere Tragödien spielen sich an den Fähren ab, mit denen Zehntausende der Feuersbrunst zu entkommen suchen, denn weitaus mehr panische Menschen drängen auf die Schiffe, als diese halten können. E. E. Schmitz, der damalige Bürgermeister der Stadt, erlässt noch am selben Tag den Befehl, auf jeden zu schießen, der bei Plünderungen oder anderen kriminellen Aktivitäten ertappt wird.

Das Erdbeben hinterlässt eine Verwüstung unglaublichen Ausmaßes, San Francisco gleicht einem Trümmerfeld.

Die Vorhersage des Unvorhersagbaren

Ein Erdbeben ist eine Erschütterung an der Erdoberfläche, ausgelöst durch plötzlich ablaufende Vorgänge in der Erdkruste oder im oberen Erdmantel vor allem an Erdspalten. Die Gesamtzahl der jährlichen Beben liegt bei über 1 Mio., von denen allerdings maximal fünf katastrophale Ausmaße annehmen. Besonders erdbebenreich ist der gesamte Pazifikrand. An der St.-Andreas-Spalte, die für das Beben von 1906 verantwortlich war, treffen die Pazifische und die Nordamerikanische Kontinentalplatte aufeinander. Die Erdfalte erstreckt sich über 1230 km durch Kalifornien. An der University of California, Berkeley, gibt es eines der besten seismologischen Institute der Welt; dort untersucht man Erdbeben und bemüht sich um exakte Vorhersagen. Immer wieder wird ein neues großes Beben, „The Big Quake", für San Francisco oder Los Angeles vorhergesagt oder beschäftigt zumindest die Gemüter. Ende 1980 betrat ein Mann ein Wettbüro in Las Vegas und setzte 5000 US-Dollar darauf, dass Los Angeles in der Neujahrsnacht zerstört würde – er verlor seine Wette. Aber die Beben kommen, wöchentlich, ja, täglich spürt man sie überall im Bundesstaat. Am 18. Oktober 1989 erschütterte ein Erdbeben der Stärke 7,1 San Francisco. 272 Menschen starben, Schäden in Milliardenhöhe entstanden. Drei Jahre später, am 28. Juni 1992, kam es in der Nähe von Los Angeles zu einem Beben der Stärke 7,4 mit einer Dauer von 30 Sekunden. Fast tausend Nachbeben mit Stärken bis zu 7,0 auf der Richterskala folgten, es entstand „nur" ein Millionenschaden, weil das Epizentrum in der wenig besiedelten Mojava-Wüste lag.

Zwar ist es den Experten bislang immer noch nicht möglich, den Zeitpunkt von Erdbeben vorherzusagen, allerdings lässt sich inzwischen recht gut sagen, was beim Eintreten zu welchem Zeitpunkt geschehen wird. So errechnete man für Los Angeles bei einem Beben um 2.30 Uhr ca. 3000 Tote und

Die hölzernen viktorianischen Häuser der Stadt verbrennen fast alle oder stürzen in sich zusammen, sodass sie abgerissen werden müssen.

Die fast völlig zerstörte Market Street war eine der wichtigsten Arterien der Stadt.

12 000 Verletzte; würde der Erdstoß jedoch zur abendlichen Rushhour nach 16.30 Uhr erfolgen, wäre mit 23 000 Toten und fast 100 000 Verletzten zu rechnen. Hauptursache für Tod und Verletzung in San Francisco wären im Gegensatz zu Los Angeles herabstürzende Fassadenteile, einstürzende Häuser und der Splitterregen der Fenster, denn diese Stadt hat kein so dichtes Zentrum, ist sehr viel großflächiger angelegt und hat niedrigere Häuser als San Francisco.

Wirkung auf die Seele

Ein Arzt schrieb einmal, der Mensch gewöhne sich nicht an Erdbeben, im Gegenteil trete in den meisten Fällen eine Art Überempfindlichkeit auf: Betroffene empfänden Angst bei den kleinsten Erschütterungen und seien sie nur durch einen vorbeifahrenden Laster verursacht. Viele Menschen schlafen nach einem Beben nicht mehr in ihren Häusern, sondern kampieren in Zelten aus Angst, unter den Trümmern eines neuen Erdstoßes begraben zu werden. Viele Menschen verlassen die von Erdbeben heimgesuchten Gegenden und ziehen an sichere Orte.

Gleichzeitig können Erdbeben aber auch eine positive Wirkung auf das Gefühlskostüm von Menschen ausüben, dann nämlich, wenn sich eine Art von Gleichgültigkeit oder sogar Überheblichkeit einstellt, weil die Katastrophe überlebt wurde. Bei manchen Individuen fallen, so schrieb der oben bereits erwähnte Arzt, alle Hemmungen weg, die Menschen sagen sich los von unangenehmen Verhältnissen, ziehen aus dem Schaden der Welt Vorteile für sich selbst und ihre Lebensumstände. Die meisten Geretteten indes haben tatsächlich das Gefühl, ein neues Leben geschenkt bekommen zu haben. Andere ziehen für sich den Schluss, schrieb der russische Schriftsteller Maxim Gorki 1909, das Leben des Alltags und die so genannte bestehende Ordnung seien nichts anderes als eine gewaltige, langsam verlaufende Katastrophe, die sich in gelegentlichen Eruptionen Luft mache.

Beim Beben von 1989 wird eine Stadtautobahn fast vollkommen zerstört.

Auch die Brücken stürzen 1989 ein, als wären sie Kinderspielzeug.

Kursrutsche an der Börse

Das Erdbeben von San Francisco traf nicht nur die Stadt selbst und ihre Bewohner schwer, die Katastrophe hatte – zumindest kurzfristig – auch verheerende Auswirkungen auf die amerikanischen Finanzmärkte, denn Ende April erfasste eine Panikwelle die Börse. Besonders hart wurden die Werte der Versicherungsgesellschaften getroffen, es kam zu massiven Kursrutschen. Die damals führende Brandversicherungsgesellschaft der USA, die Aetna Fire Insurance Company, gab an, dass durch die in San Francisco nach dem Beben vom Feuer verursachten Schäden Rücklagen der vergangenen 40 Jahre aufgebraucht worden seien.

Ist der Schrecken vorhersagbar?

WISSENSWERTES ÜBER ERDBEBEN

Erdspannung in Südkalifornien

Ein Erdbeben kündigt sich an oder wird durch einer Reihe von Signalen eingeleitet. Zu diesen Zeichen gehören Schwankungen des Grundwassers sowie des elektrischen Widerstands, Aufwölbungen des Bodens und ungewöhnliches Verhalten von Tieren. Auf wissenschaftlicher Ebene gelten diese Zeichen allerdings als unzuverlässig.

Es ist sicher, dass ein Erdbeben bevorsteht, wenn Geologen Bewegungen am Rand von tektonischen Platten aufzeichnen können. Die Ränder der Kontinentalplatten sind allerdings auch besonders gefährdete Zonen, da durch das Gegeneinanderreiben der Platten an diesen Stellen große Spannungen entstehen. Eine konkrete Vorhersagbarkeit eines Bebens in einer solch gefährdeten Zone ist allerdings trotzdem äußerst schwierig, es lässt sich lediglich sagen, dass es zu einem Beben kommen wird, nicht aber wann.

In Südkalifornien gleiten die Nordamerikanische und die Pazifische Platte, zwei tektonische Platten der Erdkruste, aneinander vorbei und verhaken sich dabei hin und wieder. Dabei kommt es zu erheblichen Bodenverformungen, kleine Erdstöße gehören hier zu den normalen Umständen des Lebens, und an Schulen, in Büros und Krankenhäusern weiß jeder, wie er sich verhalten soll, wenn es tatsächlich dazu kommt: in den Türrahmen stellen, unter Tische kauern etc. – Erdbebentraining ist ein fester Bestandteil des täglichen Lebens.

Tatsächlich hat es hier seit 250 Jahren keinen Spannungsabbau durch ein Beben gegeben, was bedeutet, dass das große Beben, der „Big Bang", bevorsteht. Indes, es bleibt aus. In Kalifornien arbeitet man derweil mit Laserstrahlen, die „heiße" Stellen der St.-Andreas-Falte abtasten und jede seismische Unruhe sofort melden.

Erdbebenvorhersage in China

In China traf 1975 etwas ein, was es mit dieser Präzision noch nie zuvor auf der Welt gegeben hat: Für den 4. Februar gelang eine perfekte Erdbebenvorhersage. Genau um 19.36 Uhr ereignet sich in der nordchinesischen Stadt Haicheng ein Erdbeben der Stärke 7,3. Millionen Menschen wären betroffen gewesen, hätten die Behörden vor seinem Einsetzen keine Evakuierungsempfehlung herausgegeben. So kamen „nur" 2041 Menschen um, aber es wären, wie ein Jahr später in Tangshan, Hunderttausende gewesen, wenn die Warnung nicht ausgesprochen worden wäre.

Die chinesische Regierung machte keinerlei Angaben, wie das Unmögliche gelungen war. Der Alarm hätte stark auf Messungen von Privatleuten gefußt, behauptete man in der damaligen Propaganda – tatsächlich aber stimmte das nicht, denn nur Wissenschaftler waren mit den Voraussagen beschäftigt gewesen. Allerdings passte es in das Bild der Propaganda, dass Bürger tätig geworden waren und das Volk sich somit selbst gerettet hatte.

Experten hingegen halten exakte Voraussagen von Erdbeben für unmöglich, wenngleich Wissenschaftler in allen Ländern an Systemen arbeiten, die eine Voraussage möglich machen sollen.

Von Tieren und Feuerbällen

Vielerorts gelten Tiere und ihr Verhalten als sichere Zeichen für ein Beben. Aus Tangshan und Umgebung wurden kurz vor dem Beben von 1976 unnormale Verhaltensweisen von Tieren gemeldet. Fische sprangen aus ihren Aquarien, Hühner liefen mitten in der Nacht aufgeregt durcheinander, Ratten und Mäuse flohen aus Häusern und irrten scheinbar sinnlos umher. Neben dem merkwürdigen Tierverhalten kam es zu anderen Phänomen: Der Wasserspiegel eines Brunnens senkte sich am Tag vor dem Beben dreimal um mehrere Meter ab, Gas trat aus dem Boden aus, Brunnen wiesen Risse und Sprünge auf, Feuerbälle wurden am Himmel gesichtet, Lichterwabern wurde ebenso bezeugt wie Donnergrollen.

Der St.-Andreas-Graben in Südkalifornien ist eine der tektonisch spannungsgeladensten Zonen der Erde.

In wissenschaftlicher Hinsicht scheiden Tiere als alleinige Erdbebenwächter jedoch aus. Verließe man sich alleine auf sie, würde man das Unglück geradezu herausfordern. In Verbindung mit dem Einsatz und der ständigen Verbesserung modernster Technologie kann die Beobachtung des Tierverhaltens allerdings sicherlich dazu beitragen, die Vorhersage „abzurunden".

Die Richterskala

Der amerikanische Seismologe Charles F. Richter (1900–1985) gab dieser ersten Methode zur objektiven Messung von Erdbeben den Namen. Im Gegensatz dazu gibt es die japanische Methode der Bewertung von Erdbeben oder die Mercalli-Skala nach dem italienischen Vulkanologen Giuseppe Mercalli (1850–1914). Beide Methoden sind subjektiv und beziehen sich auf sicht- und fühlbare Auswirkungen eines Bebens. Die so genannte „Magnitude" Richters ist hingegen ein energiebezogenes Maß der Erdbebenberechnung. Sie errechnet sich aus der maximalen Schwingung der Aufzeichnung eines Seismografen unter Berücksichtigung der Energieabnahme mit der Entfernung vom Epizentrum. Die Richterskala ist nach oben hin offen.

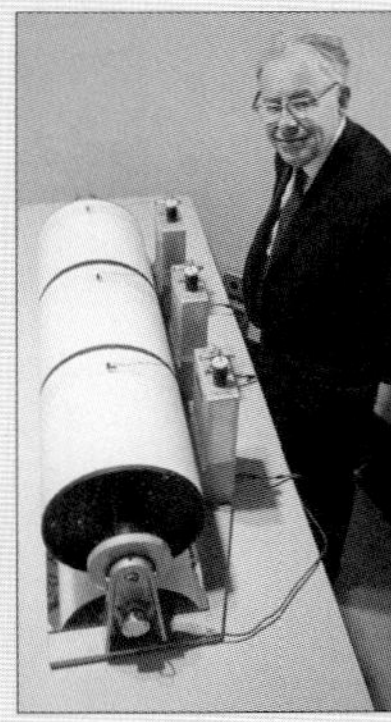

Die Richterskala wurde nach ihrem Erfinder Charles F. Richter (1900–1985) benannt.

Der chinesische Gelehrte Zhang Heng (78–139 n. Chr.) erfand im Jahr 132 ein Gerät zur Vorhersage von Erdbeben. An der Oberkante dieses Bronzetopfs befinden sich im Kreis acht Drachenköpfe mit beweglichen Unterkiefern, die je eine Kugel im Maul halten. Im Inneren ist ein Pendelmechanismus mit den Kiefern der Drachen verbunden. Gibt es eine seismische Unruhe, beginnt das Pendel auszuschlagen, der Mechanismus wirkt auf den Kiefer, und die Kugel fällt aus dem Maul eines der Drachen – und in dem aufgerissenen Maul der darunter befindlichen Frösche auf einen Gong.

DEM ERDBODEN GLEICHGEMACHT

DAS ERDBEBEN VON TANGSHAN

In den Nachtstunden des 28. Juli 1976 überrascht um 3.42 Uhr morgens ein Erdbeben der Stärke 8,2 auf der Richterskala die Stadt Tangshan in der Provinz Hebei im Nordosten Chinas. Die Metropole mit 1 Mio. Einwohnern, bedeutendes Zentrum der chinesischen Stahl- und Kohleindustrie, wird fast vollkommen zerstört. Die Angaben über die Zahl der Todesopfer schwanken zwischen 250 000 und 700 000, Hunderttausende werden verletzt. Das Erdbeben von Tangshan wird zur tödlichsten Erdbebenkatastrophe des 20. Jahrhunderts.

1976 erschüttert ein Erdbeben der Stärke von 8,2 Tangshan in China – fast die gesamte Stadt wird zerstört, und über 800 000 Menschen werden unter den Trümmern begraben.

800 000 Menschen unter den Trümmern begraben

Als in den Nachtstunden des 28. Juli 1976 das Beben die Bergbaustadt Tangshan wie ein Sieb schüttelt – so beschreiben Augenzeugen die Wirkung des Bebens –, liegen die Bewohner in ihren Betten und schlafen. Der erste und verheerendste Stoß dieses schrecklichsten und folgenschwersten Bebens in der „Geschichte der Menschheit“, wie ein chinesischer Regierungssprecher es nennt, dessen Epizentrum in einer Tiefe von ca. 11 km genau unter der Stadt liegt, dauert nicht länger als 15 Sekunden, alle Stöße insgesamt nicht mehr als zwei Minuten. Doch diese kurze Zeitspanne reicht, um die Stadt dem Erdboden gleichzumachen, fast alle Häuser fallen in sich zusammen und begraben über 800 000 Menschen unter sich. Man hatte die Stadt Tangshan in China nicht als erbebengefährdet eingestuft, darum waren ihre Häuser nicht unter besonderen Gesichtspunkten der Erdbebensicherheit gebaut worden. Dies wurde den Menschen dort zum Verhängnis.

In den Kohlestollen begraben

Ein besonders schreckliches Schicksal ereilt die Tausende Bergleute der Nachtschicht, die in den Stollen unter der Stadt begraben werden. Auch der Umstand, dass die gesamte Stadt von Bergwerkstollen untertunnelt war, lässt ganze Häuserbocks verschwinden – sie werden mit ihren Bewohnern in die Tiefe gerissen. Innerhalb dieser kurzen Zeitspanne liegt die Stadt unter einer gewaltigen Staubwolke. Wie durch ein Wunder können sich aber sehr viele Menschen selbst aus den Trümmern befreien. Sie suchen anschließend in den Trümmern nach Familienangehörigen, nach Nachbarn. Die Überlebenden befinden sich von einem Moment auf den anderen in einer vollkommen zerstörten Stadt ohne Wasser, ohne Nahrung und ohne Elektrizität. 90 Prozent der Wohnhäuser und etwa 80 Prozent der Industriegebäude existieren einfach nicht mehr. Fast alle Pumpstationen für Wasser und das Netz der Versorgungsrohre werden vollkommen zerstört, etwa 20 Prozent der Abwasseranlagen sind unbrauchbar. Die Fundamente der Brücken sind beschädigt, was die Brücken zum Einsturz bringt.

Nachbeben erschüttern die Gegend

Am Nachmittag desselben Tages trifft das erste Nachbeben auf die Stadt, und viele derer, die unter den Trümmern begraben lagen und darauf hofften, befreit oder ausgegraben zu werden, finden jetzt den Tod. In den nächsten Tagen folgen Hunderte von Nachbeben bis zu einer Stärke von 7,2 auf der Richterskala, sie fordern weitere Tote und Verletzte und richten sogar im 140 km entfernt gelegenen Peking erhebliche Schäden an. Insgesamt werden durch die Katastrophe in China weit über 5 Mio. Häuser unbewohnbar.

Die medizinische Versorgung

Mehr als 700 000 Menschen benötigen nun medizinische Versorgung, aber auch die Krankenhäuser sind zerstört, das medizinische Personal liegt zum Teil selbst unter den Trümmern begraben. Die Ärzte, die aus anderen Orten zu Hilfe kommen, müssen zwischen den Trümmern operieren. Da die Krankenhäuser ebenso wie die Zufahrts- und Versorgungswege zerstört sind, gibt es kaum medizinische Instrumente, Ärzte müssen ihre Bestecke in Kochsalzlösungen abkochen, um sie zu sterilisieren, die Patienten müssen mit Unterstützung von Akupunktur operiert werden, da Medikamente zur Anästhesie fehlen. Krankenschwestern und Ärzte arbeiten pausenlos, um den Verletzten zu helfen. Gleichzeitig treffen Soldaten der Volksarmee ein, die Trinkwasser aus Brunnen pumpen, Nahrungsmittel werden mit Fallschirmen über der zerstörten Stadt abgeworfen. Die Schienenstränge sind an vielen Stellen wie verknotet, über 40 000 Arbeiter, die aus anderen Orten hergebracht werden, setzen die Hauptstrecke in nur sechs Tagen wieder instand, um so die Versorgung der Stadt auf dem Landweg

Die größten Erdbeben in Nordasien

1293: Kamakura (Japan): 300 00 Tote
1556: Shaanxi (China): 800 000 Tote
1596: Isumi (Japan): 2000 Tote
1705: Edo (heute Tokio, Japan): 20 000 Tote
1730: Kamikawa (Hokkaido, Japan): 137 000 Tote
1850: Sichuan (China): 300 000 Tote
1857: Tokio (Japan): 107 000 Tote
1920: Gansu (China): 200 000 Tote
1923: Tokio (Japan): 143 000 Tote
1976: Tangshan (China): 250 000 Tote (offizielle Angabe; man schätzt jedoch ein Vielfaches)
1996: Kobe (Japan): 6000 Tote

Verzweifelte Menschen in der zerstörten Stadt. In Tangshan sterben über 7200 Haushalte mit allen Familienmitgliedern als Folge des Erdbebens aus.

Auch die Schienenstränge sind nach dem Beben komplett zerstört, doch die Hauptstrecke wird in nur sechs Tagen wieder instand gesetzt.

garantieren und vor allem auch, um Verletzte abtransportieren zu können. Dies ist umso notwendiger, als alle Zufahrtstraßen entweder von Trümmern bedeckt und damit unpassierbar oder selbst zerstört sind, weil sich durch die Stärke des Bebens Risse gebildet haben.

Der Vorsitzende der Kommunistischen Partei Chinas, Hua Guofeng, applaudiert den Arbeitern, die mit dem Wiederaufbau von Tangshan begonnen haben.

Die unglaublich vielen Leichen, die die Katastrophe gefordert hat, werden schnell und meist ganz in der Nähe ihrer alten Wohnungen begraben, was später zu gewaltigen Gesundheitsproblemen führt, denn kurz auf das Beben folgen starke Regenfälle, die viele der Leichen wieder freiwaschen. Nun müssen die Leichen von Helfern ausgegraben und außerhalb der Stadt erneut beigesetzt werden.

Der Sieg der Ideologie

Die extreme Schwankung in den Angaben über die Opferzahlen des Bebens von Tangshan hingen mit der damaligen Informationspolitik der Volksrepublik China zusammen, die Katastrophen zur Zeit der Kulturrevolution meist erheblich herunterspielte. So wurde der Wert der Richterskala offiziell mit 7,8 angegeben, während internationale Messungen ihn bei einer Höhe von 8,2 festlegten. Auch wurde die Zahl der Toten und Verletzten immer unterschiedlich angegeben, weshalb die Aussagen über die Zahl der Opfer zwischen so extremen Ziffern wie 250 000 und 750 000 schwankten. In der Beijinger Volkszeitung erschien nur eine Woche nach der Katastrophe ein Artikel, der den Geist der chinesischen Politik von damals widerspiegelt. Che Cheng-min, Mitglied des ständig tagenden Politkomitees und Bürger von Tangshan, schaffte es, sich aus den Trümmern zu befreien, heißt es in dem Artikel.

Er hörte die Schreie seiner 13- und 16-jährigen Kinder und wollte sich daranmachen, sie aus den Trümmern zu graben, als er die Stimme des Vorsitzenden des Politkomitees von Tangshan hörte, der ebenfalls unter den Trümmern begraben lag. Ohne zu zögern, befreite er zunächst den Vorsitzenden, denn der müsse leben, um die Rettungsarbeiten für das Volk organisieren zu können. Der Vorsitzende wurde geborgen, er überlebte, indes starben die Kinder unter den Trümmern. Der Familienvater und Autor des Artikels zeigte jedoch weder Reue noch Trauer, er hatte seine Kinder zum Wohl seiner Mitbürger geopfert. Die Ideologie trägt den Sieg über die Menschlichkeit davon.

Der Wiederaufbau

Nachdem die Stadt versorgt war, die Infrastruktur wieder aktiviert und die Toten begraben waren, begann nach drei Jahren, wie es in der Propaganda hieß, ganz China mit dem Wiederaufbau seiner zerstörten Stadt. Drei Jahre lang hatte man darüber diskutiert, ob man die Stadt am selben Ort wieder aufbauen sollte oder nicht – die Angst vor einem neuen Erdbeben war sehr groß. Schließlich beschloss man, sie an derselben erneut zu errichten. Zehn weitere Jahre dauerte es, bis die Stadt, die vollkommen dem Erdboden gleichgemacht worden war, wieder stand. Heute zählt Tangshan erneut über 1 Mio. Einwohner, die Angst ist geblieben, aber die Menschen leben mit der Möglichkeit einer erneuten Katastrophe. In China ist die Stadt als die „Tapferste Stadt Chinas“ bekannt. Im Zentrum der neuen Stadt erinnert eine Stele an das Unglück, und in der Nähe steht das einzige Erbebenmuseum Chinas.

Eine zerstörte Stadt

„Wenn man sich der Stadt nähert, sieht man zahlreiche neu errichtete Dörfer und Brücken, endlose Reihen frischer Grabhügel und gelegentliche Trümmerhaufen inmitten der Felder. Doch das bereitet den Reisenden kaum auf das Grauen von Tangshan vor ... Der Übergang von fast normalem ländlichem Leben zu den Bildern einer weithin zerstörten Stadt ist jäh und beklemmend. In einer Minute rast ein Zug an wogenden Kornfeldern vorbei, in der nächsten kriecht er durch eine Steinwüste, die so weit reicht, wie das Auge blicken kann, und die einst eine Millionenstadt war.“

Peter Griffiths, Journalist, in einem Artikel für die *London Times*

Zum 30. Jahrestag des Bebens von Tangshan wird dieses Mahnmahl mit den Namen der Opfer errichtet.

Die Explosion eines Bergs

Bis zu 19 km hoch wird die Asche in die Stratosphäre geschleudert. Die Rauchschwaden sind selbst von Weitem zu sehen.

DER AUSBRUCH DES MOUNT ST. HELENS

Wegen seiner symmetrischen Schönheit ist der Mount St. Helens im nordamerikanischen Bundesstaat Washington auch als der Fuji Amerikas bekannt. Ewiges Eis und Schnee schimmern idyllisch auf seiner Spitze, bis es am 18. Mai 1980 zur Katastrophe kommt – völlig unvorhergesehen bricht der Vulkan aus, nachdem ein Erdbeben einen Hangrutsch an seiner Nordseite ausgelöst hatte. Zahlreiche Explosionen folgen durch die Druckentladung, und eine Lawine aus Steinen und Geröll, Asche und Eis zerstört auf mehreren hundert Kilometern ihres Wegs alles. Über 60 Menschen kommen bei dieser Naturkatastrophe ums Leben.

Ein Name für den Berg

Zwischen 1792 und 1794 erkundeten Commander George Vancouver und seine Mannschaft auf dem Expeditionsschiff „H.M.S. Discovery" die Pazifikküste Nordamerikas. Auf dieser Reise gaben sie dem hoch aufragenden Vulkan an der amerikanischen Westküste im Oktober 1792 den Namen Mount St. Helens – benannt nach dem britischen Diplomaten Alleyne Fitzherbert (1753–1839), der den Titel Baron St. Helens trug.

Der Mount St. Helens hat in seiner Umgebung einige „Brüder": In einer Entfernung von etwa

50 km Mount Adams, 80 km entfernt der gigantische Kaskadenvulkan Mount Rainier und im Bundesstaat Oregon ragt Mount Hood in den Himmel.

Geschichte der Ausbrüche

Trotz dieser Dichte gewaltiger Vulkane im Nordwesten der USA gibt es nur wenige Berichte von Ausbrüchen. Die Vulkane der Zone galten bis 1980 als „lebendig“, aber nicht aktiv. Heute wird Mount St. Helens als gefährlicher Vulkan eingestuft, aber bis zu jenem Tag im Mai 1980 gab es nur wenige Berichte von vulkanischen Aktivitäten. Man konnte bis jetzt in den letzten 520 Jahren vier große Eruptionen nachweisen, bei denen je bis zu 1 km³ Asche und Gestein ausgestoßen wurden, gleichzeitig aber Dutzende kleinerer Ausbrüche zu verzeichnen waren. 1480 kam es zu einem Ausbruch, der nach heutiger Schätzung fünfmal so stark war wie der von 1980. Geologisch lassen sich in den etwa 50 000 Jahren seiner Existenz noch viel gewaltigere Tätigkeiten nachweisen.

In neuerer Zeit muss es im Jahr 1800 einen Ausbruch gegeben haben. Missionare, Trapper und Händler hörten Berichte von Sanpoil- und Spokan-Indianern, die von Aschewolken und -regen sprachen. Im November 1842 wurde der Geistliche Josiah Parrish in Oregon etwa 130 km südwestlich Zeuge eines Ausbruchs: Nach seinem Bericht bebte die Erde, und Asche regnete aus dunklem Himmel. Am folgenden Tag hatte der St. Helens seine Asche wie einen Schneeschauer über den Columbia River verteilt.

Man glaubt, dass es bis 1857 ständig vulkanische Aktivitäten gegeben hat. Danach, in den Jahren 1898, 1903 und 1921, wurde von kleinen Ausbrüchen berichtet, allerdings existieren keine

Lavawölbung

Eine Lavawölbung ist das Ergebnis vieler kleinerer Ausbrüche. Ihr Zustandekommen ist einer nach oben gerichteten Zahnpastatube vergleichbar, aus der Lava gepresst wird, die so reich an Silizium und die so zäh weil kühl ist, dass sie nicht oder kaum mehr fließt. Am oberen äußeren Ende erkaltet die Lava, und eine Haut bildet sich, die von Zeit zu Zeit aufreißt, wenn sich weitere Lavamasse von unten nachschiebt. Weil sich der Druck im Innern des Vulkans so stark erhöht, kommt es gelegentlich zu kleinen Ausbrüchen, bei denen Teile der oberen Haut fortgeschleudert werden. Wenn die Lavawölbung im Innern des Kraters so weiterwächst wie bisher, d. h. mit etwa 15 km³ pro Jahr, brauchte es fast ein Jahrhundert, bis der Krater von Mount St. Helens wieder gefüllt wäre und seinen Stand von vor dem Ausbruch von 1980 erreicht hätte.

Majestätisch ruht Mount St. Helens vor dem malerischen Spirit Lake.

Ein Fluss schlängelt sich durch ein Feld aus Bimsstein, dessen Oberfläche von Salzen durchdrungen ist – der Mount St. Helens Nationalpark in Washington.

Dutzende Quadratkilometer Wald fallen dem Ausbruch zum Opfer und verbrennen.

übereinstimmenden Berichte über diese Zwischenfälle. Nach dem zu urteilen, was man seit 1980 weiß, muss es sich meist um kleinere Ausbrüche oder Dampfexplosionen gehandelt haben, die mit geringem Felsenausstoß einhergingen. Hierbei ist interessant zu bedenken, dass diese Gegend der USA erst sehr spät erschlossen wurde. So wurden Oregon und Washington erst in der zweiten Hälfte des 19. Jahrhunderts von Europäern besiedelt; 1859 wurden Oregon und 1889 Washington Staaten der USA. Bis zum Beginn des 20. Jahrhunderts war die Besiedlung äußerst dünn. Es nimmt also nicht Wunder, dass über die vulkanische Tätigkeit keine genauen Angaben existieren.

Ein Erdbeben verursacht die Katastrophe

Mount St. Helens ist wie die meisten Kaskadenvulkane ein großer Kegel, gefüllt mit Basalt, Lava- und anderen Gesteinen. An seinen Hängen hatten sich bis 1980 mehrere Lavawölbungen gebildet.

Das Gebiet um den Vulkan war ein Naturschutzgebiet, ein Paradies für Jäger, Angler und Wanderer. Dichte Wälder mit reicher Fauna sowie Forellen und Lachse in Bächen und Flüssen luden zum Besuch ein.

Während der zwei Monate vor dem katastrophalen Ausbruch wurden in Washington über 10 000 Erdbeben registriert, dazu auch mehrere Dampfexplosionen. Die Schwellung des Lavagewölbes an der Nordflanke, Goat Rocks genannt, vergrößerte sich gleichzeitig um mehr als 80 m.

Am 18. Mai kommt es um 8.32 Uhr genau unter dem Vulkan zu einem Beben der Stärke 5,1.

Es soll der Auslöser für den gewaltigen Ausbruch, der nun folgt, sein. Innerhalb weniger Sekunden explodiert die gesamte Nordflanke, und es kommt zu einer der größten Geröllawinen aller Zeiten, die sich mit einer Geschwindigkeit von über 1000 km/h vorwärts bewegt. Die Temperatur in der Gefahrenzone schnellt in Sekunden bis auf über 300 °C hoch. Schnee und Eis auf dem Gipfel des Mount St. Helens schmelzen, wodurch sich Wildwasser bilden, die sich an den Flanken des Vulkans in die Täler ergießen und alles Leben auf ihrem Weg vernichten. Innerhalb von Minuten hat sich eine Aschewolke über dem Vulkan gebildet, die 19 km hoch in den Himmel schießt. Die Winde verwehen so 540 Mio. t Asche über fast 60 000 km^2 des Nordwestens der USA. Gegen Mittag hat die Aschewolke in der Stratosphäre den Bundesstaat Idaho erreicht, gegen 15.00 Uhr Montana, von wo aus sie sich, bedingt durch die Winde, nach Süden bewegt. Am Ende dieses 18. Mai ist sie in Colorado im Südosten angekommen. An diesem Tag verliert der Vulkan erheblich an Höhe – die nun fehlende Bergspitze ist innerhalb weniger Stunden in Asche und Staub verwandelt worden und legt sich nun wie eine Decke auf den Nordwesten der USA.

Zeugen in den verschiedenen Bundesstaaten beschreiben den Knall der Explosion als ohrenbetäubend und den Ascheregen als feinen, graubeigefarbenen Sand verbunden mit dem Geruch von Schwefel.

Seit dem Ausbruch von 1980 hat sich innerhalb des Kraters eine neue Lavawölbung mit einem Durchmesser von 1100 m und einer Höhe von 250 m gebildet. Sein Inhalt wird auf ein Volumen von etwa 90 Mio. m^3 Lava geschätzt.

Unmittelbar verloren bei der Katastrophe 57 Menschen ihr Leben, mittelbar kam es durch den Ausbruch zusätzlich zu einem Flugzeugabsturz und einem schweren Verkehrsunfall mit sieben weiteren Opfern, wodurch die Zahl der Toten auf 64 festzulegen ist.

Rauch und Asche werden bei der gewaltigen Eruption am 18.05.1980 aus dem Mount St. Helens im Bundesstaat Washington geschleudert.

Die Zerstörung kam im Morgengrauen

Das Erdbeben von Kobe

47 Jahre hindurch hatte es kein Erdbeben in Japan gegeben, die Erdbebenforschung befand sich auf dem Höhepunkt, die Menschen fühlten sich sicher in ihren Häusern, obwohl sie wussten, dass sie in einer gefährdeten Gegend lebten. Im Morgengrauen des 17. Januar 1995 ist die Zeit der Ruhe mit einem Schlag vorüber: Um 5.46 Uhr sucht ein gewaltiges Erdbeben die südjapanische Stadt Kobe heim. Häuser fallen in sich zusammen, Straßen reißen auf wie Papier, Fabriken und Bahntrassen werden zerstört, über 6000 Menschen verlieren ihr Leben, mehr als 300 000 werden obdachlos.

Zerstörung in 20 Sekunden

Im westlichen Japan haben sich die Menschen vor den großen Erdbeben immer relativ sicher gefühlt, obwohl Japan wie die gesamte Region um den Pazifischen Ozean zu den Gebieten der Welt gehört, die besonders häufig von Erdbeben heimgesucht werden. Dies liegt daran, dass Japan an einer geologischen Bruchzone dreier tektonischer Platten liegt. Aufgrund von Bewegungen dieser Platten und einem dadurch bedingten Aneinanderreiben untereinander bebt die Erde hier häufiger als in anderen Teilen der Erde.

Am 17. Januar 1995 um 5.46 Uhr Ortszeit beginnt an einer dieser Bruchzonen, der Nojima-Spalte, in einer Tiefe von 16 km ein zerstörerisches Beben, das nicht länger als 20 Sekunden dauert und dennoch zum Erdbeben mit einer der höchsten Schadenssummen aller Zeiten wird. Es erreicht eine Stärke von 7 auf der japanischen Skala (s. Kasten S. 50), das entspricht einem Wert von 7,2 auf der Richterskala. Sein Epizentrum liegt etwa 20 km südwestlich vom Stadtzentrum der Millionenstadt Kobe entfernt. Das Beben ist so stark, dass auch die Einwohner des nahe gelegenen Osaka in Angst und Schrecken versetzt werden, es rüttelt in ganz Japan die Urängste vor ungehemmten Naturgewalten wieder wach.

Die Holzhäuser können den Erdstößen in Kobe nur wenig Widerstand leisten.

Viele der als erdbebensicher geltenden Gebäude werden beschädigt und zerstört. Das Beben fordert mehr als 6300 Tote.

Trügerische Sicherheit

In Japan war man im Bereich der Erdbebensicherung immer schon führend, dort wurden die weltweit ersten Häuser und vor allem Hochhäuser entwickelt, die als erdbebensicher galten. Dennoch erlitten beim Beben von 1995 die meisten Gebäude einen Kollaps. Die Bevölkerung Japans weiß aus langer Erfahrung, wie man sich bei einem Erdbeben verhalten soll, dies wird in den Schulen und an den Arbeitsstellen regelmäßig geübt. Allerdings hatte niemand mit einem kurzen Stoß derartiger Wucht gerechnet. Und als man vom Schock getroffen reagieren konnte, war alles längst schon vorbei. Um die Zeit des Bebens lagen die meisten Einwohner der Stadt im Bett oder saßen zu Hause beim Frühstück, was, wie sich später herausstellte, ein Glück war, denn

Augenzeugenbericht

„Wenn es damals keine Hilfe von der Yamaguchi-Gumi gegeben hätte, denke ich jetzt, läuft es mir ganz kalt über den Rücken. Ich vergesse nie, was sie für uns getan haben. Solange ich lebe, erzähle ich meinen Enkeln und Urenkeln davon, denn wer Dankbarkeit vergisst, ist kein Mensch."

Tetsu Tanimura, Japanisch-Dozent und Journalist

In der aufgerissenen Erde nach dem Erdbeben von Kobe, das eine Stärke von 7,2 erreichte, finden sich tiefe Spalten.

Überall in Kobe werden nach dem Beben Blumen und Speisen niedergelegt – in Gedenken an verlorene Familienmitglieder und Freunde.

Erdbebenmessung

Die Stärke eines Erdbebens kann unter verschiedenen Aspekten betrachtet werden, zum einen wird die seismische Intensität des Erdstoßes an einem bestimmten Punkt gemessen, andererseits beschreibt die Stärke die Energie, die ein Beben freisetzt. Im Gegensatz zur weltweit üblichen Richterskala, die nach oben hin offen ist, handelt es sich bei der japanischen Skala um ein geschlossenes System mit Werten zwischen null und sieben. Diese Skala wurde 1949 von japanischen Erdbebenforschern entwickelt.

NULL: Das Beben wird gemessen.

EINS: Es findet ein schwaches Beben statt, das nur von sehr feinfühligen Menschen wahrgenommen wird.

ZWEI: Viele Menschen nehmen das Beben wahr, z. B. Türen wackeln.

DREI: Ein mäßiges Beben ist deutlich zu spüren, bei dem Gebäude schwanken und Fenster zerspringen können.

VIER: Ein mittelstarkes Beben mit stark schwankenden Gebäuden, es wird auch von sich bewegenden Menschen gespürt.

FÜNF: Ein starkes Beben findet statt; bei der Erschütterung brechen Wände ein, und Straßenlaternen stürzen um.

SECHS: Ein zerstörerisches Beben, bis zu 30 Prozent der Gebäude brechen zusammen, Menschen stürzen.

SIEBEN: Ein heftigstes Beben, die Erde reißt auf, mehr als 30 Prozent der Gebäude stürzen ein, Verkehrswege werden zerstört.

Büros, Firmen, Geschäfte und Straßen waren relativ leer, der Schienenverkehr befand sich noch im Ruhezustand. Nur zwei Stunden später, wenn alle Pendler unterwegs zur Arbeit oder bereits an ihren Arbeitsstellen sind, hätte die Zahl der Opfer um ein Vielfaches höher gelegen.

Bilanz der Zerstörung

Die Katastrophe von 1995 war die stärkste Erschütterung in Westjapan seit 1923. Nicht nur Häuser fielen zusammen und ihre Einwohner wurden verschüttet, auch die als erdbebensicher geltende vierspurige, auf Stelzen gebaute Hanshin-Autobahn brach auf einer Länge von 5 km zusammen und begrub die Menschen unter sich. Geröll, Stahl- und Betonteile türmten sich übereinander, und dazwischen leuchteten die Reste zerstampfter Autos. Durch das Beben starben 6434 Menschen und etwa 44 000 wurden verletzt. Mehr als 150 000 Gebäude wurden zerstört, und in der Folge des Erdstoßes brachen in Kobe an verschiedenen Stellen über 500 Feuer aus. Insgesamt brannte eine Fläche von über 100 ha ab, über 300 000 der 1,4 Mio. Bewohner wurden obdachlos, und ein halbes Jahr nach der Katastrophe, so schätzt man, lebten immer noch 17 000 Personen auf der Straße. Der Hafen, ehemals der umschlagstärkste Nicht-Ölhafen der Welt, wurde stark zerstört und fand nie mehr zu seiner früheren führenden Rolle zurück. Insgesamt schätzt man den Sachschaden auf etwa 100 Mrd. US-Dollar. All die Schäden in der Infrastruktur hatten daneben noch etwas anderes zur Folge: Versorgungsschwierigkeiten für die Opfer.

Kritik an der Katastrophenbewältigung

Über 100 000 Gebäude wurden völlig zerstört und fast 500 000 stark beschädigt, und es dauerte lange, bis alle, die ihre Häuser verloren hatten, wieder ein Dach über dem Kopf hatten. Gas-, Wasser- und Stromleitungen waren unterbrochen, und es erwies sich als unmöglich und viel zu kostenintensiv, sie zu reparieren – neue Versorgungssysteme mussten angelegt werden. Der Sommer des Jahres 1994 war extrem regenarm und die Zisternen der Stadt im Jahr darauf fast leer, die Brandherde aber, die sich als Folge des Bebens bildeten, lagen teilweise weit auseinander. Die Feuerwehr war als Folge völlig überfordert und musste vielen Bränden tatenlos zusehen. Kritik am Krisenmanagement wurde international laut, man habe zu viel über Erdbebenmessungen nachgedacht und dabei konkrete Pläne

Nach dem Beben von 1996 sitzt die zwölfjährige Emi Shimazu in eine Decke gewickelt neben den Ruinen ihres Wohnhauses.

für den Ernstfall außer Acht gelassen. In den folgenden Tagen und Wochen wurden Trinkwasser, Nahrungsmittel, Decken, warme Kleidung – der Januar in Kobe ist kalt – und Gegenstände des täglichen Bedarfs knapp, Notunterkünfte für die Obdachlosen wurden von staatlicher Seite kaum bereitgestellt. Die Bevölkerung war sich selbst überlassen und versuchte, sich selbst zu helfen, die wenigen benutzbaren Straßen, z. B. nach Osaka, wohin viele Menschen fuhren, um das Nötigste für sich einzukaufen, waren vollkommen verstopft. Chaos herrschte in den Trümmern von Kobe. Solidarität aus dem Ausland und staatliche Hilfsaktionen fingen Teile der Not auf, überdies wurde ein normalerweise gefürchteter Helfer aktiv: Mitglieder der Yamaguchi-Gumi, die zum japanischen organisierten Verbrechen – den berüchtigten Yakuza – zählen, verteilten Hilfsgüter an die Notleidenden.

Das Erdbeben und die Yakuza

Der damalige japanische Ministerpräsident Tomiichi Murayama (1994–1996) besuchte das Katastrophengebiet und sagte sofortige Hilfe zu. Aber sein Versprechen wurde nicht eingelöst, verzweifelt wurden Wasser, Wolldecken, Zelte und Toiletten gebraucht. In kilometerlangen Schlangen warteten Menschen auf Wasser und Nahrung. In diesem Moment halfen jedoch an vielen Stellen die Yakuza, eine Organisation, der viele mafiaähnliche Strukturen bescheinigen. Sie brachten mit Schnellbooten und Helikoptern Hilfsgüter in die zerstörte Stadt. Das Motto der Yakuza lautet „Jingi", was so viel bedeutet wie „Menschlichkeit" oder „Gerechtigkeit". Im Ehrenkode der Yakuza sieht man Gnade vor, wenn jemand in Schwierigkeiten ist. Deswegen griffen sie auch gegen den Widerstand der Polizei und der Behörden ein. Insgesamt soll sich die Hilfsleistung der japanischen Mafia auf 10 Mrd. Yen (etwa 9 Mio. Euro) belaufen haben.

Kritische Stimmen ließen allerdings verlauten, es sei nur im Interesse der Mafia gewesen, den Status quo wiederherzustellen, um erneut ihren Machenschaften nachgehen zu können.

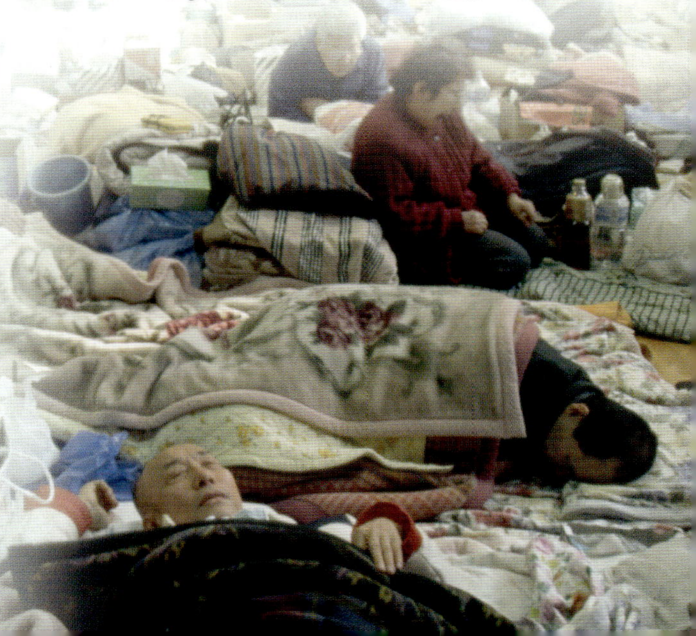

Eine noch intakte Grundschule dient den Erdbebenopfern vom Januar 1995 als Obdach gegen die Kälte.

Feuerwände fallen vom Himmel

Die Waldbrände im spanischen Galizien 2006

Alle Jahre wieder brennen in Südeuropa die Wälder. In den ersten beiden Augustwochen des Jahres 2006 aber gab es allein in Galizien über 2055 Brände. Vier Menschen verloren in den Flammen ihr Leben. Tausende Feuerwehrleute, 2000 Soldaten und Freiwillige kämpften gegen die Feuer, die über 80 000 ha Wald zerstörten. Wie die Nachforschungen ergaben, wurden die meisten dieser Feuer absichtlich gelegt, 80 Prozent gehen auf Brandstiftung zurück.

Feuer ist eine schreckliche Gewalt. Beobachter vergleichen Waldbrände immer wieder mit Feuerwänden, die vom Himmel fallen.

Schnelle Versteppung in Spanien

Das spanische Wetter ist stets von großer Trockenheit bestimmt, in Europa ist es das am schnellsten versteppende Land, jeder Sommer bringt Dürre und unweigerlich Feuer mit sich. Zwischen 2000 und 2005 wurden in Spanien jährlich etwa 22 000 Brände registriert, im Jahr 2005 hingegen erreichte die Zahl fast 26 500. Im Jahr 2006 gingen bis zu den verheerenden Bränden Anfang August in Galizien mehr als 110 000 ha Land in Flammen auf, mehr als drei Viertel davon allein in Galizien. Pro Hektar veranschlagt der WWF (World Wide Fund For Nature) Kosten von etwa 13 500 Euro, dies allerdings nur für die gröbsten ökologischen sowie die wirtschaftlichen und sozialen Schäden. Nicht enthalten in dieser Summe sind langfristige Folgekosten, die durch Erosion und den Verlust der Bodenfruchtbarkeit entstehen. Viele dieser Feuer sind auf natürliche Ursachen zurückzuführen, aber die große Mehrzahl – die spanischen Behörden gehen von 80 Prozent aus – dieser Waldbrände sind menschlichen Ursprungs, d. h. vorsätzlich gelegt worden.

Organisierte Banden?

Der Großteil der Feuer in Galizien 2006 geht auf Brandstiftung zurück. Über 60 Verdächtige wurden festgenommen, gegen 14 von ihnen wurde Haftbefehl erlassen, sieben wurden in

psychiatrische Kliniken eingewiesen, 28 setzte man gegen Auflagen wieder auf freien Fuß, und gegen den Rest konnte der Verdacht nicht bestätigt werden. Unter den von der Polizei in Gewahrsam Genommenen fand sich auch ein Mitglied der freiwilligen Feuerwehr – in Spanien werden diese Feuerwehrleute nach der Zahl ihrer Einsätze bezahlt!

Speziell in Galizien gibt es allerdings besondere Bedingungen, die auch auf das Handeln organisierter Banden schließen lassen. Ein großer Teil des spanischen Drogenhandels wird über Galizien abgewickelt, darum geht die Justiz davon aus, dass organisierte Banden solche Feuer legen, um die Behörden von ihrer eigentlichen Tätigkeit abzulenken. In den meisten Fällen ist das mögliche Motiv jedoch wirtschaftlicher Natur, vermutlich wird auf diese Weise versucht, die niedrigen Holzpreise steigen zu lassen. Auch ist es möglich, dass Waldbauern sich die Aufforstung mit schnell wachsendem Eukalyptus für die Papierindustrie über Hilfsgelder der EU bezahlen lassen wollen – hier geht es also um das Erschleichen von Subventionsgeldern. Meist aber wollen Bodenspekulanten Platz für Weide- oder Bauland schaffen, und natürlich gibt es die Pyromanen, die ihrer krankhaften Natur folgen und es brennen sehen wollen. Die Palette der möglichen Motive ist groß. Über den „neuen Typ“ des spanischen Brandstifters aber sagt der spanische Agrarminister Alfredo Suárez Canal, dass die

Das größte Feuer aller Zeiten

Der wohl größte Waldbrand aller Zeiten ereignete sich im Oktober 1871 um die Stadt Peshtigo in Wisconsin, USA. Weit über 1000 km² Wald wurden zerstört. Starke Winde fachten die Feuer immer wieder an, insgesamt 1500 Menschen starben, und neun Ortschaften brannten vollkommen nieder.

Während die Menschen um ihre Existenz und ihr Überleben kämpfen, legen Brandstifter weitere Feuer.

Hilflos beobachten die Bewohner eines Dorfs, wie sich das Feuer unaufhaltsam nähert.

In pausenlosem Einsatz kämpfen die Menschen in Galizien gegen die verheerenden Waldbrände. Vier Menschen kommen um, Hunderte werden verletzt.

Täter es eindeutig darauf abgesehen hätten, einen möglichst großen Schaden anzurichten, weshalb die Feuer mit Absicht in der Nähe von Ortschaften gelegt werden. Die Regierung ruft jetzt zum Kampf gegen den „Terrorismus des Feuers" auf. Dabei ist auch die Regierung nicht unschuldig an den Katastrophen.

Brände in anderen Ländern

In Griechenland, Italien und Südfrankreich verheeren Brände jeden Sommer riesige Wald- und Buschflächen. Im Jahr 2005 war zusätzlich Portugal sehr stark betroffen, hier brannte eine Fläche von rund 250000 ha. Um die betroffenen Gebiete sowohl in der Vorbeugung als auch in der Brandbekämpfung zu unterstützen, fördert die EU-Kommission das Europäische Waldbrand-Informationssystem EFFIS (European Forest Fire Information System). Es dient vorrangig dem Informationsaustausch zwischen den 19 Teilnehmerländern ebenso wie auch einer verbesserten Risikovorhersage.

Die USA, insbesondere die westlichen Staaten des Landes, werden ebenfalls jährlich von Waldbränden heimgesucht. Immer wieder muss man in der Metropole Los Angeles darum bangen, ob die Flammen gestoppt werden können, bevor sie die Stadt erreichen, und jedes Jahr müssen Tausende Menschen vor dem Feuer flüchten.

Schuld der Behörden

Waldexperten des WWF schätzen, dass im Jahr 2006 in Spanien schon fast 1,5 Mrd. Euro in Flammen aufgegangen sind, weil es die Behörden noch immer nicht geschafft haben, den Waldbränden ausreichend vorzubeugen. Gleichzeitig mahnen sie dringenden Handlungsbedarf an, da sich die Zahl der Waldbrände in Spanien seit den 1960er-Jahren verzehnfacht hat.

Doch in Spanien und auch in Portugal gehören Waldbrände zu den „regelmäßigen" Katastrophen, die Naturschutzgesetze sind lax, die Zahl der Waldarbeiter, die Wälder reinigen und vom Unterholz befreien, ist sehr niedrig. Die steigende Zahl der Waldbrände hat aber auch mit der Nutzung des Waldes zu tun, mit der Landflucht, in deren Folge Wälder verwildern, vor allem aber mit zunehmender Wasserknappheit, extremen Hitzewellen und fehlgeleiteter Forstpolitik.

Verschwörungstheorie

Eine weitere Rolle für die hohe Zahl der Feuer 2005 in Spanien spielt das von der sozialistischen Regierung angekündigte „Berggesetz". Das Gesetz

besagt, dass es bis 30 Jahre nach einem Brand unmöglich ist, das verbrannte Land als Bau- oder Ackerland zu nutzen. Das Gesetz war groß angekündigt worden, trat aber erst nach dem Sommer 2005 in Kraft. Man vermutet daher zu Recht, die extrem hohe Zahl der Feuer jenes Jahres habe damit zu tun, noch kurz vorher ausgiebig abzufackeln, um das immer teurer werdende Bauland zu Spekulationszwecken zu gebrauchen. Seit Inkrafttreten des Gesetzes gehen die Brände folgerichtig zurück, in Galizien aber steigen sie trotzdem sprunghaft an. Was ist der Grund dafür? Die Regierung sieht sich einer so genannten Feuerkampagne gegenüber. Der spanische Innenminister Alfredo Pérez Rubalcaba glaubt weniger an den Kampf gegen ein Naturphänomen als vielmehr gegen strategisch geplante Anschläge mit äußerst üblen Absichten. Er weist damit indirekt die Schuld der rechten Volkspartei PP zu, die seit 1936 die Regierungsgeschäfte in Galizien geleitet hatte und nach ihrer Ablösung durch die Sozialisten z. B. durch Feuer gezielt auf deren politische Unfähigkeit aufmerksam machen will. Insgesamt sind wohl alle genannten Faktoren gemeinsam zu unterschiedlichen Teilen für die Katastrophe verantwortlich. Es waren im Übrigen starke Regenfälle, die dem Feuer-Spuk im Sommer 2006 schließlich ein Ende gemacht haben. Wie wird es 2007 weitergehen?

Das Feuer beginnt ständig aufs Neue zu toben, obwohl die Feuerwehr rund um die Uhr im Einsatz ist.

Verzweifelt versuchen die Bewohner der betroffenen Gebiete, das Feuer aufzuhalten.

STÜRME UND FLUTEN

Ohne Luft und Wasser gäbe es auf der Erde kein Leben, doch die Elemente können auch Leben nehmen. Nicht selten werden durch Stürme und Flutwellen auch Zeichen des menschlichen Fortschritts wie Spielbälle fortgerissen. Forscher deuten die jüngste Zunahme dieser naturgewaltigen Ereignisse als zwangsläufige Folge schädlicher Umwelteinflüsse. Nie gab es mehr Opfer zu beklagen, größere Verheerung materieller Werte. Der Organismus der Welt ist fieberkrank.

Sturmfluten verändern den Küstenverlauf

Schwimmbagger beginnen mit dem Aufschütten eines provisorischen Deiches.

Die Hollandsturmflut von 1953

Die europäischen Nordseeküsten wurden im Mittelalter immer wieder von schweren Sturmfluten heimgesucht. Die schrecklichsten dieser Sturmfluten erhielten im Volksmund Namen, die sich in der Regel auf Märtyrer des kirchlichen Heiligenkalenders beziehen, deren Gedenktag zum jeweiligen Zeitpunkt gefeiert wurde. Die Zerstörungskraft der Wassermassen war so stark, dass sich sogar der Küstenverlauf immer wieder änderte. In der folgenreichsten Sturmflut, der so genannten „Zweiten Marcellusflut" des Jahres 1362, entstand in einer einzigen Nacht im heutigen deutsch-niederländischen Grenzgebiet eine fast 100 km^2 große Meeresbucht, der Dollart. Die folgenschwerste Sturmflut der Neuzeit traf im Jahr 1953 gleichzeitig die niederländische, belgische und englische Küste. Unmittelbare Folge dieser Katastrophe war die Umgestaltung der niederländischen Küste durch das Großprojekt „Deltawerk".

Alte Quellen

Seit ewigen Zeiten werden die Küsten der Nordsee von Sturmfluten heimgesucht. Der Mensch versuchte seit früher Zeit, sich und seinen Lebensraum durch geeignete Maßnahmen gegen diese Naturgewalten zu schützen. Er errichtete in gut organisierter Gemeinschaftsarbeit Deiche und baute seine Wohnstätten auf Hügel, die so genannten Warften, um sich vor den Fluten zu schützen. Aber die Natur erwies sich immer wieder als unberechenbar und behielt im Kräftemessen mit dem Mensch letztendlich stets die Oberhand. Im Abstand von Generationen traten immer wieder derart gewaltige Sturmfluten auf, dass selbst die von Zeitgenossen als absolut sicher empfundenen Deichbauten nicht mehr ausreichten, um die Katastrophe zu vermeiden. Die erste große Flut, die durch historische Quellen belegt ist, suchte die Nordseeküste in der Nacht zum 17. Februar 1164 heim. Am Tag zuvor hatte man das Kirchenfest der Märtyrerin Juliana gefeiert, sodass die Sturmflut als „Julianaflut" in die Annalen einging. Durch die Gewalt der hereinbrechenden Wassermassen entstand eine riesige neue Bucht in Norddeutschland, die heute Jadebusen genannt wird.

Der niederländische Ort Stellendam ist nach der Orkannacht überflutet. In den Straßen schwimmen Schutt und Hausrat.

Die Grote Mandränke

Die bekannteste der großen historischen Sturmfluten an der Nordseeküste ist die „Marcellusflut" von 1362. Die deutsche Nordseeküste wurde durch diese gewaltige Flut völlig verändert und erhielt damals wenigstens ansatzweise ihre heutige Form. Das Meer eroberte riesige, vorher fruchtbare Marschflächen und zerstörte eine große Zahl blühender Dörfer und Kleinstädte. Die „Marcellusflut" war so gewaltig, dass sie selbst die höchsten Deiche um mehr als 2 m überspülte. In der Erinnerung der Menschen blieb diese Sturmflut die Grote Mandränke (hochdeutsch: „große Manntränke"), und in den Quellen wird von mehr als 100 000 Opfern gesprochen.

Der immer wieder drohenden Gefahr von Überschwemmungen durch Sturmfluten begegnete der Mensch durch immer höhere und breitere Deiche. Hatten die Deiche des Mittelalters gerade einmal eine Höhe von 4 m, so erreichen die Deiche der Neuzeit Höhen von 8 m über einer

Thames Barrier

Das Themse-Sperrwerk (Thames Barrier) im Londoner Vorort Woolwich ist das größte bewegliche Flutschutzwerk der Welt. Die Planungen für dieses gigantische Bauwerk begannen nach der schweren Sturmflut des Jahres 1953. Die Errichtung dauerte von 1974 bis 1984. Die zehn schwenkbaren Tore der Anlage sind normalerweise auf den Grund der Themse abgesenkt, um den Schiffsverkehr nicht zu behindern. Droht eine Sturmflut, können die Tore innerhalb von 15 Minuten geschlossen werden, um London vor einer Überflutung zu schützen.

Hintergrund: Der für seine Windmühlen berühmte Ort Kinderdijk (dt.: "Kinderdeich") in den Niederlanden ist auf Land errichtet, das durch Eindeichung gewonnen wurde.

Unten: Die Anlagen des Bahnhofs im niederländischen Dordrecht werden komplett von Wasser unterspült und schwer beschädigt.

100 m breiten Basis. Aber auch diese Bollwerke vermochten nur eine trügerische Sicherheit zu schaffen.

Orkan über der Nordsee

In den letzten Januartagen des Jahres 1953 braut sich südlich von Island ein Tiefdruckgebiet zusammen, das in Richtung Schottland zieht. An seiner Rückseite bildet sich ein Sturm, durch den das Tief weiter nach Südosten gedrängt wird. Am Mittag des 31. Januar 1953 hat sich der Sturm zu einem Orkan entwickelt, der die ganze Nordsee erfasst. An der niederländischen Küste herrscht zu dieser Zeit gerade Flut, die vom Sturm verstärkt wird. An einigen Orten deutet sich die nahende Katastrophe bereits an – Wasser tritt über die Deiche! Der Druck des Windes verhindert zudem ein Ablaufen des Wassers von der Küste, sodass an diesem Abend keine Ebbe eintritt. In den ersten Morgenstunden des 1. Februar setzt zu allem Überfluss eine Springflut ein. Da der Sturm immer noch unverändert wütet, kommt es zu Wasserständen, die fast 5 m über dem gewöhnlichen Pegel liegen. Die Deiche sind für solche Pegel nicht ausreichend gerüstet, und gegen 3.00 Uhr in der Nacht brechen die ersten Deiche. Die schwerste Sturmflutkatastrophe der letzten 500 Jahre hat die Niederlande erreicht.

Die Folgen

Die Wetterdienste hatten die Gefährlichkeit der Lage lange Zeit unterschätzt. Als die Katastrophe mitten in der Nacht ausbricht, ist es zu spät, um die Bevölkerung zu warnen oder gar zu evakuieren. Selbst über Radio und Fernsehen ist keine Warnung in letzter Minute möglich, da zur damaligen Zeit nachts weder Radio- noch Fernsehprogramme ausgestrahlt wurden. Als die ersten

Die Deltawerke

Die Deltawerke sind ein gigantisches Schutzsystem aus Dämmen und Sturmflutwehren, durch das in der zweiten Hälfte des 20. Jahrhunderts die Küste der Niederlande völlig verändert wurde. Den Anstoß zu den Planungen gab die große Sturmflut von 1953, bei der das Flussdelta der Maas und der Waal im Süden der Niederlande schwer verwüstet wurde. Die niederländische Küstenlinie wurde durch die Bauwerke um mehr als 600 km verkürzt. Das technisch aufwändigste Teilstück ist das Oosterschelde-Sturmflutwehr, das 62 riesige Schiebetore enthält. Die Tore können bei drohender Gefahr innerhalb von einer Stunde geschlossen werden, um das Eindringen von Wassermassen ins Hinterland zu verhindern.

Deiche brechen, trifft die Katastrophe die Bewohner der Dörfer völlig unvorbereitet. Insgesamt brechen die Deiche an fast 100 Stellen. Allein in den Niederlanden sterben mehr als 1800 Menschen bei dieser Katastrophe. 200 000 Nutztiere ertrinken, und 200 000 ha landwirtschaftliche Fläche werden durch das Salzwasser für lange Zeit unbrauchbar gemacht. Aber auch das Nachbarland Belgien bleibt nicht verschont. Selbst in England sterben 300 Menschen, und 40 000 ha Nutzfläche werden vernichtet. Die Bevölkerung Westeuropas ist erschüttert. Da die vorhandenen Deiche das Unglück nicht zu verhindern wussten und die Angst vor weiteren Überschwemmungen gegenwärtig ist, beginnen in den Niederlanden und England fast unmittelbar nach der Katastrophe die Planungen für gigantische Schutzwälle, um die Wiederholung einer solchen Katastrophe in der Zukunft zu verhindern.

Nach der Reparatur der Deiche kehren die Bewohner in ihre zerstörten Dörfer zurück. Ihre Felder, Straßen und Häuser liegen immer noch in einem Meer von Schlamm und Schutt.

Schiffsjungen im Orkan

Die Viermastbark „Pamir" ist nicht nur ein Transport-, sondern auch ein Schulschiff.

Das Schulschiff „Pamir" sinkt

Als der Großsegler „Pamir" am 21. September 1957 in einen Orkan gerät, erfüllt er gerade eine doppelte Mission. Er transportiert eine Ladung Gerste von Argentinien nach Deutschland und dient gleichzeitig als Ausbildungsschiff für den Offiziersnachwuchs der deutschen Handelsmarine. Von den 86 Besatzungsmitgliedern sind 52 Auszubildende: Schiffsjungen, Jungmänner und ein Jungzimmermann. 80 Seeleute sterben bei der Katastrophe im Atlantik. Die späteren Untersuchungen werfen einen Schatten auf die Reederei und die Schiffsführung.

Die acht Schwestern

Die alteingesessene Hamburger Reederei F. Laeisz wurde vor allem durch ihre schnellen Großsegler bekannt, die seit der Mitte des 19. Jahrhunderts stets den Anfangsbuchstaben „P" im Namen trugen. Bald hießen diese Schiffe, die im Salpeterhandel mit Chile eingesetzt wurden, unter Seeleuten nur noch die „Flying-P-Liner". Zwischen 1903 und 1926 wurden die letzten acht Viermastbarken der Reederei gebaut und in Dienst gestellt. Wegen ihrer Ähnlichkeit in

Größe und Bauart wurden sie fortan die acht Schwestern genannt: „Pangani", „Petschili", „Pamir", „Peking", „Passat", „Pola", „Priwall" und „Padua". Drei dieser Schwestern existieren heute noch. Die „Passat" und die „Peking" dienen als Museumsschiffe in den Häfen von Lübeck und New York, während die „Padua" unter dem Namen „Kruzenstern" als russisches Schulschiff die Meere bereist.

Die letzten SOS-Funksprüche der „Pamir"

14.36 Uhr: „Treiben ohne Segel in schwerem Hurrikan – Position 35 Grad 57' Nord, 40 Grad 20' West."
15.00 Uhr und 15.04 Uhr: „SOS! Deutsche Viermastbark Pamir 35 Schlagseite, Schlagseite noch zunehmend! Schiffe in der Nähe bitte Kontakt aufnehmen!"
15.54 Uhr: „SOS! Bitte um schnelle Hilfe!"
15.57 Uhr: „Schiff macht Wasser, Gefahr des Sinkens!"

Der Lebenslauf der „Pamir"

Die „Pamir" startet im Oktober 1905 erstmals vom Hamburger Hafen auf große Fahrt in Richtung Chile. Sie ist für die Frachtschifffahrt gebaut worden und erfüllt diesen Auftrag neun Jahre lang bis zum Ausbruch des 1. Weltkriegs im Jahr 1914. Als die Nachricht vom Kriegsbeginn das Schiff erreicht, befindet es sich gerade auf dem Atlantik und kann den sofort blockierten Ärmelkanal nicht mehr durchfahren, ohne sich in Gefahr zu bringen. Es muss den Krieg in einer stillen Bucht der Insel Palma abwarten. Was ursprünglich als kurze Unterbrechung des Einsatzes gedacht war, dauert schließlich sechs Jahre. Erst 1920 kehrt die „Pamir" nach Hamburg zurück, um von 1924 bis 1931 wiederum im Salpeterhandel mit Chile eingesetzt zu werden. In den nachfolgenden Jahren wechselt sie mehrfach die Flagge, fährt zunächst unter finnischer, dann unter neuseeländischer Flagge, um schließlich 1950 an einen belgischen Abwracker verkauft zu werden. Ein Jahr später kauft eine deutsche Interessengemeinschaft die „Pamir" und ihre Schwester „Passat" dem belgischen Verwertungsunternehmen ab. Die Schiffe werden in Kiel generalüberholt und wieder in Dienst gestellt. Schon 1954 stehen sie zur Zwangsversteigerung an. Ein Konsortium aus 40 deutschen Reedern ersteigert die beiden Schiffe, um sie für die Ausbildung von Schiffsoffizieren zu nutzen. „Pamir" und „Passat" sind zu Segelschulschiffen geworden.

Die „Pamir" kentert durch

Am 21. September 1957 ist die „Pamir" auf der Rückreise von Argentinien nach Deutschland. In ihrem Rumpf transportiert sie 3780 t Gerste, von denen der weitaus größte Teil nicht in Säcken verpackt, sondern lose gelagert und damit nicht vor einem Verrutschen gesichert ist. Gegen 8.00 Uhr Bordzeit empfängt der Funker eine Warnung vor

Die fünf Insassen des Rettungsboots Nr. 5 werden nach zwei Tagen auf dem offenen Meer schließlich vom New Yorker Dampfer „Saxon" gerettet.

dem Hurrikan „Carrie", der die Route des Schiffs gefährdet. Schon eine Stunde später erreichen die ersten Sturmausläufer das Schiff. Der Sturm entwickelt sich zum Orkan mit bis zu Windstärke 12. Als der letzte Notruf des Schiffs empfangen wird, sind längst alle Segel zerfetzt, das Schiff hat 45 Grad Schräglage und keine Chance mehr, sich aufzurichten, da die Ladung verrutscht ist und den Schwerpunkt des Schiffs verändert hat. Der letzte, nicht mehr zu entziffernde Funkspruch wird gegen 16.00 Uhr gesendet. Kurz danach kentert das Schiff durch und treibt noch etwa 20 Minuten mit dem Kiel nach oben im tosenden Atlantik. Zahlreiche Besatzungsmitglieder sind zu diesem Zeitpunkt chancenlos im Schiffsrumpf eingeschlossen. Wegen der extremen Schräglage konnten die Rettungsboote nicht rechtzeitig zu Wasser gelassen werden, sodass diejenigen, die den direkten Untergang der „Pamir" überleben, lediglich drei beschädigte Rettungsboote im Wasser treibend vorfinden. In zwei dieser Boote retten sich gut 30 Seeleute, allerdings ohne Proviant und Trinkwasser.

Nur sechs Überlebende

Alarmiert durch den Notruf der „Pamir", machen sich sofort 78 Schiffe auf die Suche nach Überlebenden. Als am nächsten Tag der Sturm nachlässt, können sich zusätzlich elf Flugzeuge an der Suche beteiligen – der größten Suchaktion, die jemals zur Rettung Schiffbrüchiger eingeleitet worden ist. Zwei Tage später findet der Dampfer „Saxon" das Rettungsboot Nr. 5 der „Pamir". Es ist nur noch ein Wrack ohne Bug und Heck und trägt die letzten fünf Verzweifelten, die sich nach dem Untergang in dieses Boot retten konnten. Erst zwei Stunden vor der Rettung hatte ein sechster Überlebender das Boot schwimmend verlassen. Außer diesen fünf Geretteten überlebt nur noch ein einziger Leichtmatrose. Er wird einen Tag später als letzter Überlebender des zweiten Rettungsboots gefunden. 80 Seeleute haben die Katastrophe mit dem Leben bezahlt, darunter alle Schiffsoffiziere.

Die Untersuchung durch das Seeamt Lübeck

Der Untergang der „Pamir" löst in Deutschland Bestürzung aus. Kein Mitglied der Schiffs-

Die Konstruktion der Masten und die Takelage der „Pamir" sind beeindruckend.

Die Überlebenden des „Pamir"-Unglücks schwanken zwischen Erleichterung über ihre Rettung und Trauer um ihre toten Kameraden.

führung hat überlebt, sodass auch niemandem ein Verschulden angelastet werden kann. Dennoch wird die Katastrophe gründlich untersucht, und es ergibt sich eine Reihe von Hinweisen auf Nachlässigkeiten sowohl seitens der Reederei als auch bei den Verantwortlichen an Bord. Die Segel wurden offenbar erheblich zu spät eingeholt, vielleicht, weil der Kapitän versuchen wollte, dem Auge des Orkans schnell zu entkommen. Die Getreideladung wurde ungesichert transportiert und konnte wie Wasser im Schiff schwanken. Viele Schiffsöffnungen blieben unverschlossen, sodass das eindringende Wasser die Schlagseite des Schiffs noch vergrößern konnte. Die Tieftanks waren mit Getreide gefüllt, obgleich sie in Notsituationen zum Fluten mit Wasser vorgesehen waren, um die Stabilität des Schiffs zu erhöhen. Ein Fluten der Tanks hatte der Kapitän offenbar nicht gewagt, da er mit einem Aufquellen der gelagerten Gerste rechnete, was wiederum zum Bersten des Rumpfs geführt hätte. Insgesamt hatte die Schiffsführung wohl nicht die Erfahrung, die zum Transport einer solchen Ladung erforderlich gewesen wäre.

Die „Passat" nutzt die Erfahrungen

Der Kapitän des Schwesterschiffs „Passat" zweifelte daran, dass die aufquellende Gerste eine wirkliche Gefahr für die „Pamir" dargestellt hätte, und führte nach der Katastrophe ein Experiment durch. Er füllte ein Glas Gerste mit Wasser auf und beobachtete den Quellvorgang. Die Vergrößerung des Volumens war selbst nach vier Tagen minimal. Diese Erkenntnis rettete nur zwei Monate später die Besatzung der „Passat" vor dem Schicksal der „Pamir". Das ebenfalls mit Gerste beladene Schiff geriet in schwere See und bekam starke Schlagseite. Der Kapitän ließ sofort die Tieftanks fluten, und das Schiff richtete sich wieder ein wenig auf. Am 8. November 1957 erreichte das Schiff mit erschöpfter, aber unversehrter Mannschaft Lissabon. Das Ende der Schulschifffahrt auf den Flying-P-Liners war damit allerdings gekommen. Die „Passat" wurde aus dem Verkehr genommen und als Museumsschiff im Lübecker Hafen verankert.

Die Krusenstern – ehemals „Padua" – ankert im Hafen von New York. Sie ist ein Schwesterschiff der „Pamir" und heute ein russisches Schulschiff.

Sturmflut in Hamburg

Die deutsche Hafenstadt wird 1962 überflutet

Im Jahr 1962 wird die noch junge Bundesrepublik Deutschland durch eine Naturkatastrophe erschüttert. Eine Sturmflut erreicht Hamburg und überschwemmt die unvorbereitete Stadt. 75 000 Bewohner werden obdachlos, und 315 Menschen überleben die Katastrophe nicht.

Der Orkan kommt

Am Abend des 15. Februar 1962 wird im Rundfunk eine Sturmwarnung für die deutsche Nordsee gemeldet. Das Tief „Vincinette" zieht vom Nordpolarmeer in Richtung Deutsche Bucht. Am nächsten Tag entwickelt sich der Sturm zum Orkan mit Windgeschwindigkeiten bis zu 200 km/h, und für die Nordseeküste wird starkes Hochwasser angekündigt. Die Stadt Hamburg liegt aber etwas geschützt im Landesinnern, und Flutwellen, die immer wieder einmal die Küste bedrohten, hatten sich bisher auf dem Unterlauf der Elbe stets so weit beruhigt, dass die Stadt selbst auch diesmal nicht gefährdet erscheint.

Die Straßen und Häuser hinter den gebrochenen Deichen sind vollkommen überflutet.

Die Deiche brechen

In der Nacht vom 16. auf den 17. Februar 1962 kommt es jedoch anders als erwartet. Der Orkan drückt das Wasser immer weiter in die Elbe hinein, und im Verlauf der Nacht brechen fast 60 Deichabschnitte an der Elbe, sodass innerhalb kurzer Zeit fast 20 Prozent des Stadtgebiets überflutet werden. Die Katastrophe trifft die Stadt völlig unvorbereitet. Das Fehlen eines Katastrophenschutzplans, Stromausfälle und Personalmangel in den Dienststellen machen eine schnelle Reaktion unmöglich, sodass es nicht gelingt, die Bevölkerung rechtzeitig zu warnen oder gar zu evakuieren. Der besonders tief gelegene Stadtteil Hamburg-Wilhelmsburg wird völlig überflutet. Hier sterben in der Katastrophennacht allein 222 der 315 Todesopfer.

Soldaten als „fliegende Engel"

In den frühen Morgenstunden des 17. Februar beginnt der Krisenstab unter der Leitung des damaligen Innensenators Helmut Schmidt mit der Arbeit. Da die überfluteten Gebiete auf dem Landweg kaum zu erreichen sind, wird sofortige Hilfe beim Militär angefordert. 71 Hubschrauber der Bundeswehr und 25 Hubschrauber der US-Army sind danach in pausenlosem Einsatz. Sie bringen den vom Wasser eingeschlossenen Überlebenden Hilfsmittel und retten sie von den Dächern ihrer überfluteten Häuser. An die 300 Boote der Armee sind zusätzlich im Einsatz. 20 000 Menschen werden so aus dem Krisengebiet evakuiert.

Helmut Schmidt

*Der spätere Bundeskanzler (1974–1982) der Bundesrepublik Deutschland, Helmut Schmidt (*1918), war zum Zeitpunkt der Sturmflut Innensenator der Stadt Hamburg. Da er vorher einige Jahre Abgeordneter im Deutschen Bundestag gewesen war und sich in dieser Zeit mit Verteidigungsangelegenheiten befasst hatte, besaß er noch gute Kontakte zur Bundeswehr. So konnte er dafür sorgen, dass die Soldaten schnell und unbürokratisch zum Hilfseinsatz kamen. Es wurde der erste Einsatz der Bundeswehr bei einer zivilen Katastrophe. Obwohl dieser Einsatz vom Grundgesetz rechtlich nicht abgesichert war, wurden der politische Mut und die Entschlusskraft, die Schmidt in der Krise aufgebracht hatte, später sehr positiv bewertet. Die noch junge Bundeswehr erlangte durch diesen Einsatz hohes Ansehen in der deutschen Bevölkerung.*

Folgen

Für 315 Menschen in der Stadt Hamburg bzw. 340 Personen im betroffenen Gebiet insgesamt – unter ihnen fünf Helfer – kam jede Rettung zu spät. Sie überlebten die Sturmflut nicht. Nach der Katastrophe wurden die Deiche verstärkt und erhöht, ein Katastrophenschutzplan wurde erarbeitet. Als im Jahr 1976 eine weitere Sturmflut Hamburg bedroht, halten die Dämme, obwohl die Flut diesmal sogar 1 m höher aufläuft als in der Schreckensnacht von 1962.

Die verzweifelten Bewohner der überfluteten Stadtteile werden mit Booten evakuiert.

Rettungskräfte versuchen, in die überfluteten Stadtteile vorzudringen. Auf der rechten Seite sieht man einen PKW, der in den Wassermassen fast völlig verschwunden ist.

Der Kirchturm überragt das zerstörte italienische Dorf Longarone. Am 9.10.1963 zerstört die Flutwelle des Vaiont-Stausees das Dorf und tötet über 2000 Menschen.

Eine Flutwelle im Stausee

Der Vajont-Staudamm wird überspült

Der italienische Monte di Toc und der Vajont-Staudamm sind heute Symbole einer Katastrophe, die am 9. Oktober 1963 mehr als 2000 Menschenleben gefordert hat. Mehr als 40 Jahre nach dieser schicksalhaften Nacht finanziert die staatliche Stromgesellschaft ENEL einen Steg über den Staudamm, damit Besucher begreifen können, was sich damals abgespielt hat. Ausgelöst durch einen Bergrutsch, entsteht damals eine Flutwelle, die mühelos die Dammkrone überspült und das enge Tal hinunterstürzt. Die am Ende des Tals gelegene Ortschaft Longarone wird dabei binnen weniger Minuten vollständig zerstört.

Profitgier und Willkür

Das Tal des Vajont in den italienischen Voralpen nördlich von Venedig ist eng, steil und wasserreich – also auf den ersten Blick bestens geeignet zum Bau eines Staudamms und der damit verbundenen Erzeugung von Energie. Zu dieser Erkenntnis kamen in der ersten Hälfte des letzten Jahrhunderts Verantwortliche der Elektrizitätsgesellschaft SADE (Società Adriatica di Elettricità) und witterten ein riesiges Geschäft. Und die schnell wachsenden Städte Mailand und Turin in der Poebene wären bestens als potentielle Stromabnehmer geeignet gewesen.

So beantragt die SADE dann auch 1940 den Bau eines gigantischen Damms zur Aufstauung des Vajont. Die Erbringung positiver geologischer

Gutachten stellt kein Problem dar, werden sie doch von Gutachtern angefertigt, die auf den Lohnlisten der SADE stehen. Der Widerstand der Talbewohner wird ignoriert, und es ist für die Betreiber des Projekts eher von Vorteil, dass die Dörfer keine Einigung über die Eigentumsverhältnisse des Gemeindelands erzielen können. So verkauft letztendlich eine Gemeinde Grundstücke an die SADE, ohne rechtmäßige Eigentümerin dieser Grundstücke zu sein.

Selbst als 1957 mit dem Bau begonnen wird, sind längst noch nicht alle Eigentumsfragen geklärt und auch noch nicht alle Baugenehmigungen erteilt. Zudem entschließen sich die Ingenieure, die ursprünglich geplante Mauerhöhe von 200 m auf 261 m zu erweitern, um damit das Stauvolumen auf 150 Mio. m² Wasser zu vergrößern. Der Damm soll der höchste gewölbte Staudamm der Welt werden und wird in der von der SADE kontrollierten Presse entsprechend gefeiert.

Die Katastrophe in Literatur und Film

Die Katastrophe am Vajont-Staudamm wurde nicht nur in der Literatur verarbeitet (z. B. Marco Paolini/Gabriele Vacis, „Der fliegende See. Chronik einer angekündigten Katastrophe", München 1998), sondern auch filmisch bearbeitet. Im Jahr 2001 kam der Spielfilm „Vajont" des italienischen Regisseurs Enzo Martinelli in die Kinos. Er basiert auf dem Buch „Sulla pelle viva. Come si construisce una catastrofe" (dt.: „Bei lebendiger Haut. Wie man eine Katastrophe baut") der Journalistin Tina Merlin. Sie hatte viele Jahre die Hintergründe der Katastrophe erforscht, war wegen ihrer angeblich übertriebenen Berichte über die Katastrophe angeklagt, wurde aber schließlich von einem Gericht in Mailand freigesprochen. Die gigantische Welle, die über die Staumauer schwappte, wurde für den Film mit Computeranimationen rekonstruiert.

Die Einfüllversuche

Im September 1959 ist die Staumauer schließlich vollendet, und es beginnen die ersten Versuche, das Becken zu füllen. Aber schon in der Einfüllphase 1960 gibt es deutliche Anzeichen einer möglichen Katastrophe. Vom südlich des Stausees aufragenden Berg Toc löst sich eine mächtige Mure –

Noch Tage nach der Katastrophe stehen die Überlebenden unter Schock.

ein Strom aus Schlamm und Gestein – und rutscht in den See. Am Hang selbst bleibt ein breiter, mehr als 2 km langer Spalt zurück, den selbst voreingenommene Geologen nicht ignorieren können. Man befürchtet nun, dass eine weitere Mure abgehen könnte, die den geplanten Stausee in zwei Teile zerlegen würde. Als Vorbeugung gegen diese Katastrophe wird lediglich ein Kanal gebaut, der die beiden zu erwartenden Becken verbinden soll. Mit einer nennenswerten Flutwelle wird nicht gerechnet. 1962 geht die SADE in die neu gegründete staatliche Energiegesellschaft ENEL (Ente Nazionale per l'Energia Elettricà) über, an den Staudamm-Planungen ändert sich nichts. Im April 1963 beginnt schließlich die dritte und letzte Einfüllprobe, und die Risse am Hang werden größer. Wenige Wochen vor der Katastrophe führt man intensive Untersuchungen in der Umgebung des 7 km langen und 300 m breiten Stausees durch, und die Beobachtungen sind so besorgniserregend, dass der Bürgermeister eines in der Nähe gelegenen Dorfs seine Einwohner auffordert, das Gebiet zu verlassen. Jedoch befolgen nur wenige seinen Rat, denn eine staatlich organisierte Evakuierung wird nicht vorbereitet.

Der Berg rutscht

Je mehr sich der See füllt, desto beängstigender werden die Vorzeichen. Die Bewohner des Tals hören unterirdisches Grollen, alte Gebirgswege werden unpassierbar, weil sie meterweit verrutschen. Die ENEL hält aber eisern an ihrem Projekt fest, das Wasser wird nicht abgelassen, denn schließlich hat man den Damm gebaut, um das aufgestaute Wasser zu nutzen. Am Mittag des 9. Oktober setzt die Katastrophe ein. Die Arbeiter der ENEL können beobachten, wie der Berg sehr langsam zu rutschen beginnt, 60 cm/h. Um 22.39 Uhr bricht dann das Inferno los. Innerhalb von einer Minute erhöht sich die Rutschgeschwindigkeit auf 100 km/h, und auf einer Fläche von 200 ha rasen Schlamm und Gestein vom Hang des Monte di Toc in die Tiefe und krachen in den See. Das verdrängte Wasser bildet zwei

Nach dem Abzug der der 200 m hohen Flutwelle beginnen die Menschen im Piave-Tal mit den Aufräumarbeiten.

riesige Flutwellen, die den gegenüberliegenden Hang hinauflaufen und Teile der Dörfer Erto und Casso verschlingen. Eine der beiden Wellen schwappt beim Zurücklaufen über die Mauer des Damms. Der Damm selbst hält, aber 50 Mio. m³ Wasser rasen in einer fast 200 m hohen Flutwelle das enge Piave-Tal hinunter. Auf den 4 km entfernten Ort Longarone am Ausgang des Tals wartet der Tod. Innerhalb weniger Minuten ist der Ort völlig zerstört, 2000 Menschen werden getötet. Die gewaltigen Wassermassen lassen von dem eben noch blühenden Dorf lediglich einen Baum und den Kirchturm übrig, der wie ein Finger des Schicksals in den Himmel über dem weggeschwemmten Ort ragt. Der Damm selbst ist fast unbeschädigt, nur der Stausee hinter dem Damm ist verschwunden. Das Becken hinter der Mauer ist stattdessen aufgefüllt mit Fels- und Schuttmassen.

Eine Naturkatastrophe?

Die Staumauer des Vajont steht heute noch, auch wenn das Wasser des Stausees abgelassen wurde. Der Damm, der zu seiner Bauzeit der höchste Damm Europas war, ist heute ein Mahnmal für die Verantwortung, die der Mensch bei seinen Eingriffen in die Natur trägt. Die Untersuchungen der Katastrophe schleppten sich über Jahre hin und endeten schließlich mit einer einzigen Verurteilung zu zehn Jahren Haft, von denen jedoch nur ein einziges Jahr verbüßt wurde. Die Verantwortung der Behörden und der Betreiber des Projekts für die Katastrophe ist aber unbestritten. Viel zu viele Warnsignale wurden unterschätzt oder missachtet. Durch das Aufstauen des Wassers setzten in den Hängen rund um den Stausee so genannte Kapillarwirkungen ein, die das Versickern des Niederschlagswassers verhinderten. Dadurch entstand eine erhebliche Verringerung der Haftkräfte zwischen den Erdschichten der Hänge, die schließlich in einem Abrutschen endeten. Ein schnelles Ablassen des Wassers aus dem See hätte den Bergrutsch zwar wohl auch nicht mehr verhindern können, aber ohne das Stauseewasser wäre die katastrophale Flutwelle nicht möglich gewesen.

Ein Priester segnet die Särge der Opfer der Vajont-Katastrophe, die etwa 2000 Menschenleben gefordert hat.

Schneisen der Verwüstung

Beim „Super Outbreak“ toben 148 Tornados durch die USA

Im April 1974 rasen innerhalb von 18 Stunden 148 Tornados durch die Vereinigten Staaten. Diese als „Super Outbreak“ bezeichnete Katastrophe hinterlässt mehr als 300 Todesopfer und einen Gesamtschaden von 3,5 Mrd. US-Dollar, 13 Bundesstaaten werden von dieser größten Tornado-Serie, die jemals aufgetreten ist, heimgesucht und schwer geschädigt. Nach neueren Forschungen ist nur alle 500 Jahre mit einer derartig heftigen Serie von Tornados zu rechnen.

Es beginnt in Illinois

In der nordamerikanischen Wettervorhersage für Mittwoch, den 3. April 1974, ist von Regenschauern an der Ostküste und Gewittern im Mittleren Westen die Rede. Kinder gehen in die Schule, Erwachsene zur Arbeit, das Leben nimmt seinen üblichen Lauf. Um die Mittagszeit entwikkelt sich dann über Morris in Illinois der erste Tornado, ein noch recht harmloser Wirbelsturm, der eher einer lokalen Windhose als einem Tornado gleicht. Weiter östlich war es den ganzen Tag über sonnig, nun aber zieht eine Sturmfront in östliche Richtung, und die begleitenden Tornados nehmen an Heftigkeit zu. Als die Tornados die östliche Grenze des Bundesstaates Illinois erreichen, sind schon die ersten beiden Toten zu beklagen und einzelne Wirbelstürme erreichen die Stufe F3, haben also eine Kraft, die Lastwagen zum Umstürzen bringen kann.

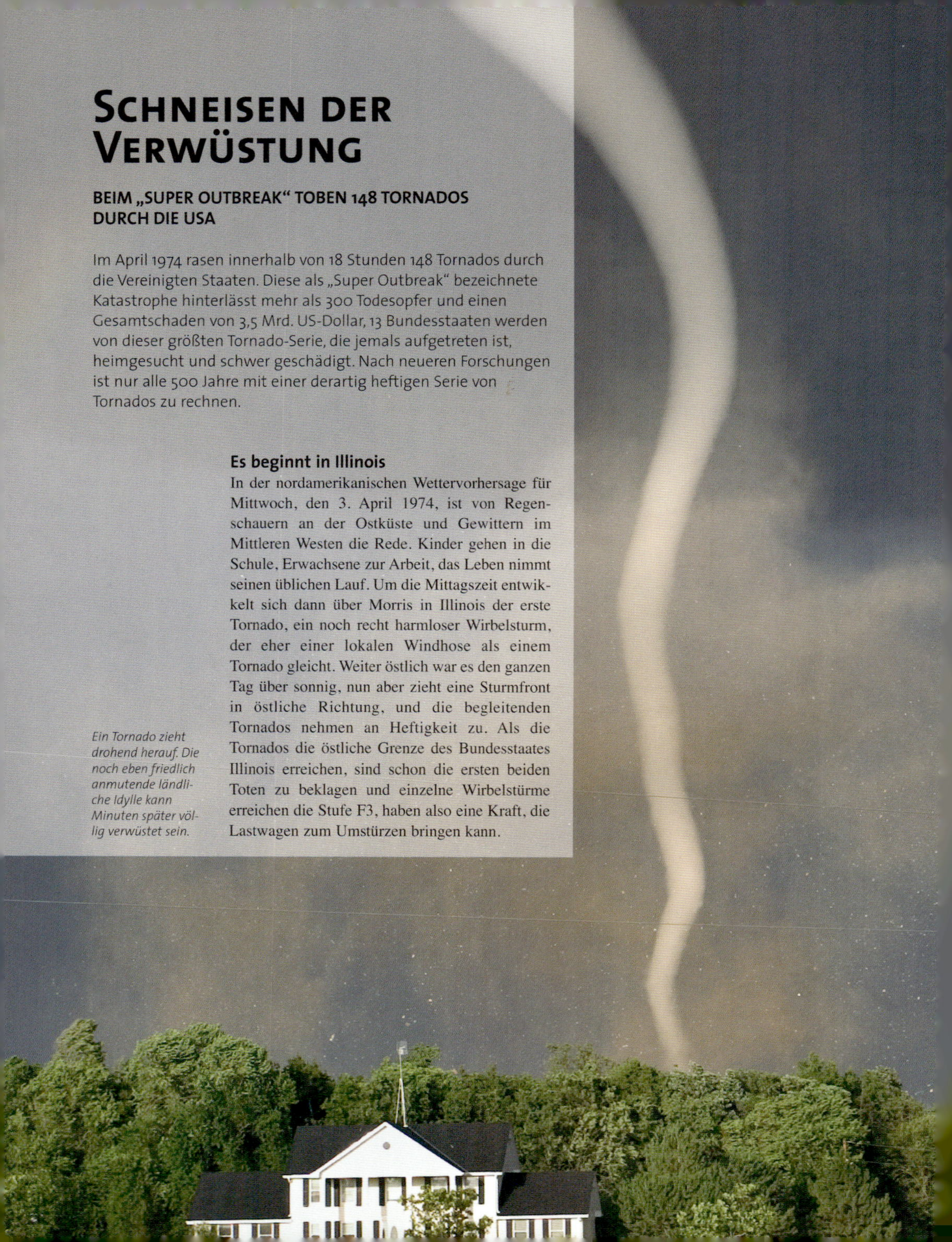

Ein Tornado zieht drohend herauf. Die noch eben friedlich anmutende ländliche Idylle kann Minuten später völlig verwüstet sein.

Wirbelstürme

Für Wirbelstürme sind sehr unterschiedliche Bezeichnungen gebräuchlich: Zyklon, Taifun, Tornado, Hurrikan. Gemeinsam ist diesen Stürmen, dass es sich bei allen um heftige Drehwinde handelt, die sich auf der Südhalbkugel im Uhrzeigersinn um eine vertikale Achse drehen, auf der Nordhalbkugel gegen den Uhrzeigersinn. Zyklon, Taifun und Hurrikan sind regional verschiedene Bezeichnungen für tropische Wirbelstürme, die über den Meeren entstehen und durch die Aufnahme von aufsteigender Feuchtigkeit aus dem warmen Wasser ihre Kraft beziehen. Je nach der Region, in der sie entstehen, werden sie unterschiedlich benannt. In der Karibik und dem Südosten der USA heißen sie Hurrikan, im Indischen Ozean – besonders im Golf von Bengalen – Taifun, in den übrigen Entstehungsgebieten Zyklon. Tornados sind dagegen Wirbelstürme, die über dem Festland dadurch entstehen, dass in vertikaler Richtung starke Temperatur- und Druckunterschiede in den Luftmassen herrschen. Bei dem Bestreben der Natur, diese Druckunterschiede auszugleichen, entstehen heftige Luftwirbel, die besonders über dem nordamerikanischen Festland zu beobachten. Dort erreichen sie Drehgeschwindigkeiten von bis zu 480 km/h.

Die Tornados erreichen Indiana

In Monticello im Bundesstaat Indiana kommt es dann zum ersten F4-Tornado, der über eine Strecke von fast 200 km hinweg rast, bevor er sich auflöst. Er wird damit zum Tornado mit der längsten Spur der Verwüstung, die später beim „Super Outbreak" festgestellt wird. 19 Todesopfer und mehr als 300 schwer Verletzte hinter-

Holzhäuser mit schwachen Fundamenten werden schon bei F4-Tornados wie Spielzeuge verschoben oder sogar – wie in diesem Bild aus Texas – einfach umgeworfen.

lässt allein dieser eine Tornado. Die Kleinstadt Monticello wird in wenigen Minuten ein Ort der Zerstörung. Selbst repräsentative Gebäude wie das Gericht, die presbyterianische Kirche und die örtliche High School tragen schwere Schäden davon. Das Gebäude des örtlichen Fernsehsenders wird fast spurlos hinweg gefegt.

Die vielgeprüfte Kleinstadt Xenia

Um kurz vor fünf am Nachmittag erreicht die Sturmfront, in der sich immer wieder neue Tornados bilden, den östlich angrenzenden Bundesstaat Ohio. Der 37. Tornado des Tages entwickelt sich zum Tornado der Stufe F5, der höchsten Klasse von Tornados, die bisher überhaupt auf der Erde gemessen wurden. Mit Windgeschwindigkeiten von mehr als 400 km/h zerfetzt ein solcher Tornado alles, was auf seinem Weg liegt, selbst Straßenbeläge werden vom Erdboden regelrecht weggesaugt. Er trifft auf die Kleinstadt Xenia, die in einem Gebiet liegt, das schon von den Indianern „Ort der tödlichen Winde" genannt wurde – die lokalen Chroniken von Xenia berichten über 20 Tornados allein seit 1884. Der Tornado von 1974 hinterlässt 34 Tote, 1150 Verletzte und 10000 Obdachlose. Neun Schulen, neun Kirchen und 180 Geschäftshäuser werden zerstört, die halbe Stadt liegt in Trümmern.

Ein Tornado des „Super Outbreak" hat den Ort Xenia, Ohio, getroffen. Eine Wand dieses Hauses wurde weggefegt, die Möbel blieben aber fast unversehrt im Gebäude stehen; selbst die Bilder hängen noch an den Wänden.

Ein Tornado der Stufe F5 auf der Fujita-Skala kann große Stücke aus geteerten Straßen regelrecht heraussaugen.

13 Bundesstaaten werden zum Katastrophengebiet

18 Stunden lang zieht die Sturmfront weiter und immer wieder bilden sich dabei örtliche Tornados. Insgesamt registriert man später 148 Tornados, von denen immerhin sechs die gefürchtete Stufe F5 erreicht haben. Letztendlich wird der gesamte Westen der USA von dieser Serie getroffen, daneben aber auch New York im Osten und Alabama im Süden. Im Norden reichen die Auswirkungen bis in die kanadische Provinz Ontario. Am nächsten Tag um 7.00 Uhr morgens hat der Schrecken endlich ein Ende. Der „Super Outbreak" hat zwischen 315 und 330 Todesopfer und eine gigantische Schadenssumme hinterlassen und geht als größte Tornadoserie in die Geschichte der USA ein.

Die Fujita-Skala

Der Sturmforscher Tetsuya Fujita (1920 – 1998) entwickelte eine Skala, um die verschiedenen Tornados hinsichtlich ihrer Windgeschwindigkeit und ihrer zerstörerischen Auswirkung zu klassifizieren. Die Skala hat 13 Stufen von F0 bis F12, von denen bisher aber nur die ersten fünf Stufen beobachtet wurden. Ab der Stufe F6 handelt es sich um theoretische Werte.

Stufe	maximale Windgeschwindigkeit	Schäden
F0	117 km/h	Flach wurzelnde Bäume und Plakatwände werden umgeworfen
F1	180 km/h	Ziegel werden von Dächern geweht, fahrende PKW aus der Spur gedrückt
F2	252 km/h	Dächer werden abgedeckt, große Bäume entwurzelt, fliegende Gegenstände werden zu gefährlichen Projektilen
F3	333 km/h	Züge entgleisen, LKW werden umgeworfen, Wälder werden entwurzelt
F4	419 km/h	Holzhäuser mit schwachen Fundamenten werden verschoben, PKW werden umgeworfen
F5	513 km/h	Holzhäuser werden zerstört, Teerstraßen werden stellenweise vom Boden gesaugt

ORKAN AM FASTNET ROCK

DIE KATASTROPHE BEIM ADMIRAL'S CUP 1979

In der Nacht vom 13. auf den 14. August 1979 wird eine Armada von Sportseglern mitten auf dem Atlantik von einem Orkan überrascht. Die 303 Segelschiffe sind Teilnehmer des letzten Teils der Wettfahrt um den Admiral's Cup, der von Südengland zur Südspitze Irlands – dem Fastnet Rock – führt. Das Tief „Y" ändert unerwartet seine Bahn und trifft mit Windstärke 10 auf die unvorbereiteten Yachten. 75 Schiffe kentern, und 15 Teilnehmer überleben die Katastrophe nicht. Selbst hochtechnisierte Superyachten entkommen dem Inferno nur mit schweren Schäden.

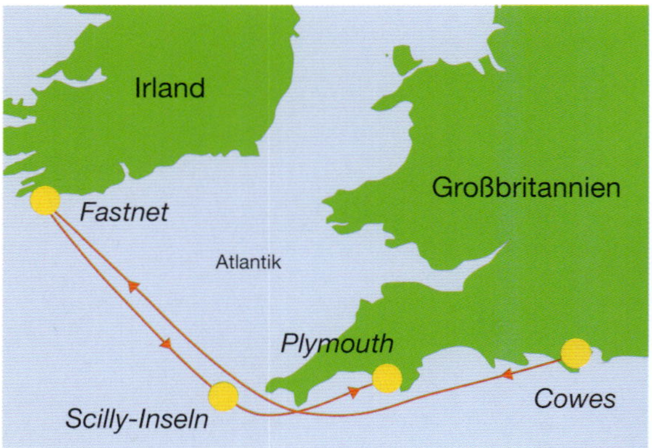

Das klassische Fastnet-Rennen wird im südenglischen Cowes gestartet. Der Wendepunkt ist der Fastnet Rock an der Südspitze Irlands, von dort geht die Route zurück nach Plymouth.

Der Fastnet-Felsen

Der irische Freiheitssänger Thomas Osborne Davis (1814–1845) erwähnte ihn schon in der Ballade „The Boatman of Kinsale", den Sturm, der um den Fastnet-Felsen fegt. Eine sichere Hand und ein tapferes Herz braucht der Seemann – nach den Worten von Davis –, der den dortigen Herbststürmen trotzen will. Der Fastnet Rock ist eine kleine, 30 m hohe Felseninsel vor dem südlichsten Punkt der irischen Küste, auf der der höchste Leuchtturm Irlands markant in den Himmel ragt. Berühmter als durch die Ballade von Davis wurde die Felseninsel allerdings durch die Wettfahrten um den Admiral's Cup, die berühmteste Hochseeregatta der Welt. Was für den Autosportfan die Formel 1 bedeutet, ist für den Segler das Abschlussrennen zum Admiral's Cup, das so genannte Fastnet Race.

Der Admiral's Cup

Seit 1957 richtet der Royal Ocean Racing Club (RORC) im Städtchen Cowes auf der Isle of Wight, einer der Südküste Englands vorgelagerten Insel, alle zwei Jahre diesen bedeutendsten Wettbewerb für Hochseeyachten aus. Die Teilnehmer bilden nationale Regattateams, die jeweils aus drei Booten bestehen. Der Wettkampf besteht aus fünf Einzelrennen, von denen das letzte und gefährlichste die Umrundung des gefürchteten Fastnet Rock beinhaltet. Dieses traditionelle Fastnet Race wird als Einzelrennen schon seit 1925 durchgeführt. Die Flotte startet von Cowes aus auf die mehrtägige, 608 Seemeilen lange Reise. Nach der Umrundung der Felseninsel, die die natürliche Wendemarke bildet, führt die Strecke zurück zur Hafenstadt Plymouth.

Das Tief „Y"

Am 11. August 1979 herrscht wie immer beim Start des Fastnet Race Volksfeststimmung in Cowes. Die Rekordzahl von 303 Yachten aus 22 Ländern hat sich im Hafen des Städtchens versammelt und wartet auf das Zeichen zum Start. Gegen 14.00 Uhr laufen die Boote mit insgesamt 2500

Ein Helfer seilt einen Gekenterten an, damit er in den Rettungshubschrauber gehoben werden kann.

Crewmitgliedern bei mäßigem Wind aus dem Hafen aus. Die vorherrschende Windstärke von 4 bis 5 ist für die erfahrenen Hochseesegler keine echte Herausforderung. Als am nächsten Tag auch noch Nebel aufkommt, befürchten viele schon ein noch stärkeres Abflauen des Windes.

Die Segler ahnen noch nichts vom Tief „Y", das seit zwei Tagen weit weg über die USA hinwegzieht. Zu dem Zeitpunkt, als das Rennen gestartet wird, tobt das Tief gerade über dem kanadischen Halifax. Häufig lösen sich solche Tiefs schon über dem amerikanischen Festland auf, nur sehr selten haben sie die Kraft, den Atlantik zu überqueren. Dementsprechend bezieht keiner der Beteiligten mögliche Auswirkungen dieser Luftströmung in die Kalkulation mit ein.

Während die Yachten am 12. August noch durch den Nebel dümpeln, rast das Tiefdruckgebiet bereits mit erheblicher Geschwindigkeit über den Atlantik in Richtung Europa. Erst am Montag werden die europäischen Meteorologen auf den

Ein Hubschrauber der Navy evakuiert die Yacht „Camargue". Weil er wegen des wild schwankenden Masts nicht nahe genug an das Boot herankommt, muss die Crew vor der Bergung zunächst ins Wasser springen. Alle acht Segler können gerettet werden.

Ein Crewmitglied feiert nach seiner Rettung das Wiedersehen mit seiner Frau und seinen Freunden.

Sturmausläufer aufmerksam und versuchen, die Route vorauszuberechnen. Sie vermuten, dass der Sturm weit südlich an der Regattaroute vorbeiziehen wird und dass er höchstens die Windbedingungen für die Hochseeyachten auf Stärke 7 verbessert, damit die Segelprofis an Bord eine angemessene Herausforderung erhalten.

Umrundung bei Nacht

Die Regattastrecke ist traditionell so ausgelegt, dass die gefährliche Umrundung des Fastnet Rock in die Nacht von Montag auf Dienstag fällt. Am Nachmittag des Montags frischt der Wind dann auch tatsächlich auf, sodass die Crews endlich die bunten Spinnaker – große, bauchig geschnittene Vorsegel – ausbringen können, um maximale Geschwindigkeit zu erreichen. Das Tief „Y" nimmt derweil allerdings einen gefährlich anderen Verlauf, als alle vermutet haben. Es schwenkt plötzlich von seiner östlichen Route nach Nordosten ab und rast in Richtung der Südspitze Irlands, genau auf das Gebiet des Fastnet-Felsens zu. In den französischen 20-Uhr-Nachrichten kommt die erste Warnung vor einem schweren Sturm mit Windstärke 10, der für die Nacht erwartet wird. Der britische Sender BBC bleibt aber immer noch bei seiner Vorhersage von maximal Windstärke 8, und die Küstenwache vertraut dieser Vorhersage mehr als der französischen. Die Segler, die von den plötzlich aufkommenden tiefschwarzen Wolken verunsichert sind, werden über Funk beruhigt. Dabei ist der Unterschied zwischen den Windstärken 8 und 10 erheblich. Bei Stärke 8 knickt der Wind hier und da Zweige von den Bäumen, bei Windstärke 10 werden dieselben Bäume einfach entwurzelt.

20 Stunden in der Hölle

In der Dunkelheit des 13. August 1979 bricht dann das Inferno los. Mit der Stärke eines Hurrikans donnert das Tief „Y" auf die Yachten zu. Mit 50 km/h rollen Brecher von 15 m Höhe über die Yachten hinweg. Die gerade einmal 12 m langen Yachten sind diesen Gewalten hilflos ausgeliefert, schützende Küsten sind zu weit entfernt. Die ersten Schiffe werden flach auf die See gedrückt, einige

Der Leuchtturm auf dem Fastnet Rock ist der höchste Leuchtturm Irlands.

kentern. Noch nicht eingebrachte Segelfläche wird vom Sturm zerfetzt, Masten knicken oder werden beim Durchkentern der Boote abgerissen. Insgesamt 25 Mannschaften müssen ihre Schiffe verlassen und sich auf Rettungsinseln in Sicherheit bringen. 75 der 303 beteiligten Yachten kentern völlig, fünf der hochentwickelten Rennboote sinken sogar. Es grenzt an ein Wunder, dass in diesem Sturmchaos, das bis zum Nachmittag des folgenden Tages andauert, lediglich 15 Todesopfer zu beklagen sind. Dennoch ist es die größte Katastrophe in der über 50-jährigen Geschichte des Fastnet Race, bei dem in all den Jahren vor 1979 lediglich zwei Teilnehmer zu Tode gekommen waren. Viele der Segler verdanken ihr Überleben in dieser Schreckensnacht nur dem heldenhaften Einsatz der Seeleute auf den Seenotrettungskreuzern und den Besatzungen der Hubschrauber der Royal Navy. Sich bei Windstärke 10 zur Rettung Schiffbrüchiger in den Sturm hinauszuwagen, ist eine Leistung, die nicht genug bewundert werden kann.

Windstärken in Beaufort

Die Beaufort-Skala wurde 1806 von dem englischen Admiral Sir Francis Beaufort (1774–1857) erarbeitet. Mit ihrer Hilfe kann anhand der Windwirkung die Windstärke geschätzt werden. Sie reicht von Stärke 0 (Windstille) bis Stärke 12 (Orkan).

BEAUFORT-GRAD	BEZEICHNUNG	MITTLERE WINDGESCHWINDIGKEIT IN 10 M HÖHE ÜBER FREIEM GELÄNDE		BEISPIELE FÜR DIE AUSWIRKUNGEN DES WINDES IM BINNENLAND
		M/S	KM/H	
0	Windstille	0–0,2	< 1	Rauch steigt senkrecht auf
1	leiser Zug	0,3–1,4	1–5	Windrichtung angezeigt durch den Zug des Rauchs
2	leichte Brise	1,5–3,4	6–12	Wind im Gesicht spürbar, Blätter und Windfahnen bewegen sich
3	schwache Brise schwacher Wind	3,5–5,4	13–19	Wind bewegt dünne Zweige und streckt Wimpel
4	mäßige Brise mäßiger Wind	5,5–7,4	20–27	Wind bewegt Zweige und dünnere Äste, hebt Staub und loses Papier
5	frische Brise frischer Wind	7,5–10,4	28–37	kleine Laubbäume beginnen zu schwanken, Schaumkronen bilden sich auf Seen
6	starker Wind	10,5–13,4	38–48	starke Äste schwanken, Regenschirme sind nur schwer zu halten, Telegrafenleitungen pfeifen im Wind
7	steifer Wind	13,5–17,4	49–62	fühlbare Hemmungen beim Gehen gegen den Wind, ganze Bäume bewegen sich
8	stürmischer Wind	17,5–20,4	63–73	Zweige brechen von Bäumen, erschwert erheblich das Gehen im Freien
9	Sturm	20,5–24,4	74–87	Äste brechen von Bäumen, kleinere Schäden an Häusern (Dachziegel oder Rauchhauben abgehoben)
10	schwerer Sturm	24,5–28,4	88–102	Wind bricht Bäume, größere Schäden an Häusern
11	orkanartiger Sturm	28,5–32,4	103–117	Wind entwurzelt Bäume, verbreitet Sturmschäden
12	Orkan	ab 32,5	ab 118	schwere Verwüstungen

Jahrhundert-hochwasser in Ostdeutschland

Extreme Hochwasser in Oder und Elbe werden zur Bedrohung

In den Jahren 1997 und 2002 treten jeweils im Sommer in Südosteuropa extreme Niederschläge auf, die zu starkem Hochwasser in den Flüssen Oder und Elbe führen. Beide Male wird von Jahrhundertfluten gesprochen, da die Pegelstände alles übertreffen, was bis zu diesem Zeitpunkt jemals gemessen worden ist. 1997 steht das Siedlungsgebiet Oderbruch unmittelbar vor einer völligen Überschwemmung, die wie durch ein Wunder gerade noch verhindert werden kann. Im Jahr 2002 trifft die Flut die alte Kulturmetropole Dresden, die in den Wassermassen versinkt. Bei beiden Fluten ist eine altbekannte typische Wetterlage die Ursache der sintflutartigen Regenfälle im Oberlauf der Flüsse.

Das Gebiet Oderbruch

Im Grenzgebiet von Deutschland und Polen, am Unterlauf des Flusses Oder, befindet sich ein altes Poldergebiet, das schon vor 250 Jahren kultiviert wurde. Der preußische König Friedrich der Große ließ zwischen 1747 und 1762 das ehemalige Feuchtgebiet trockenlegen. Die Oder wurde zu diesem Zweck in ein Deichbett gezwungen, das ihren Lauf um 25 km verkürzte. Es erfolgte eine planmäßige Besiedlung mit neuen Bewohnern aus ganz Europa, die mit Vergünstigungen angeworben wurden. Die nur wenige Meter über dem Meeresspiegel liegenden neuen Siedlungsflächen waren häufig von Überschwemmungen bedroht, die Existenz der Menschen war stets von der Standfestigkeit der Deiche abhängig.

Das Jahrhunderthochwasser von 1997

Im Sommer 1997 herrscht eine so genannte Vb-Wetterlage (V = röm. 5, s. S. 83), die regelmäßig mit schweren Niederschlägen in Südosteuropa ver-

2006 tritt die Elbe wie schon vier Jahre zuvor über die Ufer. Diesmal wird Dresden verschont, dafür wird der Ort Königstein überschwemmt.

Die Fassade dieses Wohnhauses in Dresden wurde von den unbändigen Wassermassen so stark beschädigt, dass sie zusammenbrach.

bunden ist. In diesem Jahr sind die daraus resultierenden Hochwasserstände besonders extrem. Bevor die Flutwelle das Oderbruch erreicht, hat sie schon in Tschechien und Polen für katastrophale Zustände gesorgt. 180 000 Menschen mussten in diesen beiden Ländern evakuiert werden, und 114 Tote waren zu beklagen. Mitte Juli rollt die Flutwelle auf das Oderbruch zu. Durch die Meldungen aus Tschechien und Polen aufgeschreckt, rechnen die Bewohner des Landstrichs mit dem Schlimmsten. Werden die Deiche halten?

Großeinsatz aller Hilfsgruppen

Bundeswehr, Technisches Hilfswerk, Feuerwehr und Bundesgrenzschutz sind alarmiert und stehen zum Schutz der Deiche und zur Rettung der Bevölkerung im Notfall bereit. Ganz Deutschland schaut gebannt auf die sich anbahnende Katastrophe an seiner Ostgrenze. Wenn die Deiche am Südende des Oderbruchs brechen, müssen bis zu 19 000 Menschen schnellstens evakuiert werden, und die wirtschaftlichen Folgen für die Bewohner der Region wären nicht zu überblicken. Tausende von Helfern arbeiten bis zur Erschöpfung Tag und Nacht. Sie füllen und schleppen unzählige Sandsäcke zur Ausbesserung und Verstärkung der Deiche. Immer wieder kommt es zu kleineren Deichbrüchen und sofortigen Evakuierungen von direkt betroffenen Orten.

Das „Wunder von Hohenwutzen"

Und die Region soll nicht zur Ruhe kommen. Denn nahtlos rollt Ende Juli eine zweite Hochwasserwelle auf das Oderbruchgebiet zu. Der Deich bei dem kleinen Ort Hohenwutzen scheint die eindeutige Schwachstelle bei der Deichverteidigung zu sein. Experten geben dem Deichabschnitt zu diesem Zeitpunkt nur noch eine ca. zehnprozentige Chance, der kommenden Flutwelle standzuhalten. Bräche er, so würde eine Siedlungsfläche größer als der Bodensee im Wasser versinken. Hubschrauber bringen im Dauereinsatz Sandsäcke zu den Hilfskräften, die verzweifelt daran arbeiten, den Damm zu retten. Mit einer erstmals eingesetzten Vakuumtechnik versucht man, Wasser aus dem völlig durchweichten Deich herauszuziehen. Doch nach

einer Woche unermüdlichen Kampfs ist der Deich gegen alle Prognosen der Experten gerettet, das Oderbruch bleibt von den Wassermassen verschont! Die erfolgreiche Rettung des Damms geht als das „Wunder von Hohenwutzen" in die Regionalgeschichte Brandenburgs ein.

Betrachtet man das Ausmaß der Katastrophe, so kommt die Region alles in allem mit einem blauen Auge davon. Hierzu beigetragen hat nicht zuletzt das unermüdliche Befüllen von insgesamt 8 Mio. Sandsäcken mit 177000 t Sand und Kies. Die Schäden, die das Hochwasser angerichtet hat, belaufen sich dennoch auf rund eine halbe Mrd. Euro.

Die nächste Jahrhundertflut

Nur fünf Jahre später droht dem Osten Deutschlands die nächste Flutkatastrophe. Wiederum ist die Ursache eine Vb-Wetterlage, nur ist diesmal nicht die Oder, sondern die Elbe von der Flutwelle betroffen. Ein Albtraum wird wahr: Die Stadt Dresden versinkt im Wasser. Am 16. August 2002 überschreitet der Pegel der Elbe den bisherigen Rekordstand von 8,77 m, der aus dem Jahr 1845 stammt. Weltberühmte Kulturdenkmäler wie die Semperoper und der Zwinger stehen unter Wasser. Am nächsten Tag erreicht der Pegel die noch nie dagewesene Rekordmarke von 9,40 m. Weite Teile von Dresden sind überflutet, 33000 Menschen müssen evakuiert werden. Der volkswirtschaftliche Schaden der Elbeflut macht allein in Deutschland 22 Mrd. Euro aus.

Vorboten des Klimawandels?

Bei zwei derart verheerenden Hochwasserkatastrophen innerhalb von nur fünf Jahren wird in der Öffentlichkeit natürlich nach greifbaren Ursachen gesucht. Sind das die Vorboten der vom Menschen verursachten Klimakatastrophe? Oder hat der Mensch durch Deichbau, Flussbegradigung und Versiegelung von ehemaligen Sickerflächen zu stark in die Natur eingegriffen? Die Meinungen der Experten gehen auseinander, aber extreme Hochwasser, die auf ebenso extreme Niederschläge zurückgehen, hat es in den betroffenen Gebieten immer schon gegeben. Selbst die Wetterlage Vb, die der Auslöser für beide Hochwasserkatastrophen war, war dem deutschen Meteorologen Wilhelm

Bei der Oderflut im Sommer 1997 arbeiten alle Hilfsgruppen in einem verzweifelten Kampf zur Rettung der Deiche zusammen. Hubschrauber bringen pausenlos Sandsäcke zu den akut bedrohten Abschnitten der Deiche.

Jacob van Bebber (1841–1909) schließlich schon am Ende des 19. Jahrhunderts bekannt, kann also keine Auswirkung einer aktuellen Klimaveränderung sein. Auch die Rücknahme der menschlichen Eingriffe in die Flusslandschaft hätte nach Expertenmeinung die Hochwasserstände nur um wenige Prozentpunkte vermindert. Der Mensch wird immer wieder den Kräften der Natur ausgesetzt sein und sich ihnen in gemeinschaftlicher Aktion entgegenstemmen müssen.

Helfer aus dem ganzen Land verstärken in pausenlosem Einsatz die gefährdeten Deiche an der Oder.

Die Wetterlage Vb

Der deutsche Meteorologe Wilhelm Jacob van Bebber (1841–1909) untersuchte am Ende des 19. Jahrhunderts systematisch die Zugstraßen der Tiefdruckgebiete über Europa. Die daraus entwickelte Klassifikation beschrieb er 1891 in seinem Hauptwerk „Die Wettervorhersage". Den üblichen Zugbahnen der Tiefdruckgebiete ordnet er die römischen Ziffern I bis V zu, wobei er durch kleine lateinische Buchstaben diese Zugbahnen weiter untergliedert. Die normalerweise von West nach Ost wandernden Tiefdruckgebiete (Wetterlagen I bis IV) können unter bestimmten Voraussetzungen stark nach Süden abgelenkt werden. Wenn sie bis zum Mittelmeer abgelenkt werden, saugen sie dort große Feuchtigkeitsmengen aus dem Meer auf. Die dann „Genua-Tief" oder „Adria-Tief" genannten, extrem feuchten Luftmassen schwenken über Österreich oder Slowenien wieder langsam nordwärts. Je nachdem, wo die Wolkenmassen dann abregnen, kommt es entweder in der Elbe, der Weichsel oder der Oder zu heftigem Hochwasser. Dieses wiederkehrende Muster verzeichnete van Bebber unter dem Namen Vb-Wetterlage. Im Jahr 1997 war die Oder, 2001 die Weichsel und 2002 die Elbe von den entsprechenden Flutwellen betroffen. Im Sommer 2005 entstand aus dieser Situation das so genannte Alpenhochwasser, das in den nördlichen Alpen vielerorts zu extremen Überschwemmungen und Erdrutschen führte. In der Schweiz wurde die Flutkatastrophe von 2005 als Jahrhunderthochwasser bezeichnet.

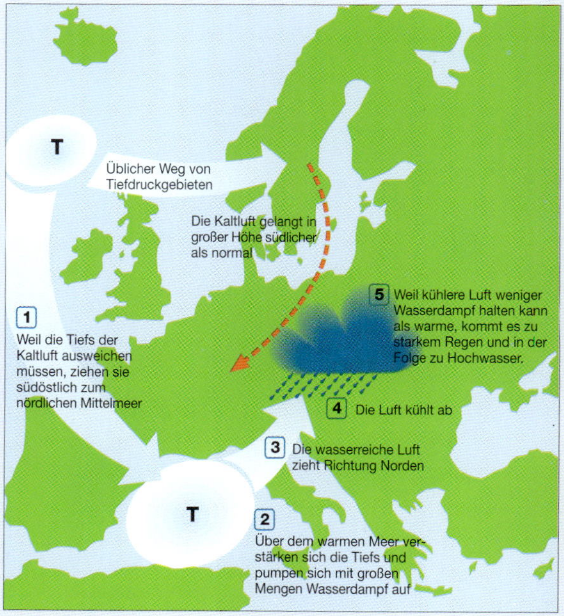

Ausgelöscht durch eine Monsterwelle

Der Tsunami von Sumatra

In der direkten Übersetzung aus dem Japanischen bedeutet Tsunami „Hafenwelle“. Sie wird durch ein Seebeben hervorgerufen, dehnt sich von dessen Epizentrum ringförmig aus und erreicht Höhen von über 30 m. Am 2. Weihnachtstag 2004 um 7.58 Uhr Ortszeit ereignet sich vor der Nordwestküste Sumatras im Indischen Ozean ein Seebeben der Stärke 9,0 auf der Richterskala, das durch seine besonderen Bedingungen eine Flutwelle auslöst, die die Küstenregionen Indonesiens, Thailands, Sri Lankas und sogar Ostafrikas heimsucht und verheerende Schäden anrichtet. Über 230 000 Menschen kommen bei dieser schlimmen Katastrophe ums Leben.

Die dritte und größte Welle des Tsunamis überrollt die Promenade von Ao Nag Beach in Thailand.

Eine tödliche Wasserwand fällt auf das Land

Im Indischen Ozean vor der Küste Sumatras grenzen die indisch-australische und die eurasische Kontinentalplatte aneinander, wobei durch die Bewegungen der Platten unterirdisch zum Teil heftige Reibungs- und Druckkräfte entstehen. Dies hat die westlichen Küstenregionen Indonesiens schon immer zu einem erdbebenbrisanten Gebiet gemacht. Im Bereich einer Bruchzone von ca. 1000 km schiebt sich die indisch-australische Kontinentalplatte etwa 7 cm pro Jahr unter die eurasische. Der Druck wird nicht ständig und langsam aufgebaut, sondern ruckartig. Jeder Ruck dieser Art wird von Seismografen als Erdbeben wahrgenommen und aufgezeichnet.

Am Morgen des 26. Dezember 2004 kommt es im Indischen Ozean zur folgenschweren Katastrophe, denn auf etwa 500 km Länge bricht der Meeresboden auf. Weil er dem durch das ständige Reiben der Kontinentalplatten entstandenen Druck nicht mehr standhält, schieben sich Erdplatten in Sekundenschnelle zwischen 10 m und 30 m in die Höhe, Energiemengen von unvorstellbarer Kraft werden freigesetzt. Das Seebeben erreicht eine Stärke von 9,0 auf der Richterskala, was es zum drittstärksten jemals aufgezeichneten Beben macht. Dabei wird eine Energiemenge freigesetzt, die dem gesamten Energieverbrauch der USA während eines Jahres entspricht. Diese Energie wird jedoch nicht punktuell freigesetzt, wie z.B. bei der Explosion einer Atombombe, sondern sie ist flächig, denn eine gewaltige Fläche hebt sich in Sekunden und schiebt das Wasser nach oben. Dadurch bildet sich eine Welle, deren Höhe von der Tiefe des Wasserspiegels am Ort des Geschehens abhängt. Je tiefer das Gewässer ist, desto höher wird die Welle. Vor Sumatra beträgt die Wassertiefe ca. 5000 m, und die Flutwelle vom 26. Dezember 2004 erreicht bei gewaltiger Höhe etwa 700 km/h, was der Reisegeschwindigkeit eines Flugzeugs entspricht.

Noch am 02.01.2005 finden Helfer Tsunamiopfer in einem Fluss in Banda Aceh, im Norden von Sumatra. Sehr langsam zieht sich das Wasser zurück und zeigt die vollen Auswirkungen der Zerstörung.

Augenzeugenbericht

„Wir nahmen einen Schlag wahr, als liefe das Boot mit hoher Geschwindigkeit auf Grund oder als ob es ein großes, treibendes Holz oder ein Wrack gerammt hätte. Wenige Sekunden später wird das Boot von einem zweiten solchen Schlag getroffen und etwa um 8.01 Uhr von einem dritten. Die Instrumente spielen verrückt, der GPS-Navigator zeigt wirre Positionen, der Plotter, das Echolot, der Funk sind tot. Etwa zehn Minuten nach dem ersten Schlag haben wir den Eindruck, dass der Meeresspiegel um zehn oder fünfzehn m sinkt. Ruhig und auf großer Fläche sackt das Wasser weg. Dann sichten wir am südwestlichen Horizont riesige Wellen, die das Boot etwa um 8.14 Uhr erreichen. In Sekunden wird das Boot um 30 m in die Höhe gerissen und dabei bis knapp unter die Reling in die See getaucht. Insgesamt treffen drei solcher Wellen das Boot, wobei es insgesamt 50 m im Vergleich zur vorherigen Höhe angehoben wird, also 35 m über dem normalen Wasserstand."

Sofyan Anziba, Kapitän des Fischerboots „Bintang Purnama", der am 26. Dezember 2004 auf der Straße von Melakka unterwegs war

Auf dem offenen Meer wird die Todeswelle dabei kaum wahrgenommen, der Meeresspiegel hebt sich insgesamt nur wenig, gefährlich wird es erst, als die Wassertiefe abnimmt, weil sich die Welle dem Land nähert. Nun wird sie gebremst und schiebt sich, je näher das Land kommt, immer höher hinauf, bis sie zu einer riesigen tödlichen Wasserwand wird, die sich auf das Land ergießt und alles wegreißt und unter sich begräbt, was sich auf ihrem Weg befindet.

Die Bilanz des Schreckens

An den Küsten des Golfs von Bengalen, der Andamanensee und den Westküsten des Indischen Ozeans richtet der Tsunami verheerende Zerstörungen an, erreicht sogar das 5200 km entfernte Somalia an der afrikanischen Ostküste. In acht asiatischen Ländern fordert er über 230 000 Tote, wovon allein Indonesien 170 000 Opfer zu beklagen hat. Hunderttausende werden verletzt, und 1,7 Mio. Menschen verlieren ihr Obdach. Vermutlich liegt jedoch die Zahl der Opfer noch sehr viel höher, da viele der Regionen außerhalb der touristisch erschlossenen Gebiete kaum erfasst werden. Außerdem verscharrt man aus Angst vor Seuchen viele Leichen in Massengräbern oder verbrennt

Nach dem schrecklichen Tsunami steht ein Ehepaar vor den Ruinen seines Lebens. Unzählige Menschen haben alles verloren.

Allein in Banda Aceh gibt es sehr viel mehr Opfer als ursprünglich angenommen. Man zählt 122 000 Tote und 114 000 Vermisste.

sie, was eine Zählung unmöglich macht. Die große Angst vor Seuchen breitet sich überall aus, da fast sämtliche Trinkwasserquellen in den heimgesuchten Regionen verunreinigt sind. Im heißen Klima und durch die vielen Leichen, die zum Teil erst viele Tage später entdeckt und geborgen werden, wachsen Massen von Mücken heran, und der Ausbruch von Seuchen wie Cholera und Typhus steht zu befürchten. In Indien wird die Bevölkerung gegen beides geimpft. Aber nicht nur die Epidemien fürchtet man, auch verunreinigtes Wasser, das in die Atemwege eindringt, kann Lungeninfekte verursachen. Eine andere weit verbreitete Gefahr stellen Blutvergiftungen dar, die leicht entstehen können, wenn verschmutztes Wasser mit Wunden in Kontakt kommt. Das feuchtwarme Klima und ständige Temperaturen um 30 °C bei ohnehin nicht voll gewährleisteter Hygiene fördern solche Bedingungen natürlich sehr.

Nachbeben erschüttern die Region

In den verbleibenden Tagen des Jahres 2004 erlebt die Region pro Tag im Durchschnitt 25 Nachbeben mit einer mittleren Stärke von 5,5 auf der Richterskala. Am 28. März 2005 kommt es an der Westküste Sumatras zum vorläufig letzten schweren Nachbeben, das immerhin noch die Stärke 8,7 erreicht. Betroffen werden die Banyak-Inseln, Nias und Simeulue. Auf Nias stürzen als Folge 80 Prozent der Häuser ein, man schätzt die Zahl der Toten auf etwa 2000. Tausende werden erneut obdachlos.

Augenzeugenbericht aus Sri Lanka

„Plötzlich wurde ich mit atemberaubender Geschwindigkeit ins offene Meer hinausgezogen. Obwohl ich ein ziemlich guter Schwimmer bin, konnte ich gegen die Strömung nichts ausrichten ... Ich schwamm zu einem treibenden Katamaran, packte den Rumpf und brachte mich so in Sicherheit. Mein Gewicht verlangsamte das Boot, und bald strandete ich ... Während das Wasser sich aus der Bucht zurückzog, kletterte ich auf die Straße. Aus den Häusern unterhalb der Straße kamen Schreie, viele standen immer noch halb unter Wasser, und die Bewohner waren darin gefangen. Menschen gingen wie benommen durch die Straßen, sie verstanden nicht, was gerade geschehen war. Ich machte mir Sorgen um meine Frau, sie war am Strand gewesen, als ich schwimmen ging. Ich fand sie schließlich auf der Straße, vollkommen verwirrt, aber glücklich, noch am Leben zu sein. Sie hatte versucht, zu unserer kleinen Insel zurückzuwaten, als das Wasser sie über die Straße und in den Hof eines Hauses schwemmte. Irgendwann wurde sie unter Wasser gezogen und kämpfte um Luft. Schließlich griff sie ein Seil und kletterte auf einen Baum und entkam so dem unter ihr wütenden Wasser.
Unsere Kinder schliefen noch, als der Tsunami um 9.15 Uhr zuschlug. Sie erwachten, fanden die Bucht praktisch ohne Wasser vor und sahen ihre Eltern, die über den schmalen Kanal zurück zu ihnen in die Sicherheit kamen."
Michael Dobbs, Journalist der Washington Post, 27. Dezember 2004

Geologische Folge, ökonomische und kulturelle Schäden

Als geologische Folge sinken von den beiden Inselgruppen Andamanen und Nikobaren im Indischen Ozean, südöstlich des Golfs von Bengalen, 15 der insgesamt 572 Inseln unter den Meeresspiegel. Außerdem werden die Nikobaren sowie die vor Sumatra gelegene Insel Simeulue, die

Von den exklusiven Laguna Resorts in Khao Lag (Südthailand) ist nur ein Trümmerhaufen geblieben.

Im April 2005 werden Kinder unter der Leitung von Psychologen an den Strand geschickt, um so ihr Trauma zu überwinden.

dem Epizentrum am nächsten liegt, um etwa 15 m nach Südwesten verschoben.

Neben den menschlichen Tragödien verursachte der Tsunami auch enorme kulturelle und ökologische Schäden. So wurden vor den Küsten Thailands etwa 10 Prozent der Korallenriffe zerstört oder beschädigt. Dieser natürliche Schutz vor hohen Wellen wird Jahrzehnte brauchen, bis er wieder den Zustand von vor 2004 erreicht hat. Ein weiterer natürlicher Küstenschutz sind in vielen Gegenden dichte Mangrovenwälder, die ebenfalls von der Flutwelle zerstört wurden. Betroffen ist neben der Flora aber auch die Fauna, so wurden auf der Insel Nicarugo die letzten lebenden Feuerschildkröten vernichtet, auch die Nistgebiete der Leder- und der Meeresschildkröten sind betroffen. Durch die Wassermassen, die mit solcher Wucht auf das Land schlugen und sich erst nach längerer Zeit zurückzogen, wurde der Humus abgetragen, und die Gebiete wurden relativ unfruchtbar gemacht. Auf Küstenstreifen von 250 m bis 3 km wurde der fruchtbare Boden, der oft nicht dicker als 30 cm ist, fortgeschwemmt, Pflanzen wurden ausgerissen. In den kommenden Jahren wird es daher zu erheblichen Missernten kommen. In einigen Gegenden wurden historische Gebäude wie Museen und andere Denkmäler vollkommen zerstört. Auch zum Weltkulturerbe zählende Kulturgüter wurden laut UNESCO beschädigt, dazu gehören die Altstadt und die Befestigungen von Galle in Sri Lanka, der Sonnentempel von Konarak und die Denkmäler von Mahabalipuram in Indien.

Vor- und Nachbebenstärken – was bedeuten die Stärken für die Energiefreisetzung?

Die Stärke der Vor- und Nachbeben rund um den 26. Dezember 2004 vor der Küste Sumatras schwankt zwischen einer Stärke von 5,0 und 9,0 (dem Hauptbeben) auf der Richterskala. Die Erhöhung um einen Punkt auf der Richterskala bedeutet eine 32-fache Energiefreisetzung. Somit setzte das Hauptbeben mit 9,1 32-mal mehr Energie frei als ein Nachbeben, das die Stärke 8,1 erreichte. Im Verhältnis aber zu einem Erdstoß der Stärke 5,1 hat der Hauptstoß eine 1 048 576-mal größere Energie.

FAQs zum Naturphänomen Tsunami

WIE ENTSTEHT EIN TSUNAMI?
Tsunamis entstehen meist durch Unterwasserbeben oder Vulkanausbrüche. Sie sind jedoch auch durch einen Meteoriteneinschlag möglich.

WO KOMMEN TSUNAMIS AM HÄUFIGSTEN VOR?
Etwa 90 Prozent treten im Pazifischen Ozean und in Südostasien auf. Sie existieren allerdings auch in Europa, beim Erdbeben von Lissabon im Jahr 1755 kamen beispielsweise 60 000 Menschen durch eine Flutwelle um, die sich den Flusslauf des Tejo hinauffraß und dabei ihrem Namen „Hafenwelle" alle Ehre machte.

WIE HOCH WERDEN TSUNAMIS?
1964 fand vor Alaska ein Seebeben statt, das eine Monsterwelle bis nach Hawaii trieb, die in Hilo, der größten Stadt Hawaiis, eine Höhe von über 30 m erreichte. Als der Vulkan Krakatau 1883 ausbrach, überrollte eine Welle von 40 m Höhe die betroffenen Küstenregionen. 1971 soll eine Flutwelle vor der japanischen Insel Ishigaki die Höhe von 85 m erreicht haben. Wenn Tsunamis in enge Buchten oder Fjorde eindringen (wie z. B. in Lissabon ins Mündungsdelta des Tejo), können sie jedoch noch sehr viel höher werden. Die Flutwelle nach dem Vulkanausbruch in Santorini vor weit über 3000 Jahren soll der Überlieferung nach eine Welle von 250 m Höhe ausgelöst haben. Man muss bei alldem bedenken, dass ein Tsunami keine Einheit aus fließendem Wasser ist, etwa wie bei einem Fluss. Es handelt sich um das Weiterleiten von Energie, bei dem ein Wassermolekül das nächste anstößt. Und je tiefer das Meer an der Stelle ist, von der die Flutwelle ausgeht, desto höher ist die Wasserwand, wenn sie das Land erreicht.

WIE WEIT REICHEN TSUNAMIWELLEN?
Ein Tsunami kann den halben Erdball umlaufen. Bei dem Beben vor Alaska im Jahr 1964 richtete die Flutwelle noch in Neuseeland heftige Schäden an. Ohne an Wucht zu verlieren, reisen sie ohne Weiteres 10 000 km weit.

WELCHE GESCHWINDIGKEITEN ERREICHEN TSUNAMIS?
Auch hier ist die Wassertiefe der entscheidende Faktor. Geschwindigkeiten bis zu 1000 km/h sind keine Seltenheit. Bei diesen Dimensionen braucht eine Flutwelle im gesamten Gebiet des Pazifiks nicht mehr als einen Tag, um jeden denkbaren Punkt zu erreichen.

WELCHER TSUNAMI VERURSACHTE BISLANG DEN HÖCHSTEN SCHADEN UND DEN GRÖSSTEN VERLUST VON MENSCHENLEBEN?
Den traurigen Rekord hält in beiden Bereichen der Sumatra-Tsunami von 2004, gefolgt vom Tsunami nach dem Beben vor Alaska von 1964, dem Tsunami nach dem Sanriku-Beben 1896 in Japan und der Monsterwelle nach dem Ausbruch des Krakatau 1883.

Die Luftaufnahme vermittelt einen Eindruck von den Verwüstungen auf Sumatra nach der Tsunamikatastrophe 2004.

Der Tourismus leidet zwangsläufig, denn viele Touristen haben nun Angst und meiden Orte, die derartige Zerstörungen erlitten haben. Daraus folgt eine Verarmung der überlebenden Bewohner, die zu einem wesentlichen Teil vom Tourismus gelebt haben. Vor allem Frauen haben mit den sozialen Folgen der Katastrophe zu kämpfen. Eine Frau kann in vielen der betroffenen Gebiete nicht verheiratet werden, wenn sie keine Mitgift vorweisen kann. Viele junge Frauen leiden darunter, weil sie es als Schande verstehen, und die Selbstmordrate junger Frauen steigt in gewissen Regionen sprunghaft an.

Wie misst man die Schwere einer Katastrophe?

In unserer von Katastrophen so reichen Zeit wird jedes Unglück zur „Katastrophe des Jahrhunderts" oder gar zur „Jahrtausendkatastrophe". Der Superlativ indes greift nicht immer. Zwar ist die Größe des von dem Sumatra-Tsunami betroffenen Gebiets in der Geschichte bisher einmalig, einmalig ist auch die Tatsache, dass durch den Massentourismus praktisch Opfer aus der gesamten Welt zu beklagen sind. Trotzdem, es gibt Katastrophen, die, da sie regional sehr begrenzt sind oder in Ländern stattfinden, die nicht an negativer Medienpolitik interessiert sind, sehr viel mehr Menschen zu Schaden kommen als durch den Tsunami 2004. So gibt es in China immer wieder verheerende Überschwemmungskatastrophen, z.B. 1887 in Henan, bei der 900 000 Menschen ihr Leben verloren; als anderes Extrem ereignete sich beispielsweise zwischen 1965 und 1967 eine katastrophale Dürreperiode in Indien, der 1,5 Mio. Menschen zum Opfer fielen. Die Frage danach, wie man die Schwere einer Katastrophe misst, muss offen bleiben.

Der Schreckenszug eines Wirbelsturms

„Katrina" – einer der tödlichsten Hurrikane der Welt

Zwischen dem 25. und 31. August 2005 trifft der Hurrikan „Katrina" auf die Südost- und anschließend auf die Südküste der Vereinigten Staaten von Amerika. Zum Hurrikan der Kategorie 5 geworden, verwüstet dieser auf einem Küstenstreifen von fast 200 km die gesamte Infrastruktur und zerstört alles, was sich ihm in den Weg stellt. „Katrina" wird zum folgenschwersten Hurrikan aller Zeiten.

Der Parkplatz in Fort Lauderdale, nördlich von Miami, wird am 25.08.2005 von „Katrina" heimgesucht. Man sieht deutlich die immense Kraft des Hurrikans.

Über dem Golf von Mexiko Energie getankt

Mit Windböen von 130 km/h trifft am 25. August 2005 ein frisch auf den Namen „Katrina" getaufter Wirbelsturm auf die dicht besiedelte Südostküste Floridas. Es handelt sich um einen Hurrikan der Kategorie 3, der erhebliche Schäden anrichtet. Sieben Menschen verlieren ihr Leben, und durch die starken Regenfälle, die den Sturm begleiten, entstehen Überschwemmungen, die Sachschäden in Millionenhöhe verursachen. Als „Katrina" schließlich über den Golf von Mexiko abdreht, atmet die Bevölkerung des von Wirbelstürmen so oft und stark heimgesuchten Südens der USA auf – leider zu früh! Das Wasser des Golfs hat um diese Jahreszeit eine Temperatur von etwa 30 °C, und mit dieser ihn von unten anfachenden Hitze gewinnt „Katrina" ungemein an Energie, schon nach kurzer Zeit ist der Wirbelsturm auf einen Hurrikan der Kategorie 5 mit Spitzengeschwindigkeiten von über 250 km/h angeschwollen. Und er hat seine Richtung erneut geändert und rast nun auf die Südküste der USA zu. Am 28. August wird die Zwangsevakuierung der 480 000-Einwohner-Metropole New Orleans befohlen, die Menschen verbarrikadieren ihre Häuser, nageln Bretter und Holzplanken vor Fenster und Türen, bevor sie, oft gegen ihren Willen, in Sicherheit gebracht werden. Zehntausende jedoch schlüpfen durch das Netz des Gesetzes und bleiben in ihrer Stadt.

Mit bisher ungekannter Gewalt trifft „Katrina" am 29. August auf die Südküste und zerstört einen Küstenstreifen von fast 200 km Breite. Die Verheerung ist so absolut, dass die gesamte Infrastruktur vernichtet wird. Über dem Land jedoch verliert der Hurrikan relativ rasch an

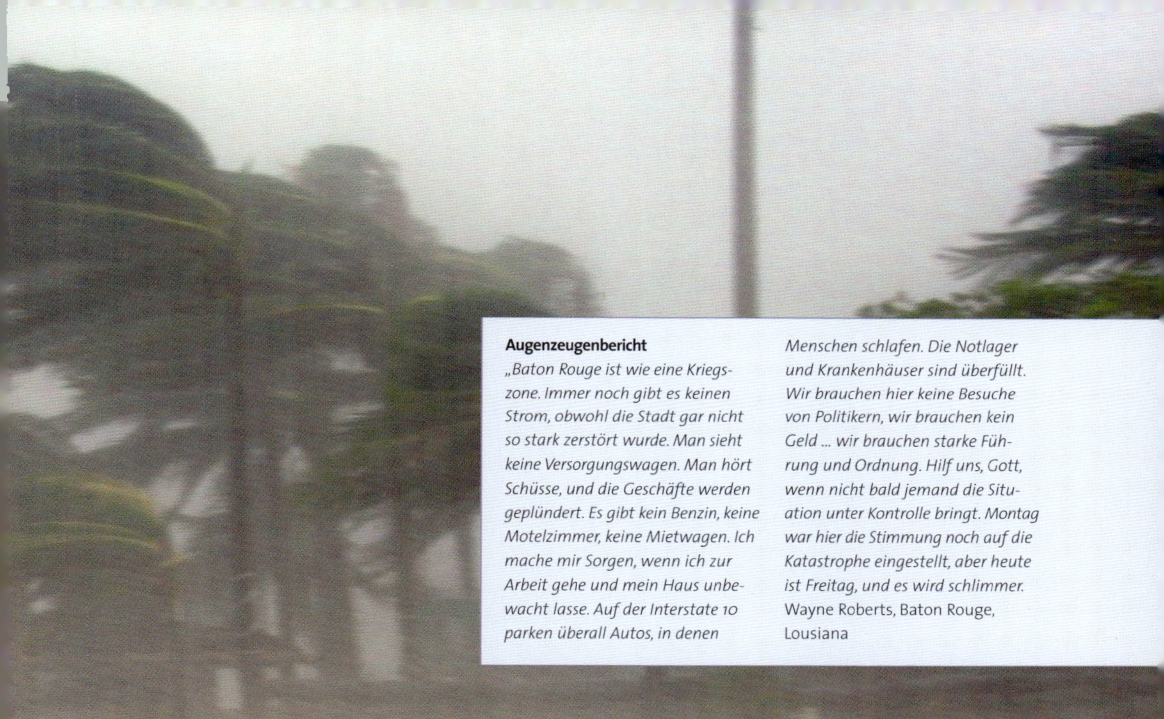

Augenzeugenbericht
„Baton Rouge ist wie eine Kriegszone. Immer noch gibt es keinen Strom, obwohl die Stadt gar nicht so stark zerstört wurde. Man sieht keine Versorgungswagen. Man hört Schüsse, und die Geschäfte werden geplündert. Es gibt kein Benzin, keine Motelzimmer, keine Mietwagen. Ich mache mir Sorgen, wenn ich zur Arbeit gehe und mein Haus unbewacht lasse. Auf der Interstate 10 parken überall Autos, in denen Menschen schlafen. Die Notlager und Krankenhäuser sind überfüllt. Wir brauchen hier keine Besuche von Politikern, wir brauchen kein Geld ... wir brauchen starke Führung und Ordnung. Hilf uns, Gott, wenn nicht bald jemand die Situation unter Kontrolle bringt. Montag war hier die Stimmung noch auf die Katastrophe eingestellt, aber heute ist Freitag, und es wird schlimmer.
Wayne Roberts, Baton Rouge, Lousiana

Kraft und trifft, zum Glück für New Orleans, als Wirbelsturm der Kategorie 3 „nur noch" mit Geschwindigkeiten bis zu 200 km/h auf die Stadt am Mississippi. Aber die Schäden, die er anrichtet, sind trotzdem gewaltig. Ganze Teile von New Orleans werden dem Erdboden gleichgemacht, und nach mehreren Deichbrüchen wird fast die gesamte Stadt überschwemmt. Über dem Bundesstaat Mississippi schwächt sich „Katrina" dann weiter zu einem tropischen Sturm ab, und auf der folgenden Bahn über Alabama, Tennessee, Kentucky und Ohio verliert er weiter an Stärke. Zwar fallen große Niederschlagsmengen und es kommt zu vereinzelten Tornados, aber „Katrina" hat glücklicherweise die immense Zerstörungskraft eingebüßt und richtet keine weiteren Schäden an. Am 31. August endet schließlich der Zerstörungszug.

Die Schreckensbilanz

Bei der Katastrophe, die das ganze Land in eine tiefe innenpolitische Krise stürzt, sterben mehr als 1500 Menschen, Tausende werden auch Monate später noch vermisst, Millionen von Personen werden tagelang obdachlos, viele haben auch heute ihre Häuser noch nicht wieder bezogen. Ganze Teile der Stadt New Orleans liegen in

Lange Menschenschlangen warten auf den Bus, der sie zum Houston Astrodome und damit aus der Gefahrenzone bringen soll.

Hurrikan-Kategorien nach der Beaufort-Skala

Kategorie 1: 119–153 km/h
Kategorie 2: 154–177 km/h
Kategorie 3: 178–209 km/h
Kategorie 4: 210–249 km/h
Kategorie 5: mehr als 250 km/h

Vor „Katrina" erreichten bisher nur drei Hurrikane die höchste Kategorie 5:
„Andrew", 1992, Florida, 43 Tote
„Camille", 1969, Mississippi, 256 Tote
Ohne Namen, 1935, Florida, 600 Tote

Die 7th Ward in New Orleans wird besonders schwer von „Katrina" getroffen. Die Hilfskräfte haben extreme Probleme, Herr der Lage zu werden.

Schutt und werden wahrscheinlich nie wieder zu ihrem ehemaligen Äußeren zurückfinden. In Mississippi und im Nachbarstaat Louisiana leben fast ein Jahr nach „Katrina" immer noch etwa 100 000 Menschen nicht in ihren Häusern, sondern in Wohnwagen, denn ihre Häuser sind zerstört. Die unmittelbaren Schäden der Tragödie belaufen sich auf 150 Mrd. US-Dollar, die mittel- und längerfristigen Schäden jedoch schätzt man auf über 600 Mrd. US-Dollar. Mit diesen fast unvorstellbar hohen Summen wird „Katrina" zum verheerendsten Hurrikan aller Zeiten und übertrifft auf materieller Ebene noch die Schäden der Tsunami-Katastrophe im Indischen Ozean vom Ende des Jahres 2004. Es gehört also zu den tragischen Rekorden, dass „Katrina" die schwerste Naturkatastrophe der Welt geworden ist, einer der drei tödlichsten Hurrikane in der Geschichte der USA. Zum großen Glück fordert er nicht die unvorstellbar hohe Zahl an Menschenleben wie der Tsunami und andere Katastrophen, sondern richtet hauptsächlich Sachschäden an.

Chaos nach der Katastrophe

Etwa 1 Mio. Einwohner haben ihr Zuhause verloren, mindestens 350 000 Häuser sind zerstört – so die Bilanz direkt nach „Katrina". Die Stadt New Orleans steht unter Wasser, einzelne Teile 6 m hoch. Auch Tage nach der Katastrophe herrscht ein Versorgungschaos,

Menschen warten auf den Dächern ihrer Häuser auf Rettung. Trinkwasser ist knapp, die Wasserversorgung abgeschnitten, es gibt keine Lebensmittel, keinen Strom, kein Telefon. Vor dem 25. August hatte New Orleans den traurigen Rekord gehalten, in den USA die Stadt mit der zweithöchsten Mord- und Gewaltrate zu sein (Nr. 1 ist Camden, New Jersey). Nach der Katastrophe kommt es zu Plünderungen, Personen tragen alles weg, was sie finden können und was von Wert ist. Die Gewalt eskaliert, ein Plünderer schießt sogar einen Polizisten nieder, der sich ihm in den Weg stellt. Über die Stadt wird das Kriegsrecht verhängt. Dennoch sind Tausende Nationalgardisten und Polizisten nicht in der Lage, die Gewalt, die sich im Anschluss an die Katastrophe entwickelt hat, einzudämmen. Zum Teil müssen sogar Hilfseinsätze gestoppt werden. Als Folge sitzen Zehntausende Obdachose tagelang ohne medizinische Hilfe in New Orleans fest. In den Hochwasserfluten treiben Leichen, Giftstoffe sind ins Wasser gelangt, und unerträglicher Gestank schwelt über der Stadt. Seuchengefahr droht. Neben allen Schäden an Land gibt die US-Küstenwache bekannt, dass im Golf von Mexiko 20 Ölplattformen vermisst werden.

Nach mehreren Tagen treffen schließlich Lebensmittel, Trinkwasser und Medikamente bei den Menschen in der Stadt ein. Präsident George W. Bush gibt zu, die Lage nicht richtig eingeschätzt zu haben, und stellt 60 Mrd. US-Dollar bereit. Seine erste Reaktion war sehr viel preisgünstiger gewesen, er hatte die Amerikaner aufgefordert, für ihre notleidenden Landsleute zu beten.

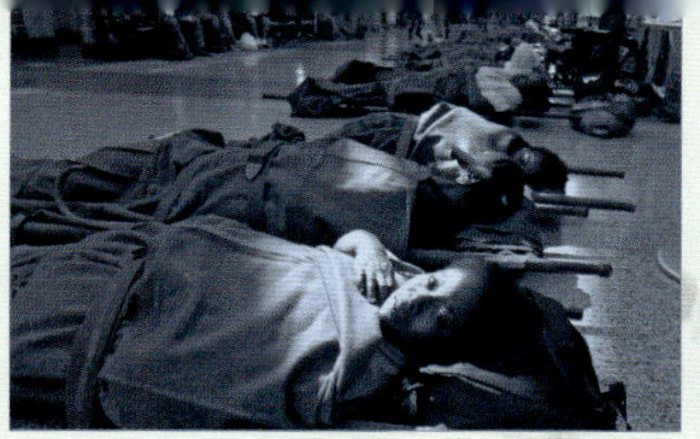

Im New Orleans Convention Center werden die Bewohner aus den ärmsten Gegenden der Stadt notdürftig untergebracht.

Kritik an der Katastrophenverwaltung

Es waren die Dämme des höher als die Stadt gelegenen Lake Pontchartrain, deren Bruch die Stadt praktisch mit Wasser hatte volllaufen lassen, bis es in der Stadt denselben Pegelstand wie der See erreicht hatte. Amerikanische Forscher kritisieren heute die Regierung, in den 1960er-Jahren zu wenig Vorkehrungen gegen eine mögliche Katastrophe getroffen zu haben, man habe sich nur auf Stürme vorbereitet, die ungleich geringere Gewalten freisetzen würden als einer von der Stärke „Katrinas".

Neueste Studien zeigen, dass die Planung der Deiche, die New Orleans schützen sollten, die schwerstmögliche Katastrophe nicht vorgesehen hatte. Man war aus Kostengründen von weitaus schwächeren Stürmen ausgegangen und hatte die Deiche leichter ausgelegt. Für die Großstadt hatten die Ingenieure die schlimmsten möglichen Stürme einfach nicht in ihre Berechnungen einbezogen. Aber ist man jemals vollkommen auf eine Katastrophe vorbereitet?

Hurrikane

Ein durchschnittlicher Hurrikan hat einen Durchmesser von 550 Kilometern und setzt an einem Tag mehr Energie frei als alle Kraftwerke der Erde. Das Jahr 2005 brach alle Rekorde der bisher gemessenen Wirbestürme weltweit, dabei waren „Wilma" und „Katrina" 2005 die stärksten je gemessenen Stürme. Doch nicht nur in den USA, sondern auch in Asien wüteten 2005 heftige Taifune (wie Wirbelstürme dort heißen. Europa blieb bislang von Wirbelstürmen verschont, denn die europäischen Gewässer haben nicht die nötige Oberflächentemperatur zur Entstehung eines Hurrikans. Wissenschaftler warnen jedoch davor, dass die Erwärmung des Mittelmeeres zukünftig auch in Europa Wirbelstürme erzeugen könnte.

Die stärksten Hurrikane seit 1900:

1900: USA – Galveston-Hurrikan,
1935: USA – Labour-Day-Hurrikan
1961: Mittelamerika – Hattie
1969: USA – Camille
1979: Japan – Tip
1988: Karibik – Gilbert
1992: USA – Andrew
1996: Taiwan und China – Herb
1998: Karibik – Mitch
2000: China – Saomai
2001: Taiwan – Nari
2004: Japan – Tokage
2004: Grenada, Jamaica, Kuba und USA – Ivan
2005: Kuba und USA – Dennis, Katrina und Rita
2005: Mittelamerika – Stan
2005: Mexiko und USA – Wilma
2005: Azoren, Kanaren und Spanien – Vince
2005: Taiwan – Haitang
2005: China – Matsa, Talim, Khanun und Damrey
2005: China und Taiwan – Longwang
2005: Japan – Nabi

Die Schäden, die der Hurrikan „Katrina“ anrichtet, sind verheerend. Von dieser zerstörten McDonald's-Filiale in Biloxi, Mississippi, ist nicht viel mehr als das Maskottchen übrig geblieben.

Augenzeugenbericht

„Das war eins der stärksten Erlebnisse meines Lebens, als ich Ende 2005 in New Orleans war. Ich war auf mehreren Ebenen überwältigt. Überall fand ich seltsame Szenen und bizarre Objekte vor – umgedrehte Autos auf Dächern, Boote in Wohnzimmern. Ganze Viertel sahen aus wie nach einem Bombenangriff, Toiletten und Betten und Geschirr lagen überall in ironischem und beißendem Widerspruch. Ich hätte eine Serie allein über die unglaublichen Kräfte der Natur schießen können, aber ich fuhr hin, um mich mit etwas anderem zu beschäftigen als nur der Zerstörung. Es bedurfte ziemlicher Disziplin, mir dabei treu zu bleiben und meine Arbeit auf die subtileren Zeichen menschlicher Tragödie zu konzentrieren. Ich erlebte dort ein tiefes Gefühl von Trauer und Verlust; kein Mitgefühl mit den Schäden, die die Opfer erlitten hatten, sondern vielmehr ein Gefühl dafür, was mit mir geschah, dieses Gefühl, an dem jeder Einzelne leidet, wenn eine Katastrophe dieses Ausmaßes den Leuten seines eigenen Landes zustößt. Die USA haben während der letzten Jahre etwas Heiliges verloren, und 'Katrina' ist der sichtbare Beweis dafür. Es hat mit unserer Gemeinschaft zu tun, mit Mitgefühl und Verbundenheit, die unserer materialistischen Gesellschaft geopfert wurden. Ich als Mensch bin bereit, mich diesem Schaden zu stellen, und vielleicht kann ich durch meine Arbeit andere dazu bringen.“

Chris Jordan, Fotograf, zu den nachhaltigen Folgen von „Katrina“

Auf diesem Satellitenbild sieht man, wie sich „Katrina" der Golfküste von Louisiana und Mississippi nähert.

Die Erwärmung der Erde

Klimaforscher haben nachgewiesen, dass sich infolge des Treibhauseffekts die Temperatur der Erde erhöht hat und ständig weiter erhöht. Vor allem hat sich die Oberflächentemperatur der Meere in den letzten 20 Jahren im Durchschnitt um etwa 0,5 °C erwärmt. Bei der Erforschung von Wirbelstürmen hat sich gezeigt, dass die Oberflächentemperatur der Ozeane eine der wichtigsten Rollen bei ihrer physikalischen Entstehung spielt. Ab einer Oberflächentemperatur von etwa 26 °C verdunstet genügend Wasser, um einen Hurrikan zu erzeugen und zu speisen. Aber auch die Erwärmung der Luft über den Ozeanen ist von entscheidender Wichtigkeit, denn je höher deren Temperatur steigt, desto mehr Feuchtigkeit kann sie aufnehmen, was zur Folge hat, dass die Energie eines Hurrikans gesteigert wird und seine Intensität zunimmt. Bei „Katrina" hat sich erwiesen, dass die hohe Temperatur des Golfwassers seine Energie bis zur höchsten Kategorie für Wirbelstürme gesteigert hat. Je mehr Meere die Schwelle von 26 °C überschreiten und sich weiter erhitzen, desto mehr Hurrikane werden entstehen. Manche Klimaforscher halten es sogar für wahrscheinlich, dass die Zukunft auch Wirbelstürme für das Mittelmeer bereithält. Nachgewiesen ist, dass in den letzten 20 Jahren nicht nur die Zahl der tropischen Wirbelstürme zugenommen hat, sondern dass sich vor allem auch ihre Intensität und ihre Dauer verstärkt haben.

HUNGER UND DURST

Seit jeher sind Dürren der Hauptfaktor für Hunger und Durst, doch auch zerstörte Ernten können das betroffene Volk hungern lassen. Andere Faktoren sind Kriege, in denen nur verbrannte Erde zurückgelassen wird. Die Frage, ob es insgesamt auf der Welt genug Nahrung für jeden gibt, lässt sich unzweifelhaft mit Ja beantworten, denn die Industrienationen leben im Überfluss. Doch das ändert nichts daran, dass trotzdem auch heute noch Menschen hungern müssen.

Die dunkle Seite des Mittelalters

Wiederkehrende Hungersnöte

Baumrinde, Farn, Eicheln, Beeren, Gras – damit versuchen im Mittelalter viele Menschen verzweifelt, sich am Leben zu erhalten. Sie verstoßen ihre Kinder, vernachlässigen Alte und Kranke, nur um selbst zu überleben. Sogar Herrscher und Könige werden nicht immer verschont. In ganz Europa verhungern im 14. Jahrhundert mehrere Jahre in Folge Millionen von Menschen – heute erscheint dies unvorstellbar. Und doch haben die Hungersnöte des Mittelalters immer wieder unzählige Opfer gefordert.

Das Elend der Menschen ist im Mittelalter so groß, dass die Hungernden nicht einmal davor zurückschrecken, gehängte Diebe zu essen.

Das Leben ist kurz – vita brevis!

Von Skandinavien bis zu den Alpen und den Pyrenäen, von den Steppen Russlands im Osten bis an die irische Westküste erstreckt sich von 1315 bis 1317 eine große Hungersnot, die allerdings nur ein Glied in einer ganzen Kette aneinandergereihter Katastrophen ist.

Man stirbt im Durchschnitt zwischen dem 25. und 32. Lebensjahr, die Frauen oft noch jünger – das ist der Normalfall im Mittelalter. Selbst die Mitglieder der königlichen Familie in England, die die reichsten Menschen weit und breit sind, erreichen 1276 nur ein Durchschnittsalter von 35 Jahren.

Hungersnöte im 14. Jahrhundert

Örtliche begrenzte Hungersnöte traten immer wieder auf, so in England 1315–1317, 1321, 1351, 1369, in Frankreich in den Jahren 1304, 1305, 1310, 1315–1317, 1330–1334, 1349–1351, 1358–1360, 1371, 1374/1375 und 1390. 1306 gab es eine Hungersnot in Böhmen, 1312 schlug der Hunger in Österreich zu. Wenn man sich dann noch den Durchzug von Seuchen in Erinnerung ruft, wird deutlich, wie stark der Alltag damals vom Bewusstsein der Nähe des Todes geprägt war.

Die Menschen sind so sehr vom Hunger geschwächt, dass sie für Krankheiten aller Art extrem anfällig werden.

Demografische Zahlen

Natürlich verfügt man über keine exakten Angaben bezüglich der Lebenserwartung und der Bevölkerungsentwicklung im Mittelalter, denn Statistiken wurden damals noch nicht geführt. Tauf- und Sterberegister existieren normalerweise erst im 16. Jahrhundert. Worauf gründen sich also die demografischen Zahlen? Man berücksichtigt z. B.:

- *Skelettfunde, die über Todesursachen Auskunft geben*
- *Chroniken*
- *Steuerlisten*
- *die Zahl der Wehrpflichtigen*
- *bei Belagerungen die Zahl der Eingeschlossenen, die versorgt werden müssen*
- *den Peterspfennig, d. h. die Abgaben an den Papst in Rom*
- *Reiseberichte, die einzelne Orte beschreiben*

So kann man eine grobe demografische Schätzung vornehmen.

Stetiges Bevölkerungswachstum

Es gibt im mittelalterlichen europäischen Raum eine grobe einheitliche Tendenz: Nach einem deutlichen Bevölkerungsrückgang in der Mitte des 6. Jahrhunderts nach Ausbruch der Pest und anderer Infektionskrankheiten wächst die Bevölkerungszahl zunächst stetig, zwischen 850 und 1050 sogar sehr stark. Wie ist das möglich? Weil man jetzt verstärkt von der Viehwirtschaft zur Ackerwirtschaft übergeht, wodurch sich die allgemeinen Lebensumstände der Bevölkerung verbessern: Es stehen nun mehr Nahrungsmittel, Futtermittel, Bau- und Heizmaterial usw. zur Verfügung. Hinzu kommt, dass durch mehr Städtegründungen eine stärker marktorientierte Wirtschaft zu florieren beginnt. Für den einzelnen Bürger heißt es bekanntlich: „Stadtluft macht frei!" – und das gilt mit Einschränkungen auch für den Handel.

Hunger und Massensterben 1315

Im Frühjahr und Sommer des Jahres 1315 kommt es zu einer dramatischen Wende: Über Mitteleuropa fällt Dauerregen, es bleibt kühl, und die Saat kann nicht aufgehen. Die Preise für Getreide ziehen kontinuierlich an. In England kosten manche Nahrungsmittel im Juni bereits doppelt so viel

Die Entwicklung der Einwohnerzahlen im mittelalterlichen Europa

	Jahr				
	300	*600*	*1000*	*1340*	*1440*
Spanien/Portugal	*4 Mio.*	*3,6 Mio.*	*7 Mio.*	*9 Mio.*	*7 Mio.*
Frankreich	*5 Mio.*	*3 Mio.*	*6 Mio.*	*19 Mio*	*12 Mio.*
Italien	*4 Mio.*	*2,4 Mio.*	*5 Mio.*	*9,3 Mio.*	*7,5 Mio.*
Britische Inseln	*0,3 Mio.*	*0,8 Mio.*	*1,7 Mio.*	*5 Mio.*	*3 Mio.*
Deutsches Reich und Skandinavien	*3,5 Mio.*	*2,1 Mio.*	*4 Mio.*	*11,6 Mio.*	*7,5 Mio.*

Das Fresko von Fra Angelico (1447–1449) zeigt den hl. Laurentius, der Almosen an Hungernde und Arme verteilt, um die Not etwas zu lindern.

Der Küchenzettel im Mittelalter

Es gibt während des Mittelalters im Vergleich zu heute nur eine geringe Anzahl von Kulturpflanzen. Kartoffeln und Mais, ertragreich und nahrhaft, sind noch unbekannt, sie werden erst später aus der Neuen Welt importiert. Auch Gemüse spielt auf dem Speiseplan nur eine untergeordnete Rolle. Es gibt Kraut, Kohl, Rüben, Erbsen, Karotten und vor allem Pferdebohnen. Im Rahmen der Dreifelderwirtschaft ernährt man sich vor allem von Getreidebrei aus Roggen, Gerste, Weizen, Hafer, Hirse und Dinkel. Öl wird meist aus Leinsamen, Raps oder Rüben gewonnen. Zucker ist noch unbekannt. Er kommt aus Indien und Vorderasien, wird zwar schon im 10. Jahrhundert von den Arabern auf Sizilien angebaut, doch erst zur Zeit der Kreuzzüge in Westeuropa verbreitet. Man süßt bis dahin mit Honig.

wie im März. Vorräte, sofern überhaupt vorhanden, sind schnell aufgebraucht, und in der Not greifen viele Bauern zu einer langfristig fatalen Lösung: Sie ernähren sich von Saatgetreide oder versorgen ihr hungerndes Vieh damit. In ihrer Verzweiflung graben die Hungernden Wurzeln aus, reißen Borke von den Bäumen, sammeln Nüsse und Beeren, essen Farnkraut und Gräser. Selbst der Adel ist nicht vor Hunger geschützt: Als der englische König Edward II. am 10. August 1315 in Saint Albans Halt macht, gibt es für ihn und seinen Hofstaat nichts zu essen – der mächtige Herrscher muss hungern!

Kein Ende der Hungersnot

Das Frühjahr 1316 bringt keine Besserung, denn die Schlechtwetterperiode hält an. Nun wird das verbleibende Saatgut verzehrt und das Vieh notgeschlachtet. Die von Hunger geschwächten Menschen wissen nicht mehr, wohin sie sich wenden sollen, denn die Vorräte sind fast überall erschöpft. Oft hilft die Kirche mit Almosen. Kleine Kinder werden in diesen harten Zeiten wohl auch sich selbst überlassen – so zumindest

Der gefährliche Pilz „Claviceps purpurea" infiziert das Getreide und verursacht den gefährlichen Ergotismus, der früher sehr weit verbreitet war.

Ein Grabstein auf dem Camposanto Monumentale in Pisa markiert das Grab eines Wohlhabenden. Von den verhungerten Armen bleiben wenig Spuren.

lässt es das Märchen „Hänsel und Gretel" vermuten. Hier werden die Kinder in einer Zeit bitterer Armut vom Vater nach der Arbeit im Wald zurückgelassen. Der Höhepunkt der Krise wird 1317 erreicht. Eisige Winter, Regen und Kälte nehmen kein Ende, und viele unterernährte Menschen werden leicht Opfer von Krankheiten; sie sterben an Lungenentzündung oder Tuberkulose.

Todesangst und Apathie

Die Verschlechterung des Klimas, die Hungersnot von 1315 bis 1317 und schließlich die Pest reduzieren die Bevölkerung um bis zu 70 Prozent. Das kontinuierliche Elend beeinflusst das Denken und Fühlen – viele Kirchen werden mit Totentanzdarstellungen geschmückt. So hat jeder sein mögliches baldiges Ende eindrücklich vor Augen. Viele Menschen werden entwurzelt und ziehen als heimatlose Vaganten durch die Lande, die Sitten verrohen, die Ärzte sind hilflos. Manche Menschen wenden sich von der Kirche ab, die meisten suchen in der Hoffnung auf die Auferstehung nach dem Tod bei ihr Zuflucht.

Das gefährliche Mutterkorn

Die meisten Bauern ernähren sich auch in guten Zeiten nur von Getreidebrei, Brot, Erbsen, Linsen, Kastanien und Kohl. Missernten zwingen sie häufig dazu, angeschimmeltes oder durch Mutterkorn infiziertes Brot zu essen – dies löst das gefürchtete Antoniusfeuer aus. Besonders die arme Landbevölkerung leidet darunter, denn diese ernährt sich bei Hungerkrisen sofort nach der Ernte vom frischen Korn, in dem der Gehalt an Giftstoffen besonders hoch ist. Der in der Antike kaum verbreitete Roggen wird im Mittelalter zu einem Hauptnahrungsmittel und oft von einem gefährlichen Pilz („Claviceps purpurea") befallen. Im violett verfärbten „Mutterkorn" sind gefährliche Giftstoffe enthalten, die den „Ergotismus gangraenosus", das besagte Antoniusfeuer, auslösen, bei dem die verfaulenden, schwarzen Finger und Zehen vom Körper abfallen. Ein Mönch aus Cluny beschreibt die Krankheit als ein verborgenes Feuer, das jedes von ihm befallene Körperglied durch Austrocknung vom Körper abtrennt.

Ergotismus – die Krankheit der armen Landbevölkerung

Das Mutterkorn durchsetzt das Getreide massenhaft. Schon 993/994 spricht man von 40 000 Toten im französischen Limousin und Périgord sowie von 14 000 Toten 1128/1129 in Paris. Frankreich ist am schwersten betroffen, daneben vor allem Russland, Deutschland und Schweden. Aber auch noch Jahrhunderte später sterben die Armen auf dem Land an dieser verstümmelnden Krankheit, die auch eine Folge des Hungers ist.

DEPARTURE OF THE "NIMROD" AND "ATHLONE" STEAMERS, WITH EMIGRANTS ON BOARD, FOR LIVERPOOL.

Irische Emigranten gehen in Cork an Bord eines Dampfers nach Liverpool, um von dort aus nach Amerika auszuwandern.

Irland verhungert

Missernten lösen eine grosse Hungersnot aus

In den Jahren 1845 bis 1849 wird Irland von einer Folge verheerender Missernten heimgesucht. Auslöser für die Vernichtung der Kartoffelernten ist ein Pilz, der die Kartoffelfäule verursacht. Über 1 Mio. Iren verhungern, erfrieren oder werden von nachfolgenden Seuchen dahingerafft. Weitere 2 1/2 Mio. Menschen verlassen das Land und verursachen so eine Einwanderungswelle nach Amerika.

Britische Zeitungsmeldung vom Sommer 1845

„Eine schreckliche Seuche ist bei den Kartoffelpflanzen aufgetreten. Von allen Seiten hören wir von Zerstörungen. In Belgien sollen die Felder völlig verwüstet sein."

Gardener's Chronicle and Agricultural Gazette, 1845

Die Iren vermehren sich rasant

Zu Beginn des 19. Jahrhunderts geht es den irischen Kleinbauern bestens. Das warme Wasser des Golfstroms sorgt für ein mildes Klima, und die Böden sind fruchtbar. Die Natur liefert die Rohstoffe für den Hausbau, und zum Heizen eines kleinen Bauernhauses auf dem Land ist die meiste Zeit des Jahres ein kleines Torffeuer ausreichend. Zum Anbau von Kartoffeln genügt schon ein kleines Stück Pachtland, und dessen Ertrag ist so gut, dass eine bäuerliche Großfamilie sich davon ernähren kann.

Die Auswirkungen des Wohlstands zeigen sich sehr schnell. Junge Leute können sehr früh eine Familie und einen eigenen Hausstand gründen. Während 1801 die irische Bevölkerungszahl zwischen 4 und 5 Mio. lag, verdoppelt sich diese Zahl innerhalb von nur 40 Jahren auf gut 9 Mio. Einwohner. Diese extreme Bevölkerungsexplosion hat allerdings zur Folge, dass die Parzellen der einzelnen Pachtfamilien immer kleiner werden, denn in Irland herrscht das System der Realteilung, d.h., das Land wird jeweils unter den Söhnen aufgeteilt. Irgendwann werden die Parzellen dann zu klein, um eine gesamte Familie zu ernähren.

Eine arme irische Familie gräbt auf einem Stoppelfeld nach Kartoffeln, um den Hunger zu stillen.

Der Pilz aus Amerika

Die durch das starke Wachsen der Bevölkerung drohenden Probleme werden jedoch plötzlich zu einer katastrophalen Belastung. Im September 1845 verfaulen auf der Isle of Wight im Ärmelkanal zwar große Mengen von Kartoffeln, dies wird jedoch noch nicht als besorgniserregend betrachtet. Auch weitere schlechte Nachrichten über verfaulende Kartoffelernten in den Niederlanden und Frankreich werden noch nicht als nahende Vorboten einer Katastrophe erkannt. Schlechte Zeiten in der Landwirtschaft hatte es immer wieder einmal gegeben. Diesmal aber sind es die ersten Auswirkungen des Pilzes „Phytophthora infestans", der so genannten Kartoffelfäule, durch die schon 1842 die gesamte Kartoffelernte Nordamerikas vernichtet wurde. Der Pilz hat offenbar in feuchten Schiffsbäuchen den Atlantik von Amerika nach Europa überquert und beginnt sich nun in Europa auszubreiten. Die idealen Bedingungen findet er in Irland. Das Klima ist mild und feucht und der Kartoffelanbau allgegenwärtig. Die irischen Kleinbauern mit ihren kinderreichen Familien leben fast ausschließlich von

Die hungernden Menschen sind dringend auf Almosen angewiesen.

Gedenktafel auf der Quarantäneinsel Gros Ile vor Quebec
„Thousands of the children of the Gael were lost on this island while fleeing from foreign tyrannical laws and an artificial famine in the years 1847-8. God bless them. God save Ireland."
Übersetzung:
„Tausende von Nachfahren des irischen Volks starben in den Jahren 1847–1848 auf dieser Insel, als sie vor den Gesetzen fremder Tyrannen und einer künstlichen Hungersnot fliehen wollten. Gott beschütze sie. Gott beschütze Irland."

der nahrhaften und schnell wachsenden Kartoffel. Die größeren Parzellen werden mit Weizen bebaut, der allerdings fast vollständig für den Export nach England bestimmt ist, denn nur so können die Bauern die hohe Pacht bezahlen, die von den Grundherren verlangt wird.

Der Hunger greift um sich

Im Herbst 1845 hofft man noch, dass die irische Kartoffelernte nicht allzu stark betroffen sein wird. Aber schon wenige Tage nach der Ernte ist ein Großteil verfault. Die Regierung in London greift sofort mit finanziellen Hilfen ein, um die Brotpreise niedrig zu halten, aber die Landbevölkerung besitzt keinerlei Rücklagen, um selbst die niedrigen Preise zu bezahlen. Der Hunger in Irland beginnt. Das Jahr 1846 wird noch schlimmer. Das Wetter ist schlecht, sodass auch Weizen- und Haferernte mager ausfallen, die Kartoffelernte ist völlig zerstört. Zusätzlich folgt ein extrem strenger Winter. Erschreckende Berichte über verhungernde und erfrierende Kinder erreichen die englische Regierung, verändern aber kaum etwas. Die Haltung der liberal-konservativen Politiker ist geradezu zynisch. Sie verweigern finanzielle Hilfen mit dem Argument, dass Regierungsalmosen die verhungernde Bevölkerung demoralisierten und ihr den Willen nähmen, aus eigener Kraft der Katastrophe zu entkommen. Lediglich Arbeitshäuser und öffentliche Baumaßnahmen werden zur Schaffung von Arbeitsplätzen verstärkt gefördert.

Im Westen Irlands kann man heute noch Reste dieser staatlichen Arbeitsbeschaffungsmaßnahmen finden: Scheinbar sinnlose Mauern ziehen sich an Straßenrändern entlang, sie werden Brotmauern genannt. Die hungernde Bevölkerung wird gleichzeitig aber immer schwächer, zumal nun außerdem Seuchen wie Typhus um sich greifen. Bald sind zahlreiche Menschen nicht mehr zu anstrengender körperlicher Arbeit in der Lage, mit der sie sich die staatliche Unterstützung verdienen müssen.

Eine Frau besprengt junge Kartoffelpflanzen mit Weihwasser, damit sie schneller wachsen.

Weil sie ihre Pacht nicht mehr zahlen können, müssen die hungernden Menschen das gepachtete Land räumen.

Sargschiffe verlassen Irland

Alternative Arbeitsplätze im Handel oder in der industriellen Produktion sind in Irland so gut wie nicht vorhanden, sodass man dem Hungertod nur durch Emigration entgehen kann. Bereits 1846 sehen viele verarmte Kleinbauern ihre einzige Hoffnung darin, das Land zu verlassen. In den noch folgenden Hungerjahren bis 1849 sterben etwa 1 Mio. Menschen an Hunger, Kälte oder Seuchen, mehr als 2 Mio. verlassen das Land. Von den 9 Mio. Iren im Jahr 1841 sind gut zehn Jahre später nur noch 6 1/2 Mio. in Irland. Fast 25 Prozent der Bevölkerung sind tot oder ausgewandert. Die Auswanderungsschiffe verlassen Irland vorwiegend in Richtung Britisch-Amerika (heutiges Kanada) und USA. Die Zustände an Bord sind furchterregend, denn die „coffin ships" (dt.: „Sargschiffe") sind nichts anderes als Frachtschiffe, und die Auswanderer werden von den Besatzungen gleichfalls wie billige Ware behandelt. An Bord und in den Quarantäne-Lagern in Kanada wüten ebenfalls Typhus und andere Krankheiten, sodass annähernd 10 Prozent der Passagiere die Emigration aus Irland nicht überleben.

Iren nicht willkommen

Die Überlebenden der Emigration treffen in ihren Zielländern auf Ablehnung und Hass. In den protestantisch geprägten USA werden die katholischen Iren schon ihres Glaubens wegen abgelehnt, stärker aber noch ist die Ablehnung durch die Unterschicht in den aufnehmenden Ländern, da diese die irischen Einwanderer als unliebsame Konkurrenz auf dem Arbeitsmarkt sieht. Angebote von freien Arbeitsplätzen werden oft durch den Zusatz „Iren brauchen sich nicht zu bewerben" ergänzt. Ihnen bleiben nur die schlechtesten Arbeitsplätze im Eisenbahn-, Kanal- oder Bergbau. Die dort zu vergebenden Arbeiten sind nicht nur unbeliebt, sondern vielfach lebensgefährlich. Unter amerikanischen Eisenbahnern heißt es bald: „Unter jeder Schwelle liegt ein toter Ire." Doch durch Hartnäckigkeit und ein ausgeprägtes Gefühl der Verbundenheit erkämpfen sich die Einwanderer ihren Platz in den Gesellschaften der aufnehmenden Länder. Gut 100 Jahre später wird schließlich der Enkel eines irischen Auswanderers von 1847 Präsident der Vereinigten Staaten: John F. Kennedy.

Der Pilz „Phytophthora infestans", die so genannte Kartoffelfäule, vernichtet ab 1845 weite Teile der Ernte in Irland.

Schwarze Staubwolken von Kanada bis Texas

Die amerikanische Dürre von 1932–1940

In den Jahren vom Beginn der 1930er-Jahre bis 1940 verwandelte sich ein Gebiet mitten in den USA, die Great Plains, wegen schlechter Bodenwirtschaft und anhaltender Trockenheit in eine so genannte „Dust Bowl", eine „trockene Staubschüssel". Tausende Menschen verhungern, als die Dürre einsetzt und die Ernten über Jahre hinweg ausfallen. Viele sterben durch den Staub, den sie jahrelang eingeatmet haben, an Lungenkrankheiten.

„Dust Bowl", „Staubschüssel", nannte man in den 1930er-Jahren große Gebiete des Mittleren Westens, der von unbeschreiblichen Staubstürmen heimgesucht wurde.

Die Mitte braucht Menschen

Zu Beginn der 20. Jahrhunderts waren zwar die Küsten der USA mit Menschen besiedelt, es fehlte indes an Bevölkerung in der Mitte, in Bundesstaaten wie Nord- und Süd-Dakota, Montana, Nebraska, Oklahoma, Arkansas oder Texas. In den großen Metropolen Europas wurde daher um Siedler geworben, und in den so genannten „Bad Lands" von Montana und denen Dakotas bot man europäischen Siedlern 320 ha Land als Geschenk an. Die Leute mussten nur kommen, sich ihren „claim" abstecken, eine geringe

Solche Sanddünen türmen sich 1936 z.B. vor einer Farm in Cimarron County, Oklahoma, auf und machen alles Leben dort zunichte.

Die Landbevölkerung großer Teile des Mittleren Westens verarmt vollkommen, viele verhungern oder sterben an Krankheiten. Dieses Foto von Dorothea Lange zeigt eine Mutter, die mit ihren Kindern auf der Flucht vor den Staubstürmen ist.

Registrierungsgebühr zahlen, und das Land gehörte ihnen. Die Vereinigten Staaten benötigten Menschen, um die von den Eisenbahngesellschaften entlang ihrer geplanten nördlichen Route quer durch das Land gegründeten, aber vollkommen unterbevölkerten Städte zu füllen. Man brauchte Menschen, die die Eisenbahn benutzten, die Güter transportierten, Umsatz machten, die sozusagen eine Rechtfertigung für die Existenz der Eisenbahn lieferten. 320 ha waren für Menschen aus den Elendsvierteln von Berlin, Paris oder London unvorstellbar viel Land – und es sollte gratis sein. Die Gebiete der Great Plains waren bereits wiederholt von Dürreperioden heimgesucht worden, von Regierungsseite wusste man also, dass das ausgegebene Land stets dieser Bedrohung ausgesetzt war.

Das natürliche Gleichgewicht wird zerstört

Der 1. Weltkrieg hatte in den USA die Landwirtschaft boomen lassen. Dieser Boom kam jedoch mit Kriegsende zum Stillstand, und die 1920er-Jahre waren bestimmt von einer anhaltenden drastischen landwirtschaftlichen Überproduktion. Man versuchte, den Boden über die Maßen zu nutzen, und beutete ihn bis über seine natürlichen Grenzen hinaus aus. Man hatte sogar Land künstlich nutzbar gemacht, das unter normalen Bedingungen als unfruchtbar gegolten hatte. Dadurch, dass all dieses Land von seinem natürlichen Bewuchs befreit worden war, war das ökologische Gleichgewicht der Great Plains zerstört worden. Das dort beheimatete Gras war für Weizenfelder zerpflügt worden, und das Land hatte nichts mehr, was es zusammenhielt. Darüber hinaus waren alle Büffel sinnlos abgeschossen worden – unter anderem zur Unterhaltung der Fahrgäste auf den langen Bahnfahrten von Küste

Dorothea Lange

Die amerikanische Dokumentarfotografin Dorothea Lange (1895–1965) erhielt während der Weltwirtschaftskrise den Auftrag der Farm Security Administration (FSA), die Verarmung der Landbevölkerung dokumentarisch festzuhalten. Diese fotografischen Arbeiten, aber vor allem auch ihre Fotos aus der „Dust bowl", der „Staubschüssel" der USA, während der verheerenden Sandstürme der 1930er-Jahre machten sie international berühmt, denn ihre Bilder zeigten die menschliche Tragödie, und besser als keine anderen prägten sie das Bild der USA in jener Zeit.

zu Küste – ihr natürlicher Dünger hatte das Land fruchtbar erhalten. Als dann Anfang der 1930er-Jahre der Regen jahrelang ausblieb und schließlich die Winde kamen, setzte die Katastrophe ein und konnte für Jahre nicht mehr gestoppt werden. Der fruchtbare Oberboden, durch die Trockenheit zu Staub geworden, wurde in gewaltigen schwarzen Wolken weggeweht. Zwischen 1934 und 1939, als der Boden verweht worden war, verloren in den Bundesstaaten von Texas über Oklahoma und Arkansas bis Nord-Dakota und sogar Alberta, Kanada, 650 000 Farmer ihre Existenzgrundlage. Teilweise hoch verschuldet, gaben sie schließlich auf. In der Folge kam es zu einem Massenexodus. Über 500 000 Menschen verließen ihre frisch gewonnene Heimat wieder. Der Ausdruck „Oakie", als Abkürzung für jemanden aus Oklahoma, der sein Land verlassen musste, wurde zum allgemeinen Ausdruck für die heimatlosen Landflüchtigen, die auf der Suche nach Arbeit und einer neuen Heimat nach Westen zogen. Die Bewohner Oklahomas benutzten dafür die „Route 66", eine Straße, die später z. B. von den Rolling Stones, aber auch von anderen Musikern besungen wurde und so einen geradezu legendären Status erhielt.

Häuser brechen unter der Staublast zusammen

Die stärksten Stürme mit den verheerendsten Folgen für das Land kommen 1934 und 1935. Im Mai 1934 bildet sich ein „Black Blizzard", wie die Staubstürme getauft wurden, der sich von Kanada bis hinunter nach Texas wälzt und Milliarden Tonnen ehemals fruchtbaren Bodens mit sich fortnimmt. Im März 1935 schließlich kommt es zu einem 27 Tage anhaltenden Staubsturm, in dem Zehntausende Rinder ersticken. Die Staubwolken blasen bis nach Chicago, wo der Schmutz wie Schnee niedergeht, und nur einige Tage später erreicht derselbe Sturm die Städte Boston, Washington und New York an der Ostküste. In jenem Winter fällt hier rötlichbrauner Schnee vom Himmel. Einen Monat lang ist die Sonne in den Great Plains nicht zu sehen, gleichzeitig brechen die Häuser unter der tonnenschweren Last des Staubs zusammen. In diesen beiden Jahren, die im ganzen Land auch immer noch gezeichnet sind von den Folgen der Weltwirtschaftskrise, verhungern Tausende Menschen, und Tausende sterben an den Folgen von Staublungen und anderen Lungenkrankheiten, die die Winde und der mitgeführte Staub verursachen. Die auf ihrem Land verbliebenen Farmer versuchen, durch das Pflanzen von Windschutzhecke die Erosion des Bodens zu stoppen. Dies gelingt nur zum Teil. Weil es während einer fast zehnjährigen Periode nicht geregnet hat, sind die Stauseen leer, und die Wassernot steigt. Der Boden versalzt. Natürlich regnet es von Zeit zu Zeit während all der Jahre, aber die Regenmassen, die in gewaltigen Gewittern in kürzester Zeit auf das Land niederprasseln, richten größeren Schaden als Nutzen an, der lose und staubige Boden wird nämlich einfach weggewaschen und mit ihm die Saat. Um dies zu verhindern, pflügt man von nun an parallel zum Hang. Außerdem schaltet man Brachjahre ein, d.h., durch das Stehenlassen des Getreidestrohs versucht man, die Niederschläge zu speichern und den Boden zu beleben – aber das Land ist bereits ausgeblutet.

Fremde im eigenen Land

Die große Mehrheit der Menschen macht sich auf

Das Land ist vollkommen ausgedörrt; man hat ihm durch landwirtschaftliche Überproduktion zu viel zugemutet.

Beschreibung der Stürme

„Die Wirkung ist so, als bekäme man eine Schaufelladung feinsten Sands ins Gesicht geworfen. Menschen, die auf ihrem eigenen Hof überrascht werden, halten sich an den Treppenstufen fest. Autos stecken fest, denn kein Licht der Welt kann diesen wirbelnden Dreck durchdringen ... Während der Stürme ist der Albtraum am schlimmsten. Aber auch an den gelegentlichen klaren oder grauen Tagen können wir uns nicht davon befreien. Wir leben mit dem Staub, essen ihn, schlafen mit ihm, schauen tatenlos zu, wie er uns unserer Besitztümer und der Hoffnung auf Besitztümer beraubt. Er wird langsam zur Wirklichkeit ... Der Albtraum wird zum normalen Leben."

Avis D. Carlson, Augenzeuge

den Weg in den „Golden State" nach Kalifornien. Aber hier sind die Lebensbedingungen nicht viel besser als dort, wo sie herkommen, oft sind sie sogar noch härter. Viele der Farmen in Kaliformen sind damals Kooperativen, sie sind größer und moderner als die, woher die Menschen aus den Plains kommen. Außerdem sind die „Oakies" nicht gern gesehen. Ausgesandt von der Polizeibehörde in Los Angeles, werden Polizisten an der Grenze zu Nevada stationiert, die den „Oakies" den Eintritt mit Gewalt verweigern. 40 Prozent der Zuwanderer ersetzen schließlich die mexikanischen Feldarbeiter im San Joaquin Valley, wo sie für ein Gehalt von 1,25 US-Dollar pro Tag auf Obst- oder Baumwollplantagen arbeiten und in Hütten ohne sanitäre Einrichtungen leben müssen. Die nun arbeitslosen Mexikaner produzieren neue Probleme im Staat. Die meisten Menschen schlafen auf den Feldern. In dieser Zeit und Atmosphäre spielt John Steinbecks berühmter Roman „Die Früchte des Zorns". Er beschreibt die Zustände während der Depression Anfang der 1930er-Jahre, als Tausende von Familien aus dem amerikanischen Südwesten nach Kalifornien aufbrachen.

Frauen und Kinder sind die häufigsten Opfer der Katastrophe, wie hier auf einer vollkommen der Dürre anheimgefallenen Farm in den Great Plains.

DAS LEID DER ÄRMSTEN DER ARMEN

DIE HUNGERSNOT IN DER SAHELZONE

Der Hunger in der Welt allgemein und in der Sahelzone im Besonderen ist keine Katastrophe mit einem klaren Auslöser. Es handelt sich um ein schleichendes Unheil, das zu einem Zustand geworden ist, der sich über Jahre zur menschlichen Tragödie entwickelt hat. „Sahel“ bedeutet im Arabischen „Küste“ oder „Ufer“. Es war der französische Botaniker Auguste Chevalier (1873–1956), der um 1900 diesen Begriff für die Zone einführte, die den Südsaum der Sahara einnimmt. Es handelt sich um die halbtrockene Übergangszone zwischen Wüste und Savanne, die sich vom Atlantik bis zum Roten Meer und einem kleinen Teil des Indischen Ozeans quer durch Afrika erstreckt. Schwere Dürreperioden in diesem Bereich haben schreckliche Folgen für die Bevölkerung, die in Abständen von oft nur wenigen Jahren immer wieder von Hungersnöten heimgesucht wird.

Die Opfer der Dürre in der Sahelzone sind zu schwach, um noch zu fliehen – obwohl eine Choleraepidemie droht.

Hunger – ein verbreitetes Übel

Im modernen Afrika ist Hunger ein weit verbreitetes Übel, sehr viele Länder des Kontinents sind nicht in der Lage, ausreichend Nahrung für ihre Bevölkerung zu produzieren. Dadurch sind die Menschen in diesen Ländern auf Importe angewiesen, für die wiederum vielfach keine ausreichenden finanziellen Mittel zur Verfügung stehen, was bedeutet, dass sie abhängig sind vom Wohl-

1,6 Mio. Stück Vieh von ehemals 2,1 Mio. sterben allein in Mauretanien. Die Bestände müssen neu nachgezogen werden.

wollen der reichen Industrienationen, die ihnen in Form von Entwicklungshilfe unter die Arme greifen. Entwicklungshilfe ist aber nicht nur selbstlose Hilfe, Entwicklungshilfe ist auch Geschäft, denn sie wird mit stetiger Verzinsung zurückgezahlt.

Einige Faktoren, die vor allem in der Sahelzone immer wieder eine entscheidende Rolle gespielt haben, sind Dürren, Unfruchtbarkeit des ohnehin sehr trockenen Bodens, Schwankungen des Klimas, Erosion und Parasitenbefall, vor allem auch Heuschreckenschwärme – all das führt immer wieder zu Ernteausfällen mit katastrophalen Folgen für die Bevölkerung. Neben diesen natürlichen Bedingungen, mit denen die Menschen dort seit jeher fertig werden müssen, kommen als weitere wichtige Faktoren für die Knappheit der Nahrung politische Instabilität mit bewaffneten Auseinandersetzungen hinzu, vor allem Bürgerkriege, in denen Hunger gezielt als Kriegsstrategie eingesetzt wird. Aber auch Korruption und Misswirtschaft im Verbund mit einer die afrikanische Landwirtschaft schädigenden Handelspolitik sind entscheidende Elemente für den Hunger und das Leid der Bevölkerung. In anderen Teilen des schwarzen Kontinents ist es inzwischen hauptsächlich auch die Seuche Aids, die wirtschaftliche Auswirkungen auf die Landwirtschaft und damit auf die Ernährung der Bevölkerung hat, denn sie dezimiert die arbeitende Bevölkerung um große Teile. Nach Angaben der UNO starben seit 1985 etwa 7 Mio. Landarbeiter in 25 afrikanischen Ländern; 15 Mio. weitere Menschen dort sind vom Tod bedroht.

Auf der Suche nach Nahrung sucht diese Nomadin mit ihrem Kind auf dem Rücken den Boden ab.

Tagebucheintrag aus dem Jahr 1850
„Fast regelmäßig kam der Regen. Die ganze Natur atmete neues Leben und die Tierwelt entwickelte ihre geselligen Eigenschaften in der ganzen Kraft neu erwachender Triebe. Die dichtkronigen Bäume schwirrten von dem fröhlichen Gezwitscher der Ammern und Finken und dem Gegirre der Tauben. Affen stiegen in die kleine Einsenkung hinter unserem Gezelte herunter, um einen Trunk Wasser zu erlangen, während dann und wann der ferne Ruf eines Löwen erschallte."
Heinrich Barth (1821–1865), deutscher Geograf und Afrika-Forscher, dessen Tagebucheintrag sich liest, als spräche er vom tropischen Regenwald und nicht vom südlichen Rand der Sahara.

Zwischen Feuchtsavanne und Sahara

Die Sahelzone umfasst ein Gebiet von insgesamt 3 Mio. km^2. Der Trockengürtel reicht vom Atlantik bis zum Roten Meer und einem schmalen Streifen des Indischen Ozeans. In dieser Zone liegen mit jeweils unterschiedlichen Landesteilen (z.B. im Senegal ist es der Norden, in Mali der Süden) die zehn Staaten Senegal, Mauretanien, Mali, Burkina Faso, Niger, Nigeria, Tschad, Sudan, Äthiopien

Ein Versorgungsflugzeug wirft Säcke mit Getreide über Gebieten der Sahelzone ab. Hunderte Tonnen Nahrungsmittel müssen in die betroffenen Gebiete geschafft werden, was die Hilfsorganisationen vor enorme logistische Probleme stellt.

Die Kinder sind besonders betroffen von der Hungersnot, dessen Ausmaß auch den Westen erschüttert.

und Eritrea, die ausnahmslos zu den ärmsten Ländern der Welt gehören. Den südlichen Rand der Sahelzone bildet die Dornensavanne, die zunächst in die Trockensavanne und dann in die Feuchtsavanne übergeht, an die sich schließlich weiter im Süden der tropische Regenwald anschließt. Der nördliche Rand der Sahelzone geht in die Wüste Sahara über und ist also bestimmt von heißem und trockenem Klima. Je nach dieser Verteilung erhalten die verschiedenen Gebiete unterschiedliche Niederschlagsmengen, die von 20 mm im Norden bis 500 mm im Süden vor allem zur Monsunzeit von Juni bis September fallen. Seit Beginn der 1960er-Jahre fallen diese Niederschlagswerte stetig geringer aus, und die Sahara tritt schleichend ihren Zug nach Süden an. Da die durchschnittliche Temperatur relativ hoch ist, sie beträgt 20 °C, fällt der geringe Niederschlag in den wenigen feuchten Monaten sehr stark der Verdunstung zum Opfer. Das Land selbst speichert nur wenig Feuchtigkeit. Die Folge sind Dürre, ausbleibende Ernten und Hunger.

Übervölkerung und Überweidung

Die geringe Niederschlagsmenge der letzten Jahrzehnte auf der einen Seite und die enorme Bevölkerungsexplosion, verbunden mit immer größer werdenden Herden, auf der anderen Seite, haben zu einer Überweidung der ohnehin kargen Vegetation geführt. Die nun stark vergrößerte Zahl der Tiere frisst die wenigen Pflanzen samt Wurzeln. Überdies wird der harte, trockene Boden von den Tieren festgetreten und dadurch verdichtet, und, je trockener er ist, desto leichter kommt es zu Verwehungen des Oberbodens – die Wüste dehnt sich aus.

Da es immer wieder niederschlagsreiche Zeiten gab, wurden die ursprünglich nomadisierenden Bauern sesshafter, sie zogen nicht mehr, wie in den Jahrhunderten zuvor, mit ihren Herden der Feuchtigkeit nach, sondern verließen sich auf Brunnenbohrungen.

Auch erstrecken sich die Ackerbaugebiete immer weiter in den trockenen Norden, was deren künstliche Bewässerung verlangt. Auch hier wurden als Folge in stark vermehrtem Maß und vor allem ohne Planung Brunnen gegraben, was im Laufe der Zeit zum drastischen Absinken des Grundwasserspiegels geführt hat. Das ökologische Gleichgewicht dieses Trockengürtels ist empfindlich gestört worden, auch dies trägt zur fortschreitenden Verwüstung, d.h. dem Voranschreiten der Sahara bei. Besonders in den Jahren

1968 bis 1973 und 1982 bis 1984 führte das zur Katastrophe, Hunger und Infektionskrankheiten kosteten Tausende Menschen das Leben. Viele der in der Sahelzone lebenden Tuareg zogen nach dem Verlust ihre Herden nach Süden und ließen sich am Zonensüdrand in den nun entstehenden Slums der Städte nieder.

Emigranten auf der Suche nach der Fata Morgana eines besseren Lebens
„Die Erste Welt fühlt sich von Asylanten und Wirtschaftsflüchtigen belagert und bedroht, die Armut, Chaos und Unterdrückung verzweifelt zu entkommen versuchen. Der Weg, der für Zehntausende jedes Jahr aus dem Afrika der Sub-Sahara führt, ist eine Lastwagenreise durch die Sahara, um in relativ wohlhabende Länder wie Algerien oder Libyen zu gelangen und von dort vielleicht bis nach Europa – wenn sie auf dem Weg nicht sterben."
Ali Bensaad, algerischer Journalist, der in seinem Land 1993 zum Tod verurteilt wurde und heute im Exil in Deutschland lebt

Kein Regen, keine Ernte, kein Geld – nur Hunger

Verantwortlich für Ernährungsprogramme und Nahrungsmittelverteilung sind auf internationaler Ebene hauptsächlich die Vereinten Nationen. Pro Person sollten jedem Menschen täglich 2100 Kalorien zur Verfügung stehen, was wiederum bedeutet, dass während einer Hungersnot in die Katastrophengebiete in kurzer Zeit Hunderte Tonnen Nahrungsmittel in Form von Reis oder Mais, Linsen, Bohnen, Öl und kleineren Mengen Salz und Zucker geliefert werden müssen. Dies ist unter anderem auch ein logistisches Problem. In Kriegsgebieten ist ein Beliefern aufgrund der Sicherheitslage oft unmöglich, die Folge ist eine lebensbedrohliche Nahrungsmittelverknappung. Vor allem Kinder und alte Menschen in der Sahelzone leiden an permanenter Unterernährung. Die Notsituation vor allem im Niger, aber auch in Mali, Mauretanien oder Burkina Faso ist groß, und die Vorräte sind erschöpft. Den Hungertod starben in den vergangenen Jahrzehnten nur wenige, aber geschwächt durch den Hunger und die ständige Unterernährung starben Hunderttausende an den Folgeerscheinungen, Seuchen wie Tuberkulose, Typhus und, gerade in letzter Zeit, an Cholera. Auch das Vieh starb, allein Mauretanien verlor von 2,1 Mio. Rindern 1,6 Mio. Neue Herden mussten herangezogen werden.

Die Sahelzone dehnt sich aus, in den letzten Jahren sogar bis auf die Kapverdischen Inseln. Die portugiesische Kolonialmacht holzte die gesamten Inseln ab, damit gab sie das Land der Winderosion preis – und, wo keine Bäume sind, fällt zunehmend weniger Regen. Auch die ehemalige britische Kolonie Gambia ist von der Versteppung bedroht. Immer wieder kommt es zu Missernten.

Menschen, die an Unterernährung leiden, sind besonders anfällig für Krankheiten. In Burkina Faso werden sie von der Weltgesundheitsorganisation gegen Infektionskrankheiten geimpft.

Im Juni 1998 zieht eine äthiopische Truppe von Aufständischen und Plünderern durch die Straßen von Aksum in der Provinz Tigray.

Millionen Menschen verhungern

Äthiopien und Eritrea

1984 verhungern 1 Mio. Menschen in Äthiopien, einem der ärmsten Länder Afrikas. Noch heute sind hier zwei Drittel der Bevölkerung (74 Mio.) Analphabeten, die meisten von ihnen leben von der Landwirtschaft bzw. von internationaler Hungerhilfe. Die Lebenserwartung der Menschen hier liegt bei nur 46 Jahren für Männer bzw. 49 Jahren für Frauen.

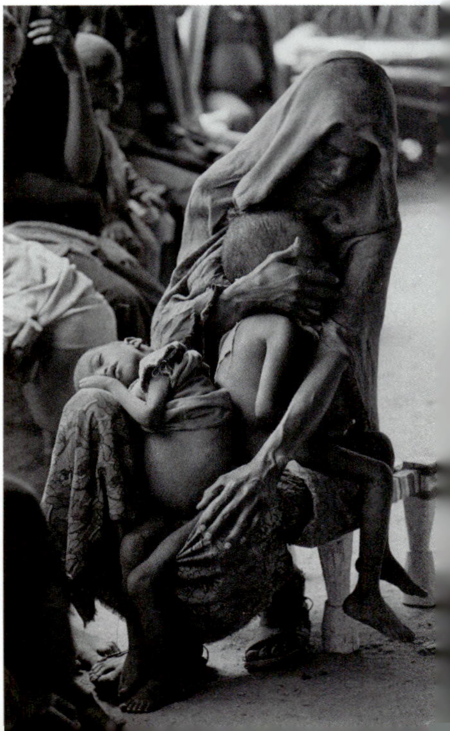

Eine von Hunger und Leiden gezeichnete Mutter mit ihren erschöpften Kindern.

Das alte Kulturland Äthiopien

Äthiopien (von altgriech.: „aethiops" – „Mensch mit verbranntem Gesicht", „Schwarzer", früher „Abessinien"), südlich von Ägypten im östlichen Afrika, zwischen Somalia und dem Sudan gelegen und ältestes christliches Land Afrikas, ist anders als die meisten Nachbarstaaten nie kolonisiert gewesen. Auf die Besetzung durch Mussolinis Truppen (1936–1941) im 2. Weltkrieg folgten – mit Unterstützung der Briten – die Unabhängigkeit unter Kaiser Haile Selassie (1892–1975) bis 1974 und dann bis 1991 eine marxistische Militärregierung. Der derzeitige Premierminister Meles Zelawi der Partei EPRDF (Ethiopian People's Revolutionary Democratic Front) war früher Marxist und ist heute Anhänger der freien Marktwirtschaft. Nördlich von Äthiopien liegt Eritrea. Seit 1993 ist die ehemalige Provinz von Äthiopien unabhängig – und eine Quelle ständiger militärischer Grenzkonflikte. Einzige Konstante in der Region sind Hungersnöte und Trockenheit (bereits 1973, dann 1987/1988) und damit massive Probleme bei der Versorgung der Bevölkerung.

Der beschwerliche Weg zur Unabhängigkeit

Ehemals Teil des italienischen Hoheitsgebiets, 1941 von den Briten besetzt und unter Haile Selassie von Äthiopien annektiert, findet Eritrea trotz der offiziellen Unabhängigkeit (auf Basis einer Volksabstimmung) von 1993 und einer Friedenserklärung mit Äthiopien im Jahr 2000 keine Ruhe. UN-Truppen müssen die beiden Konfliktparteien in Schach halten, Flüchtlingsströme sorgen für Unruhe, und statt die Wirtschaftskraft zu stärken, wird eine Unzahl von Männern zum Militär berufen. Der Einparteienstaat unter Präsident Isaias Afewerki, in dem es nur staatliche Medien gibt, ist wie Äthiopien gespalten in Muslime und Christen. Nach langjährigen Konflikten mit dem Jemen und Äthiopien müssen nun Wirtschaft und Infrastruktur wieder aufgebaut werden.

Das Massensterben von 1984

Angekündigt hatte sich die Krise von 1984 schon 1981, als eine Ernte wegen großer Trockenheit ausgefallen war. Die internationale Hilfe setzte damals nur zögernd ein. 1984 regnet es im Frühling nicht, und die Herden in der landwirtschaftlich wichtigsten Region Sidamo fallen einer Krankheit zum Opfer. Im März kündigt die Regierung an, dass eine Hungersnot bevorsteht, denn das Land werde nur 6,2 Mio. t Getreide produzieren können – 1 Mio. t weniger als benötigt. Doch viele Länder halten sich mit Hilfsangeboten zunächst zurück, vermutlich, weil sie kein marxistisches Regime unter dem Staatsoberhaupt Mengistu Haile Mariam unterstützen wollen, das selbst viel eher Geld für Waffenkäufe als für Nahrungsmittel ausgibt und das sich mit den nördlichen Provinzen Eritrea und Tigre im Bürgerkrieg befindet.

Als im Sommer Zehntausende verhungern, ergreift die Hilfsorganisation „Oxfam" die Initiative und stellt Hilfsleistungen in Höhe von 500 000 englischen Pfund zur Verfügung. Doch Probleme bei der Verteilung von Hilfsmitteln und Kritik an der äthiopischen Regierung, unter anderem Vorwürfe, dass das Getreide eher an die Truppen als an die Not leidende Bevölkerung verteilt würde, führen zu weiteren Verzögerungen –

Nicht immer herrscht Dürre in Äthiopien. Nach der Regenzeit ist das Land durchaus fruchtbar.

Die Lage der Bauern

In Eritrea ist der Boden verstaatlicht, und es wird nicht in neue Bewässerungssysteme investiert. Man benutzt Holzpflüge wie vor 3000 Jahren, und im Durchschnitt bearbeitet jeder Bauer nur 1 ha Land. In Äthiopien ist das als Nahrungsmittelhilfe gelieferte Getreide kaum keimfähig, entweder weil es zu alt, thermisch vorbehandelt oder die falsche Sorte ist. Hochgezüchtete Hybridsamen der amerikanischen Firma „Pioneer Hi-Bred International" können sich nicht selbst vermehren und müssen jedes Jahr gekauft werden, die Einfuhr tropentauglicher Sorten wie Triticale, einer Mischung aus Roggen und Weizen, wurde lange blockiert. Die Bauern verschulden sich mehr und mehr.

Die Flüchtlinge in diesem Camp nahe Addis Abeda sind auf die Unterstützung internationaler Hilfsorganisationen angewiesen.

trotz einer Rekordernte in Europa. Erst als im Oktober die Bilder ausgezehrter Hungernder weltweit die Fernsehzuschauer schockieren und Erinnerungen an die einstige Republik Biafra und die Hungersnot Ende der 1960er-Jahre wach werden, beginnen Lieferungen einzutreffen. Vor allem die Initiativen von Musikern wie Bob Geldofs „Band Aid" und Veranstaltungen wie die Konzerte unter dem Motto „Live Aid" rütteln die Öffentlich-

Mit Kalaschnikoffs bewaffnet, durchstreifen Mitglieder des Hamer-Stamms ihr Gebiet. Stammeskonflikte tragen immer wieder zu den Hungerkrisen bei.

keit wach und tragen große Spendensummen zusammen. Die Situation in Afrika verschärft sich währenddessen zusätzlich dadurch, dass viele Menschen vor dem Bürgerkrieg in den Sudan fliehen. In vielen Fällen kommt die Hilfe dann leider auch zu spät: Zehntausende sind schon verhungert oder sterben an ernährungsbedingten Mangelerscheinungen.

Das jüngste Land Afrikas: Eritrea

Zwei Drittel der Bevölkerung Eritreas (4,4 Mio.) leben permanent von internationaler Hungerhilfe. Doch das Land hat größte Probleme, Hilfe von außen zu akzeptieren. Im Rahmen seiner Unabhängigkeitsbestrebungen verlangt es Steuern auf Hilfsgüter, stoppt die Verteilung von Getreide an Hungernde und zieht Lastwagen von Hilfsorganisationen ein. Ausländer dürfen sich außerhalb der Hauptstadt Asmara nur mit besonderer Erlaubnis bewegen. Dieses Misstrauen, das auf schlechte Erfahrungen unter anderem. mit den USA und der Sowjetunion, die den Feind Äthiopien unterstützt haben, zurückzuführen ist, hat zur Konsequenz, dass noch mehr Menschen an Hunger sterben. Das Land produziert nur ca. 30 Prozent des von ihm benötigten Getreides. Es lebt unter anderem vom Geldtransfer der im Ausland lebenden Bevölkerung und von Krediten Chinas.

Anstatt durch gezielte Förderung und Hilfe beim Auf- und Ausbau z.B. der Infrastruktur eine nachhaltige Entwicklung zu fördern, verteilen Hilfsorganisationen oft nur Güter, und dies selbst bei Rekordernten wie 2001 in Äthiopien. Jedes Jahr werden ca. 800 000 t Getreide importiert, wovon mindestens 30 Prozent auf dem freien Markt landen. Damit werden die Preise des eigenen Markts kaputt gemacht – und viele Bauern bauen folglich kein Getreide mehr an, sondern die Kaudroge Khat. Die staatlichen Handelsfirmen verdienen bei der Verteilung der Hilfsgüter nicht schlecht. Bei der Verteilung werden oft die eigenen Leute – seien es Stammesmitglieder oder aber politische Freunde – bevorzugt.

Warum verhungern Millionen?

Sind nur klimatische Faktoren Ursache für wiederkehrende Hungersnöte? Diese Frage ist mit einem klaren Nein zu beantworten. Wirtschaftliche Rückständigkeit, veraltete Anbaumethoden, Konflikte um Territorien und Spannungen zwischen unterschiedlichen Stämmen und religiösen Gruppen (in beiden Ländern ca. 50 Prozent Muslime, ca. 40 Prozent Christen), Hunger als Kriegsstrategie, Vertreibungen, damit zusammenhängend der Zusammenbruch der Familienstrukturen, Aids (in Äthiopien ca. 2 Mio. Infizierte) und wohl auch die Form der internationalen Entwicklungshilfe selbst tragen dazu bei. Diese Probleme sind jedoch nicht auf Äthiopien und Eritrea

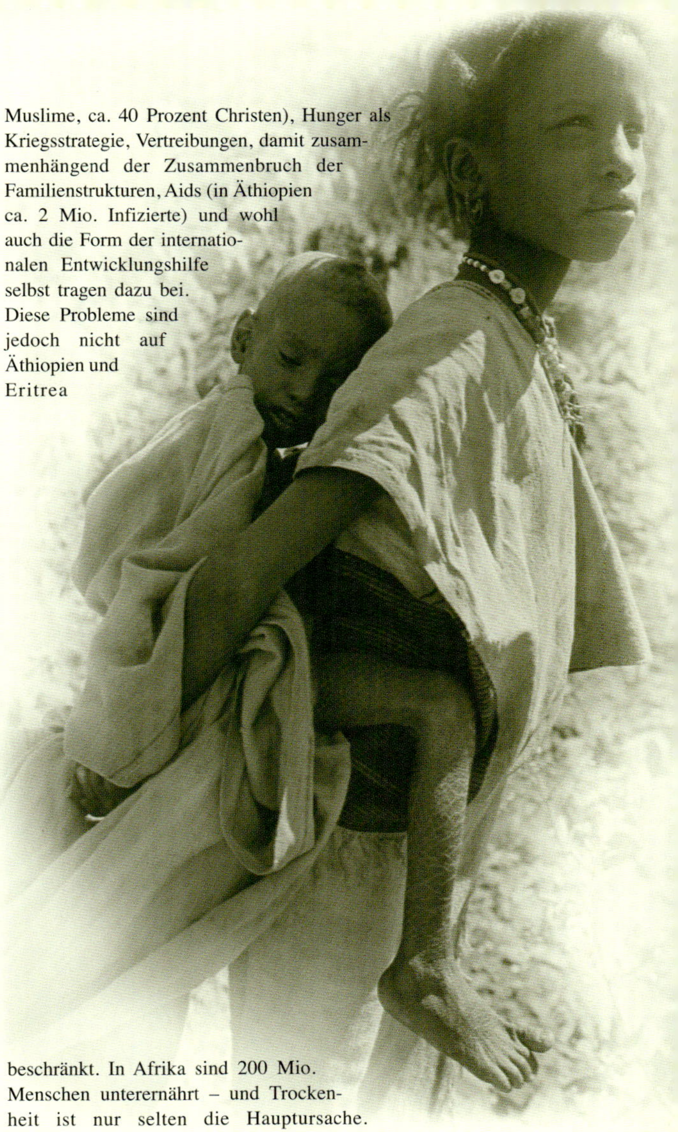

beschränkt. In Afrika sind 200 Mio. Menschen unterernährt – und Trockenheit ist nur selten die Hauptursache. Bürgerkriege spielen eine entscheidende Rolle, denn sie führen zur Instabilität im Land. Miserable Verwaltung, Korruption, jahrelange mangelnde Investitionen in die Landwirtschaft, unkontrolliertes Bevölkerungswachstum mit der Aufteilung des Agrarlands in kleinste Parzellen – das sind hausgemachte Probleme. Afrika als Absatzmarkt für Güter der Ersten Welt – das ist ein Problem, das – wenngleich häufig mit gut gemeintem Ansatz – von außen in die Länder der Dritten Welt getragen wird.

Wie viele Frauen ist auch diese Mutter während der Hungerkrise 1984 auf der Suche nach Nahrung für sich und ihr Kind.

SEUCHEN UND EPIDEMIEN

„Pest" steht seit langem für Seuchen schlechthin, doch auch andere Krankheiten wie die Pocken ließen ganze Völker sterben, bis man im 19. Jahrhundert Erreger sowie Gegenmittel vieler Epidemien aufspürte und diese eindämmen konnte. Heute fallen alte Krankheiten wieder über den Menschen her, hinzu kommen neue wie Aids – die Wissenschaft ist weitgehend machtlos. Und niemand weiß, welche Krankheiten noch auf den Menschen lauern.

Der schwarze Tod – immer noch bedrohlich!

Die Pest in Geschichte und Gegenwart

Die Pest ist der Inbegriff für eine tödliche Seuche – Millionen Menschen sind ihr schon zum Opfer gefallen. Noch zwischen 1896 und 1930 sind über 12 Mio. Kranke an der Pest gestorben, und selbst heute erkranken nach Angaben der WHO (Weltgesundheitsorganisation) jährlich ca. 2000 Menschen an ihr – und die Zahl steigt. Derzeit ist der Kongo ein bedeutender Pestherd, aber auch Algerien, Malawi und Indien sind in den letzten Jahren nicht verschont geblieben. Sogar in den USA finden sich gelegentlich Pestopfer durch Kontakt mit infizierten Hauskatzen.

Floh – Ratte – Mensch

Auslöser für die Pest sind die Darmbakterien vom Stamm „Yersinia pestis", die unter wild lebenden Nagetieren kaum auszurotten sind. Erkrankte Ratten übertragen durch Flöhe oder andere Parasiten die Pestbakterien auf Menschen. Auch eine Übertragung von Mensch zu Mensch ist möglich. Man unterscheidet zwei Arten der Pest: Die Beulenpest macht sich durch eine Anschwellung der Lymphknoten bemerkbar, die Lungenpest oft durch eine Lungenentzündung, dunklen Auswurf und punktförmige Blutungen, daher ihr Name „schwarzer Tod". Bei der Pestsepsis, einer Folge der Lungenpest, ist das Blut infiziert. Die Todesrate liegt ohne medizinische Behandlung bei der Beulenpest zwischen 60 und 80 Prozent, bei der Lungenpest fast bei 100 Prozent.

Die Pest brachte Leichenberge, Massenelend und Verrohung der Sitten mit sich – so wie es Giovanni Boccaccio im 14. Jahrhundert in Florenz beschrieben hat.

Verpestete Luft

Früher hat man fast jedes Massensterben als „Pestilenz" bezeichnet. Bis der italienische Arzt Girolamo Fracastoro (1448–1553) 1546 belegen konnte, dass es tatsächlich übertragbare Krankheiten gibt (von Mensch zu Mensch, durch Zwischenträger und durch die Luft), ist man der Meinung gewesen, dass „verpestete" Luft und schädliche Ausdünstungen (Miasma) für die Verbreitung von Seuchen verantwortlich sind. Erst seit Louis Pasteur (1822–1895) und Robert Koch (1843–1910), beides Mikrobiologen, weiß man genau, wie sich Infektionskrankheiten ausbreiten. Durch die Untersuchungen des schweizerisch-französischen Arzts und Bakteriologen Alexander Yersins (1863–1943) und des Japaners Shibasaburo Kitasatos (1853–1931) in Hong Kong 1894 kennt man den Erreger der Pest.

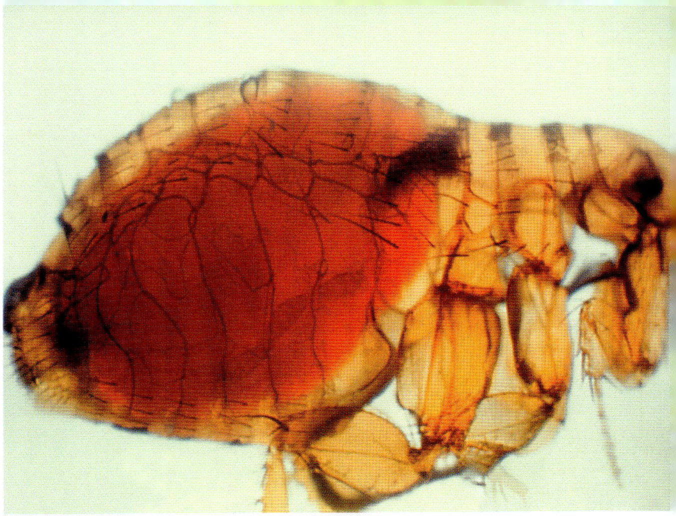

Rattenflöhe übertragen Pestbakterien – hier ein seit drei Tagen infizierter Floh. Der dunkle Fleck in dem mit Blut gefüllten Magen beweist die Infektion.

Frühes Massensterben

Schon in der Bibel wird die „Drüse Ägyptens" als Strafe Gottes erwähnt. Der griechische Dichter Homer stellt die blitzschnelle Übertragung der Pest (gr.: „loimos", „nosos") bildhaft dar: Apollon und Artemis beschießen Niobes Kinder mit Pestpfeilen (Ilias XXIV). Antike Ärzte ergreifen die Flucht bei Ausbruch von Epidemien, denn sie wissen, dass sie nichts tun können.

Die erste große Pestepidemie, für die die literarische Quellenlage gut ist, hat in Konstantinopel unter Kaiser Justinian (527–565) stattgefunden. Sie wird vermutlich im Jahr 542 auf Schiffen aus Ägypten eingeschleppt, verbreitet sich schnell und fordert in vielen Ländern Tausende von Opfern. Der berühmte Bischof und Geschichtsschreiber Gregor von Tours (538/539–594) z.B. beschreibt die schrecklichen Folgen für Frankreich.

Schutz vor der Pest

Die Ärzte schützen sich durch Wachstuchmäntel und schnabelförmigen Masken, die mit Essig oder Kräutern gefüllt sind. Angeblich ist auch das „Kölnisch Wasser 4711", das die Brüder Farina in Köln verkauften, ein „Pestwasser" gewesen. In Oberammergau legt man 1634 ein Gelübde ab: Wenn die Bevölkerung von der Pest befreit wird, verpflichtet man sich, alle zehn Jahre die Leidensgeschichte Jesu aufzuführen – und man tut dies bis heute.

Ein Arzt schützt sich mit Wachstuchmantel und Maske vor der Pest. Auch mit Essig getränkte Schwämme sollen helfen, eine Ansteckung zu verhindern.

Verbreitung durch die Kreuzzüge

Immer wieder flammt die Seuche auf. Verschärft wird die Situation durch die regelmäßigen Wanderbewegungen großer Heere im Rahmen der Kreuzzüge. Nachdem türkische Seldschuken Jerusalem besetzt haben, sind christliche Wallfahrer nicht mehr sicher, und Papst Urban II. (1088–1099) ruft 1095 die Christenheit zur Befreiung Palästinas auf. Den Kämpfenden verspricht er die Vergebung ihrer Sünden und das ewige Leben. Von den 20 000 Kriegern, die im ersten Kreuzzug aufbrechen, erreichen 1099 nur ca. 15 000 die Stadt; die Übrigen kommen beim Durchzug durch verseuchte Gebiete ums Leben. Allein bei Antiochia soll es 50 000 Tote gegeben haben. Die Hospitalschiffe der Ritterorden, die die Heere begleiten, geben wichtige Impulse für die Weiterentwicklung der Krankenhäuser.

Der schwarze Tod 1347–1352

Von 1325 bis 1351 grassiert die Pest in China. Die Erreger vermehren sich besonders stark im Fell von Schiffsratten und in Pelzbekleidung. Vom Kaspischen und Schwarzen Meer und via Konstantinopel erreicht die Seuche Venedig, Messina und bald alle Hafenstädte des östlichen Mittelmeers. Das große Sterben, „la mortalega grande", hatte begonnen. Seine Folgen werden z. B. von Giovanni di Boccaccio (1313–1375) in seiner Sammlung von Novellen, dem „Il Decamerone" (1348–1353), beschrieben. Er schildert, wie die rot vermummten Mitglieder der Compagnia della Misericordia die Leichen einsammeln und mit ihren langen Haken auch Sterbende aufgreifen, um später nicht wieder zurückkommen zu müssen. Von März 1348 bis Juni 1349 sollen Boccaccio zufolge in Florenz mehr als 100 000 Menschen gestorben sein. Auch Siena verliert 1348 in wenigen Monaten die Hälfte

Schutzheilige

Viele Kranke beten zu Schutzheiligen, besonders zum Heiligen Sebastian (gest. um 288), den Gott der Legende nach vor einem Tod durch Pfeilschüsse rettet, und zu St. Rochus aus Montpellier (ca. 1295–1327), der sich bei der Krankenpflege infiziert und durch einen Engel und einen Hund, der seine Pestbeulen leckt, geheilt wird.

Die mittelalterliche Darstellung eines Pestkranken aus dem Stundenbuch der Anne von Bretagne zeigt die für die Krankheit typischen Beulen.

Wer hat Schuld an der Pest?

Gläubige Christen sehen die Epidemie in erster Linie als eine Strafe Gottes. Auch den Planeten schreibt man einen Einfluss hierauf zu. Darüber hinaus sucht man nach Sündenböcken und unterstellt, dass Juden die Brunnen vergiften und so die Seuche weiterverbreiten. In Spanien, Frankreich, Italien, in der Schweiz und in Deutschland finden massive Verfolgungen, oft in Zusammenhang mit der Geißlerbewegung, statt. In einigen Städten kommt es zu Judenverbrennungen, in einem Fall sogar, ohne dass die Seuche ausgebrochen wäre, denn der König hatte gegen Bezahlung Straflosigkeit bei der Judenverfolgung zugesichert. Viele jüdische Gemeinden werden ausgelöscht, vielerorts die Juden vertrieben. Die geschäftige Handelsstadt Venedig gewährt ihnen Zuflucht, errichtet jedoch bald das erste Ghetto. Juden müssen gelbe Hüte tragen, und ihre Freiheit wird stark eingeschränkt.

seiner Bevölkerung. Auf allen Meeren treiben Schiffe, die mit Pestkranken überfüllt sind. Die aus Messina verjagten Schiffe landen unter anderem in Marseille. Von dort breitet sich die Pest nach Avignon aus, wo der Papst residiert. Einen Großteil der über 60 000 Toten wirft man aus Mangel an Totengräbern in die Rhône. Während die meisten Ärzte die Flucht ergreifen, stehen die Mönchsorden, besonders die Franziskaner, den Kranken bei. Die Mönche bezahlen diese „caritas" („Nächstenliebe") oft mit dem eigenen Leben.

Von Südfrankreich aus erreicht die Pest 1348 Paris und Calais, dann England, dessen Bevölkerung von 4 Mio. auf 2,5 Mio. zurückgeht. Fast ganz Europa ist von der Pest betroffen; nur in Polen und Russland gibt es größere Gebiete, die verschont werden. Circa ein Viertel der Bevölkerung Europas, etwa 25 Mio. Menschen, gehen an der Pest zugrunde. Die Seuche führt darüber hinaus zu einer enormen Landflucht, Versteppung von Ackerflächen und damit zu Hungersnöten.

Erste Quarantänemaßnahmen

Obwohl man die Infektkette nicht kennt, vermutet man allmählich, dass die Pest ansteckend ist, und errichtet die Hospitäler zunehmend außerhalb der Stadtmauern. Die zum Teil katastrophalen hygie-

Die dankbare Bevölkerung Wiens errichtete nach dem Ende der Pest 1679 eine Pestsäule – auch als Mahnung an die Nachwelt.

nischen Verhältnisse verbessern sich ein wenig; Viehzucht und Misthaufen in den Städten werden eingeschränkt. Man behandelt traditionell mit Aderlässen, Kräutern und dem Aufschneiden der Pestbeulen, man vermeidet Bäder, um die Poren nicht zu öffnen und einem leichten Eindringen der Krankheit vorzubeugen. Die Patienten werden isoliert, Räume und Gegenstände mit Schwefel, Salpeter oder Kampfer ausgeräuchert, Gesicht und Hände mit Essig gewaschen, Leichen mit Kalk bedeckt. Viele Handelsstädte, allen voran Ragusa (heute Dubrovnik) und Venedig, zwingen pestverdächtige Reisende dazu, zunächst 30, später 40 („quaranta") Tage abgesondert zu bleiben, in Venedig beispielsweise auf der „Isola di S. Lazaro", auf der früher die Aussätzigen ausgesondert worden waren – daher spricht man von „isolieren". Diese „quaranta giorni" sind Namensgeber der „Quarantäne".

Glaube oder Vorbeugung?

In der Neuzeit ist vor allem Konstantinopel bzw. Istanbul ein ständiger Pestherd. Die Türken vertrauen ihr Schicksal Allah an und schließen die große Quarantäneanstalt. Aber auch viele Christen sind fatalistisch und nehmen ihr Schicksal hin.

Gleichzeitig verbessern sich die Maßnahmen gegen die Pest. Man verbrennt Kleidungsstücke und Möbel Pestkranker, und 1656 unternimmt der Würzburger Jesuitenpater Athanasius Kirchner den Versuch, die kleinen „Würmerlien" unter dem Mikroskop zu identifizieren.

Obwohl der 1900 km lange „cordon sanitaire", die militärischen Grenzlinien, die Österreich gegen die Türkei errichtet, viel dazu beiträgt, ein neues Einschleppen über den Landweg zu erschweren, kommt es zu weiteren Ausbrüchen, z.B. in London 1665/1666. Die Pest von Marseille (1720–27) ist die letzte bedeutende Epidemie des Abendlands. Die dritte Pandemie in der zweiten Hälfte des 19. Jahrhunderts, die von China ausgeht, erreicht Europa nicht.

Im Norden Namibias wird DDT versprüht, um die Pestflöhe zu vernichten. Das Pestizid ist gefährlich, doch nicht so gefährlich wie die Pest selbst.

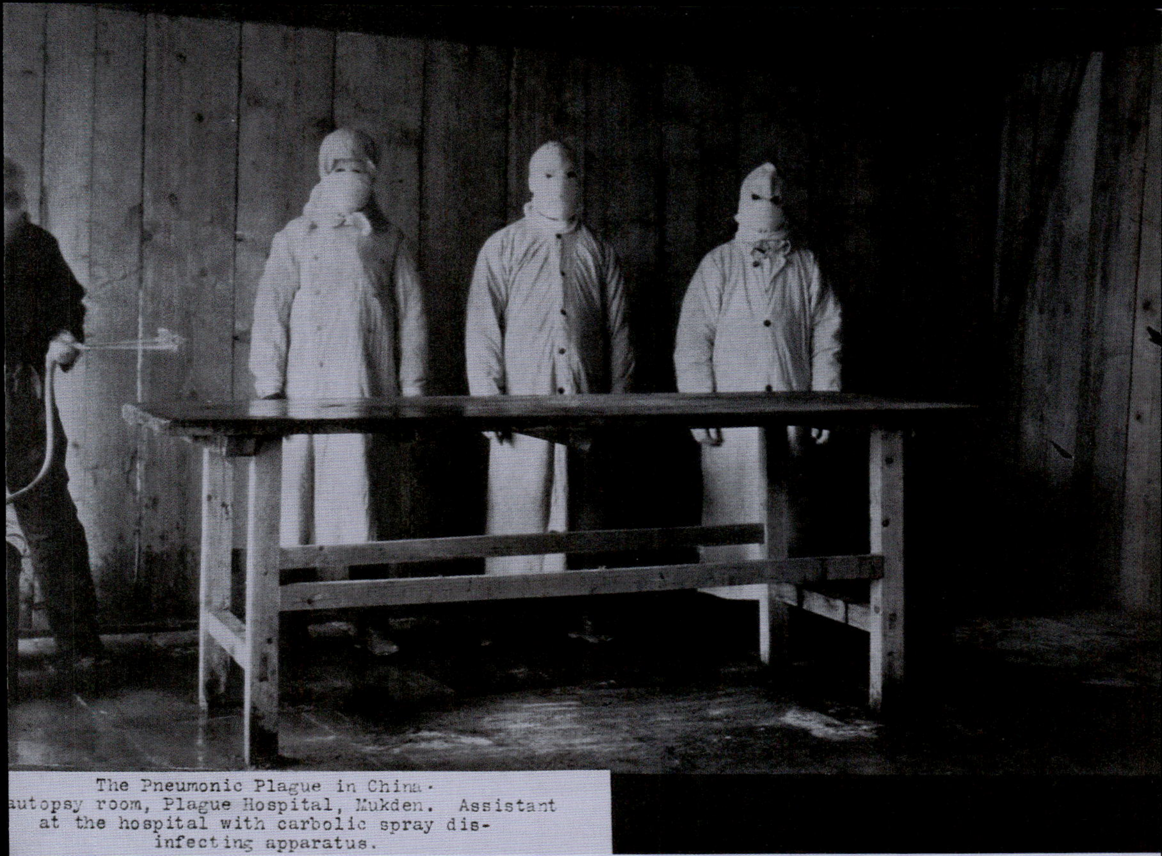

Ein Pestausbruch bei Antananarivo in Madagaskar im Mai 1983 hat zur Folge, dass alle Kinder im Haus bleiben müssen.

Heute bekämpft man die Pest erfolgreich mit Streptomycin, Tetrazyklin und Chloramphenicol. Ein Wiederaufflammen lässt sich dennoch nicht verhindern. Und manchmal will man es auch nicht verhindern – ganz im Gegenteil! Neben Milzbrandbakterien, Pocken- oder Ebolaviren können auch die Erreger der Pest als biologische Waffen benutzt werden: Dann kehren die Schrecken des Mittelalters zurück.

Eine gespenstische Szenerie! Um den Autopsie-Tisch im Pestkrankenhaus in Mukden in China zu desinfizieren, versprüht man im Winter 1910/1911 Karbol.

Die Hand vor dem Mund

In Rom veranstaltet man im Jahr 590 Prozessionen zur Pestabwehr. Am 29. August 590 bewegen sich sieben Chöre alle zur selben Stunde aus sieben Richtungen auf die Kirche Santa Maria Maggiore zu. Während des Sternenlaufs sollen alleine 80 Pestopfer noch an Ort und Stelle gestorben sein, was natürlich zur Angst vor Ansteckung bei den übrigen Prozessionsteilnehmern führte. Da man damals die „verpestete" Luft für den Auslöser der Seuche hielt, stammt angeblich aus dieser Zeit der Brauch, beim Gähnen und Niesen die Hand vor den Mund zu halten – allerdings nicht, um den Nächsten vor einer Tröpfcheninfektion zu schützen, sondern um das Eindringen von Dämonen in den eigener Körper zu verhindern.

Demenz durch Sex

DIE SYPHILIS

Die Franzosen nennen sie „Mal de Naples“, die Deutschen, z. B. der bekannte Arzt und Alchemist Paracelsus (1493–1541), bezeichnen sie als „Franzosenkrankheit“, für die Polen ist sie die „Deutsche Krankheit“, für die Russen die polnische – und in allen Fällen ist die Rede von der Syphilis oder Lues. Sie befällt die tabuisierten Geschlechtsorgane, und die Namensgebung allein macht deutlich, dass man ihre Ursprünge immer bei den ungeliebten Nachbarn vermutet. Der heutige Begriff „Syphilis“ geht auf den Italiener Girolamo Fracastoro (1478–1553) zurück, der sie nach einem Schweinehirten aus der griechischen Sage benannte.

Von Neapel aus nach ganz Europa

1494 gibt es den ersten massenhaften Ausbruch dieser hochinfektiösen Krankheit, und zwar in Neapel. Die Stadt wird drei Monate lang vom Heer des französischen Königs Karl VIII. belagert. 32 000 Mann fallen ein und stecken sich an; Fieber, heftige Gelenkschmerzen und früher Tod sind oft die Folge. Man bricht die Belagerung ab, und die Überlebenden – von den 8000 Schweizern z. B. nur 148 – machen sich auf den Rückweg. Den heranhumpelnden, ausgemergelten, mit stinkenden Geschwüren bedeckten Gestalten verschließt die Stadt Bern allerdings die Tore – obwohl es ja Söhne der Stadt sind, die nach Hause wollen. Die mit „wilden Warzen“ bedeckten Söldner werden nicht versorgt, man lässt sie sterben. Viele Badehäuser, oft genug mit Bordellen kombiniert, werden nun geschlossen.

Geschlechtskrankheiten auch bei Kindern

Man unterscheidet bei der Syphilis vier Stadien: Bei Ansteckung mit dem Bakterium „Treponema pallidum“ treten nach ca. drei Wochen Knötchen auf, die von einem roten Hof umgeben sind. Hieraus entwickelt sich ein hartes Geschwür (harter Schanker). Etwa acht Wochen nach diesem Primäraffekt, also der lokalen Reaktion zu Beginn der Infektionskrankheit, folgen Fieber und geschwollene Lymphknoten, auch stark ansteckende Hautausschläge an Rumpf, Rücken, Hand und Fuß, eventuell Haarausfall (Sekundärstadium). Nach einer mehrjährigen beschwerdefreien Phase (Latenz) treten im Tertiärstadium chronische Entzündungen der Haut und der inne-

Wie bei dieser Familie kommt zur Armut häufig auch eine größere Anfälligkeit für Krankheiten. Die Mutter der beiden Kinder ist an Syphilis und Tuberkulose erkrankt.

Brachten die großen Entdecker des Mittelalters, etwa Christopher Kolumbus und Vasco da Gama, die Krankheit nach Europa? Manche Forscher vermuten es.

ren Organe mit gummiartigen Knoten auf. Sie zerstören das Gewebe des Körpers. Bei ca. 20 Prozent der Infizierten werden im Spätstadium das Nervensystem und Gehirn geschädigt – bis zur Demenz, also dem geistigen Verfall. Tragisch ist die Ansteckung durch Kontakt des Embryos im Körper einer syphilitischen Mutter (so genannte kongenitale Syphilis). Falls das Kind überhaupt zur Welt kommt, hat es ein greisenhaftes Aussehen, eine Sattelnase, schwere Entwicklungsstörungen und ist normalerweise taub. Bis ca. zum zweiten Lebensjahr ist es nach Meinung einiger Mediziner selbst hoch ansteckend.

Die Lustseuche im Reisegepäck

Bezüglich der Verbreitung der Syphilis gibt es unterschiedliche Theorien. Manche behaupten, dass die Lustseuche schon in der Antike in Europa aufgetreten ist und im Mittelalter z. B. in England verbreitet war. Viele zeitgenössische Berichte erzählen allerdings eine andere Geschichte.

Christopher Kolumbus kommt 1493 stolz nach Europa zurück. Zwar hat er nicht, wie geplant, den Seeweg nach Indien gefunden, aber immerhin Amerika entdeckt. Doch bringen er und seine Begleiter aus den fernen Ländern, besonders von Haiti, offenbar mehr mit als diese frohe Kunde und auch mehr, als sie ahnen: Kaum ist Kolumbus wieder im südspanischen Palos

Die Syphilis bestimmt die Mode

Syphilitische Geschwüre und der oft anzutreffende Haarausfall beeinflussen auch die Mode. Man vermutet, dass die Verbreitung von Perücken, von hoch am Hals geschlossenen Jabothemden und die dicke Puderschicht zur Zeit des Rokoko auch mit dem Wunsch verbunden war, die Lues zu verbergen. Der Hof des französischen Königs Ludwig XIV. war damals z. B. ein Zentrum der Syphilis und anderer Geschlechtskrankheiten.

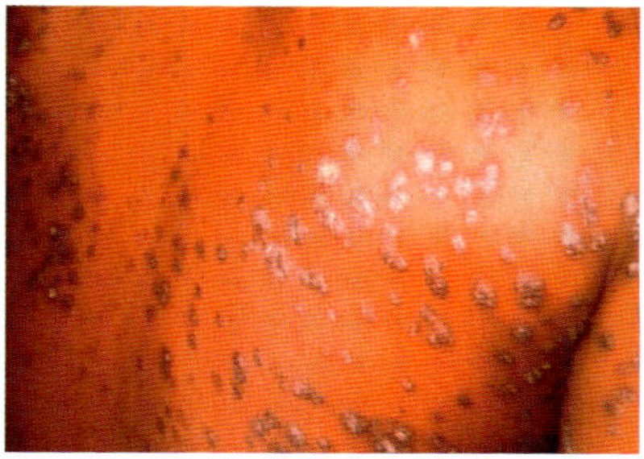

Die Syphilis-Pusteln im Sekundärstadium, oft am Rücken, Oberkörper, Händen und Füßen zu finden, sind sehr ansteckend.

Die Schwitzkastenkur ist eine typische Behandlungsmethode gegen Syphilis im 17. Jahrhundert. Der an Syphilis erkrankte Humanist Ulrich von Hutten muss mehrere Wochen so verbringen.

gelandet, hinterlässt seine Mannschaft nach Bordellbesuchen eine tödliche Visitenkarte – die Syphilis.

Verglühen im Schwitzbad

Die frühe Form der Seuche ist viel gefährlicher gewesen als die heutige und die Zeit bis zum vollen Ausbruch (Inkubationszeit) viel kürzer. Folglich gibt es damals zahlreiche Todesopfer. Die südamerikanischen Indianer bekämpfen die Krankheit mit Abkochungen aus dem Holz oder der Rinde des Guajakbaums („Guaiacum officinale" und „G. sanctum"), und bald führt man das Holz auch nach Europa ein. Besonders das Handelshaus der Fugger macht dabei enorme Profite. Meist jedoch benutzt man ein Schwitzbad in Kombination mit einer Quecksilbersalbe. Auch der bekannte Arzt Paracelsus empfiehlt in seiner Schrift „Von der französischen Krankheit" (1530) dieses starke Gift. Man will durch gesteigerten Speichelfluss die schädliche Materie aus dem Körper entfernen. Viele empfinden die Behandlung jedoch als so brutal, dass sie es vorziehen, zu sterben.

Penicillin heilt

Man setzt die Behandlung mit Quecksilber bis ins frühe 20. Jahrhundert fort, dann verwendet man das arsenhaltige Mittel Salvarsan. Doch erst nach der Massenproduktion von Penicillin im Gefolge des 2. Weltkriegs steigt die Erfolgsquote an. Berüchtigt ist ein Langzeitversuch mit ca. 400 armen schwarzen Amerikanern in Tuskegee, Alabama. Sie werden trotz bekannter Syphilis von 1932 bis 1972 nicht mit Penicillin behandelt, denn man will die Spätfolgen beobachten. Allerdings werden sie weder über die Studie selbst informiert, noch darüber, dass inzwischen eine Erfolg bringende Behandlungsmöglichkeit verfügbar ist. Die Studie endet 1972 auch erst, nachdem Details über das Experiment an die Öffentlichkeit geraten waren. Heute verzeichnet man auch wieder in vielen Industrieländern einen Anstieg der Syphilis, unter anderem auch als schwere Begleiterscheinung von Aids.

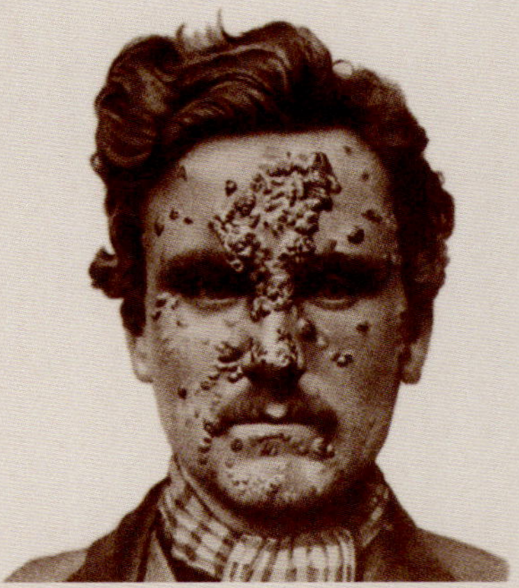

Byrom Bramwell zeigt in seinem Atlas of Clinical Medicine *(ca. 1893) eine detaillierte Darstellung der entstellenden Pusteln.*

Bericht eines Betroffenen

Der berühmte Humanist Ulrich von Hutten (1488–1523), selbst erkrankt, beschreibt 1519 eine Schwitzkur mit Quecksilbersalbe, der er sich selbst elfmal unterzog: „Aus drei- oder vierlei oder mehr von diesen Medikamenten verfertigten sie eine Salbe und schmierten damit Arm- und Beingelenke ein. Die Kranken wurden in eine Hitzestub[e] eingeschlossen, die ununterbrochen und sehr stark geheizt wurde, die einen 20, die andern 30 Tage lang, einige auch noch länger. Da floss durch Rachen und Mund die Krankheit ab mit einem so gewaltigen Schaden, dass die Zähne herausfielen. Das Zahnfleisch schwoll an, die Zähne wackelten, der Speichel floss ohne Unterlass aus dem Mund."

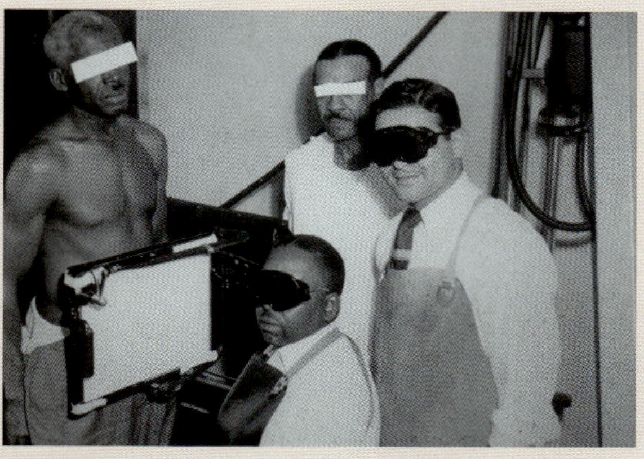

In den USA werden manche Patienten zu Forschungszwecken absichtlich nicht behandelt.

Auch in Australien geht die Syphilis um. Diese zwei Ureinwohnerinnen aus Südaustralien leiden unter der Krankheit.

Die Syphilis kennt keine Standesschranken

Manchmal verschwinden die Hautgeschwüre nach den Schwitzbädern, doch stattdessen haben die Kranken nun eine oft tödliche Quecksilbervergiftung. Man steckt sie, wenn sie nicht einfach auf den Straßen liegen gelassen werden, in die mittlerweile oft leeren Leprosorien, in „Franzosen- oder Warzenhäuser". Dies sind eher Strafanstalten als Krankenhäuser, gelten doch die auch „Blattern" oder „Pocken" genannten Geschwüre als Strafe für verbotene Lüste. Doch bald sind nicht nur Landsknechte und Dirnen, sondern auch Kaiser, Könige, Päpste und Bischöfe verseucht. Die illustre Liste umfasst z. B. die Päpste Julius II. (1503–1513) und Leo X. (1513–1521), der den Petersdom in Rom errichten ließ, die französischen Könige Franz I. (1515–1547) und seinen Nachfolger Heinrich II. (1547–1559) und den englischen „König Blaubart", Heinrich VIII. (1509–1561). Der jahrelang blind und gelähmt auf seiner „Matratzengruft" vegetierende Dichter Heinrich Heine (1797–1856) und der Philosoph Friedrich Nietzsche (1844–1900) sind später weitere berühmte Opfer.

Alt und Jung betteln vor dem Leprakrankenhaus von Mutter Theresa in Kalkutta, einer Zufluchtsstätte für viele Verzweifelte und Hilfesuchende.

ENTSTELLT UND VERABSCHEUT

LEPRA – DIE KRANKHEIT DER ARMEN

Keine Krankheit verunstaltet den Menschen mehr als die Lepra. Schon die Bibel erwähnt den Aussatz , und noch heute leiden nach Schätzungen der Weltgesundheitsorganisation WHO ca. 15 Mio. Menschen in Südostasien (besonders Indien), Afrika, Mittel- und Lateinamerika an dieser Krankheit. Jährlich gibt es ca. 400 000 Neuinfektionen mit dem Erreger „Mycobacterium leprae". Sie führt nach einer vier- bis zehnjährigen Phase ohne Symptome (Inkubationszeit) zu Verstümmelung und chronischem Siechtum. Zur Übertragung der Leprabazillen ist dauerhafter, enger Kontakt nötig. Die Lepra ist eine Krankheit der Armen, eine Elendsseuche (früher „Miselsucht" genannt, nach lat. „miser", d. h. „arm", „elend"). Kinder sind besonders gefährdet.

Die Individualität wird ausgelöscht

Man unterscheidet die lepromatöse Lepra (früher Haut- oder Knotenlepra genannt) von der tuberkoloiden Form (früher Nervenlepra). Die lepromatöse Lepra beginnt schleichend mit Geschwüren auf Nase und Stirn, Haarausfall und Narbenbildung – so lange, bis das Gesicht vollkommen unkenntlich ist. Es nimmt löwenartige Züge an, und unter der aufgetriebenen Nase und den wulstigen Lippen sind Alter und Geschlecht nicht mehr zu bestimmen. Innerlich werden die Schleimhäute in Mund und Nase zerstört, die Zähne fallen aus, die Stimme wird heiser und näselnd.

Bei der tuberkoloiden Lepra entwickelt sich Unempfindlichkeit, Lähmung und schließlich Verlust von Zehen, Fingern, sogar von Händen und Füßen („Lepra mutilans"). Das Abfaulen der Körperglieder ist oft von einem abstoßenden Gestank begleitet.

Waschen ist Sünde

Schon in der Antike dringt die Lepra in den Mittelmeerraum ein und greift im 4. Jahrhundert auf Mitteleuropa über. Grund dafür ist wohl auch der voranschreitende Niedergang des antiken Badewesens. Während das heidnische Rom noch für seine Thermen bekannt war, betrachten viele Christen die Berührung und das Waschen des Leibs als Sünde. Erst mit den aus Arabien zurückkehrenden Kreuzfahrern werden Bäder vorübergehend wieder populär – ca. 1000 Jahre lang war Körperhygiene verpönt.

Isolierung der Kranken

Der Ekel erregende Anblick der Kranken gilt oft als Folgeerscheinung ihrer Sünde. Schon die Bibel schreibt die Isolierung der Kranken vor. Mehrere Kirchenkonzile legen die Absonderung der Kranken fest. Sie sollen von den Gesunden getrennt werden, „als wären sie gleichsam tot" – so wird auf dem Konzil von Lyon 589 beschlossen. Bis zum 11. Jahrhundert leben die Leprösen meist ausgestoßen in Feldhütten vor der Stadt. Man nennt sie „Feldsieche" oder „Hornbrüder", denn beim Betteln müssen sie gesunde Menschen

Infektionswege

Neben körperlicher Verwahrlosung spielt auch das Tätowieren eine Rolle bei der Ausbreitung der Seuche. Man nimmt Dornen, Nadeln, Messer oder andere Werkzeuge, rührt Farben mit Speichel, Nasenschleim, Urin oder Taubenkot an und bringt die Farben mit den Erregern beim Tätowiervorgang mithilfe der Werkzeuge direkt in den menschlichen Blutkreislauf ein.

Zwei Leprakranke, Mutter und Sohn, in Pushkar (Indien). Die grausamen Verstümmelungen erregen bei vielen eher Abscheu als Mitleid – wer denkt an die Opfer?

Abgeschnitten vom Rest der Welt – die ehemalige Leprakolonie und Insel der Verbannten Molokai im amerikanischen Bundesstaat Hawaii.

Der hl. Lazarus und die Lazariter

Der Schutzpatron der Leprösen ist der hl. Lazarus (daher der Begriff „Lazarett"), der nach der Bibel durch Jesus Christus von den Toten wieder auferweckt worden war. Der nach ihm benannte Lazariter-Orden (11. Jahrhundert) nahm erkrankte Kreuzritter der Templer und Johanniter auf, die auch als „lebendige Tote" in den Kampf zogen – und dies ohne Kopfbedeckung! Sie waren für ihre Tapferkeit bekannt. Ihr Anblick allein versetzte ihre Gegner in Angst und Schrecken.

Das Western Visayas Sanitarium im philippinischen Santa Barbara versorgt mit der Unterstützung belgischer Nonnen 185 Leprakranke.

mit einem Horn vor einer zu nahen Begegnung warnen. Später bringt man sie in separaten Krankenhäusern, den so genannten „Leprosorien", unter. In Notzeiten halten sich auch viele Simulanten in den Leprosorien auf. Lieber mischen sie sich unter die entstellten und übel riechenden Leprakranken, als arm und ausgestoßen zu verhungern. Im 18. Jahrhundert werden fast alle Leprosorien geschlossen, doch selbst heute gibt es in Spanien nahe der Costa Blanca, in Fontilles, noch ein Sanatorium mit ca. 80 Patienten.

Der soziale Tod

Im Mittelalter nehmen nicht nur Ärzte, sondern auch Priester die Lepraschau vor. Nach Aderlass, Blutbeschau, Harnschau und Betrachtung des ganzen Körpers wird die Diagnose gestellt. Glaubt man, dass es sich um Lepra handelt, wird der Kranke wie eine Leiche in einer Prozession in die Kirche geführt. Man legt ihn vor den Altar, singt Sterbelieder und kleidet ihn in ein so genanntes „Lazaruskleid" ein. Durch kontrastreiche Farben ist das Gewand bzw. der Träger schon von weitem sichtbar. Man gibt ihm Handschuhe und eine Klapper, mit der er seine Mitmenschen schon von weitem vor einem Aufenthalt in seiner Nähe warnen soll. Seine Ehe gilt als aufgelöst, sein Besitz fällt an die Angehörigen oder an die Kirche.

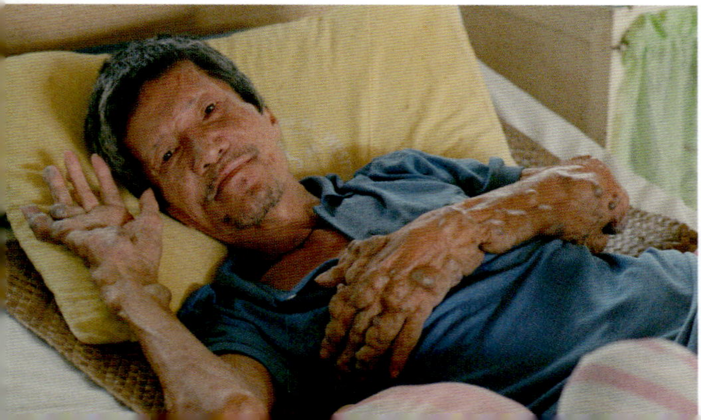

Raymundo Mestidio ist an Lepra erkrankt und wird im Western Visayas Sanitarium auf den Philippinen so gut wie möglich betreut.

Der Ursprung des Klingelbeutels

Selbst in der Kirche begegnet man den Kranken nicht mit christlicher Nächstenliebe. Wenn sie überhaupt zum Gottesdienst zugelassen werden, müssen sie die Kirche durch besondere Pforten betreten und bekommen einen separaten Platz, oft hinter einer Wand mit nur einem schmalen Schlitz, um den Priester zu sehen. Vor und nach dem Gottesdienst sammeln die Leprakranken vor der Kirche mit ihren Klingelbeuteln, die an langen Stöcken befestigt sind, von den Messebesuchern milde Gaben ein. Später schließt man die Leprösen allerdings ganz aus der Kirche aus, man lässt lieber während der Messe mit dem Klingelbeutel für sie sammeln Dies wird als Ursprung der heutigen Klingelbeutel angesehen.

Ausbreitung durch Kolonialisierung und Sklavenhandel

Während die Seuche in Europa mit der Verbesserung der Lebensbedingungen im Laufe des 16. Jahrhunderts allmählich ausstirbt, wird sie von der verseuchten Iberischen Halbinsel nach Mittel- und Südamerika verschleppt. Der spanische Eroberer Fernando Cortez (1485–1547) lässt erste Leprosorien in Mexiko errichten. Neben der Lepra bringen die Konquistadoren auch die Pocken mit, infizieren sich aber dafür im Gegenzug oft mit der Syphilis – manche sehen dies als Zeichen ausgleichender Gerechtigkeit. Noch heute ist Lateinamerika eines der am stärksten von der Lepra betroffenen Gebiete.

Lebendig begraben in Molokai

Nach der Entdeckung von Hawaii 1778 durch James Cook (1728–1779) werden dort viele Infektionskrankheiten eingeschleppt, 1845 auch die Lepra. Innerhalb von nur 80 Jahren sinkt die Bevölkerungszahl um vier Fünftel, von 330 000 auf ca. 60 000 Menschen. Aus Angst vor weiterer Ansteckung werden diejenigen, die deutliche Symptome zeigen, eingesammelt und auf der Insel Molokai ausgesetzt, schroffe Felsen hinter sich, vor sich nur das Meer. Man überlässt die Kranken ihrem Schicksal – es gibt keine Medikamente oder Ärzte, noch nicht einmal Wohnungen. Bis der belgische Pater Damian de Veuster (1840–1889) kommt. Er lässt sich 1873 auf der Insel aussetzen. Auch er ekelt sich vor den stinkenden Kranken, den Würmern in ihren faulenden Wunden. Doch er organisiert den Bau von Unterkünften, sorgt für Kleidung und Medizin, teilt ihr Leben und Sterben – bis er sich selbst infiziert und mit nur 49 Jahren auf Molokai stirbt. 1995 wird Pater Damian, der auf seine Art dem Vorbild der heiligen Elisabeth, einer ungarischen Königstochter, die in Marburg/Lahn Lepröse pflegte, gefolgt war, selig gesprochen.

Eine Heilung ist möglich

1873 gelingt es Gerhard Armauer Hansen (1841–1912) in Bergen/Norwegen, den Erreger zu identifizieren. Ihm geht es wie vielen Entdeckern: Zunächst werden seine Erkenntnisse nicht ernst genommen. Schließlich beginnt man aber, die Kranken zu isolieren und so eine weitere Verbreitung zu verhindern. Heute kann man die Krankheit bei rechtzeitiger Diagnose durch eine Kombinationstherapie mit Antibiotika zum Stillstand bringen. Die Ansteckungsgefahr ist relativ gering, die Wiedereingliederung der Geheilten in die Gesellschaft bleibt jedoch wegen ihrer Entstellungen schwierig.

Auf Molokai (Hawaii) findet man das Grab des belgischen Priesters Damian, der sein Leben den Leprakranken widmete und sich unermüdlich für sie einsetzte.

Der „Würgeengel“ der Kinder

Die Diphtherie ist wieder aktuell

Die Diphtherie ist wieder auf dem Vormarsch – zumindest in den Nachfolgestaaten der ehemaligen Sowjetunion. In den 1990er-Jahren kommt es dort zu größeren Epidemien mit mindestens 5000 Toten. Aber auch Indonesien, Indien, Nepal und Papua-Neuguinea sind betroffen. Ein Ausbruch muss sofort bei der WHO (Weltgesundheitsorgansation) gemeldet werden. Bei Reisen in betroffene Länder darf die Auffrischung auch der Diphtherieimpfung nicht vernachlässigt werden.

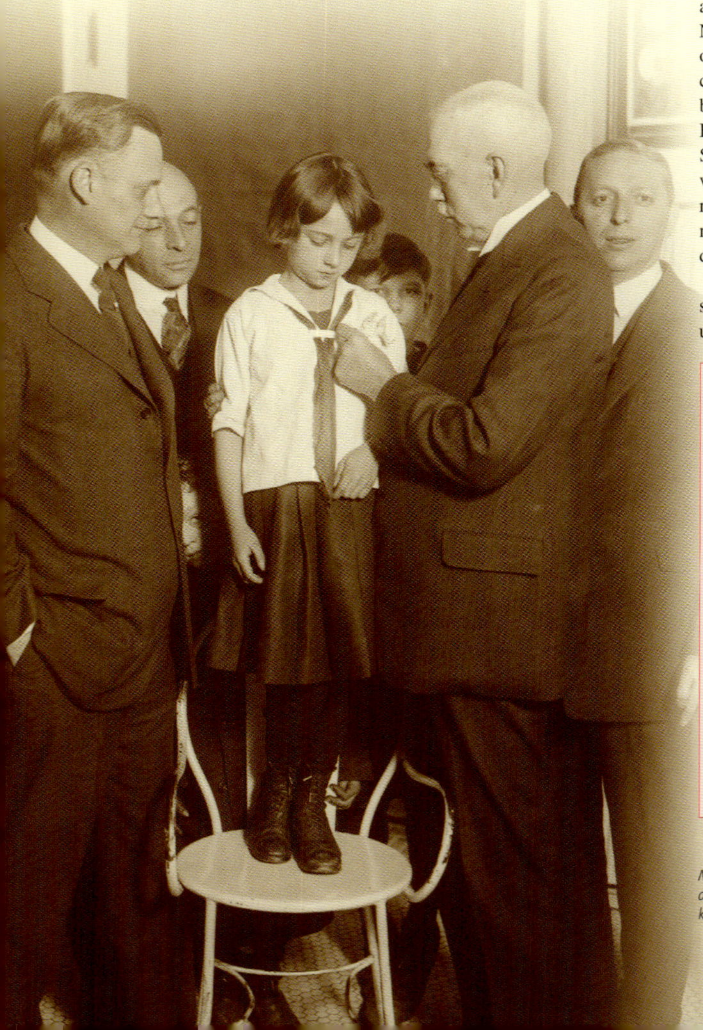

Ein qualvoller Tod – Ursachen und Symptome

Diese schreckliche Infektionskrankheit wird durch ein Bakterium (Corynebakterium) verursacht – doch es sind nicht die Bazillen, die das Leiden verursachen, sondern die Gifte (Toxine), die diese ausscheiden. Die Krankheit wird direkt von Mensch zu Mensch übertragen (Tröpfcheninfektion) und bricht nach zwei bis fünf Tagen aus, meistens beginnt sie mit Halsschmerzen und Fieber. An den Eintrittspforten – Rachen, Hals und Nase – verändert sich die Schleimhaut, riecht faul und süßlich und wird braun, daher auch früher die Namen „Rachenbräune“ oder „Halsbräune“. Wenn sich die Gifte im ganzen Körper ausbreiten, wird es lebensgefährlich: Eine Nervenentzündung mit Lähmungserscheinungen oder eine Herzmuskelentzündung mit plötzlichem Herztod drohen. Wenn der Kehlkopf betroffen ist, entwickelt sich der gefährliche Krupp mit Husten, Heiserkeit, Atemnot und Schwellungen. Der Kranke greift sich immer wieder an den Hals, will sich von Einschnürungen befreien und erstickt schließlich qualvoll – nur ein schneller Luftröhrenschnitt kann dann das Leben noch retten.

Immer wieder grassiert die Seuche in Europa, so zur Reformationszeit in Deutschland, Holland und der Schweiz, später in Frankreich, Spanien,

Mit Dreck und Magie gegen Diphtherie

Schon in der griechischen und römischen Antike kannte man diese gefährliche, vermutlich aus dem Morgenland eingeschleppte „ägyptische Krankheit“. Man behandelte sie Plinius des Älteren (ca. 23–79 n. Chr.) zufolge mit zerstoßenen Schwalbennestern, zerriebenen Tausendfüßlern oder Umschlägen aus in Wein eingeweichtem Taubenkot. Im Mittelalter wandte man sich an St. Blasisus als Schutzpatron und Nothelfer, bei akuter Erstickungsgefahr auch an Barbiere, die einen Schnitt in die Luftröhre vornahmen. Dank dieser „Halsabschneider“ – daher wohl der Ausdruck – starb der Kranke nicht an der Diphtherie, sondern verblutete. Akademische Ärzte nahmen keine Operationen vor, sondern überließen dies den verachteten Badern, Barbieren und Wundärzten (Chirurgen).

Mit der Entdeckung des Antitoxins kann der Kampf gegen die Seuche endlich aufgenommen werden. Hier wird ein kleines Mädchen geimpft.

Per Hundeschlitten wird der Impfstoff 1925 von New York nach Alaska gebracht, um die dort ausgebrochene Epidemie zu stoppen.

Italien. Der deutsche Straßenname „Braungässle" aus dem 16. Jahrhundert erinnert an die „Rachenbräune", auch „Angina maligna" oder – in Spanien – „Garrotillo" genannt, nach der Garotte, der Henkersschlinge, mit der man Verurteilte erdrosselte. 1617 starben der Überlieferung zufolge im Königreich Neapel 60 000 Kinder, Mitte des 19. Jahrhunderts in Russland, Griechenland und der Türkei in manchen Gegenden fast alle Kinder.

Die Statue Baltos im Central Park

Eine Statue des schwarzen Huskys Balto steht in New York im Central Park – warum? Er war der Leithund, der 1925 eine Gruppe von 150 Schlittenhunden nach Nome in Alaska anführte. Hier war eine Diphtherie-Epidemie ausgebrochen; ab dem 18. Jahrhundert hatten Auswanderer die Krankheit eingeschleppt. Die Strecke von über 1000 km legten die Hunde und ihre 20 Führer („musher") in nur fünfeinhalb Tagen zurück. Dafür wurden sie in ganz Amerika gefeiert.

Gegen Erreger und Toxin – in Paris und Berlin

Der Arzt Paul Bretonneau (1771–1862) aus dem französischen Tours beobachtet die Hautveränderungen im Kehlkopf und gibt 1826 der Seuche ihren Namen (aus dem Griechischen „diphthera", „Häutchen"). Erst mit der Identifizierung des Erregers 1884 durch Friedrich Loeffler (1852–1915) vom Kaiserlichen Gesundheitsamt in Berlin und seine Züchtung durch Emil Roux (1853–1933) und den Pestforscher Alexander Yersin (1863–1943) am Pasteur-Institut in Paris und vor allem, unterstützt vom Pestforscher Shibasaburo Kitasato (1853–1931), durch Emil von Behrings Forschungen mit dem Serum und der Entdeckung des Gegengifts (Antitoxin) 1890 kann der Kampf gegen diese Seuche beginnen. Behring erhält dafür 1901 den Nobelpreis für Medizin. Zunächst nimmt man Meerschweinchen, später Pferde, um große Mengen des Antitoxins zu gewinnen, das durch die Hoechster Farbwerke und dann die Behring-Werke industriell hergestellt wird. Die Sterblichkeitsrate sinkt, doch in Deutschland gibt es zuletzt 1942 bis 1945 noch eine weitere größere Epidemie, die sich bis in die 1960er-Jahre hinein bemerkbar macht.

Heute tritt die Diphtherie in Europa sehr selten auf, doch schon beim geringsten Verdacht muss gehandelt werden: Man verabreicht schnellstens ein Gegengift (Antitoxin, Antiserum) gegen das Bakterientoxin und Penicillin gegen die Bakterien selbst. Immer noch enden ca. 20 Prozent aller Erkrankungen tödlich.

Emil von Behring (1854–1917) erhielt für seine Forschungen auf dem Gebiet der Diphtherie den Medizin-Nobelpreis.

Fliegen und Exkremente

Der Typhus wütet noch heute

42 564 Kranke in vier Monaten (September 2004 bis Januar 2005) und 214 Tote – Typhus ist im Kongo noch heute eine große Bedrohung. Weltweit sind viele, meist arme Länder betroffen, vor kurzem wieder Haiti und Südafrika. Der WHO zufolge erkranken jährlich ca. 16 Mio. Menschen, von denen 600 000 sterben. Verseuchtes Trinkwasser, Verbreitung von Kot durch Fliegen und mangelnde persönliche Hygiene sorgen dafür, dass diese schwere Durchfallerkrankung immer wieder aufflackert.

Benebelung und hohes Fieber

Ursache für Bauchtyphus ist „Salmonella typhi“, ein Bakterium, das nur vom Menschen durch Aufnahme von Kot und Urin in den Mund übertragen wird. Von der Ansteckung bis zu den ersten Symptomen vergeht eine Inkubationszeit von ein bis drei Wochen. Erschöpfung und Gliederschmerzen werden bald von ansteigendem Fieber (bis 41 °C) abgelöst, das wochenlang andauern kann. Bewusstseinsstörungen (daher der griechische Name „typhos“, „Nebel“, „Schwindel“), breiartige Durchfälle, Hautausschlag, Darmblutungen, Herz- und Kreislaufrobleme kommen dazu. Nur Antibiotika können das Bakterium bekämpfen. In 2 bis 5 Prozent aller Fälle bleibt der Patient jedoch chronisch infiziert und steckt jahrelang andere Menschen an, er wird – vermutlich als Folge einer Genmutation – zum so genannten „Dauerausscheider“.

Tod durch Durchfall – ein Blick zurück

Bis ins frühe 20. Jahrhundert gibt es auch in Europa und Nordamerika Orte ohne Abwasserentsorgung und sauberes Trinkwasser. Wie schon im alten Athen werden Kot und Urin aus Nachttöpfen einfach auf die Straße gekippt – oft immerhin begleitet von einem Warnruf. Abwässer werden von den Häusern in die Flüsse oder Straßen geleitet, die stinkenden Rinnen ungefähr alle 15

In einem Krankenhaus in Vietnam wartet ein Erkrankter mit seinem Baby auf die Behandlung. Typhus ist noch lange nicht besiegt.

Berühmt und berüchtigt: die Typhus-Mary

1906 mietet der New Yorker Bankier Charles Henry Warren ein Ferienhaus auf Long Island. Die irische Köchin Mary Mallon sorgt für das leibliche Wohl der Familie. Innerhalb kurzer Zeit erkranken sechs der elf Bewohner an Typhus, die Krankheit breitet sich aus, drei Menschen sterben. Es stellt sich heraus, dass im Stuhl der Köchin unzählige Erreger vorhanden sind. Sie verpflichtet sich, nicht mehr als Köchin zu arbeiten, tut dies aber unter falschem Namen doch wieder, bis man bei einem weiteren Ausbruch auf ihre Spur kommt und sie kurzerhand gegen ihren Willen in dem Quarantänehospital auf der „North-Brother-Insel“ im East River hinter Schloss und Riegel bringt. Dort stirbt sie 1938 nach 23 Jahren Quarantäne an einem Schlaganfall.

Jahre einmal gesäubert. In vielen mittelalterlichen Städten kann man nur auf Stelzen durch verdreckte Gassen gehen. In Kriegszeiten verschärft sich die Situation, mehr Soldaten sterben an Durchfall als durch Kampfhandlungen mit dem Feind.

Vorbeugung ist die beste Therapie

Es gibt zwar eine Schutzimpfung gegen Typhus, aber nicht gegen typhusähnliche Krankheiten („Paratyphus"). Daher ist die persönliche Hygiene äußerst wichtig, bei Reisen in betroffene Gebiete bedeutet dies neben gründlichem Händewaschen den konsequenten Verzicht auf nicht abgekochtes Wasser, Eis, rohes Obst, Salat usw. Im Englischen sagt man: „Peel it, cook it, or forget it!", „Schäle es, koche es, oder vergiss es!" Typhus ist meldepflichtig, Patienten werden in Krankenhäusern streng isoliert von Mitpatienten behandelt.

Typhus in Europa heute

In seltenen Fällen tritt die Typhus-Infektion auch heute noch in Europa auf. So berichtet das Robert-Koch-Institut von einem tödlichem Typhus-Fall: Anfang Januar 2006 stirbt ein 54-jähriger Berliner, der sich drei Wochen lang in Indien aufgehalten hatte. Er schleppt sich trotz Fieber zur Arbeit, geht erst spät zum Arzt und weigert sich, kurz vor Weihnachten ins Krankenhaus zu gehen. Als seine Freunde ihn besuchen wollen, finden sie ihn tot in der mit Kot beschmierten Wohnung. Glücklicherweise haben sich Freunde und Arbeitskollegen nicht bei ihm infiziert.

Hintergrund: In den nationalsozialistischen Konzentrationslagern wie hier in Bergen-Belsen starben unzählige Häftlinge auch an Typhus.

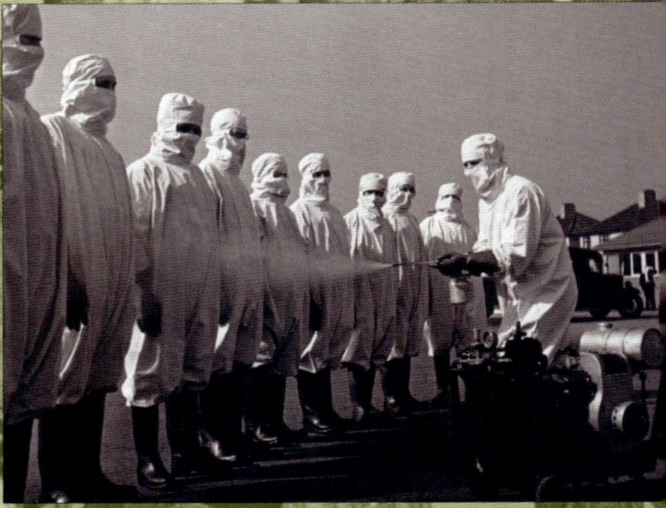

Unten: Beim Versprühen von Desinfektionsmitteln im Kampf gegen das Bakterium „Salmonella typhi" müssen die Helfer unbedingt Schutzanzüge tragen.

Der Tod kommt über das Trinkwasser

Die Geschichte der Cholera

„In Wahrnehmung meiner amtlichen Pflichten habe ich ... viele Orte besucht, in denen der Kot um die Häuser, Keller und Höfe aufgehäuft lag, und zwar in solcher Menge und Höhe, dass man sich nur mit Mühe fortbewegen konnte", berichtet im Jahr 1841 ein Mitglied der Metropolitan Sewers Commission. „Ich traf Menschen, die in Räumen lebten und schliefen, deren Wände und Flure von Jauche trieften. Die Folge der stinkenden und giftigen Gase ausatmenden Misthaufen konnte man den verstörten, bleichen und ungesunden Gesichtern und den schlotternden Gliedern der Bewohner entnehmen, die in diesem Pfuhl von Schmutz und Elend leben mussten."

Eine tödliche Krankheit

Ihren Ursprung hat die Cholera im dicht besiedelten, sumpfigen Delta der indischen Flüsse Ganges und Brahmaputra. Von hier aus ist sie schon vor langer Zeit nach Asien und Afrika vorgedrungen.

Die Cholera ist eine Erkrankung der Darmschleimhaut. Als eine der schlimmsten Seuchen der Menschheitsgeschichte hat sie noch im Frühjahr 2006 in Afrika, genauer gesagt in Angola und im Sudan, mehrere Tausend Todesopfer gefordert. Sie bricht nach der Ansteckung mit dem im Wasser lebenden Bakterium „Vibrio cholerae" meistens innerhalb von zwei bis fünf Tagen aus, manchmal aber schon nach einigen Stunden, und gibt sich durch heftige Durchfälle und Erbrechen zu erkennen. Das Bakterium wird zusammen mit dem Stuhl ausgeschieden. Wenn nicht sofort Infusionen auf Kochsalzbasis erfolgen, verliert der Körper Wasser und Mineralien, Blutdruck und Temperatur fallen, und der Tod kommt schnell.

Wenn die Bakterien in die Wasserversorgung gelangen, steigt die Zahl der Krankheitsausbrüche rasend schnell. Bereits mit Kot verunreinigte Gegenstände, z.B. Kleidung, können zu Infektionen führen, was die Krankheit noch gefährlicher macht. Circa die Hälfte der unbehandelten Patienten stirbt; bei Kindern und Alten beträgt die Sterblichkeitsrate sogar 90 Prozent.

Religion und Hygiene

Dass die Cholera auch heute in Ländern Asiens und Afrikas immer wieder Opfer fordert, hängt unter anderem mit den religiösen Bräuchen zusammen. Das Wasser des Ganges in Indien, an dessen Ufern

Flüchtlinge aus Ruanda im Lager von Goma ziehen an den endlosen Reihen von Choleraopfern vorbei.

jedes Jahr unzählige Menschen zusammenkommen, gilt den Hindus als heilig; es soll den Menschen läutern und von Sünden reinwaschen. Man bringt viele Kranke und Sterbende zu den Ufern des Flusses. Später wird deren Asche in den heiligen Fluss gestreut, ebenso die oft nur angesengten Leichen der Ärmsten geworfen. Die Pilger trinken dieses zusätzlich mit ungeklärten Abwässern verunreinigte Wasser und tragen es bis in ihre Heimatstädte, indem sie es in Flaschen abgefüllt mit nach Hause nehmen. So werden Krankheiten selbst bis in entlegene Orte verschleppt.

Die erste große Choleraepidemie 1815–1824

Historisch betrachtet, spielte die Religion bei der Verbreitung der Seuche schon lange eine große Rolle. Nach der Eroberung von Bengalen, dem heutigen Bangladesh und Teilen Nordostindiens, um die Mitte des 18. Jahrhunderts durch die Engländer intensivierte sich der Handel mit den Küsten der Arabischen Halbinsel und auch der Kontakt zu den Wallfahrtsorten Mekka und Medina. Hier versammelten sich regelmäßig Zehntausende von Pilgern. Man kann sich denken, dass die hygienischen Verhältnisse gelinde gesagt miserabel waren. Unter diesen Umständen verbreitete sich die Seuche sehr schnell – daher ihr arabischer Name „El hawa" („der Sturm") oder „Hawa asfar" („gelber Wind"). Pilger verschleppten sie nach Ägypten, und von dort breitete sie sich im Mittelmeerraum aus.

Zwischen 1815 und 1817 kommt es am Ganges zu riesigen Überschwemmungen, Missernten und zu einem Choleraausbruch. Durch den Handel und Truppenbewegungen verbreitet sich die Seuche rasch bis zu den Philippinen, dann von Bombay nach Arabien und Persien und schließlich bis nach Russland. 1823/1824 endet das Massensterben –

1884 versucht man, französische Bahnreisende und ihr Gepäck durch Räucherung zu desinfizieren, um die Ausbreitung der Krankheit zu verhindern.

New York im Jahr 1880: Die Wirtschaft boomt, doch die Armen leben unter schrecklichen hygienischen Bedingungen. Auch hier fordert die Cholera viele Opfer.

allerdings nicht aufgrund der Behandlung durch Aderlass oder Einläufe, wie man glaubt. Tatsächlich erschwerten die niedrigen Temperaturen den Bazillen das Überleben.

1826–1836: Moskau – Warschau – Berlin – London – Paris – New York

Die zweite Epidemie folgt 1826. Sie dringt wieder vom Ganges nach Westen vor, besonders massiv entlang der Wolga. Da man an der aus der Antike stammenden Vorstellung festhält, dass ein Miasma, d.h. verseuchte Luft und gefährliche Dämpfe, die

Der berühmte Berliner Arzt Robert Koch (1843–1910) entdeckt nicht nur den Tuberkelbazillus, sondern auch den Cholerabazillus.

Ursache für die Krankheit seien, sieht man keine Verbindung zu verseuchtem Wasser. Es ist unmöglich, die ca. 200 000 Toten, zunächst vor allem Binnenschiffer und Wäscherinnen, auf Friedhöfen zu beerdigen, sie werden stattdessen in Massengräbern verscharrt.

Immer weiter dringt die Seuche Richtung Westen vor, über Polen bis nach Berlin. Preußen kämpft unter Generalfeldmarschall von Gneisenau (1760–1831) und seinem Generalstabschef Carl von Clausewitz (1780–1831) gegen Polen. Man ist auf das Eindringen der „morgenländischen Brechruhr" vorbereitet und beschränkt die legalen Einreisemöglichkeiten aus Polen auf zwölf Grenzübergänge mit Quarantäneanstalten. Erst nach einem Aufenthalt von zehn bis 20 Tagen darf man weiterreisen, die Post und einzuführende Waren werden in dreiteiligen Kästen geräuchert, die unten mit glühenden Kohlen, dann mit Schwefel, Salpeter und Kleie und schließlich z. B. mit den Briefen gefüllt werden. Ärzte schützen sich, ähnlich wie bei der Pest, mit Mänteln aus Wachstuch. Aber auch diese Vorsichtsmaßnahmen nützen nichts: Clausewitz stirbt im August, Gneisenau im November.

Jetzt drängt die Cholera nach Berlin. Hier werden verseuchte Gebiete abgesperrt. Neben dem Charlottenburger Schloss, wohin sich der Hof zurückgezogen hat, wird eine Räucherkammer für Besucher eingerichtet. Auf den Straßen ist nun das bis dahin polizeilich verfolgte Rauchen erlaubt; man verspricht sich davon eine Reinigung der schlechten Luft! Mehr als 1400 Menschen sterben, darunter auch der Philosoph Georg Wilhelm Friedrich Hegel (*1770) im November 1831.

Europas Metropolen im Bann der Cholera

Entlang der Havel und Spree nähert sich die Cholera Hamburg. Nachlässiges Handhaben der Quarantänevorschriften trägt wohl zum Ausbruch im Hafen, an der Elbe und an den Fleeten (Kanälen) bei. Die hygienischen Verhältnisse sind hier noch schlimmer als die in Berlin, denn es gibt weder eine zentrale Wasserversorgung noch eine Kanalisation. Die Fäkalienabfuhr findet nur unregelmäßig statt, und aus den an der Binnenalster gelegenen Häusern fallen die mit Bakterien verseuchten Exkremente direkt ins Wasser. Hier schöpft man auch Trinkwasser. Von den ca. 145 000 Einwohnern sterben fast 2000.

London folgt mit ca. 10 000 Opfern, Paris schließt sich 1832 an. Die grauenerregenden Zustände in den Straßen und im Hôtel-Dieu, dem nahe der Kathedrale Nôtre-Dame gelegenen Krankenhaus, schildert z. B. Heinrich Heine.

Auch Paris ist größtenteils noch nicht an die Kanalisation angeschlossen. Die überfüllten Jauchegruben werden in Tonnenwagen entleert, die nachts ihre Fracht in den Dépotoirs aux Voiries, den Fäkaldepots am Stadtrand, entsorgen. Als diese überlaufen, leitet man die Abwässer bei Saint-Denis direkt in die Seine. Fast 230 000 Franzosen erkranken, mehr als 100 000 sterben, davon 1832 allein in Paris 19 000.

In ganz Europa gehen Tausende zugrunde, und 1832 dringt die Cholera bis in die USA vor. Erkrankte irische Auswanderer schleppen sie vermutlich ein. Besonders viele Tote finden sich unter den amerikanischen Indianern.

Im Flüchtlingslager in Goma (Zaire) herrschen schreckliche Zustände. Eine aus Ruanda geflohene Frau versorgt einen an Cholera erkrankten Mann mit einer Infusion.

Kein Ende in Sicht

Immer neue Epidemien folgen: zunächst von 1840 bis 1861 mit mehr als 1 Mio. Opfer allein in Russland, dann von 1863 bis 1875, von 1881 bis 1896 und von 1899 bis 1923. 1936 beginnt die siebte Pandemie, die Europa weitgehend verschont. Und natürlich hat man inzwischen die Ursache erkannt und kann Gegenmaßnahmen ergreifen. Schon 1854 fällt dem englischen Arzt John Snow (1813–1858) ein Zusammenhang zwischen dem hohen Krankenstand in Soho und dem Benutzen einer Wasserpumpe in der Broad Street auf. Er lässt die Pumpschwengel entfernen, die Pumpen können nicht mehr benutzt werden, und die Seuche erlischt. Niemand will jedoch seinen Aufsatz über verschmutztes Wasser als Ursache der Krankheit veröffentlichen – man glaubt eben immer noch an ein Miasma, an verpestete Luft.

1854 vermutet der Münchner Professor für medizinische Chemie, Max Pettenkofer (1818–1901), einen Zusammenhang zwischen einer durch Fäkalien verursachten Bodenverschmutzung und der Cholera und sorgt für den systematischen Ausbau der Kanalisation. Die Rolle des verseuchten Trinkwassers leugnet er jedoch noch. Erst 1883 gelingt es Robert Koch (1843–1910), dem Entdecker des Tuberkelbazillus, im ägyptischen Alexandria den Erreger „Vibrio cholerae" als Verursacher im Trinkwasser zu identifizieren. Bei der verheerenden Choleraepidemie 1892 in Hamburg wird die Bevölkerung endlich zum Abkochen des Trinkwassers aufgefordert. Doch schon damals weisen Ärzte immer wieder darauf hin, dass alle guten Ratschläge nichts nützen, solange ungezählte Menschen in feuchten Kellerlöchern vegetieren, an Hunger leiden und nicht einmal genug Wasser zum Waschen haben. Auch wenn man die medizinischen Fortschritte in Diagnose und Therapie nicht genug würdigen kann, so ist doch bei vielen Seuchen die Armut ein Faktor, der immer mit in Betracht gezogen werden muss – so wie heute in Angola.

Die Cholera in Paris

Heinrich Heine beschreibt sehr treffend die beklemmende Stimmung in Paris: „Eine Totenstille herrscht in ganz Paris. Ein steinerner Ernst liegt auf allen Gesichtern. Mehrere Abende sah man sogar auf den Boulevards wenig Menschen, und diese eilten aneinander schnell vorüber, die Hand oder ein Tuch vor dem Munde. Die Theater sind wie ausgestorben. Die meisten Fremden, namentlich meine Landsleute, sind abgereist."

Eng aneinandergedrängt liegen die Waisenkinder im Flüchtlingslager. Ihre Eltern sind an der Cholera gestorben.

Grippe – die unterschätzte Bedrohung

Von der Spanischen Grippe zur Vogelgrippe

1918 ist das letzte Jahr des 1. Weltkriegs, in den nahezu ganz Europa verwickelt ist und der weltweit 9 Mio. Tote fordern wird. Niemand ahnt zu Beginn dieses Jahres, dass nicht der verheerende Krieg die große Katastrophe des beginnenden 20. Jahrhunderts wird, sondern eine herannahende Grippewelle.

Schlechte Nachrichten aus Spanien

Die ersten Nachrichten über eine große Grippewelle im Frühjahr 1918 stammen aus Spanien. Dieses Land ist nicht in den 1. Weltkrieg verwickelt und hat folglich keine strenge Nachrichtenzensur. Die kriegsführenden Länder tun dagegen alles, um die Moral der eigenen Bevölkerung nicht durch furchterregende Nachrichten zu schwächen. So kam diese weltweite Epidemie zu ihrem Namen „Spanische Grippe", obwohl man heute sicher ist, dass sie nicht in Spanien ihren Ursprung nahm.

Die ersten Krankheitsfälle treten vermutlich im März 1918 in einem amerikanischen Militärcamp in Kansas auf. Die Ausbreitung der Grippe ist rasant. Innerhalb kürzester Zeit werden ganze Bataillone infiziert. Durch die Unterschätzung der Ansteckungsgefahr verbreitet sich die Grippe schnell in den Familien der Soldaten und wandert mit den amerikanischen Truppentransporten nach Europa.

Der Tod kommt in Wellen

Die Spanische Grippe tritt in mehreren Wellen auf. Die erste Welle kommt im Frühjahr 1918 und flaut im August wieder ab. Im Herbst 1918 kehrt die Grippe aber – von Frankreich ausgehend – zurück. Wieder ist die Krankheit extrem ansteckend, allerdings noch tödlicher als die erste Welle. Sie befällt insbesondere erwachsene Menschen zwischen 18 und 35 Jahren und damit den produktiven Teil der Bevölkerung. Die Auswirkungen sind so extrem, dass vielerorts das öffentliche Leben fast zum Stillstand kommt. Schulen und andere öffentliche Einrichtungen müssen geschlossen werden, Gesichtsmasken beherrschen das Straßenbild. Anfang 1919 ist dann

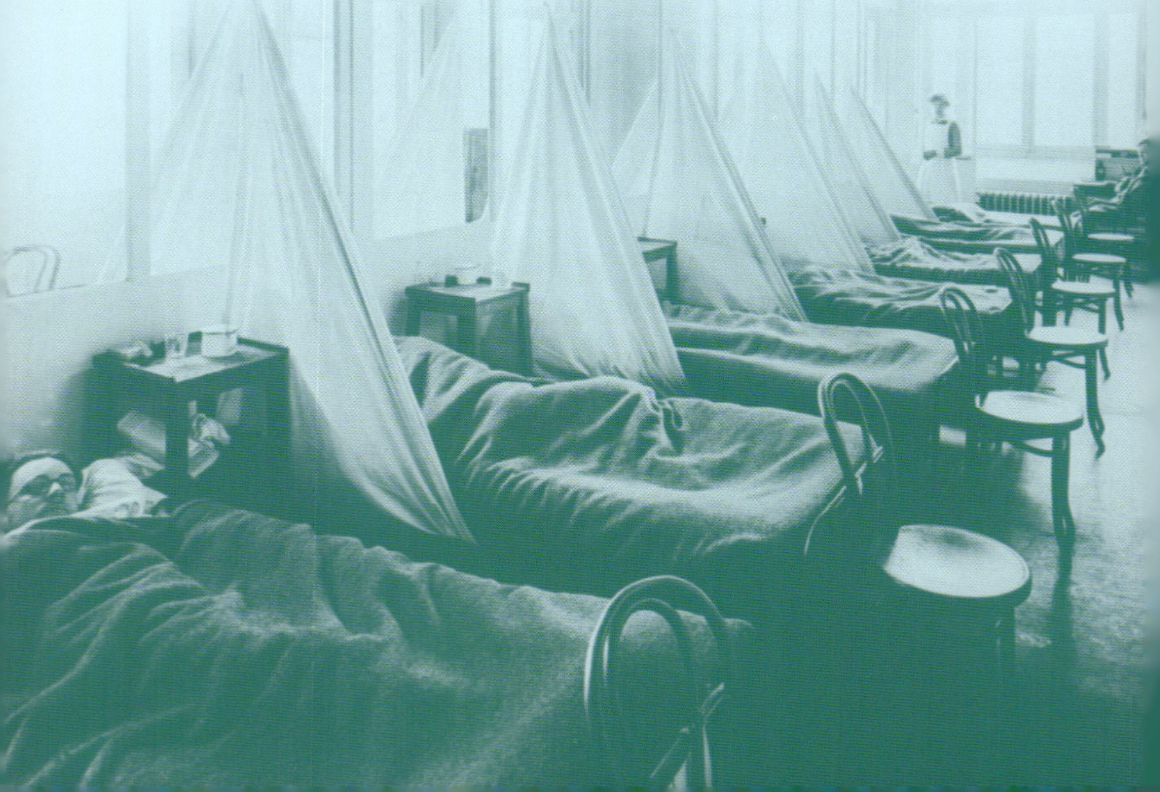

Im Herbst 1918 schlägt die Grippe in Frankreich zu. In diesem Lazarett werden zahlreiche US-Soldaten behandelt.

das Schlimmste überstanden. Es folgen zwar noch einige kleinere Wellen, aber die Mehrzahl der Opfer ist innerhalb der ersten neun Monate gestorben. Als die Grippe schließlich 1921 verschwindet, hat sie weltweit zwischen 25 und 50 Mio. Tote und damit mindestens dreimal so viel Opfer wie der 1918 zu Ende gegangene Weltkrieg gefordert. Die amerikanische Armee verliert mehr Soldaten durch die Spanische Grippe als durch Kriegskämpfe.

Ein Virus als Ursache

Für derart katastrophale Epidemien hat sich die Bezeichnung „Pandemie" eingebürgert, eine aus dem Altgriechischen abgeleitete Bezeichnung, die wörtlich „das ganze Volk betreffend" bedeutet. Eine Pandemie ist zwar wie die Epidemie eine zeitlich begrenzte Seuche, aber sie ist im Gegensatz zur Epidemie nicht räumlich begrenzt, sondern breitet sich weltweit über alle Kontinente aus. Der Spanischen Grippe vergleichbare Pandemien sind die mittelalterliche Pest von 1347 bis 1352, die ebenfalls mehr als 20 Mio. Tote forderte, und die seit etwa 1980 grassierende Immunschwächekrankheit Aids.

Die damalige Hilflosigkeit der Mediziner angesichts des Massensterbens resultiert auch aus der Tatsache, dass zu dieser Zeit das Grippevirus noch unbekannt ist. Man vermutet als Ursache der Grippe ein Bakterium, zumal man gegen Viren ohnehin hilflos ist, da sie sich mit damaligen

Als in China die Vogelgrippe ausbricht, werden Tonnen von Geflügel vernichtet.

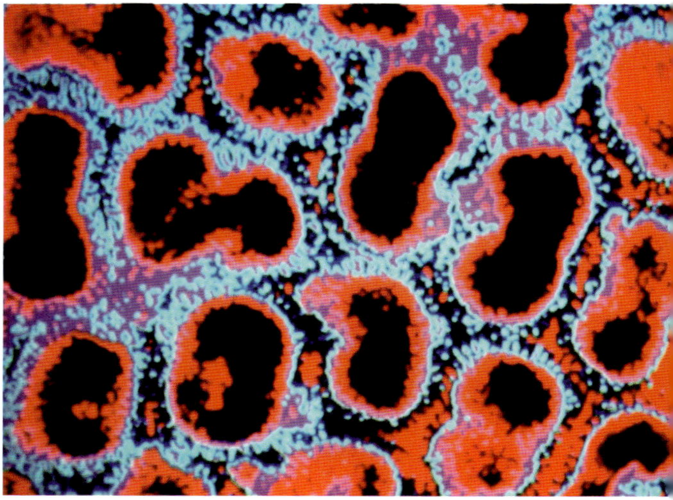

Man hielt zunächst ein Bakterium für den Auslöser der Krankheit, bevor man 1933 entdeckte, dass ein Virus für die Grippe verantwortlich war.

Die Grippekranken müssen in 1930er-Jahren in extra errichteten Camps bleiben, bis sie vollständig geheilt sind.

Methoden noch nicht nachweisen lassen. Erst 1933 können englische Forscher erstmalig das Grippevirus im Tierversuch isolieren, womit man allerdings noch nicht den Untertyp kennt, der für die Spanische Grippe verantwortlich ist. 1951 kommt man dem Erreger dann endlich näher. Man sucht nach Spuren des Virus in Opfern der Grippeepidemie, die der Dauerfrost in Alaska konserviert hat. Zunächst bleibt die Suche jedoch erfolglos. Erst 1997 gelingt dem amerikanischen Molekularbiologen Jeffery Taubenberger die Lösung des Rätsels. Das Killervirus von 1918 war vom Typ A/H1N1, einer extrem aggressiven Variante, die Vögel als Wirte benutzte, um dann zu einem für Menschen gefährlichen Erreger zu mutieren.

Typen von Grippeviren

Die Erregerstämme der menschlichen Grippeviren werden in drei Typen unterteilt. Die Typen B und C treten fast nur beim Menschen auf und sind vergleichsweise harmlos. Der Typ A dagegen ist der gefährlichste und gleichzeitig der am weitesten verbreitete. Er befällt nicht nur Menschen, sondern auch Geflügel und Schweine. Der Typ A tritt in verschiedenen Untertypen auf, die durch Bezeichnungen wie H1N1 oder H5N1 unterschieden werden. Durch Gen-Transfers zwischen Geflügelpestviren und menschlichen Grippeviren können neue tödliche Virus-Untertypen entstehen, gegen die der Mensch keine Antikörper besitzt. Die dritte große Grippe-Epidemie des 20. Jahrhunderts, die Hongkong-Grippe im Jahr 1968, entsteht ebenfalls aus einer solchen Mutation eines Virus vom Typ A. Diesmal mischt sich der Typ A/H2N2, der Verursacher der Asiatischen Grippe, mit einem Vogelgrippe-Virus zum neuen Subtyp A/H3N2. Das grausame Resultat sind wiederum 1 Mio. Tote weltweit.

Die Gefahr der Mutationen

Die Spanische Grippe ist die bis dahin katastrophalste Virus-Epidemie der Neuzeit. Danach bleibt die Welt 40 Jahre lang von Epidemien weltweiter Ausbreitung verschont. Erst in den Jahren 1957 und 1958 tritt mit der Asiatischen Grippe eine weitere Epidemie mit globaler Auswirkung auf. Sie nimmt ihren Anfang in China und wird von rotchinesischen Flüchtlingen nach Hongkong getragen, um sich von dort aus weltweit zu verbreiten. Dieser

Kinderreim, 1918	*Übersetzung:*
I had a little bird,	*Mein kleiner Vogel,*
Its name was Enza,	*der hieß Enza.*
I opened the window,	*Ich öffnete das Fenster*
And in-flu-enza.	*und hinein flog die Influenza.*

Pandemie fallen in kurzer Zeit zwischen 1 und 4 Mio. Menschen zum Opfer.

Der Erreger dieser Grippe ist aus dem Influenza-Virus A/H1N1, das die Spanische Grippe verursacht hatte, durch Kombination mit einem Vogelgrippe-Virus entstanden. Als Resultat dieser Vermischung bildet sich der neue Virustyp A/H2N2, gegen den das menschliche Abwehrsystem nicht gerüstet ist.

Nach dem Abklingen dieser Infektion sind viele Personen gegen den Erreger immun, sodass die Asiatische Grippe jahrzehntelang nicht mehr zirkuliert. Die nachwachsenden Menschengenerationen haben allerdings kaum Abwehrkräfte gegen diesen Erreger gebildet, sodass ein erneutes Auftreten des Typs A/H2N2 katastrophale Folgen haben könnte.

Vor diesem Hintergrund wird die Aufregung verständlich, die eine Pressemeldung des Berliner Robert-Koch-Instituts im April 2004 auslöst. Das Institut teilt mit, Tausende von Laboren weltweit hätten irrtümlich eine Probe dieses Virustyps für einen Routinetest erhalten. Die Weltgesundheitsorganisation fordert daraufhin sofort alle Labore auf, die Proben dieses Erregers zu vernichten.

Wann ist mit der nächsten Pandemie zu rechnen?

Jederzeit kann durch Vermischung der menschlichen und tierischen Influenza-Viren ein neuer Untertyp entstehen, der die nächste große Pandemie auslösen könnte. Als Ursprungsraum solcher Mutationen scheint Asien besonders anfällig zu sein, da die dortigen einfachen Formen der Tierhaltung günstige Bedingungen für eine gleichzeitige Infektion von Mensch und Tier liefern. Seit 2003 grassiert, ausgehend von Asien, das Vogelgrippe-Virus vom Typ H5N1. Bisher scheint es sich noch nicht mit menschlichen Grippeviren vermischt zu haben. Die Gefahr ist jedoch jederzeit gegeben. Die Schätzungen der tödlichen Auswirkungen einer daraus folgenden Pandemie schwanken zwischen 7 und 150 Mio. Opfern.

Die Angst vor weiteren Grippe-Epidemien ist in Asien nach Ausbruch der Vogelgrippe allgegenwärtig. Ohne Mundschutz geht kaum noch jemand auf die Straße.

Ein berühmtes Opfer: Egon Schiele

Ein berühmtes Opfer der tödlichen Grippe ist der österreichische Maler Egon Schiele (1890–1918). Der erst 28-jährige Star der Wiener Kunstszene hat gerade seinen väterlichen Gönner Gustav Klimt (1862–1918), den berühmtesten Vertreter des Jugendstils, zu Grabe getragen, als er und seine Frau im Herbst 1918 von der zweiten Welle der Spanischen Grippe erfasst werden. Edith ist zu diesem Zeitpunkt im sechsten Monat schwanger. Sie stirbt am 28. Oktober 1918, Egon Schiele zeichnet die Sterbende noch, während er selbst schon mit dem Tod ringt, und überlebt sie schließlich nur um drei Tage.

Schieles Kunstwerke erzielen heute auf internationalen Versteigerungen Höchstpreise.

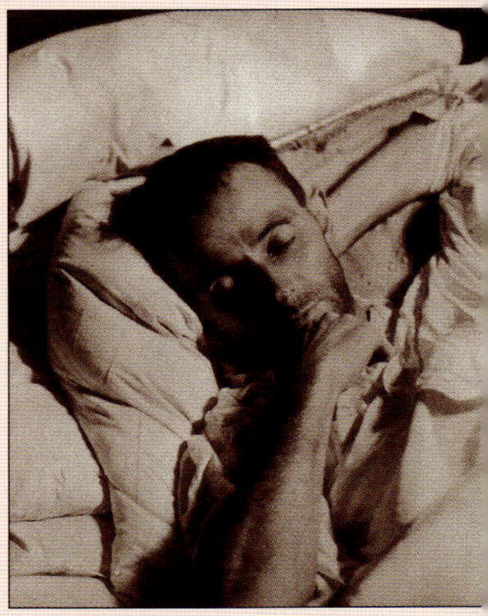

Egon Schiele auf seinem Totenbett.

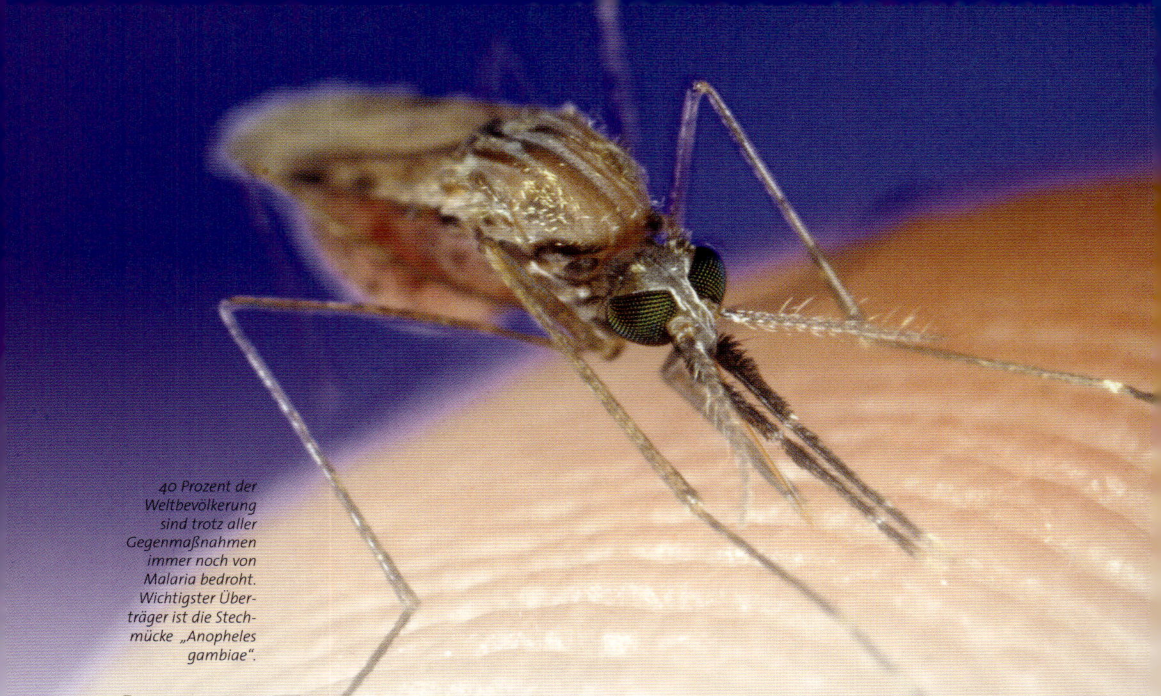

40 Prozent der Weltbevölkerung sind trotz aller Gegenmaßnahmen immer noch von Malaria bedroht. Wichtigster Überträger ist die Stechmücke „Anopheles gambiae".

Jeden Tag gibt es 3000 Tote

Die Malaria fordert unzählige Opfer

„Mal'aria" (ital. „schlechte Luft"), Wechselfieber, Sumpffieber, Marschfieber – dies sind alles Begriffe für dieselbe schreckliche Krankheit. Malaria ist heute weltweit die schlimmste Infektionskrankheit, an ihr erkranken jedes Jahr ca. 300 bis 500 Mio. Menschen, mehr als 2 Mio. von ihnen sterben, vor allem Kinder unter fünf Jahren. Sie ist eine größere Bedrohung als Aids oder Tuberkulose und tritt in über 100 Ländern regelmäßig auf, dort nämlich, wo die Stechmücke der Gattung Anopheles lebt und einzellige Parasiten, so genannte Plasmodien, überträgt.

Weite Verbreitung außerhalb Europas

Während Europa, Nordamerika und weite Teile Russlands heute malariafrei sind, ist die Seuche in Afrika, Asien und Lateinamerika noch weit verbreitet, 40 Prozent der Weltbevölkerung sind von ihr bedroht. Ausnahmen bestätigen die Regel: Gelegentlich tritt auch in Europa die „Flughafenmalaria" durch importierte infizierte Mücken auf.

Auch in Europa war die Malaria bis ins 20. Jahrhundert hinein eine Bedrohung. Noch zum Ende des 2. Weltkriegs war Italien ein eigentliches Malarialand, die letzten bekannten Fälle stammen aus dem Jahr 1962. Heute besteht für diese gefährliche Krankheit Meldepflicht, und ein Land wird von der WHO, der Weltgesundheitsorganisation, erst mehrere Jahre nach dem Auftreten des letzten Krankheitsfalls zur malariafreien Zone erklärt.

Zellen zerplatzen – der Erreger im Menschen

Die Malariaerreger gehören vermutlich zu den ältesten Parasiten des Menschen und haben sich ursprünglich im Darm von Reptilien entwickelt – vor über 60 Mio. Jahren. Sie vermehren sich in zwei Phasen, einmal im menschlichen Wirt, einmal in der Mücke. Das Mückenweibchen überträgt die Parasiten bei ihrer „Blutmahlzeit" zunächst auf den Menschen. Vom Blut gelangen sie in die Leber, wo sie reifen und sich vermehren und dann, nach einigen Tagen oder auch Monaten, wieder in das Blut zurückkehren. Sie vermehren sich jetzt in den roten Blutkörperchen, bis diese nach zwei bis drei Tagen zerplatzen. Der Erreger greift weitere rote Blutkörperchen (Erythrocyten) an, die wiederum zerplatzen – so breitet sich die Krankheit aus, und jetzt erst spürt der infizierte Mensch, dass mit ihm etwas nicht stimmt. Wenn die Mücke den infizierten Menschen sticht, nimmt sie wieder den Erreger in sich auf.

Neben der Stechmücke gibt es noch andere, relativ seltene Ansteckungsmöglichkeiten, z.B. durch Bluttransfusionen, gebrauchte Spritzen oder von einer erkrankten Mutter auf ein neugeborenes Kind, wenn die Plazenta verletzt wird.

Symptome einer heimtückischen Krankheit

Der Kranke hat zunächst eher unspezifische Symptome wie Fieber, allgemeines Unwohlsein, Kopfschmerzen, Durchfall oder Gliederschmerzen. Nachdem der Erreger mehrere Vermehrungszyklen durchlaufen hat, entwickeln sich regelmäßige Fieberschübe bis über 40 °C, Schüttelfrost, Anämie (Blutarmut) und eine Vergrößerung der Milz.

Man unterscheidet vier Arten: „Plasmodium vivax" und „Plasmodium ovale" führen zur „Malaria tertiana" mit Fieberschüben an jedem dritten Tag, „Plasmodium malariae" zur „Malaria quartana" mit Fieberschüben am ersten und vierten Tag und zwei fieberfreien Tagen dazwischen. Die besonders gefährliche „Malaria tropica" wird von „Plasmodium

Unter den interessierten Augen zweier Kinder fischt ein Arzt in der Irian-Jaya-Provinz in Indonesien Mückenlarven aus einem stehenden Gewässer.

Malariaformen und ihre Verbreitung

Erreger	Malariaform	Häufigkeit	Verbreitung
Plasmodium falciparum	*M. tropica*	*49 %*	*weltweit, bes. südlich der Sahara, in Asien, Neuguinea und auf Haiti*
Plasmodium vivax	*M. tertiana*	*43 %*	*in gemäßigten Zonen, bes. Indien, Zentral- und Südamerika, Ostasien*
Plasmodium ovale	*M. tertiana*	*1 %*	*vor allem in Westafrika*
Plasmodium malariae	*M. quartana*	*7 %*	*hauptsächlich in Afrika*

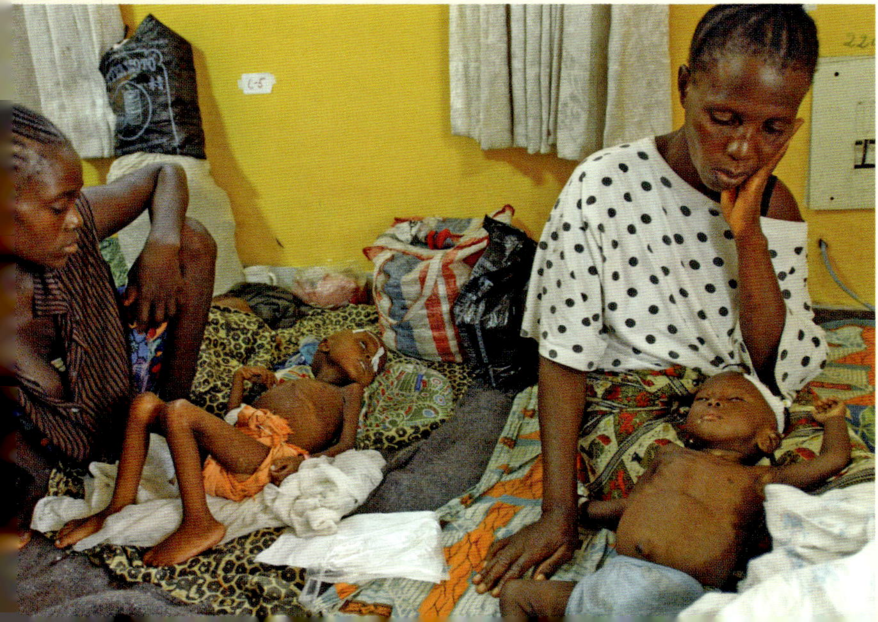

Die internationale Hilfsorganisation „Ärzte ohne Grenzen" betreut diese kleinen Malariaopfer in Monrovia (Liberia), die auch im Krankenhaus in der Obhut ihrer Mütter sind.

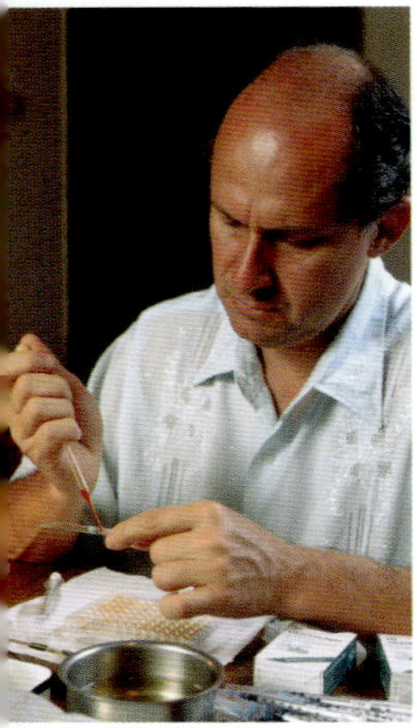

Auch Tierversuche werden im Kampf gegen die Malaria unternommen. Hier testet ein Arzt Affenblut in der Hoffnung, daraus einen Impfstoff zu gewinnen.

falciparum" verursacht; Todesfälle kommen fast nur bei dieser Form vor. Von den Kranken, die nicht durch ständige Wiedererkrankung eine Art Immunität erwerben, sterben mindestens 20 Prozent. Hier sind die Schübe unregelmäßig. „Malaria tropica" kann zu Nieren- und Lungenversagen, Gerinnungsstörungen, Krämpfen und in ihrer gehirnbezogenen Form zu Verwirrtheit und bis zum Koma führen.

Medikamentöse Behandlung und Vorbeugung heute

Die Behandlung der Erkrankung richtet sich nach dem Erreger. Eine gutartige, durch „Plasmodium vivax", „ovale" oder „malariae" verursachte Malaria behandelt man unter anderem mit auf der Basis von Quinin (oder Chinin) entwickelten Chloroquintabletten, die gefährliche „Malaria tropicana" je nach Ursprungsgebiet mit denselben Medikamenten, Artemisinin und ggf. Bluttransfusionen. Leider hat sich bei den Parasiten in vielen Malariagebieten inzwischen eine Resistenz gegen die Medikamente entwickelt, sie schlagen also nicht mehr an. Dies mag auch daran liegen, dass man Medikamente wahllos eingesetzt und die regelmäßige Einnahme nicht überwacht hat. Eine Resistenz der anderen Art wirkt sich für einige Menschen positiv aus: Die unter Schwarzafrikanern (und z. B. deren Nachkommen in den USA) weit verbreitete Erbkrankheit Sichelzellenanämie, eine Erkrankung der Blutzellen, schützt vor Ansteckung mit Malaria. Der Erreger kann sich im Blut nicht weiterentwickeln.

Reisende, die in verseuchte Gebiete aufbrechen, werden von den Gesundheitsämtern und Tropeninstituten aufgefordert, vor und während der Reise Medikamente einzunehmen (Chemoprophylaxe). Diese verhindern zwar nicht die Infektion, jedoch den Ausbruch der Krankheit. Nichtbehandlung oder zu späte Behandlung kann zu schweren Komplikationen und zum Tod führen.

Neben der medikamentösen Behandlung ist ein kluger Umgang mit der Infektionsgefahr von zentraler Bedeutung. Menschen, die in den Tropen leben, und natürlich auch Touristen wird Folgendes geraten, um Mückenstiche zu vermeiden:

- in der Morgen- und Abenddämmerung nicht ins Freie gehen,
- lange Ärmel und lange Hosen tragen, um die Haut zu bedecken,
- unbedeckte Haut gründlich mit Mückenschutz einreiben,
- Fliegengitter, Moskitonetze und Klimaanlagen verwenden, Moskitonetze mit Insektiziden einsprühen.

Durch den Tsunami in Indonesien 2004 droht ein Ausbruch der Malaria, den man durch den Einsatz chemischer Mittel zu verhindern versucht.

Man kann sich leicht vorstellen, wie viele Menschen, die in Armut leben, sich tatsächlich durch solche Maßnahmen schützen können – unzählige leben in Slums, wo die Anophelesmücke im stehenden Wasser verdreckter Pfützen, in Tümpeln und Abwassergräben ideale Brutstätten findet.

Historischer Kampf gegen die Malaria

Bekannt ist die Seuche schon seit Urzeiten aus Indien, dem alten China und Ägypten. Einige mehr als 3000 Jahre alte Mumien haben eine vergrößerte Milz, ein typisches Zeichen für eine Malariaerkrankung. Die Chinesen setzten schon 168 v. Chr. „Einjährigen Beifuß" erfolgreich gegen die Krankheit ein – und nach mehr als 2000 Jahren stößt dieser Wirkstoff heute auf großes Interesse in Forschung und Industrie. Er ist die Basis des Medikaments Artemisinin. Die Griechen (z.B. Homer, Herodot) und Römer (z.B. Varro) beschrieben die Malaria nicht nur, sondern warnten schon vor der Nähe der Sümpfe – ohne zu wissen, dass dort die Mücken lauern. Sie vermuteten als Ursache schädliche Dämpfe oder abgestandenes Wasser.

Zunehmendes Bevölkerungswachstum, vermehrter Handel und zahlreichere Reisen führen zu einer Ausbreitung in ganz Europa und während der großen Entdeckungsreisen zur Verschleppung nach Nord- und Südamerika. Aus Südamerika kommt schließlich auch die Heilung: Spanische Ärzte und Jesuitenpriester beobachten, wie Peruaner, die sie zur Arbeit in mit kaltem Wasser überfluteten Minen zwingen, ihren Schüttelfrost mit der Rinde des Cinchonabaums behandeln, und setzen diese im 17. Jahrhundert dann erfolgreich gegen die Malaria ein. Aus dem Baum Cinchona officialis gewinnt man Chinin.

Die erfolgreiche Suche nach den Ursachen der Malaria im 19. Jahrhundert wird mit zwei Medizin-Nobelpreisen belohnt: Der Entdecker des Übertragungswegs von der Mücke auf den Menschen, der in Indien tätige britische Militärarzt Ronald Ross (1857–1932), erhält ihn 1902, und der französische Militärarzt Charles Laveran (1845–1922), der 1880 den eigentlichen Parasiten identifiziert hat, erhält ihn 1907.

Internationaler Kampf gegen die Seuche

Eine Eindämmung der Malaria ist sehr schwierig. Schon unter Mussolini versucht man, durch das Trockenlegen von Sümpfen den Lebensraum der Mücke zu zerstören; in Spanien setzt man Fische (Gambusia) ein, die sich von Stechmücken ernähren – und erzielt nur Teilerfolge. 1956 beginnt die Weltgesundheitsorganisation (WHO) einen weltweiten Kriegszug gegen die Malaria, mit Chloroquin gegen den Parasiten und mit dem Pestizid DDT gegen die Mücke. Zunächst ist der Feldzug erfolgreich, doch dann werden Parasiten und Mücken häufig resistent, die Zahl der Toten steigt rapide an. Heute versucht man, im Rahmen des „Roll Back Malaria Programs" durch Verteilung von Moskitonetzen und vorbeugende Medikamenteneinnahme die Zahl der Neuerkrankungen zu senken.

Erst seit 2001 ist ein relativ preiswertes Mittel auf dem Markt, das für die meisten Kranken in armen Ländern jedoch immer noch unbezahlbar ist. Oft werden auch gefälschte, unwirksame Medikamente zum Verkauf angeboten. Immerhin arbeitet nun nicht mehr nur das Militär an einer Lösung, sondern die WHO in Zusammenarbeit mit großen Pharmakonzernen; auch beispielsweise der US-amerikanische Software-Milliardär Bill Gates setzt sich für den Kampf gegen die Malaria ein. Bis 2015 will man die Zahl der Patienten deutlich senken.

Vor ca. 50 Jahren gewann man in Java das Heilmittel Chinin, indem man die Blätter des Cinchonabaums in der Sonne trocknete und dann pulverisierte.

Ansteckung unbedingt vermeiden

Die Aids-Epidemie

„In Amerika sieht man Menschen, die mit Aids leben, wie Magic Johnson. In Afrika sterben die Menschen an Aids, es ist ein Todesurteil", sagt die zweimal für den Grammy nominierte Sängerin India Arie nach einem Kenia-Besuch in einem Interview mit Nekesa Mumbi Moody. „Nur sehr wenige Menschen werden behandelt. Stellen Sie sich vor, was das bedeutet: Eine siebzigjährige Frau, die mit harter körperlicher Arbeit versucht, sechs-, sieben- oder achtjährige Kinder durchzubringen, weil eine ganze Generation, die mittlere Generation, ausgelöscht worden ist. Ich habe das immer wieder gesehen."

Das erworbene Immunschwächesyndrom

Allein im Jahr 2005 gab es mehr als 3 Mio. Tote und ca. 5 Mio. Neuinfektionen – Aids (engl.: „acquired immune deficiency syndrome", d.h. „erworbenes Immunschwächesyndrom") ist eine globale Epidemie, die vor ca. 25 Jahren erstmals auftrat und die seitdem weltweit mehr als 25 Mio. Todesopfer gefordert hat. Heute leben ca. 40 Mio. Menschen mit dem HI-Virus, darunter immer mehr Frauen und auch viele Kinder.

Epizentrum Afrika

Das Epizentrum von Aids ist Afrika. Der Organisation „Unaids" zufolge leben hier gerade einmal 10 Prozent der Weltbevölkerung, aber 60 Prozent aller Aids-Kranken. Die aktuellen überblicksartigen Zahlen zur weltweiten Verbreitung von Aids sehen folgendermaßen aus:

- *Afrika: 25,8 Mio. Aidskranke*
- *Asien: 8,3 Mio. Aids-Kranke*
- *Lateinamerika: 1,8 Mio. Aids-Kranke*
- *Osteuropa und Zentralasien: 1,6 Mio. Aids-Kranke*
- *Nordamerika: 1,2 Mio. Aids-Kranke*
- *West- und Zentraleuropa: 720 000 Aids-Kranke*
- *Nordafrika/Naher Osten: 510 000 Aids-Kranke*
- *Karibik: 300 000 Aids-Kranke*
- *Ozeanien: 74 000 Aids-Kranke*

Besonders in Osteuropa und Asien ist die Zahl der Infizierten in den letzten Jahren unverhältnismäßig stark angestiegen.

Nicht nur gegen Kindesmissbrauch, sondern auch gegen eine mögliche Ansteckung mit Aids durch einen Pädophilen in ihrer Nachbarschaft gehen diese Kinder und Jugendlichen in Lagos (Nigeria) auf die Straße.

Was ist der Unterschied zwischen HIV und Aids? Das eine ist die Ursache des anderen. Die Abkürzung „HI" steht für den englischen Begriff „human immunodeficiency", also „menschliche Immunschwäche". Die HI-Viren zerstören Körperzellen, die der Immunabwehr dienen. Sie schwächen das Immunsystem (die Abwehrkräfte des Körpers) und verhindern so die Bekämpfung eindringender Pilze, Bakterien oder Viren. Der Mensch erkrankt vergleichsweise schwer an Krankheiten, die sonst leicht besiegt werden. Aids ist also das späte Stadium einer Infektion mit HI-Viren. Die Aids-Viren haben eine besonders lange Inkubationszeit, d. h., es kann viel Zeit vergehen, bis sich erste Symptome einstellen. In dieser Phase können andere Menschen leicht angesteckt werden.

Die Kinder trauern um ihre verstorbene Mutter. Die meisten Aids-Waisen in Afrika sind ganz auf sich allein gestellt, denn Heime und Schulen fehlen.

Was machen die HI-Viren?

Wenn gefährliche Erreger in den Körper eindringen, kämpfen Helferzellen (auch CD4-Zellen, T4-Zellen oder T4-Helferzellen genannt) dagegen an. Sie gehören zu den weißen Blutkörperchen (Leukozyten). HI-Viren greifen genau diese Zellen an und breiten sich aus. Der Körper kämpft mit Antikörpern dagegen an, kann die HI-Viren aber nicht besiegen. Die Viren vermehren sich, und oft kommt es zu Überreaktionen: Das Abwehrsystem läuft auf Hochtouren und kann sich dabei auch gegen eigene Körperzellen richten (Autoimmunerkrankung). Ebenso treten Allergien nun leichter auf.

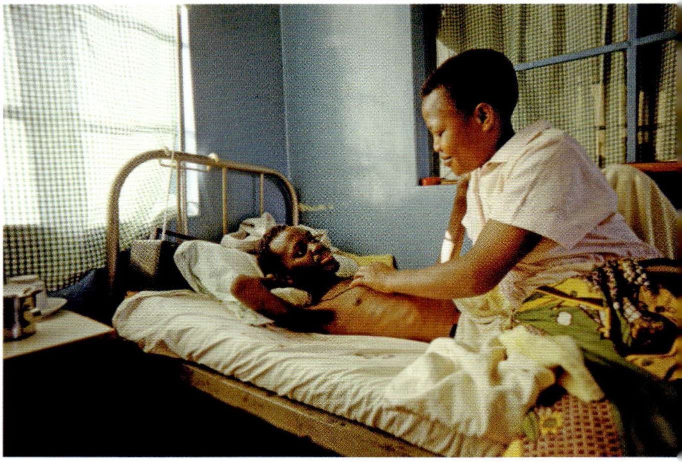

In einem Krankenhaus in Rubwe (Tansania) kümmert sich eine Frau um ihren Mann, der an Aids erkrankt ist.

In Ndola (Zambia) haben mindestens 20 Porzent der Erwachsenen Aids. Die Friedhöfe sind überfüllt.

Wie wird Aids übertragen?

Nicht Mückenstiche, Husten oder Niesen sind die Übertragungswege der HI-Viren, wie noch heute manche meinen. Circa. 80 Prozent der Ansteckungen gehen auf vaginalen, analen oder oralen Geschlechtsverkehr ohne Kondome mit einem infizierten Partner zurück. Man findet das Virus im Samen und in der Scheidenflüssigkeit. Von dort kann es durch winzige Risse in der Schleimhaut in den Körper eindringen. Unmittelbar nach der Infektion kann der neu Erkrankte besonders leicht andere Menschen anstecken, weil die Anzahl der Viren in seinem Körper jetzt sehr groß ist. Wer bereits eine Geschlechtskrankheit hat, ist besonders gefährdet.

Erst relativ spät hat man bemerkt, dass die Viren auch durch Bluttransfusionen übertragen werden können. Die Infektionsgefahr ist hier sogar besonders hoch. Seit 1985 werden in vielen Ländern Blutspenden auf Aids getestet; in armen Entwicklungsländern unterbleibt diese Untersuchung oft jedoch aus Kostengründen. Drogensüchtige, die Nadeln oder Spritzen teilen, können sich sehr leicht mit HIV infizieren. Circa 15 Prozent der Erkrankten in den USA und Europa haben sich so angesteckt. Auch Menschen, die in medizinischen Berufen tätig sind, können sich mit Nadeln oder mit schlecht desinfiziertem Operationsbesteck infizieren – dies geschieht jedoch glücklicherweise nur sehr selten. Auch bei Organtransplantationen ist

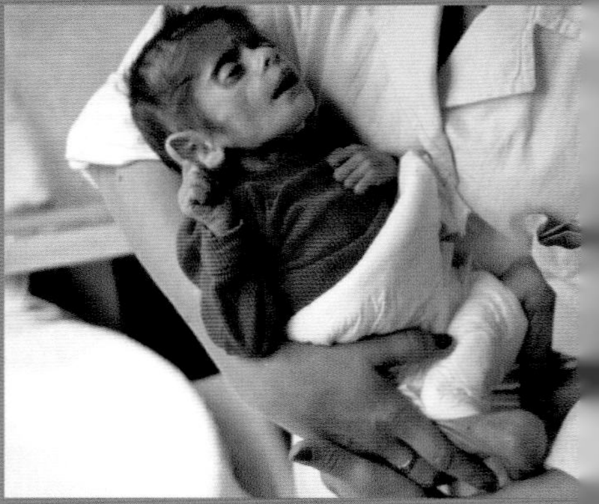

In Rumänien gab es in den 1980er- und 1990er-Jahren besonders viele an Aids erkrankte Kinder. Hier ein von der Krankheit schwer gezeichnetes Baby in einem Bukarester Krankenhaus.

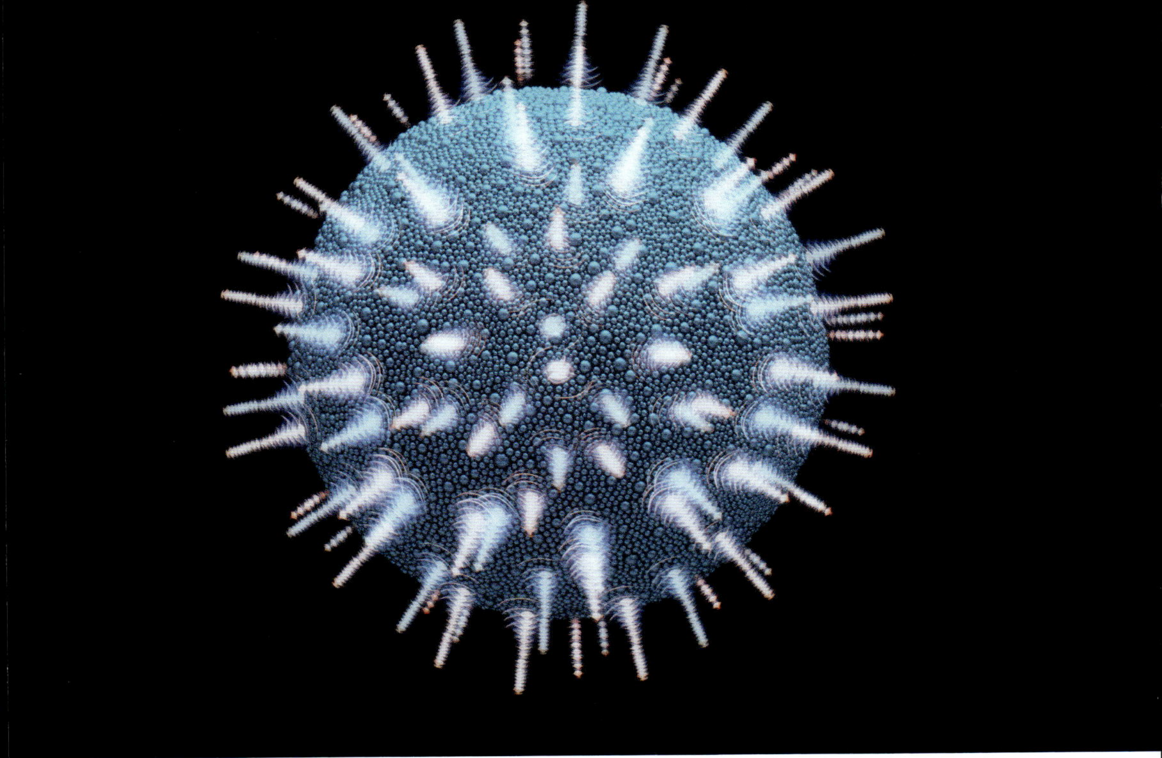

So sieht das HI-Virus in einer starken Vergrößerung aus. Es konnte erst 1983 in Paris identifiziert werden.

eine Ansteckung möglich. Eine mit dem HI-Virus infizierte Mutter kann ihr Kind anstecken. Wenn allerdings während der Schwangerschaft eine Behandlung erfolgt, sinkt das Infektionsrisiko um etwa zwei Drittel, bei Entbindung durch Kaiserschnitt ist es noch geringer.

HIV-positiv? Erst testen, dann behandeln

Zunächst wird durch Tests festgestellt, ob eine Infektion vorliegt. Spätestens zwölf Wochen nach der Ansteckung sind Tests sehr aussagekräftig. Im HIV-Antikörper-Test wird überprüft, ob der Körper Maßnahmen gegen den Eindringling ergriffen hat, d.h. in diesem Fall, ob sich Antikörper gegen HIV-Proteine (Eiweiße) entwickelt haben. Weitere Tests können nicht nur Antikörper gegen das Virus, sondern auch das Virus selbst nachweisen. „HIV-positiv" heißt, dass Antikörper vorhanden sind, im Rückschluss also auch, dass das Virus in den Körper eingedrungen ist und nun bekämpft werden muss. Die Krankheit verläuft sehr unterschiedlich, von fast symptomfrei bis hin zum voll ausgeprägten Aids-Syndrom mit Fieber, Durchfall, Lungenentzündung, Toxoplasmose, Herpes, dem Kaposi-Sarkom (Hautkrebs), Veränderungen des Blutbilds, Tuberkulose, Karzinomen (Krebs) usw. Die Zahl der Helferzellen pro Mikroliter Blut gibt Auskunft über die Schwere der Erkrankung (500–1200 = normal, weniger als 250 = problematisch). Ob und wie schnell sich diese Symptome manifestieren, hängt stark vom Allgemeinzustand, den Lebensumständen, dem Zeitpunkt und der Art der ärztlichen Behandlung ab. Mittlerweile gibt es in den Industrieländern Kranke, die schon seit 15 Jahren nahezu symptomfrei leben.

Eine Kombinationstherapie hilft

Während früher eine Aids-Diagnose einem Todesurteil gleichkam, haben verbesserte Therapien mit Kombinationspräparaten bewirkt, dass viele Patienten eine lange symptomfreie Phase durchleben. In den Entwicklungsländern sieht die Situation allerdings anders aus. Hier verhindern die hohen Preise der Medikamente ihren regelmäßigen Einsatz. Immer wieder gibt es aus diesem Grund Proteste gegen die Preispolitik der internationalen Pharmafirmen. Schwierig ist auch die Bekämpfung einer „Superinfektion", d. h., wenn ein Aids-Patient sich noch mit einem zweiten Aids-Virus aus einer anderen Virusgruppe infiziert. Dies kommt meist bei Prostituierten und anderen Menschen mit vielen Sexualpartnern vor.

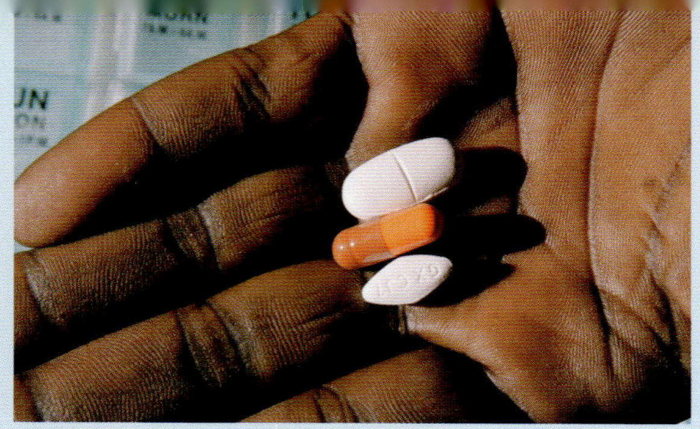

Ein südafrikanischer Aids-Patient mit seinen Medikamenten. Für viele Kranke in Afrika sind die Medikamente zu teuer; sie erhalten sie nur unregelmäßig oder bleiben unversorgt.

Eine komplizierte Geschichte

Wann sich Aids genau entwickelt hat, ist nicht bekannt. Vermutlich sprang das Virus in Afrika von Schimpansen auf den Menschen über. Die ersten Fälle treten in den späten 1970er-Jahren auf, und schon 1980 gibt es weltweit Erkrankungen. 1981 findet sich eine aggressive Form des Kaposi-Sarkoms (Hautkrebs) bei einigen jungen Homosexuellen in New York sowie eine eigentlich sehr seltene Form der Lungenentzündung dort und in Kalifornien. Diese relative Häufung seltener Symptome lässt Ärzte hellhörig werden, ebenso ihre anfängliche Beschränkung auf Homosexuelle. Bald sind jedoch auch Drogenabhängige und Bluter unter den Infizierten einer Krankheit, der man 1982 den Namen „Aids" (französisch und spanisch „Sida") gibt. 1983 wird das Virus von Ärzten des Pasteur-Instituts in Paris identifiziert. Überall greift Panik um sich, Polizisten tragen bei Verhaftungen von Aids-Verdächtigen Masken und Handschuhe, Sozialarbeiter lehnen persönliche Treffen mit ihren Klienten ab und greifen lieber zum Telefon. Die Aids-Opfer weltweit scheinen sich vor allem im Kontakt mit Amerikanern oder Afrikanern, oft aus Sambia oder Zaire, anzustecken – hier im Kreis Heterosexueller. 1983 führt die WHO 3064 Fälle in den USA auf, mit über 40 Prozent Todesopfern. 1984 findet der amerikanische Arzt Robert Gallo das Virus (HTLV-III genannt) und verspricht einen Test zum Nachweis des Virus, der bald darauf auf den Markt kommt.

Angst und Diskriminierung

Aids-Kranke und Vertreter der Schwulenbewegung wehren sich gegen Diskriminierung, doch aus Angst vor Ansteckung lassen z.B. manche Eltern ihre Kinder nicht mit jungen Aids-Opfern gemeinsam die Schule besuchen. Der erste berühmte Aids-Tote ist der Schauspieler und Frauenschwarm Rock Hudson, der am 3. Oktober 1985 stirbt. Die Angst vor Aids wächst weiter, trotz öffentlicher Unterstützung von Aids-Kampagnen z.B. durch Prinzessin Diana. Sie schockiert die Öffentlichkeit, indem sie 1987 Aids-Patienten

In Abidjan an der Elfenbeinküste wirbt man für Kondome. Ihr korrekter und konsequenter Gebrauch senkt das Risiko einer Aids-Infektion erheblich.

ohne Schutzhandschuhe die Hand schüttelt. In San Francisco kreiert man in der Schwulenszene einen riesigen Patchwork-Teppich (Quilt) mit den Namen von Opfern, und in ganz Amerika kämpfen Gruppen wie „ACT UP“ oder „Gran Fury“ für mehr Aufklärung und bessere Behandlung. Aids-Kranke dürfen nicht mehr in die USA einreisen, und Ärzte diskutieren, ob sie die Schweigepflicht brechen dürfen, wenn die Gefahr besteht, dass ein Infizierter einen Sexualpartner ansteckt. Noch 1998 wird in Südafrika eine Aids-Aktivistin von ihren Nachbarn erschlagen, als sie ihre Infektion bekannt gibt.

Rückschläge und Fortschritte

1990 stecken sich in Frankreich viele Menschen durch verseuchte Bluttransfusionen an, obwohl Tests schon längst erhältlich sind. Später werden einige der Verantwortlichen, unter anderem Michel Garretta, ehemaliger Direktor des nationalen französischen Transfusionszentrums, zu Gefängnisstrafen verurteilt. 1998 muss sogar der ehemalige Premierminister Laurent Fabius vor Gericht. In Rumänien gibt es fast 100 000 durch Bluttransfusionen infizierte Waisenkinder. Die Seuche breitet sich in Asien und Osteuropa immer stärker aus. Ab 1994 müssen alle nach Russland Einreisenden einen Aids-Test machen. 1995 ist Aids in den USA die wichtigste Todesursache für die Altersgruppe der 25- bis 44-Jährigen. Die Vereinten Nationen gründen im Kampf gegen Aids UNAIDS, eine Vereinigung von WHO, UNDP, UNICEF, UNFPA, UNESCO und der Weltbank. Die Suche nach einem Impfstoff, finanziell unterstützt vom ehemaligen US-Präsidenten Bill Clinton und der „Bill and Melinda Gates Foundation“, gestaltet sich schwieriger als erwartet. Kondome, auch mit chemischen Substanzen (Mikrobioziden) beschichtete „Kondome“ für Frauen und Diaphragmen, die Beschneidung von Männern, Aufklärung und Enthaltsamkeit können vor Aids schützen.

Das riesige Quilt aus San Francisco, das hier in Washington im Gedenken an die Aids-Opfer ausgestellt wird, beeindruckt viele Besucher.

Robert Mapplethorpe – von Aids besiegt

Der New Yorker Fotograf Robert Mapplethorpe, geb. 1946, porträtierte nicht nur seine Freundin Patti Smith (z. B. auf dem Cover ihres ersten Albums „Horses“), sondern auch Richard Gere, Peter Gabriel, Grace Jones und Andy Warhol. Berühmt wurde er vor allem für seine provokanten Schwarz-Weiß-Fotos aus dem Schwulenmilieu. Mit diesen Bildern löste er in Amerika eine heiße Debatte zum Thema Pornographie aus. Mapplethorpe hatte angeblich mit 75 Prozent seiner männlichen Modelle sexuelle Beziehungen, und er war bekannt für seinen exzessiven Drogenkonsum. Nachdem er 1986 an Aids erkrankte, kämpfte er mit aller Macht gegen die Krankheit an. Betroffen sah er, wie viele seiner Freunde jetzt an GRID („Gay Related Immune Deficieny“, mit Homosexuellen assoziierte Immunschwäche) starben; der Begriff Aids war damals noch nicht verbreitet. Auf seinem erschütternden Selbstporträt von 1988 ist er bereits vom Tod gezeichnet. Weil die medikamentöse Behandlung nicht anschlug wie erhofft, war er nun an den Rollstuhl gefesselt. Außerdem trauerte er um seinen bereits verstorbenen Partner, den Kunstsammler Sam Wagstaff. Zehn Monate vor seinem Tod, im Mai 1988, entschied er sich, mit dem Erlös aus dem Verkauf seiner Kunstwerke eine Stiftung zu gründen. Diese dient neben der Förderung der Fotografie dem Kampf gegen Aids. Der Schwerpunkt liegt auf der intensiven Pflege von Langzeitpatienten. Robert Mapplethorpe starb mit nur 42 Jahren am 9. März 1989 an Aids. Patricia Morrisroe zeichnet in der Biographie This Charming Man *sein Leben nach.*

Taub, blind und entstellt

Die Pocken

1950 starben in Indien etwa 1 Mio. Menschen an den Pocken, einer Krankheit, die inzwischen als ausgerottet gilt, die aber in der Geschichte der Menschheit tiefe Spuren hinterlassen hat. Noch 1967, als die Weltgesundheitsorganisation (WHO) ihre Ausrottungskampagne begann, waren ca. 15 Mio. Erkrankte registriert, und 60 Prozent der Weltbevölkerung liefen Gefahr, sich an Pocken, auch Blattern genannt, anzustecken.

Papeln und Pusteln

Man muss zwei Pockenarten unterscheiden: Weiße Pocken (verursacht durch „Orthopoxvirus alastrim") sind relativ harmlos. Echte Pocken (durch „Orthopoxvirus variola") führen zunächst zu Fieber, Gliederschmerzen und einer Entzündung der Atemwege, dann zu Bläschen auf der Haut (Papeln), die sich mit Flüssigkeit und schließlich mit Eiter füllen (Pusteln). Wenn diese austrocknen und verschorfen, tritt ein starker Juckreiz auf, der Kranke kratzt immer wieder die Pusteln auf und schafft so die entstellenden Pockennarben. Das dabei auftretende Fieber kann zu einem Delirium mit Wahnvorstellungen führen. Weitere Begleiterscheinungen reichen von Taubheit und Blindheit bis hin zu Lähmungen. Mindesten 15 Prozent aller Kranken sterben.

Die schwarzen Blattern

Die schwarzen Blattern („Variola haemorrhogica") sind eine besonders schwere Verlaufsform der Pocken, sie sind lebensgefährlich, und nahezu 100 Prozent der Erkrankten sterben. Man erkrankt sehr schnell, und es stellen sich schwere Blutungen nicht nur der Haut und Schleimhaut, sondern auch der inneren Organe ein. Diese führen manchmal schon innerhalb von 48 Stunden zum Tod.

Hochgradig ansteckend

Von der Ansteckung bis zum Ausbruch der Krankheit vergehen normalerweise acht bis 14 Tage. Die Pocken können schon vor der Pustelbildung übertragen werden, und zwar durch Tröpfcheninfektion, d.h. durch Niesen, Sprechen oder Husten – und dies aus einer Entfernung von bis zu 20 m. Auch durch eine Schmierinfektion,

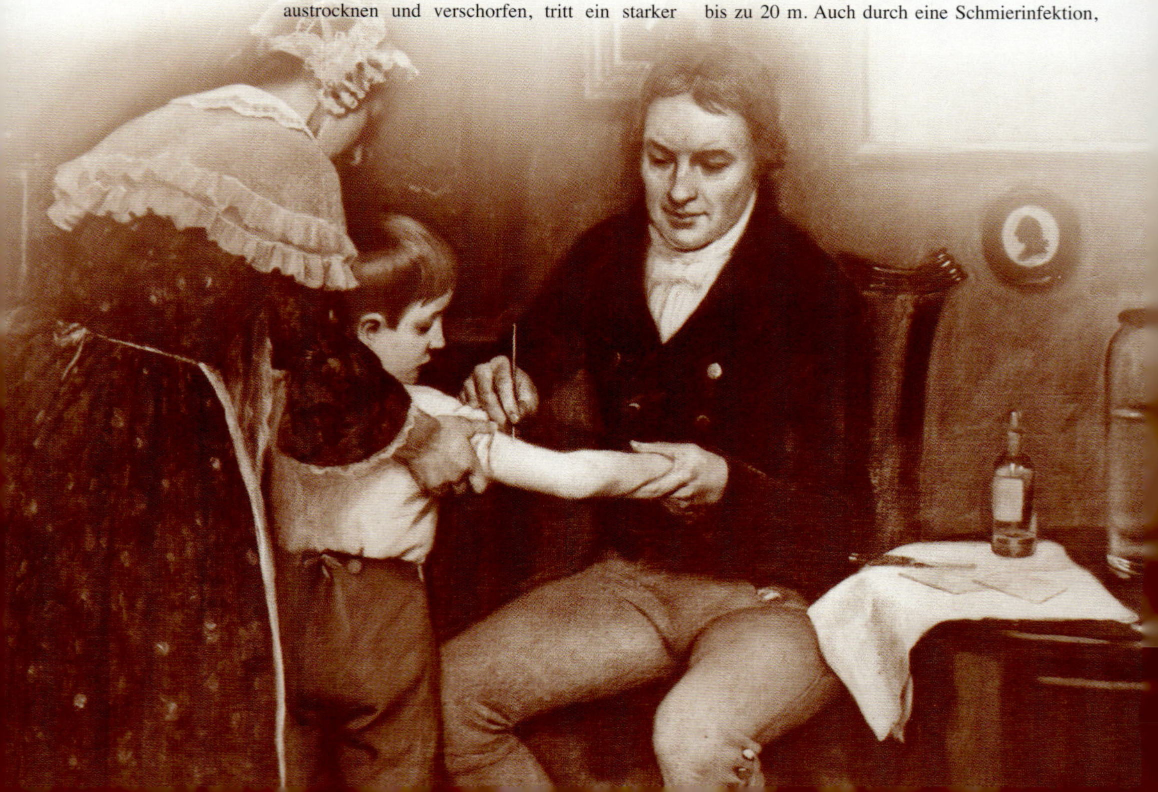

Dr. Edward Jenner (1749–1823) impft den achtjährigen James Phipps am 14.05.1796 mit Kuhpocken. Als er später mit Menschenpocken geimpft wird, ist er resistent.

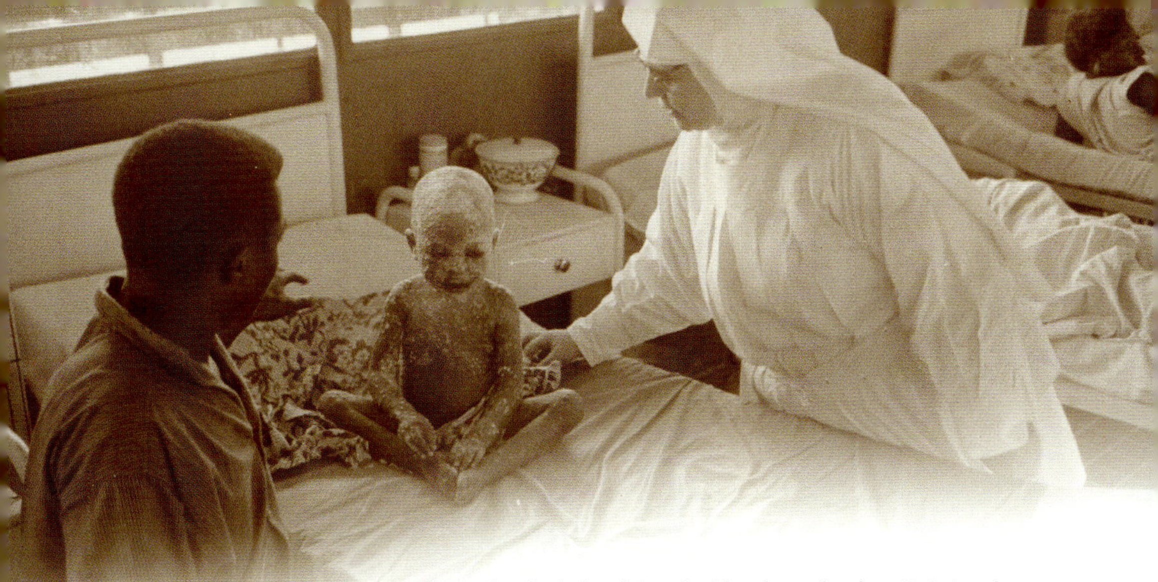

Die Pockenopfer – hier ein kleines Mädchen – leiden unter anderem unter extrem juckenden Pusteln.

also eine Übertragung durch Kleidung, Wäsche oder auch Türklinken und selbst durch das Einatmen von Staub kann man an Pocken erkranken. Und wenn der Eiter aus den Pusteln an Kleidern und Bettzeug haftet, bleibt er monatelang infektiös. Darauf herumkrabbelnde Fliegen nehmen ihn auf und verbreiten die Seuche weiter.

Das Wissen des alten China

Schon im Jahr 340 n. Chr. wurden in China die Symptome der Pocken exakt beschrieben – und spätestens im 10. Jahrhundert nahm man dort auch schon Schutzimpfungen vor. Man beobachtete damals bereits, dass Menschen, die schon einmal mit dem Sekret der Menschenpocken in Berührung gekommen waren, weniger stark erkranken. Also infizierte man vorbeugend Menschen mit geringen Mengen der Viren, z. B. aus dem Schorf der Pusteln (Variolation). Diese Erkenntnis wurde in der westlichen Welt erst viele Jahrhunderte später bestätigt.

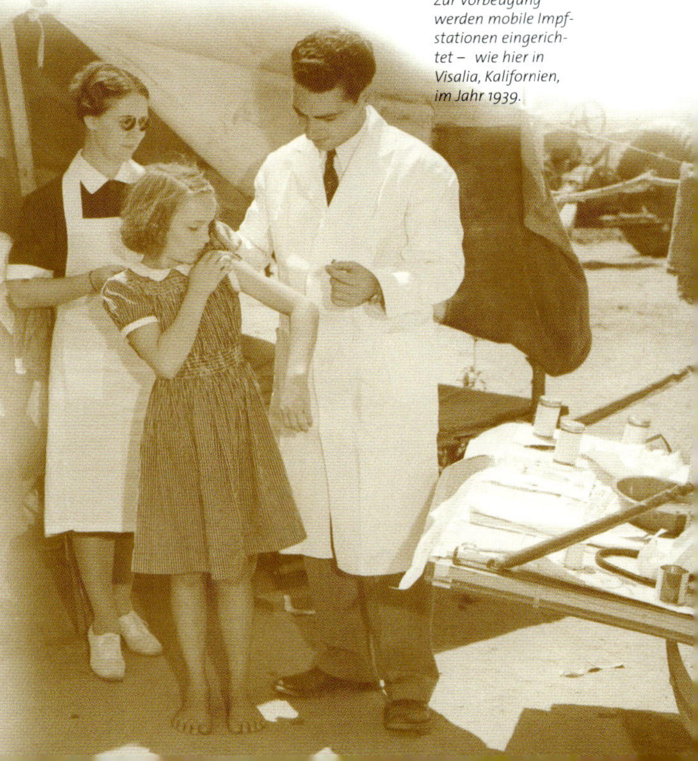

Zur Vorbeugung werden mobile Impfstationen eingerichtet – wie hier in Visalia, Kalifornien, im Jahr 1939.

Chronologie eines Erfolgs

Die Pocken stellen aktuell wegen der Schutzimpfung, die auf Beschluss der Weltgesundheitsorganisation (WHO) 1967 weltweit zur Pflicht wurde, keine Gefahr mehr dar. 1970 waren West- und Zentralafrika pockenfrei, 1971 folgte Südamerika und 1975 Südostasien. 1977 trat der letzte Pockenfall weltweit in Somalia auf. Am 8. Mai 1980 wurde die Welt von der WHO für „pockenfrei" erklärt. Seitdem verfügen nur noch das Center for Disease Control in Atlanta (USA) und die Vector-Laboratorien in Koltsovo bei Novosibirsk (Russland) über Pockenviren. Sie werden dort in flüssigem Stickstoff aufbewahrt.

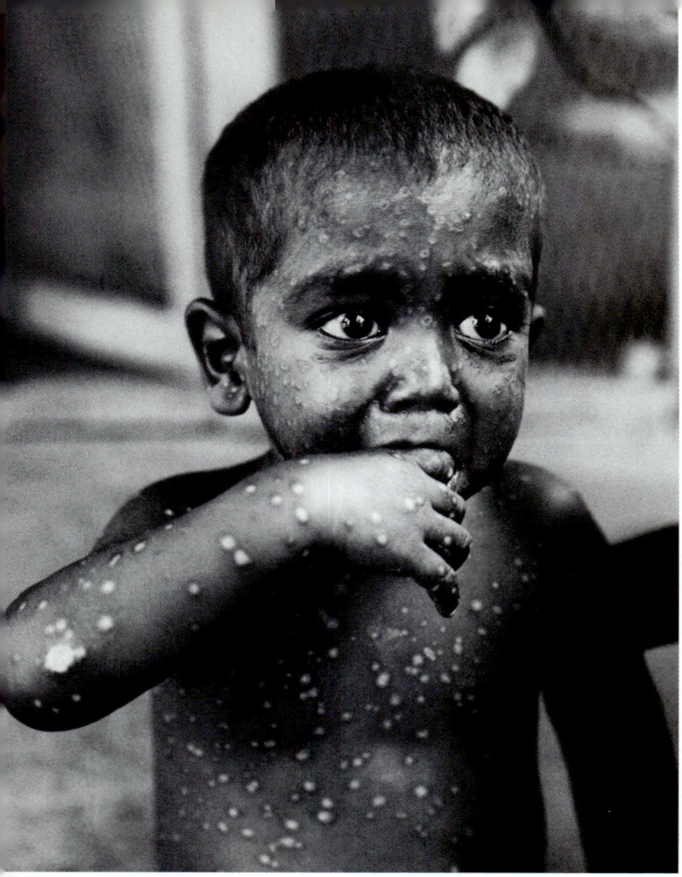

1962 startet Indien mit Unterstützung der WHO und UNICEF eine massive Impfkampagne gegen Pocken – zu spät für dieses entstellte Kind in einem Krankenhaus in Madras.

In Europa findet man die erste historisch belegte Pockenepidemie im 6. Jahrhundert n. Chr. Die Hunnen verschleppten damals die Seuche, und die Germanen und fränkischen Gallier litten darunter. Durch die Wanderungen der Kreuzfahrerheere vom Abend- ins Morgenland und zurück wurden die Variola-Viren immer weiter verbreitet, und es kam immer wieder zu großen Epidemien. Im Mittelalter waren in typischen „Pockenjahren" 10 Prozent aller Todesfälle auf die Pocken zurückzuführen, jeder fünfte an Pocken Erkrankte starb. 60 bis 80 Prozent der Überlebenden waren durch hässliche Pockennarben entstellt.

Pharao mit Pocken

Der Pharao Ramses V. (1145–1142 v. Chr.), dessen Mumie im Kairoer Museum liegt, hatte Pocken. Jedenfalls lassen die zahlreichen Narben, die sein Körper aufweist, darauf schließen. Vor allem aber China und Indien waren schon vor langer Zeit Zentren dieser Seuche. Mindestens seit 1500 v. Chr. gab es in Indien Pockengöttinnen. Narben, die die Krankheit zurücklässt, sollten ein Zeichen dafür sein, dass die Göttin den Menschen aufgesucht hatte.

Ein bakteriologischer Völkermord

In Europa sind die Pocken im 15. und 16. Jahrhundert verbreitet, doch wer sie überlebte, ist immun. Mit Eroberern wie Hernán Cortéz (1485–1547) gelangen die Pocken auf den amerikanischen Kontinent. Haiti, Kuba und Mexiko, dann ganz Süd- und Nordamerika sind betroffen. Der Sklavenhandel beschleunigt die Ausbreitung. Die Konquistadoren schleppen nicht nur die Pocken, sondern auch die Masern nach Mittel- und Südamerika ein – mit verheerenden Konsequenzen. Unter den Inkas und Azteken soll allein die Epidemie des Jahres 1576 2 Mio. Opfer gefordert haben. Bis 1700 stirbt die indianische Urbevölkerung in der Karibik und in den Küstengebieten fast vollständig aus, ihre Kultur wurde vernichtet. Der Untergang der Großreiche der Inkas und Azteken ist vor allem den Seuchen geschuldet, und die nordamerikanischen Indianer erleiden ein ähnliches Schicksal.

Die Pocken lassen Ureinwohner sterben

Nicht nur die brutale Arbeit in Goldminen und auf Plantagen dezimiert die Indianer, sondern vor allem Seuchen wie die Pocken. Die Viren haben hier freie Bahn, es gibt keinerlei Immunität. Die Zahlen sprechen Bände: Auf Espanola (heute Haiti) leben 1508 ca. 60 000 Indios, 1510 nur 46 000, 1512 noch 20 000. Bis 1514 fällt ihre Zahl auf 13 000 bis 14 000 – und 1547 sterben die restlichen an der Seuche. Auch auf späteren Eroberungsreisen passiert Ähnliches: 1652 lösen z. B. die Holländer am Kap der Guten Hoffnung unter den Ureinwohnern ein Massensterben aus. Durch den Welthandel gelangt die Krankheit in die entlegendsten Gebiete.

Rettung durch Impfung

Abhilfe gegen die Pocken bringt erst die Impfung. Eine neue, von dem englischen Landarzt Edward Jenner (1749–1832) eingeführte Methode fegt alle Bedenken beiseite, denn statt Menschenpocken verwendet er Kuhpockenviren. Die Melkerin Sarah Nelmes hat sich damit infiziert, und dem kleinen James Phipps werden diese am 14. Mai 1796 eingeimpft. Er hat etwas Fieber, aber als er

Lady Mary Wortley Montagu (1689–1762)

Lady Montagu, Schriftstellerin und Frau des englischen Botschafters in Konstantinopel, hört eines Tages, wie man in der Türkei die Pocken bekämpft: indem man den Pusteln eines Erkrankten etwas Eiter entnimmt und ihn durch Einritzen am Arm in den Körper eines anderen einbringt. Sie lässt 1717 ihren Sohn Edgar auf diese Weise impfen – der Junge übersteht die Impfung und erkrankt nie an Pocken. Sie berichtet davon in England. Hier möchte man sichergehen, und König Georg I. lässt 1721 zunächst sieben zum Tod verurteilte Verbrecher impfen – alle überleben und werden freigelassen –, bevor er seinen Enkel impfen lässt. Daraufhin ist das „Okulieren", das Impfen mit lebenden Pockenviren, eine Zeit lang in Mode.

wenig später mit Menschenpockenviren geimpft wird, erkrankt er nicht. Auf der Basis dieser Methode ist es gelungen, die Pocken auszurotten – falls sie nicht eines Tages in Form heimtückischer Biowaffen von Terroristen wieder eingesetzt werden sollten.

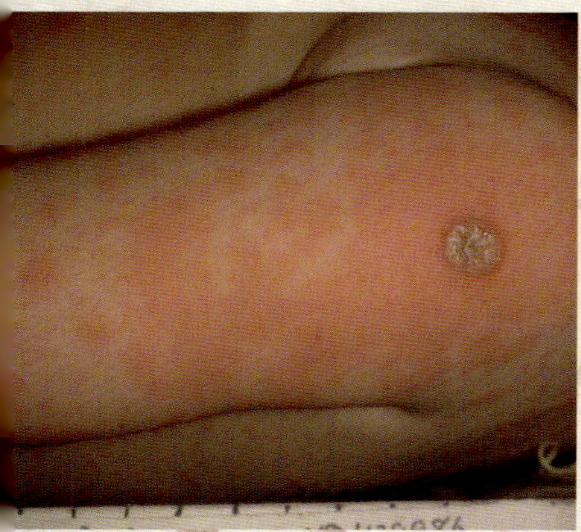

Manche Patienten reagieren allergisch auf die Impfung gegen Pocken, doch dieses Risiko muss eingegangen werden, um die Seuche zu besiegen.

Endlose Menschenschlangen warten vor einem New Yorker Krankenhaus auf die Pockenimpfung.

LADDER 113

KRIEG UND TERROR

Kriege gibt es, seitdem es Menschen gibt. Egal, wie lange sie dauern – kein Krieg ist ohne Opfer, und je moderner die Kriege werden, desto mehr Menschen sind betroffen, zunehmend auch Zivilisten. Mit der Erfindung der Atombombe ist der Mensch nun theoretisch auch dazu in der Lage, sich selbst umgehend auszulöschen. Doch der Krieg hat in den letzten Jahren zudem eine neue und bislang nicht greifbare Facette hinzugewonnen – den Terror.

In nur 18 Minuten gesunken

Der Untergang der „Lusitania"

Mit 31 500 Bruttoregistertonnen ist die „RMS Lusitania" im Jahr 1915 zusammen mit ihrem Schwesterschiff „Mauretania" der größte und beste Dampfer der britischen Reederei Cunard Line. Acht Jahre nach ihrer Jungfernfahrt wird sie am 7. Mai, ein Jahr nach Ausbruch des 1. Weltkriegs, von dem Torpedo eines deutschen Unterseeboots getroffen und sinkt in kurzer Zeit. Von 1959 Menschen an Bord sterben 1198. Bis heute gilt ihr Untergang als eine der größten Schiffskatastrophen der Geschichte.

Das schnellste Schiff der Welt

Die „Lusitania" war der erste Dampfer seiner Größe, der anstelle von Motoren Turbinen verwendete. Ihr Bau war im September 1904 begonnen worden, und schon 1906 lief sie vom Stapel, um am 7. September 1907 ihre Jungfernfahrt zu absolvieren. Zwischen England und Deutschland existierte in jenen Jahren ein extremes Wetteifern in allen technischen Belangen, was schnell und unbarmherzig zu erheblichem Wettrüsten führte und schließlich, 1914, im Ausbruch des 1. Weltkriegs gipfelte. Das schnellste Schiff der Welt war seit 1900 die „Deutschland". Mit einer Geschwindigkeit von 22,84 Knoten bei der Atlantiküberquerung hielt sie das so genannte Blaue

Die „Lusitania" lief 1907 zu ihrer Jungfernfahrt aus und war das schnellste Schiff ihrer Zeit.

Band, eine Ehrung für das schnellste Schiff auf dieser Route. Die „Lusitania“ lief ihr allerdings schon bald nach ihrem Stapellauf den Rang ab und gewann schon bei ihrer zweiten Überfahrt die begehrte Trophäe. Ihr Rekord lag bei 24 Knoten, sie war sogar das erste Schiff, dem eine Durchschnittsgeschwindigkeit von 25 Knoten, was ungefähr 47 km/h entspricht, gelang. Die „Lusitania“ war als Royal Mail Steamer registriert, d.h., sie transportierte auch Post, was für die britische Reederei Cunard Line zusätzliche Einnahmen bedeutete.

Passagiere unter Schock. Um das Drama auf der „Lusitania“ zu zeigen, posieren Überlebende in einem Rettungsboot der „Lusitania“ an der Küste Irlands für Fotografen.

Als der Krieg ausbrach, blieb die „Lusitania“ im Einsatz. Schlote, Name und britische Flagge wurden sicherheitshalber schwarz überstrichen, um das Risiko eines Angriffs zu verringern.

Die Hungerblockade

Schon bald nach Kriegsbeginn 1914 hatte England ein Handelsverbot gegen Deutschland erlassen, man wollte durch eine Seeblockade nicht nur das eigene Land gegen den Versuch einer Invasion schützen, sondern vor allem auch den Nachschub für Deutschland abschnüren. Zwischen den Shetland-Inseln und Südnorwegen sowie im Ärmelkanal wurden in der Nähe der englischen Basen mithilfe von Minen und Patrouillenschiffen Blockaden errichtet. In der Umsetzung sah das so aus, dass Schiffe, die Güter an deutsche Häfen liefern wollten, von britischen Patrouillen abgefangen, kontrolliert und mögliche Güter beschlagnahmt wurden. Weil dennoch viele Waren durch die Kontrollen kamen, erklärte England am 2. November 1914 die gesamte Nordsee zum Kriegsgebiet. Für die neutrale Schifffahrt wurden bestimmte Routen festgelegt, die Schiffe in englische Häfen zwangen, um sie zu kontrollieren. Das Deutsche Reich

Diese deutsche Propaganda-Illustration zeigt auf jeder Seite des Bugs zwei Geschütze, um zu demonstrieren, dass die „Lusitania“ durchaus kein neutraler Passagierdampfer war, sondern von der britischen Admiralität zum Transport von Waffen und Munition eingesetzt wurde.

litt in der Folge an Rohstoffmangel, vor allem an Lebensmittelknappheit, weshalb die Blockade den Namen „Hungerblockade“ erhielt. Im Februar 1915 erklärte Deutschland daraufhin den uneingeschränkten U-Boot-Krieg, weil England mit seinen Maßnahmen gegen das Völkerrecht verstoßen habe. Sehr schnell wurden die deutschen U-Boote zu einer Bedrohung für die gesamte Schifffahrt im Atlantik, so schnell, dass Woodrow Wilson (1856–1924), amerikanischer Präsident von 1913 bis 1921, Deutschland vor Konsequenzen warnte, sollten Bürger der USA zu Schaden kommen.

Die Warnung der Botschaft an die Passagiere

Am 22. April 1915 ließ die Kaiserlich-Deutsche Gesandtschaft direkt neben den Abfahrtszeiten der Transatlantikdampfer in etwa 50 großen US-Zeitungen folgende Warnung abdrucken: „Zur Beachtung! Passagiere, die beabsichtigen, sich auf eine Atlantikfahrt zu begeben, werden daran erinnert, dass zwischen Deutschland und Großbritannien und seinen Verbündeten Kriegszustand herrscht; dass die Kampfzone auch das Meer um die britischen Inseln einschließt, dass übereinstimmend mit der offiziellen Bekanntmachung der kaiserlich-deutschen Regierung Schiffe, die die Flagge Großbritanniens oder seiner Verbündeten führen, in dieser Gegend zerstört werden können und dass Passagiere, die in der Kampfzone mit einem Schiff Großbritanniens reisen, dies auf ihre eigene Gefahr tun.“

Die „Lusitania“ sinkt in nur 18 Minuten

Am 30. April 1915 ist die „Lusitania“ bereit zum Auslauf für ihre 201. Atlantiküberquerung. Ihr Kapitän, William Thomas Turner, nimmt Kurs auf die Südwestküste Irlands, wo er westlich des Fastnet Rock von dem Kreuzer „Juno“ erwartet wird, der Geleit bis zum Hafen von Liverpool geben soll. An Bord befinden sich 1257 Passagiere, darunter 218 Amerikaner. Vor allem aber reisen außergewöhnlich viele Kinder und Kleinkinder auf der „Lusitania“, die höchste Zahl seit Ausbruch des Kriegs.

Das Deutsche Reich warf England damals vor, die „Lusitania“ schon zu Beginn des Kriegs zum Handelskriegsschiff umgerüstet zu haben. Tatsächlich werden sowohl die „Mauretania“ als auch die „Lusitania“ in *Brassey's naval annual*, dem offiziellen britischen Seefahrtsregister, als „Armed Merchant Cruisers“ geführt, als bewaffnete Handelsschiffe. Deutschland beschuldigte die britische Admiralität, unter neutraler Flagge (der USA) Waffen und Munition zu transportieren, und außerdem sei die „Lusitania“ mit Abwehrwaffen ausgerüstet worden. Noch am 22. April 1915 veröffentlichte die deutsche Botschaft in den USA in 50 Zeitungen eine Warnung für Transatlantik-Reisende (s. Kasten).

Am 7. Mai nun sichtet die Mannschaft der „Lusitania“ kurz vor 14.00 Uhr nur 14 Seemeilen

John Roper (r.), ein Mitglied der Besatzung, ist der Held der „Lusitania". Er rettete Kapitän William Thomas Turner und 17 weitere Menschen vor dem sicheren Ertrinken.

vor der Küste Irlands einen Torpedo, der sich mit großer Geschwindigkeit nähert. Kapitän Turner versucht ein Ausweichmanöver, das allerdings misslingt. Der Bug der „Lusitania" wird getroffen. Kurz nach dieser ersten Explosion folgt eine zweite, die den Bug vollkommen zerreißt. Innerhalb von nur 18 Minuten sinkt die „Lusitania" auf den Meeresgrund. Nur 764 Menschen können gerettet werden, 1195 verlieren ihr Leben.

Was verursachte die zweite Explosion?

Den Befehl, die „Lusitania" am 7. Mai zu torpedieren, gab Kapitän-Leutnant Walter von Schwieger, Kommandant des deutschen U-Boots „U-20". Diese Versenkung sollte schwere Folgen haben, denn die Stimmung in den USA wandte sich nun gegen Deutschland, und immer mehr Stimmen wurden laut, in den Krieg auf Seiten der Alliierten einzutreten. Bis heute hält der Streit über die Frage an, was die zweite Explosion an Bord der „Lusitania" verursacht hatte. Auf offizieller englischer Seite spricht man von einer Kohlenstaubexplosion, auf deutscher und auch auf kritischer englischer Seite spricht man von einer Munitions- und Waffenexplosion. Nur eine solche hätte eine Detonation von derartiger Stärke auslösen können. Die Bewertungen der Versenkung reichen vom Massenmord auf See bis zur legalen Kriegshandlung von Seiten der Deutschen. Man spricht aber auch davon, der damalige britische Marineminister und spätere Premierminister Winston Churchill (1874–1965) habe die „Lusitania" absichtlich in die Schusslinie der Deutschen gebracht, um Amerika so in den Krieg zu ziehen.

In der Folge entbrannte eine Propagandaschlacht, und als der amerikanische Präsident Wilson in einer scharfen diplomatischen Note verlangte, die Versenkung der „Lusitania" solle als Verbrechen verurteilt werden, trat der amerikanische Außenminister William Jennings Bryan (1860–1925) unter Protest zurück. Er bewertete die Note als Ultimatum und wollte unter allen Umständen verhindern, dass die USA in einen Krieg mit Deutschland verwickelt würden. Seiner Meinung nach hatte jedes Land das Recht zu verhindern, dass Kriegsmaterial an den Feind geliefert wird. Er klagte die Tatsache an, dass Passagiere praktisch als lebende Schutzschilde an Bord genommen worden waren, um einen Angriff zu verhindern.

Die „Lusitania" läuft zum letzten Mal aus dem Hafen von New York aus. Nach einem Angriff durch das deutsche U-Boot „U-20" vor der Küste Irlands sinkt der Ozeanriese in nur 18 Minuten.

Operation „Züchtigung“

Rollbomben zerstören den Möhne-Damm

In der Nacht auf den 17. Mai 1943 fliegen britische Bomber einer Spezialeinheit einen Angriff auf mehrere deutsche Talsperren, die zur Energie- und Wasserversorgung des Ruhrgebiets beitragen. Dabei wird auch die Möhne-Talsperre getroffen und zerstört. Die etwa 12 m hohe Flutwelle des ausströmenden Wassers zerstört in kürzester Zeit Felder, Häuser, Kirchen und Industrieanlagen in den Tälern unterhalb der Staumauer. Etwa 1400 Menschen kommen in dieser Schreckensnacht zu Tode, wobei die Mehrzahl der Todesopfer in einem Kriegsgefangenenlager nahe dem Kloster Himmelpforten zu beklagen ist.

Die Rollbombe

Die Zerstörung der Staumauer erfolgt nach einem sorgfältig entwickelten und in England bei Versuchen getesteten Plan. Die zylinderförmigen Rollbomben müssen in einer Höhe von exakt 18,30 m über der Wasseroberfläche abgeworfen werden. Beim Abwurf erhalten sie einen Drall, mit dem sie in eine schnelle Rückwärtsdrehung versetzt werden. Beim Auftreffen auf der Wasseroberfläche hüpfen sie dann wie vom Ufer aus geworfene Kieselsteine über das Wasser auf die Staumauer zu. Durch dieses Hüpfen wird einerseits verhindert, dass sie zu weit vor der Mauer im Wasser versinken, zum anderen können die vor der Mauer gespannten Torpedonetze übersprungen werden. An der Mauer angekommen, sinken die Rollbomben dann in die Tiefe. In etwa 9 m Wassertiefe werden sie von einem hydrostatischen Druckzünder zur Explosion gebracht. Die meisten der abgeworfenen Bomben versinken zu früh oder springen über die Mauer. Eine Bombe jedoch trifft genau nach dem vorgesehenen Plan.

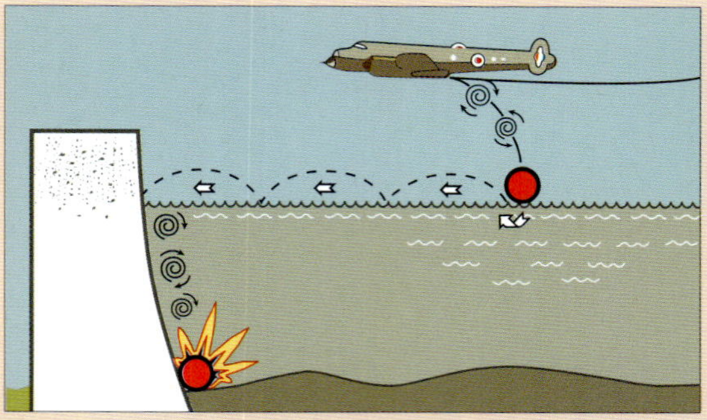

Operation Chastise

Anfang 1943 wird von der britischen Luftwaffe ein Plan entwickelt, nach dem durch die Zerstörung einiger großer Talsperren die Wirtschaftskraft des Ruhrgebiets entscheidend geschwächt werden soll. Als Angriffsziele werden die Möhne-, die Sorpe- und die Eder-Talsperre ausgewählt. Damit soll zum einen die Energieversorgung der kriegswichtigen Industrie im Ruhrgebiet, zum anderen aber auch die Trinkwasserversorgung der Bevölkerung beeinträchtigt werden. Der Plan erhält den Namen Operation Chastise („Operation Züchtigung“). Der Ingenieur Barnes Wallis entwickelt einen speziellen Sprengkörper für diesen Plan. Eine walzenförmige Bombe soll bei sehr niedriger Flughöhe über dem Stausee abgeworfen werden und dann wie ein Kieselstein über die Wasseroberfläche hüpfen. Durch Einsatz diese Technik ist geplant, einerseits die im Wasser verankerten Torpedo-Abfangnetze zu überspringen, zum anderen soll die Bombe so nahe wie möglich an der Staumauer explodieren. Zur Durchführung wird ein spezielles Geschwader der britischen Luftwaffe zusammengestellt, in dem erfahrene Piloten monatelang für den schwierigen Einsatz trainieren. Der Angriff soll im Mai, bei maximalem Wasserstand in den Stauseen, durchgeführt werden.

Die Möhne-Talsperre am Morgen nach der Katastrophe. Die abgelaufenen Wassermassen haben ihr Zerstörungswerk in den Tälern unterhalb der Staumauer schon vollbracht.

Die Lancaster-Bomber starten

Am Abend des 16. Mai 1943 starten 19 Lancaster-Bomber der Royal Air Force, die je eine Rollbombe tragen. Sie sind in drei Angriffsgruppen mit unterschiedlichen Zielen aufgeteilt. Zur Möhne-Talsperre ist die erste Gruppe mit neun Flugzeugen unterwegs. Acht von ihnen erreichen mitten in der Nacht die Talsperre und beginnen mit dem Angriff. Einzeln und mit großem Abstand fliegen sie die Staumauer an, um ihre Bombenfracht in exakter Höhe, Entfernung und Geschwindigkeit abwerfen zu können. Drei Bomben treffen das Ziel nach dem ausgeklügelten Plan und verursachen ein zunächst kleines Loch in der Staumauer, das aber durch den Druck des ausströmenden Wassers rasant größer wird, bis die Staumauer schließlich bricht.

Augenzeugenbericht

„Die Wasserflut stieg bis zu einer Höhe von etwa 10 bis 12 m. Direkt im unmittelbaren Katastrophengebiet lag das Klostergut Himmelpforten mit der alten barocken Pfarrkirche der Gemeinde Niederense-Himmelpforten. Noch überragten Dach und Turm der Kirche die Fluten mit ihrer Nebelschicht. Aber neu heranstürzende Wasser vollendeten das Werk der Vernichtung. In wenigen Augenblicken verschwand das letzte Bild von Himmelpforten vor unseren Blicken. Wie ein Schreckensschrei erklang der letzte Anschlag der Glocke, die nun doch noch ein Opfer des Krieges wurde. Der Zusammenbruch der Klosterkirche hatte den letzten Anschlag der Glocke ausgelöst. Eine 700-jährige Heimatgeschichte fand damit ihren tragischen Abschluss. Unsere heimatverwachsene Kirche, unsere 'Porta coeli', war nicht mehr. Unter den zahlreichen Toten befand sich auch unser Pfarrer Josef Berkenkopf."

Von einem unbekannten Augenzeugen, am Tag nach der Katastrophe niedergeschrieben.

Die Flutwelle kommt

Im Dorf Niederense unterhalb der Staumauer bemerkt man etwa ab Mitternacht die Luftabwehrgeschütze an der Staumauer. Aus den Luftschutzräumen heraus hört man, wie die Flugzeuge über dem Dorf kreisen, um immer wieder die Staumauer anzufliegen. Gegen 0.15 Uhr erzittert dann die Luft vom Dröhnen, Rauschen und Krachen der herannahenden Flutwelle. 140 000 000 m^2 Wasser stürzen in einer fast 12 m hohen Flutwelle auf das Dorf zu. Durch Rufen und Schreien verständigt man sich in der aufkommenden Panik. Alles liegt im Dunkeln,

Sir Barnes Wallis (1887–1979) war der Entwickler der Rollbombe zur Zerstörung von Staudämmen.

Die Mauer der Edertalsperre wird beim Angriff von 1943 ebenfalls zerstört. Die Talsperre dient nicht nur der Energiegewinnung, sondern versorgt auch den wichtigsten Wasserweg vom Ruhrgebiet nach Berlin mit Wasser.

denn die Stromzufuhr ist durch die Vernichtung des Elektrizitätswerks am Fuß der Staumauer unterbrochen. Die Bewohner versuchen, sich in höher gelegene Gebiete zu retten. Im unmittelbaren Gefahrengebiet liegen das Klostergut Himmelpforten und, dem Kloster angeschlossen, ein Lager für osteuropäische Zwangsarbeiterinnen. Augenzeugen berichten, dass das Dach und der Turm der Klosterkirche noch kurze Zeit aus den Wassermassen herausragen, dann aber auch von den Fluten weggerissen werden, wobei die Kirchenglocke einen letzten Ton von sich gibt. Allein im Lager der Zwangsarbeiterinnen und Kriegsgefangenen kommen mehr als 1200 Menschen zu Tode. Die Auswirkungen der Flutwelle reichen bis an das 100 km entfernte westliche Ende des Ruhrgebiets.

Am nächsten Morgen haben die Wassermassen eine völlig neue Landschaft hinterlas-

sen. Schlamm und Trümmer bedecken das Tal, die Bäume an den Waldrändern der Talhänge sind wie Schilf zerquetscht, und in den obersten Baumkronen hängen ertrunkene Rinder, Hühner und Schweine.

Zweifelhafter Erfolg

Obwohl in der Nacht der Operation Chastise auch noch die Eder-Staumauer zerstört wird, bleibt die Wirkung dieses Angriffs auf den Kriegsverlauf weit hinter den britischen Erwartungen zurück. Die Wiederaufbauarbeiten beginnen unmittelbar nach der Zerstörung und können schon im Oktober 1943 abgeschlossen werden. Lediglich der propagandistische Erfolg der Operation durch die Veröffentlichung der Bilder von den zerstörten Talsperren in der britischen Presse ist sehr nachhaltig. Für diesen Erfolg haben etwa 1400 Menschen im Tal der Möhne ihr Leben gelassen. Von den 133 Besatzungsmitgliedern in den Lancaster-Bombern überlebten 53 Soldaten den Einsatz nicht.

Nicht auszudenken, was heute passieren würde, wenn ein solch gewaltiger Staudamm wie der chinesische „Drei-Schluchten-Damm" (engl.: „Three-Gorges-Dam") bombardiert würde. Der am 20.05.2006 in Betrieb genommene Staudamm ist eine der größten Talsperren der Welt.

24 Jahre nach der Operation Chastise fliegt ein Lancaster-Bomber nochmals die Flugroute zu den deutschen Talsperren. Der Bomber ist nach dem Kommandanten des Angriffs benannt: Guy Gibson.

TORPEDOS TREFFEN DIE „WILHELM GUSTLOFF“

DER UNTERGANG DES DEUTSCHEN FLÜCHTLINGSSCHIFFS 1945

Im letzten Jahr des 2. Weltkriegs bricht im Januar 1945 der Widerstand der deutschen Wehrmacht an der Ostfront zusammen. Die Rote Armee drängt die Reste der geschlagenen deutschen Truppen und die flüchtende Zivilbevölkerung an die Küstenstreifen der Ostsee ab. Verzweifelt suchen die erschöpften Menschen letzte Fluchtwege über die eiskalte Ostsee. Der ehemalige Freizeitdampfer „Wilhelm Gustloff“ scheint für Tausende von Flüchtlingen die rettende Brücke in die Sicherheit zu sein, doch nur wenige Stunden nach dem Auslaufen wird das Schiff zur Todesfalle.

Vom Kreuzfahrer zum Wohnschiff

Anfang 1938 ging der größte Passagierdampfer seiner Zeit auf Jungfernfahrt. Die „Wilhelm Gustloff“ war von der Freizeitorganisation der Nationalsozialisten, „Kraft durch Freude“, als Kreuzfahrtschiff konzipiert und in Auftrag gegeben worden. Es war für seine Zeit luxuriös ausgestattet: Fließend warmes Wasser in allen Kabinen, Kino, sogar ein Hallenschwimmbad gab es. Seine eigentliche Bestimmung erfüllte das Schiff aber nur auf wenigen Kreuzfahrten nach Norwegen oder Portugal. Schon im September 1939 wurde es – kurz nach dem Ausbruch des 2. Weltkriegs – der Marine zum Verwundetentransport übergeben. Seit November 1940 lag die „Gustloff“ in der Nähe der ostpreußischen Stadt Danzig vor Anker. Hier diente sie als Wohnschiff für die Soldaten der 2. U-Boot-Lehrdivision.

Der Stapellauf der „Wilhelm Gustloff“ findet am 05.05.1937 in Anwesenheit von Adolf Hitler statt.

Eines der Rettungsboote verlässt die torpedierte „Wilhelm Gustloff".

Ein Jahr vor Beginn des 2. Weltkriegs liegt die „Wilhelm Gustloff" noch in der englischen Hafenstadt Tilbury vor Anker.

Verzweifelte Lage im Osten

Ende Januar 1945 brach die deutsche Ostfront zusammen. Die sowjetische Armee riegelte anschließend in mehreren großen, nach Norden gerichteten Zangenbewegungen die deutschen Ostgebiete vom westlichen Teil Deutschlands ab. Das Chaos unter der flüchtenden Zivilbevölkerung und den Resten der deutschen Armee muss fürchterlich gewesen sein. Bei Temperaturen unter –20 °C floh alles panisch nach Norden, da sämtliche anderen Wege durch die russischen Verbände versperrt waren. Berichte über das grauenhafte Wüten russischer Soldaten verstärkten die Panik der Flüchtenden. Die einzige Rettung war eine Flucht über die Ostsee, an deren eisiger Küste die deutsche Wehrmacht noch einige Brückenköpfe halten konnte. Eines dieser Fluchtziele war die Danziger Bucht, wo die „Wilhelm Gustloff" im Ort Gotenhafen vor Anker lag. Der Großadmiral der deutschen Marine hatte bereits am 21. Januar den Befehl gegeben, das Schiff zum Auslaufen nach Westen vorzubereiten.

Die „Wilhelm Gustloff" legt ab

Am 30. Januar 1945 um 12.20 Uhr erhält die „Wilhelm Gustloff" schließlich den Befehl zum Auslaufen. Die Zahl der an Bord befindlichen Menschen konnte in der Panik der Einschiffung irgendwann nicht mehr registriert werden. Sicher ist aber, dass das Schiff, das für 1465 Touristen geplant war, zu diesem Zeitpunkt mindestens

Weitere Flüchtlingsschiffe versenkt

Auch nach dem schrecklichen Untergang der „Wilhelm Gustloff" blieb der Fluchtweg über die Ostsee die einzige Hoffnung für die vor der russischen Armee flüchtenden Menschen. Immer wieder werden nur schwach gesicherte Konvois auf die Reise geschickt. Dabei bleibt es nicht aus, dass weitere Katastrophen folgen müssen. Im Februar 1945 wird das Kreuzfahrtschiff „Steuben" ebenfalls vom U-Boot „S-13" versenkt. Fast 4000 Menschen sterben.

Im April 1945 trifft das gleiche Schicksal die Menschen auf dem Frachter „Goya". Die „Goya" versinkt innerhalb von drei Minuten in der eiskalten Ostsee und reißt mindestens 7000 Menschen mit in den Tod. Allein der Untergang dieser drei Flüchtlingsschiffe kostete mehr als 20 000 Menschen das Leben.

Im April 1938 wird die „Wilhelm Gustloff" als schwimmendes Wahllokal eingesetzt, um über den Anschluss Österreichs an das Deutsche Reich abzustimmen.

8000, vermutlich sogar mehr als 10 000 Personen an Bord hatte. Die große Mehrzahl der mitreisenden Menschen sind Frauen, Kinder und Verwundete. Jede Nische unter Bord wird zur Unterbringung von verängstigten Menschen genutzt, denn der Aufenthalt auf Deck ist bei –20 °C nicht zu ertragen. Selbst das ehemalige Hallenbad wird jetzt zur Aufnahme von Passagieren genutzt. 99 junge Marinehelferinnen haben dort ihr provisorisches Lager aufgeschlagen – nur sechs von ihnen werden die Nacht überleben. Das Wetter ist stürmisch und eisig, Erschöpfung und Seekrankheit haben ihr Übriges getan, dass es an Bord ruhiger geworden ist. Die Luft in den völlig überfüllten Gängen ist kaum zu ertragen.

Der U-Boot-Kommandant

Alexander Iwanowitsch Marinesko, der Kommandant des U-Boots „S-13", stand Anfang 1945 unter starkem Erfolgsdruck. Er war vor dem Auslaufen seines U-Boots wegen Disziplinlosigkeit aufgefallen und befürchtete einen Prozess vor dem Kriegsgericht. In der Hoffnung, den Prozess abwenden zu können, wollte er sich durch die Versenkung feindlicher Schiffe auszeichnen. Nachdem er die „Gustloff" und die „Steuben" torpediert hatte, kehrte er in seinen Heimathafen zurück und erwartete, als Held gefeiert zu werden. Das Oberkommando der russischen Flotte verschwieg jedoch die beiden Versenkungen, um dem Vorwurf der Gräueltaten an der Zivilbevölkerung zu entgehen. Im September 1945 wurde Marinesko unehrenhaft aus der sowjetischen Marine entlassen. 27 Jahre nach seinem Tod wurde er 1990 nachträglich rehabilitiert und zum „Helden der Sowjetunion" ernannt.

Der Tod liegt auf der Lauer

Zur Sicherung der tief im Wasser liegenden „Wilhelm Gustloff" laufen zwei Begleitschiffe aus, das Torpedoboot „Löwe" und das Torpedofangboot „T1". Die „T1" muss aber nach kurzer Zeit die Begleitung wegen zu starken Seegangs aufgeben, die beiden anderen Schiffe fahren daher alleine weiter. Der Schutz durch die „Löwe" ist allerdings völlig unzureichend, da deren U-Boot-Ortungsanlage eingefroren und damit wirkungslos ist. Es bestand also zu keiner Zeit eine reelle Chance, das russische U-Boot „S-13" rechtzeitig zu entdecken. Der Kapitän der „S-13" – Alexander Iwanowitsch Marinesko – durchfuhr bereits seit zwei Wochen die Ostsee auf der Suche nach Beute, um durch einen spektakulären Erfolg einen drohenden Militärprozess wegen mangelnder Disziplin zu verhindern. Am eben jenem 30. Januar erhält er schließlich gegen 20.00 Uhr die Nachricht, dass ein großer Truppentransporter gesichtet worden ist. Er nimmt im Schutz der schlechten Wetterverhältnisse die Verfolgung auf und bringt sein U-Boot sorgfältig in eine günstige Position. Eine gute Stunde später gibt er den Befehl zum Abschuss von vier Torpedos. Drei davon verlassen die „S-13", der vierte bleibt stecken und muss eilig entschärft werden.

Der Untergang

Der erste Torpedo trifft das Vorschiff der „Wilhelm Gustloff". Es wird sofort mit allen Überlebenden abgeschottet, da das Schiff über den Bug zu sinken droht. Der zweite Treffer schlägt im Hallenbad ein und tötet augenblicklich fast alle der dort untergebrachten Marinehelferinnen. Der dritte Torpedo trifft den Maschinenraum und zerstört damit den Versorgungsnerv des Schiffs. Von nun an bleiben den Überlebenden noch 50 Minuten Zeit bis zum Untergang. Die Panik an Bord ist unbeschreiblich, an die 10 000 Menschen versuchen, sich auf engstem Raum zu retten, alle drängen nach oben an Deck, wer stürzt, wird zu Tode getrampelt. An Deck ist alles vereist, die Flüchtenden rutschen auf dem schon krängenden Schiff über das Deck ins eiskalte Meer. Die Rettungsboote sind für knapp 2000 Personen ausgelegt, nicht aber für diese Unmenge Flüchtender. Obendrein sind die Aufhängevorrichtungen vereist, was das Ausbringen der Boote erschwert. Soldaten versuchen, durch Warnschüsse die panische Menge in Schach zu halten. Einige Rettungsboote erreichen nur halb voll das Wasser, andere drohen vor Überfüllung zu sinken. Wer vor Verzweiflung ins eiskalte Wasser der Ostsee springt, hat keine Überlebenschance.

Die Überlebenden

Das U-Boot „S-13" bleibt nach den Torpedoabschüssen abgetaucht in der Nähe, da es einen Angriff des Begleitschiffs „Löwe" befürchtet und versteckt bleiben will. Die „Löwe" eilt aber den Ertrinkenden zu Hilfe und sendet unablässig SOS. Weitere sieben Schiffe kommen kurz darauf zur Katastrophenstelle, doch die Zeit ist zu knapp und die Ostsee zu kalt, um lange überleben zu können. Das Torpedoboot „T-36" nimmt an die 400 Schiffbrüchige auf und entkommt während der Rettungsarbeiten nur knapp einem erneuten Torpedoangriff der „S-13". Der Kommandant der „T-36" lässt sofort Wasserbomben werfen und beschädigt die „S-13" schwer, kann aber ein Entkommen des U-Boots nicht verhindern. Gegen 22.00 Uhr ist die „Wilhelm Gustloff" von der Meeresoberfläche verschwunden. Mit ihr sind etwa 9000 Menschen in den Fluten versunken, zum großen Teil Kinder. Die genaue Zahl der Opfer wird immer im Dunkeln bleiben, lediglich die Zahl der Geretteten ist bekannt: 1239 Menschen überlebten die bisher größte Schiffskatastrophe der Geschichte.

Begeistert verabschieden sich die Passagiere der „Wilhelm Gustloff" beim Auslaufen aus dem Hafen.

Massenvernichtung

Die Atombomben von Hiroshima und Nagasaki

In Europa ist der 2. Weltkrieg im August 1945 seit einigen Monaten vorüber, im Fernen Osten tobt er allerdings ohne Unterlass weiter. Tokio und andere Großstädte werden immer wieder von amerikanischen Flugzeugstaffeln angegriffen. Die Stadt Hiroshima im Delta des Ote ist bisher von Angriffen verschont geblieben. Am Morgen des 6. und 8. August 1945 soll sich dies auf dramatische Weise ändern.

Die „Enola Gay" lässt ihre tödliche Last fallen

Bei gleißendem Sonnenschein fliegt um 8.00 Uhr morgens ein B-29-Bomber, eine Superfortress, wie sie die Amerikaner nennen, sehr hoch über Hiroshima. Die japanische Luftaufklärung hält das Flugzeug für einen Aufklärer. Was soll ein einzelnes Flugzeug schon ausrichten können, ist man in jenen Tagen doch an ganze Angriffsstaffeln gewöhnt?! Während die Menschen ihren alltäglichen Verrichtungen nachgehen, macht hoch über ihnen die Mannschaft der „Enola Gay", wie das Flugzeug heißt, unter dem Kommando von Flugkapitän Colonel Paul W. Tibbets eine Atombombe abwurfbereit – die erste Massenvernichtungswaffe in der Geschichte der Menschheit. Euphemistisch hat man diese Bombe auf den Namen „Little Boy" getauft. „Little Boy" ist 3,3 m lang und über 4000 kg schwer.

Über der Stadt Hiroshima fällt sie bis auf eine Höhe von 600 m, dann wird in ihrem Innern durch Uran-Kernspaltung eine Kettenreaktion in Gang gesetzt, die der Energiemenge von 20 000 t TNT entspricht. Die Stadt Hiroshima mit ihren 390 000 Einwohnern wird von einer Sekunde auf die andere zerstört, weite Teile vollkommen dem Erdboden gleichgemacht. Nach Schätzungen sterben bei der Explosion umgehend mindestens 75 000 Menschen, den Folgen und Spätfolgen erliegen bis zu 250 000 Personen. Nie zuvor in der Geschichte der Menschheit hat ein einziges Vernichtungsinstrument so viele Leben ausgelöscht und eine derartige Zerstörung verursacht wie die Bombe vom 6. August 1945.

Das Metall schmilzt

Zeugen der Katastrophe kann es nur ab einigen Kilometern Entfernung geben, denn in einem Umkreis von 3 km wird alles augenblicklich zerstört, in einem Radius von 5 km steht nur noch ein Drittel der Häuser und geht kurz darauf in Flammen auf. Die Druckwelle spüren auch die weiter entfernt lebenden Zeugen, dann sehen sie den gewaltigen Explosionspilz, der wie eine Säule hunderte Meter hoch in den Himmel steigt. Im Zentrum der Explosion gibt es nichts mehr, die enormen Temperaturen haben alles Metall geschmolzen und den Rest verbrannt oder hinweggefegt. Alles Leben in diesem Zentrum wird buch-

Nach dem Abwurf der Atombombe entsteht ein so genannter Atompilz über der Stadt Hiroshima.

stäblich pulverisiert. Der Wind facht Feuer in der Umgebung an. Wer sich durch Zufall oder Glück unter Schutt befindet oder auf andere Weise vor der Druckwelle geschützt ist, entgeht dem unmittelbaren Tod.

Aber durch die Bombe ist Gammastrahlung (s. Kasten) freigesetzt worden, die alles durchdringt und vernichtet. Jedes Wesen, das sich näher als 2,2 km vom Explosionsort entfernt aufhält, ist dem Tod geweiht – wenn nicht unmittelbar, dann kurze Zeit später. Alles ist radioaktiv verseucht, und auch die Rettungsmannschaften, die kurze Zeit darauf in der Stadt eintreffen und zu retten versuchen, was noch zu retten ist, sind durch den Kontakt mit der verseuchten Materie verloren. Niemand hätte Vorkehrungen treffen oder sich schützen können, denn keiner – auch nicht die Amerikaner – wusste, welche schrecklichen Folgen all das haben würde.

Unsägliches Leid der Zivilbevölkerung

Für manche der Betroffenen hat der Albtraum rasch ein Ende, andere leiden wochen- oder gar monatelang unter Erbrechen, Durchfall, Blutungen der Haut, der Lunge, der Blase, des Magens, Fieberschüben, Haarausfall, Auflösung der Magenschleimhäute – die Opfer haben kaum mehr weiße Blutkörperchen und sterben unter unsäglichen Qualen. Bei den Menschen, die im weiteren

Die erste Massenvernichtungswaffe in der Geschichte der Menschheit wurde auf den Namen „Little Boy" getauft. „Little Boy" ist 3,3 m lang und über 4000 kg schwer.

Gammastrahlung

Einige chemische Elemente haben die Eigenschaft, ohne äußere Energiezufuhr Strahlung auszusenden – dies nennt man Radioaktivität. Abhängig ist dies von der Instabilität des Atomkerns. Bei den Gammastrahlen, die hochradioaktiv sind, handelt es sich um eine Strahlung mit extrem hoher Frequenz, die bei der Kernumwandlung entsteht und sehr große Durchdringungskraft besitzt. Proportional zur Masse der durchdrungenden Körper schwächt sich die Strahlung ab. Bei einer Atombombenexplosion wird ein sehr hohes Maß an Gammastrahlung freigesetzt.

In der friedlichen Nutzung setzt man Gammastrahlen in der Krebstherapie und zur Werkzeug- und Materialprüfung ein.

Unter dem Kommando von Flugkapitän Colonel Paul W. Tibbets wirft der B-29-Bomber „Enola Gay" im August 1945 die erste Atombombe in der Geschichte der Menschheit auf die japanische Stadt Hiroshima.

Hiroshima nach dem Abwurf der Atombombe am 06.08.1945 – es herrscht totale Zerstörung. Das einzige noch stehende Gebäude, die Halle der industriellen Entwicklung, wurde als Mahnmal der Vernichtung restauriert.

Umkreis um Hiroshima leben, ist in den folgenden Jahren das Risiko, an Leukämie zu erkranken, um 50 Prozent erhöht, aber auch andere Krebsarten – Magen-, Lungen-, Schilddrüsen-, Eierstock- oder Kehlkopfkrebs – treten vermehrt auf. Schwangere Frauen haben Fehlgeburten oder bringen vollkommen deformierte und lebensunfähige Wesen zur Welt. Noch heute, über 60 Jahre nach dem Angriff, leiden Menschen unter den Spätfolgen.

Der Angriff auf Nagasaki

Japan kann sich jedoch auch nach diesem verheerenden Schlag gegen seine Zivilbevölkerung nicht zum Einlenken überwinden und kapituliert nicht. Überdies erklärt Russland Japan den Krieg. Darum entschließen sich die amerikanischen Machthaber nur zwei Tage später zu einem weiteren Angriff und werfen am 8. August die Plutoniumbombe „Fat Boy" auf die Industriestadt Nagasaki. „Fat Boy" wiegt 5000 kg und setzt die unvorstellbare Temperatur von 300 000 °C frei, die alles Leben umgehend auslöscht. Die Druckwelle, die sich mit einer Geschwindigkeit von 14 000 km/h ausbreitet, wischt den Vorort Nagasakis, über dem die Bombe gezündet wird, aus – weit über 50 000 Menschen sterben unmittelbar. Auch den Tausenden Überlebenden ist keine Zukunft mehr beschert, wie in Hiroshima sterben sie qualvoll an den Nachwirkungen der Explosion.

Der Krieg im Pazifik ist nun endlich beendet, am 15. August erklärt Kaiser Hirohito die Kapitulation Japans.

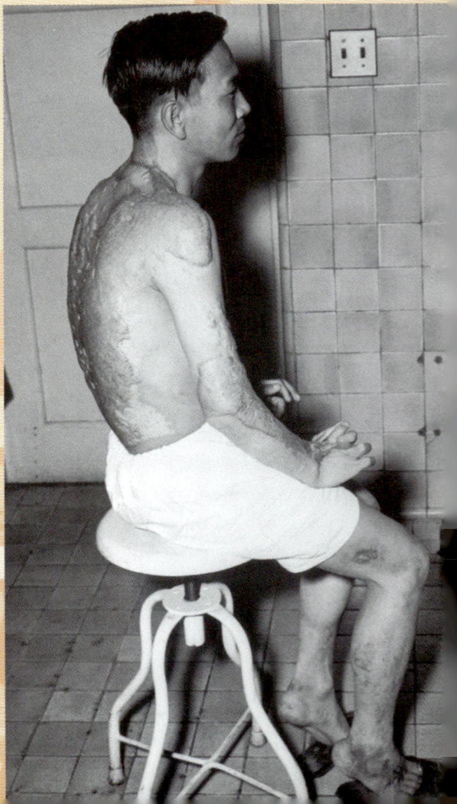

Kiyoshi Kikkawa ist eines der vielen Brandopfer der Atombombe auf Hiroshima. Selbst zwei Jahre nach dem Abwurf der Bombe ist er noch deutlich gezeichnet.

Julius Robert Oppenheimer

J. Robert Oppenheimer (1904–1967) gilt als Vater der Atombombe. Seit 1943 war er Leiter des Laboratoriums Los Alamos, wo die ersten Bomben entwickelt und gefertigt wurden. Wegen angeblicher früherer Beziehungen zu Kommunisten wurde er in der McCarthy-Ära 1954 aus seiner Stellung entlassen, 1963 wurde er jedoch rehabilitiert. Oppenheimer änderte seine Meinung über seine Erfindung, die er zunächst für die größte der Menschheitsgeschichte gehalten hatte. Verzweifelt sagte er zu Präsident Harry S. Truman, als er das Ausmaß der Zerstörung sah, die sein „Baby" angerichtet hatte: „An meinen Händen klebt Blut." Truman soll darauf geantwortet haben, er selbst habe nie den geringsten Zweifel an der Sache gehegt. Mit Bezug auf Japan hat er angeblich gesagt: „Wenn man es mit einer Bestie zu tun hat, muss man sie wie eine Bestie behandeln."

Test in der Wüste New Mexicos

Nur wenige Wochen zuvor, am 16. Juli 1945, hatten die Amerikaner im Testgebiet des Bundesstaats New Mexico die erste Atombombe der Menschheitsgeschichte gezündet. Robert Oppenheimer (1904–1967), der Erfinder und „Vater der Atombombe", sprach von der „Geburt eines besonderen Babys" – daher der verniedlichte, euphemistische Name der Bombe von Hiroshima, „Little Boy". Als er und andere Wissenschaftler des Los-Alamos-Laboratoriums, wo seit 1943 Atombomben gebaut wurden und das sich auch heute noch mit der Erhaltung vorhandener Nuklearwaffen beschäftigt, die enorme Wirkung und Zerstörungskraft ihres „Babys" sahen, erlitten sie Anfälle von Größenwahn, ohne die wirklichen Schäden und Langzeitwirkungen dieser Waffe wirklich abschätzen zu können. Edward Teller, einer der Physiker aus Los Alamos, sagte Freunden, sie sollten ihm eine Postkarte schicken, wenn sie meinten, irgendein Berg wäre am verkehrten Ort oder störe. Drei Wochen später warfen sie ihre Bomben auf Menschen.

Harry S. Truman

Harry S. Truman (1984–1972) war der 33. Präsident der USA, zwei Legislaturperioden hindurch führte er das Land von 1945 bis 1953. Nach dem Ende des 2. Weltkriegs war er es, der 1947 den Druck auf die Sowjetunion erhöhte und schließlich 1949 die NATO gründete. Er galt politisch als Hardliner, der den Kalten Krieg ausweitete und den Einsatz der Atombombe immer als notwendige Handlung rechtfertigte. Zusammen mit dem Senator Joseph McCarthy stürzte er die USA in eine Hexenjagd nach Kommunisten, die angeblich das Land unterwanderten. Noch nach seiner Amtszeit als Präsident der USA schrieb er in einem Brief an die Stadtverwaltung Hiroshimas, unter ähnlichen Umständen wie damals gäbe er erneut den Befehl zum Atomschlag.

Das Gleichgewicht des Schreckens

In den über 60 Jahren seit dem Abwurf dieser beiden Bomben, glücklicherweise den einzigen, die bis heute gegen Menschen eingesetzt wurden, bildete sich im Zuge des unmittelbar auf den 2. Weltkrieg folgenden Kalten Kriegs das so genannte „Gleichgewicht des Schreckens" heraus. Denn als die Russen ebenfalls in die Lage kamen, Atombomben bauen zu können, setzte ein Wettrüsten ein, wie es die Welt bis dahin noch nicht erlebt hatte. Die atomaren Supermächte bestückten sich jeweils mit so vielen Waffen, dass sie die Welt gleich mehrfach in die Luft hätten sprengen können, wäre an irgendeinem Tag wie jedem anderen etwas falsch gelaufen und hätte einer der Machthaber auf den immer wieder beschworenen Knopf gedrückt. Glücklicherweise ist diese Gefahr gebannt, die Parteien haben sich einander angenähert, das Wettrüsten ist offiziell zu Ende. Heute droht die Gefahr durch atomare Vernichtung allerdings auch durch andere Staaten oder Einrichtungen, nicht mehr nur durch die Supermacht USA.

Japanische Schulmädchen tragen Gesichtsmasken, um den Gestank ertragen zu können, der durch Verwesung und Verseuchung entstanden ist.

Massenmord über Schottland

Die Flugzeugkatastrophe von Lockerbie 1988

Die Boing 747 der Pan American World Airways (Pan Am) fliegt in einer Höhe von ca. 10 000 m über Schottland und nähert sich auf ihrem Weg nach New York dem Atlantik, als auf dem Radarschirm der Bodenstation plötzlich drei Markierungen anstatt eines Zeichens erscheinen. Kurz darauf sind es schon fünf Punkte. Schnell stellt sich heraus, dass es sich nicht etwa um fünf verschiedene Flugzeuge, sondern um die weggesprengten Teile des Jumbos handelt, die nach einer Explosion an Bord genau über dem kleinen Ort Lockerbie zu Boden gehen und 259 Menschen an Bord mit nach unten reißen, unter sich den Ort zerstören und dort weitere elf Menschen töten.

Die Boing 747 – Wahrzeichen des Fortschritts

Als die Boing 747 im Jahr 1970 zum ersten Mal in Dienst gestellt wurde, war sie das größte kommerzielle Passagierflugzeug der Welt. Bis zu 400 Passagiere fanden in ihr Platz, und das gewaltige Flugzeug mit dem charakteristischen Aussehen wurde schnell zum Wahrzeichen des Fortschritts und zum Flaggschiff der internationalen Fluggesellschaften. Doch gleich zu Beginn ihres Auftritts im Flugverkehr erlitt dieses Aushängeschild erste Schläge, denn es war die Zeit, als Terroristen auf der Suche nach eben solchen Wahrzeichen waren, um sie für ihre Zwecke zu instrumentalisieren. So wurde am 6. September 1970 eine Boing 747 nur vier Monate nach ihrer Fertig-

Die Boeing 747 galt vielen als Wahrzeichen des Fortschritts.

stellung Ziel eines Anschlags in Kairo. Sie wurde ohne Passagiere auf dem Boden in die Luft gesprengt. 1972 wurde eine Maschine der japanischen Fluggesellschaft JAL nach Libyen entführt und, nachdem Passagiere und Besatzung von Bord gegangen waren, ebenfalls gesprengt. Aber der internationale Terrorismus begnügte sich nicht mit der Zerstörung der Symbole, zusätzlich musste Blut fließen. Und so kam es am 23. Juni 1985 nach dem Start in einer Air-India-Maschine zur Explosion einer Bombe südwestlich von Irland über dem Meer, die alle Menschen an Bord in den Tod riss. Der Absturz von Pan-Am-Flug 103 nur drei Jahre später wurde zum größten Anschlag auf England und zur größten Flugzeugkatastrophe, die Großbritannien je erlebt hat.

Vom Radarschirm verschwunden

Pan-Am-Flug 103 führte von Frankfurt über London Heathrow nach New York zum John F. Kennedy Airport. Die Boeing 747 „Maiden of the Sea“ wurde allerdings erst ab London eingesetzt, Passagiere aus dem deutschen Frankfurt reisten in einer kleineren Maschine an und stiegen dann der bereits in Heathrow wartenden Maschine zu.

Am 21. Dezember hat Flug 103 knapp 25 Minuten Verspätung, als die Boing um 18.25 Uhr Ortszeit in London abhebt. Der Kapitän, der 55-jährige Jim MacQuarrie, zieht die Maschine auf Nordwestkurs über Schottland, um von dort die Atlantikroute zu nehmen. Er setzt sich mit der Bodenstation „Shanwick Oceanic Control Center“ bei Prestwick in Verbindung, um die Freigabe zur Nordatlantiküberquerung zu erbitten. Während des Gesprächs antwortet Flug PA 103 plötzlich nicht mehr, gleichzeitig erhält das Kontrollzentrum ein

Spezialisten untersuchen die Trümmerteile des Cockpits der Boing 747.

Augenzeugenbericht

„Da war ein Donnern, ich dachte, es wäre ein Gewitter, darauf folgte ein weißer, dann ein orangefarbener Blitz. Ich sah orangefarbene Teile, die wie Lava aus einem Vulkan vom Himmel fielen. Es war schrecklich, wirklich schrecklich. So etwas habe ich noch nie gesehen.“

Sam Sanderson, Bewohner von Lockerbie

Der kleine Ort Lockerbie musste durch den Absturz der Boing 747 schwere Zerstörungen hinnehmen. Ein Teil fiel auf eine Tankstelle und führte zu einer Explosion, die eine Feuersäule 100 m in den Nachthimmel steigen ließ.

verwirrendes Radarbild: Auf dem Radarschirm erscheinen fünf verschiedene Anzeigen, die dann eine nach der anderen vom Schirm verschwinden. Die letzte Markierung verschwindet um 19.15 Uhr. Zur selben Zeit erreichen den Tower Funksprüche von anderen Flugzeugen am schottischen Abendhimmel, die eine Explosion in der Luft melden. Sekunden später stürzen die Trümmer der Boing 747 auf die schottische 2500-Seelen-Gemeinde Lockerbie nur etwa 24 km hinter der schottisch-englischen Grenze. Ein Wrackteil fällt in eine Tankstelle und löst dort eine Explosion aus, die eine Feuersäule 100 m hoch in den Himmel schickt. Elf Einwohner Lockerbies werden getötet, weitere zwölf kommen mit schweren Verbrennungen ins Krankenhaus, Teile der Ortschaft werden vollkommen verwüstet.

Keine Hinweise auf ein Unglück

„Es gab keinen Notruf … keine Drohungen, keine Anzeichen dafür, dass etwas nicht stimmte. Auch gab es keine Nachrichten darüber, dass es an Bord Probleme gab, auch widrige Wetterverhältnisse waren kein Faktor."
Jeff Kriendler, Vizepräsident von Pan Am

Mögliche Täter des Terroranschlags

Schon bei der Bergung waren sich die Ermittler darüber einig, dass es sich um einen Anschlag gehandelt haben musste. Mehrere Terrorgruppen wurden in der Folge in Augenschein genommen, aber bis heute hat man keinen wirklich überzeugenden Täter finden können. Man ist sich weitgehend einig, dass es sich um islamische Fundamentalisten gehandelt hat, wobei es hierzu zwei Theorien gibt.

Libyen

Nach der ersten Theorie hielten die amerikanischen Fahnder Libyen für den Täter, die Fäden liefen bei Oberst Muammar Gaddafi zusammen, und der Anschlag auf die Boing 747 sei die 1986 geschworene Rache für einen amerikanischen Bombenangriff auf Libyen gewesen. Der wirtschaftliche und diplomatische Druck auf Libyen erhöhte sich daraufhin in den folgenden Jahren derart, dass das Land 1999 vor allem unter dem Druck eines UN-Embargos zwei Verdächtige an ein unabhängiges schottisches Gericht in den Niederlanden auslieferte, die beiden Agenten Abdel Basset Ali el Megrahi und Al Amin Khalifa Fhimah. Das Gericht hielt nach einem mehrmonatigen Prozess el Megrahi für den Täter und sprach Khalifa Fhimah frei.

Iran/Palästina

1988 hatte ein amerikanisches Kriegsschiff im Golf von Persien versehentlich, so die offizielle amerikanische Version, einen Airbus der Iran Air abgeschossen, als es vor der iranischen Küste an einem Truppenmanöver teilnahm. Über 200 Passagiere an Bord kamen um. Als Folge sollte, so die zweite Theorie, der Iran einer palästinischen Terrorgruppe den Auftrag gegeben haben, ein amerikanisches Flugzeug in die Luft zu sprengen. Tatsächlich verhafteten Fahnder in Deutschland eine Gruppe Palästinenser und stellten eine Bombe mit barometrischem Zünder (abhängig vom Luftdruck) in einem Kofferradio sicher. Genau eine solche Bombe war bei der Explosion der Pan-Am-Maschine 103 verwendet worden. In der Presse erschien die Nachricht, die Gruppe um den inzwischen verstorbenen Terroristen Abu Nidal habe sich zu der Tat bekannt. Geheimdienstkreise verschiedener Länder zogen dieses Schuldbekenntnis in Zweifel. Wie dem auch sei, es hat sich gezeigt, dass der Schuldspruch gegen Abdel Basset Ali el Megrahi zumindest nicht zweifelsfrei war.

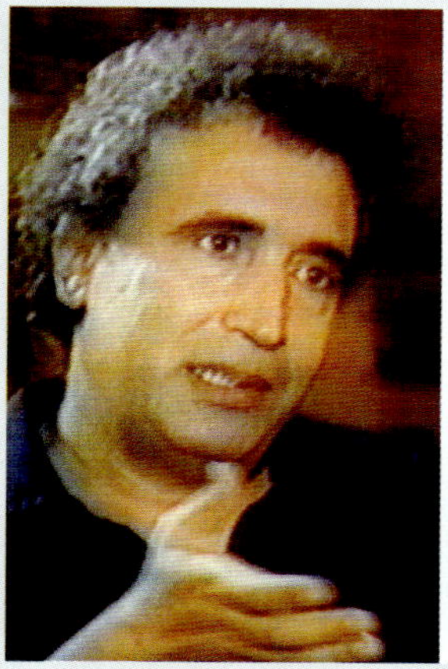

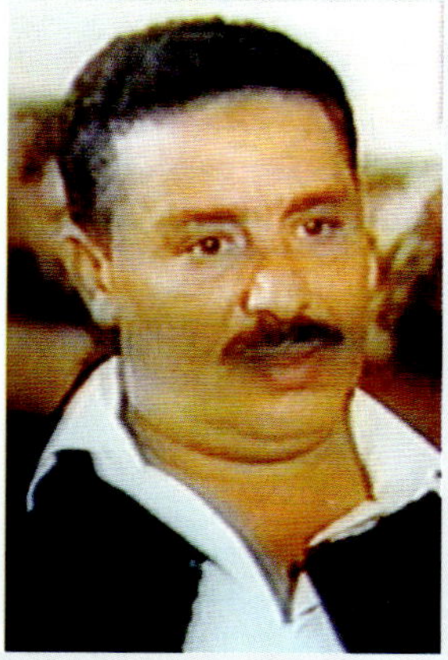

Abdel Basset el Megrahi (l.) und Al Amin Khalifa Fhimah sind die beiden Libyer, die für den Anschlag angeklagt wurden. Megrahi wurde zu lebenslanger Haft in Schottland verurteilt, Fhimah wurde freigesprochen.

Ein weiteres Wrackteil der Pan-Am-Maschine. Die Bombe riss das Flugzeug in fünf Stücke.

Mögliche Motive für den Terroranschlag

Bei Oberst Muammar Gaddafi liefen die Fäden für den Anschlag, der vermutlich ein Racheakt war, zusammen.

Auf der Suche nach den Tätern beschäftigte man sich auch intensiv mit den Motiven für die Tat. Es kristallisierten sich bei den Untersuchungen zwei mögliche Motive für den Anschlag auf PA103 heraus.

Wie schon erwähnt, hatten amerikanische Jagdbomber zuvor die libyschen Städte Tripolis und Benghazi als Vergeltung für einen Bombenanschlag auf eine Berliner Diskothek nur zehn Tage zuvor bombardiert, die von amerikanischen Soldaten besucht worden war – drei Soldaten waren bei diesem Anschlag ums Leben gekommen und 230 verletzt worden. Gaddafi wiederum hatte den Befehl für die Bombe in der Diskothek als Rache für das Versenken dreier libyscher Boote im Golf von Sirte im März desselben Jahres gegeben. Die amerikanischen Bomben auf Tripolis aber hatten Hanna Gaddafi, die Tochter der Staatschefs, getötet.

Ein weiteres mögliches Motiv war der ebenfalls bereits erwähnte Abschuss der iranischen Passagiermaschine über dem Golf von Persien im Juli, bei dem 290 Menschen aus sechs Ländern, darunter 66 Kinder, gestorben waren. Das amerikanische Kriegsschiff „USS Vincennes" hatte Flug IA655 für ein Militärflugzeug gehalten, das sich in feindlicher Absicht näherte. Wirklich schockiert jedoch war die Welt, als Amerika nach der Tragödie ihre Feiern zum 4. Juli nicht einmal unterbrach. Für Teheran bedeutete dies, dass die Amerikaner keine Reue zeigten, und man bewertete den Anschlag als absichtliche Handlung. Am 14. November 1988, nur wenige Wochen vor Lockerbie, nannte der damalige US-Präsident George Bush den Abschuss einen Akt der Selbstverteidigung, die Regierung in Teheran wertete dies als Fehlen von Entschuldigung und Schuldeinsicht und erklärte die USA zum Erzfeind.

Den Helfern vor Ort in Lockerbie boten sich Bilder des Grauens.

Libyen zahlt Abfindungen

Am 29. Mai 2002 bot Libyen die Summe von etwa 2,7 Mrd. US-Dollar als Abfindung für die Familien der Opfer von Lockerbie an, also eine Zahlung von etwa 10 Mio. US-Dollar pro Opfer der Tragödie. Im Gegenzug erwartete Libyen, dass die UN-Sanktionen gegen das Land aufgehoben würden. 40 Prozent der Summe sollten bei Aufhebung der UN-Sanktion gezahlt werden, weitere 40 Prozent bei Aufhebung des US-amerikanischen Handelsembargos und die verbleibenden 20 Prozent, wenn die USA Libyen von ihrer Liste streichen würden, auf der die Staaten aufgelistet sind, die den internationalen Terrorismus unterstützen.

Am 15. August 2003 übergab der libysche UN-Botschafter dem Sicherheitsrat der Vereinten Nationen ein Schreiben, in dem Libyen offiziell die Verantwortung für die Tat seiner beiden Agenten übernahm. Mit dem Schreiben zahlte die Regierung in Tripolis jeder Familie 8 Mio. US-Dollar, von denen pro Familie 2,5 Mio. US-Dollar für die New Yorker Rechtsanwaltsfirma Kreindler & Kreindler als Honorar abgezogen wurden.

Als Ergebnis beendeten die UN die vier Jahre zuvor verhängten Sanktionen, und das Handelsembargo der USA wurde aufgehoben. Weitere 2 Mio. US-Dollar wären nun an die Familien der Opfer gegangen, wenn die USA Libyen von ihrer Liste der den Terrorismus unterstützenden Länder gestrichen hätte – was nicht geschehen ist. Doch zum ersten Mal in der Geschichte hat ein Land für einen Terroranschlag eine Abfindung gezahlt.

Internationale Beobachter werteten die Tatsache, dass Libyen die Verantwortung für die Bombe an Bord von PA103 übernahm, eher als Geschäft mit wirtschaftlichem Hintergrund denn als ein wirkliches Schuldeingeständnis. Es sei darum gegangen, die Sanktionen aufzuheben und nicht Schuld einzugestehen, es sei auf Dauer eben im Vergleich billiger, wieder einen „normalen" Status zu besitzen. Der libysche Premierminister Shukri Ghanem sagte in einem Interview mit der BBC am 4. Februar 2004, Libyen habe den Preis für den Frieden gezahlt, wirkliche Schuld jedoch gestand er nicht ein.

Die amerikanische Fluggesellschaft Pan Am, die teilweise als direkte Folge des Anschlags vom 21. Dezember 1988 Konkurs anmelden musste, verklagt Libyen weiterhin in einer Zivilklage auf Schadensersatzzahlungen in Höhe von 4,5 Mrd. US-Dollar für den Verlust der Boing 747 und die erlittenen wirtschaftlichen Schäden.

Das Nachspiel

Die New Yorker Rechtsanwaltskanzlei Kreindler & Kreindler geriet nach den Abfindungszahlungen in die Kritik, weil sie eine exorbitant hohe Summe für ihre Vermittlertätigkeit bekommen hatte. „Blutgeld" nannten dies viele Politiker und auch Hinterbliebene der Opfer.

Im Oktober 2005 gab es Nachrichten über Verhandlungen zwischen Libyen, England und den USA über die Verlegung des zu lebenslanger Haft verurteilten Abdel Basset el Megrahi in ein Gefängnis in seinem Heimatland unter der Bedingung, dass er auf jede weitere Anfechtung des Urteils verzichtet. Und dies geschah, obwohl es bei seiner Verurteilung Teil des Richterspruchs gewesen war, dass er bis zu seinem Lebensende in Schottland einsitzen soll. Dass es überhaupt zu derartigen Verhandlungen kommen konnte, zeigt das große Interesse Englands und der USA, den Fall nicht noch einmal aufzurollen, denn ein positives Ergebnis dieses in so mancher Hinsicht undurchsichtigen Falls könnte die neu erstarkte Verbindung mit Libyen wieder schwächen oder gar andere Konsequenzen nach sich ziehen.

Der Anschlag der Amerikaner auf die libyschen Städte Tripolis und Benghazi soll der unmittelbare Auslöser für die Sprengung der Pan-Am-Maschine gewesen sein.

Nach den Terroranschlägen vom 20.03.1995 wird eine Spezialeinheit der Tokioter Feuerwehr und der Polizei gebildet, die auf Angriffe wie den der Aum-Sekte mit Sarin-Gas vorbereitet ist.

Tödliche Dämpfe im Berufsverkehr

Giftgasanschlag auf Tokios U-Bahn

Früh am Morgen des 20. März 1995 erleidet Tokio den schlimmsten Terroranschlag seiner Geschichte: Fünf Männer betreten die Waggons dreier Linien der wie jeden Morgen überfüllten U-Bahn, lassen einige Behälter fallen und zerstoßen deren Oberflächen. Was in diesem Moment noch niemand ahnt, ist, dass aus den Behältern das tödliche Nervengas Sarin entweicht. Über 5000 Menschen sind gefährdet. Am Ende des Morgens sind es zwölf Personen, die an den Folgen des Anschlags sterben, und über 3000, die bis heute mit den Spätfolgen zu kämpfen haben.

Tödliche Fracht in den Pendlerzügen

Um 7.39 Uhr morgens betreten fünf mit Schals und Gesichtsmasken vermummte Personen die voll besetzten Pendlerzüge im morgendlichen Stoßverkehr auf unterschiedlichen Linien des U-Bahn-Netzes und lassen jeweils mehrere Pakete, die in Zeitungen und Plastik eingehüllt sind, auf den Boden der Wagen fallen. Dann durchstechen sie die Pakete mit den Spitzen von Regenschirmen und verlassen die Züge wieder, bevor sie anfahren. Andere Mitglieder der Terrorgruppe erwarten sie vor den Stationen in bereitstehenden Wagen. Es gehört in Japan und besonders in Tokio zum alltäglichen Straßenbild, dass viele Menschen in der U-Bahn Mundschutzmasken tragen – die Attentäter erregen also kein Misstrauen.

Links: Sarin-Gas ist geruchlos, geschmacklos und unsichtbar. Die Opfer wissen erst, dass sie verseucht sind, wenn es für viele schon zu spät ist, denn die sofortige medizinische Versorgung ist lebenswichtig.

Während die Züge an Geschwindigkeit gewinnen, beginnen aus den Paketen die Sarin-Dämpfe zu entweichen. Da das hochgiftige Nervengas geruch- und geschmacklos sowie unsichtbar ist, nehmen die Opfer die Gefahr erst wahr, als es für viele der Fahrgäste schon zu spät ist. Bei ihnen sind bereits die ersten Symptome wie heftiges Tränen der Augen und Atemverknappung aufgetreten, die verraten, dass eine Vergiftung vorliegt. Anschließend kommt es zu Krämpfen und Lähmungen, die bis zum Koma, zu Herzstillstand, Erstickung und damit zum schmerzhaften Tod führen. Gegen 8 Uhr tritt ein Passagier an der Station Kodenmacho eines der Pakete auf den Bahnsteig. Der Inhalt läuft aus und bildet eine Pfütze. Hier sterben in kurzer Zeit vier Menschen an den Folgen der giftigen Dämpfe. Etwa zehn Minuten später zieht in diesem Zug ein Passagier die Notbremse in der nächsten Station, Tsukiji. Als sich die Türen öffnen, fallen mehrere Passagiere auf den Bahnsteig – die Behörden werden aufmerksam, und der Zug wird aus dem Verkehr gezogen, nachdem er evakuiert wurde. Erst gegen 8.17 Uhr treffen die ersten Meldungen über den Anschlag bei der Polizei ein. Etwa eine halbe Stunde später wird das erste Opfer ins internationale Krankenhaus St. Lukes eingeliefert. Und erst jetzt setzen sich die Behörden in Gang, und außerhalb der U-Bahn-Stationen werden medizinische Notlager eingerichtet, um die ständig wachsende Zahl der Opfer behandeln zu können. Um 11.00 Uhr bestätigt die Polizei in einer offiziellen Erklärung, dass es sich um einen Giftgasanschlag handelt. Durch den Anschlag sterben insgesamt zwölf Menschen (neun sofort, einer später am selben Tag, zwei weitere nach einigen Wochen), es gibt über 1000 Schwerverletzte, 37 davon sehr schwer, insgesamt werden 5500 Menschen in Krankenhäusern behandelt. An den Spätfolgen, beispielsweise an

Unerklärliche Faszination

„Wir haben es mit der gleichen Faszination zu tun, die ganze Völker dazu bringt, sich wahnsinnigen Diktatoren begeistert zu unterwerfen, die sie erkennbar ins Unglück führen."

Yokosuna Die, ehemaliger Anhänger der Aum-Sekte, dem zwei Jahre vor dem Sarin-Anschlag der Ausstieg gelang

Am 27.02.2004 wird der ehemalige Guru der Aum-Sekte, Shōkō Asahara, von einem Gericht in Tokio für schuldig befunden und zum Tod durch Erhängen verurteilt.

akuten Schleimhautreizungen und vor allem Depressionen, leiden in den folgenden Jahren und bis heute mehr als 3000 Menschen.

Die Behörden stehen zunächst vor einem Rätsel

Erst einmal wissen die zuständigen Behörden gar nicht, wie sie mit dem Fall umgehen sollen. Man ist auf einen solchen Notfall nicht vorbereitet gewesen, weiß von behördlicher Seite gar nicht, was Sarin ist. Auch die Krankenhäuser sind auf die Dimension der Katastrophe nicht vorbereitet, ihre Kapazitäten sind schnell erschöpft, und man ist auch hier nicht sicher, wie man die Opfer behandeln soll, selbst nachdem man weiß, um welches Gift es sich handelt. Noch in der U-Bahn sind es viele Privatpersonen, die den Mitreisenden helfen und sie aus den verseuchten Waggons ziehen. Auch weit über 100 Krankenhelfer erleiden Verletzungen, weil sie keine Schutzkleidung tragen. Entsprechende Bekleidung wäre ein Ganzkörper-Schutzanzug gewesen, der das Gas an keine Stelle des Körpers kommen lässt.

Bei den fünf vermummten Männern hat es sich um fünf Mitglieder der Aum-Sekte (jap.: „ōm-Shinrikyō", „Die erhabene Wahrheit") gehandelt. Nur kurze Zeit nach dem Terroranschlag erklärt die Sekte, sie habe mit dem Zwischenfall nichts zu tun, es handle sich um eine Verschwörung des Staates gegen sie, um die unliebsame „Wahrheit" aus dem Weg zu räumen. Schließlich jedoch ändern sie die Taktik und bekennen ihre Schuld. Zehn der Hauptverantwortlichen werden entweder zum Tod oder zu lebenslangen Haftstrafen verurteilt.

Sarin

Das Nervengas wurde 1938 bei der Suche nach Insektenvernichtungsmitteln vom deutschen Chemiker Gerhard Schrader bei IG Farben entdeckt. Es ist geruchlos, geschmacklos und unsichtbar; seine Auswirkungen auf den Organismus sind verheerend, nach Sehstörungen, Atemnot, Muskelkrämpfen, Erbrechen, unkontrollierbarem Stuhlabgang und Atemstillstand führt es schließlich zum Tod. Eingesetzt wurde Sarin im Krieg zwischen Irak und Iran und außerdem vom Regime Saddam Husseins 1988 gegen die kurdische Minderheit im Irak.

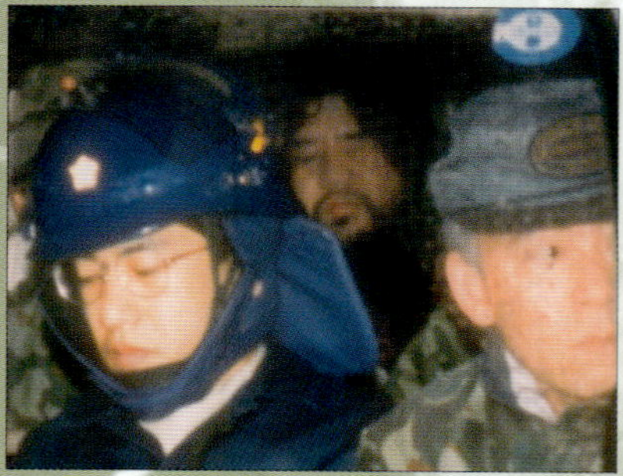

Oben: Shōkō Asahara (Mitte), der Führer der Aum-Shinrikyō-s Sekte, wird von Polizisten abgeführt.

Links: Eine Spezialeinheit des Militärs für chemische Waffen reinigt den Ort der Anschläge.

Blut zum Erlangen der Erkenntnis

Nachdem die Schuld der Aum-Sekte als erwiesen gilt, durchsuchen 2500 Polizisten unterstützt von Spezialeinheiten des Militärs für chemische Kampfstoffe unzählige Gebäude der Sekte in der Nähe Tokios und anderen Landesteilen. Dabei stößt die Polizei auf Rückstände des Nervengases Sarin; den spirituellen Führer der Sekte, Shōkō Asahara, findet sie indes nicht.

Dieser Mann war nach neuesten Erkenntnissen eine äußerst schillernde Persönlichkeit. Nicht nur behauptete er von sich, er könne Astralreisen unternehmen, sich also gleichzeitig an mehreren Orten aufhalten, er hatte auch einen besonderen Hang zum Luxus und war Drahtzieher und Kopf der regen wirtschaftlichen Unternehmungen der Sekte. Die Aum-Sekte unterhielt neben sekteneigenen Labors zur Produktion chemischer Kampfstoffe ein ganzes Konzerngeflecht mit Top-Jahresumsätzen im dreistelligen Millionenbereich (in US-Dollar). 1990 hatte Asahara sogar politische Ambitionen und kandidierte für das japanische Parlament. Im krassen Gegensatz zu seiner eigenen luxuriösen Lebensweise verordnete der Meister seinen Anhängern kärgste Lebensbedingungen, die bis zur Selbstaufgabe und – bei Nichteinhaltung – auch zur Folter reichten. An wohlhabende Jünger verkaufte er für 5000 Euro ein Fläschchen seines Bluts, das der Gläubige dann zum Erlangen der Erkenntnis vor seinen Augen austrinken durfte.

Sektenmitglieder als Versuchsobjekte

Die buddhistische Aum-Sekte zählte 1995 in Japan 10 000 Anhänger und weitere 30 000 in Deutschland und Russland. Sie umwarb interessierte Menschen mit dem Versprechen auf größeren Lebenssinn, mehr Erfüllung im täglichen Leben – dabei betrachtete sie im Rahmen ihrer Endzeitlehre die sie umgebende Gesellschaft als ihren Feind, der ausgelöscht werden muss. Sektenmitglieder hatten sich bis zur Selbstaufgabe zu unterwerfen oder sie liefen Gefahr, selbst zum Ziel der Aggression zu werden. In Tokio hatte die Sekte den Weltuntergang geplant, aber schon ein Jahr zuvor starben bei einem Sarin-Angriff auf die Stadt Matsumoto unweit Tokios sieben Menschen und 600 wurden verletzt. Für die Sekte war dieser Angriff, so die späteren Ermittlungen, eine Art Test. Aber auch in ihren eigenen Reihen waren die Sektenführer nicht zimperlich, so gelten heute neben 33 ermordeten Mitgliedern immer noch 29 als vermisst. Wahrscheinlich wurden sie, so die Polizeierkenntnisse, auf einem abgelegenen Sektengelände in großen Mikrowellenöfen verbrannt. Kurz nach dem Anschlag auf die Tokioter U-Bahn wurde am 30. März 1995 der Generaldirektor der Nationalen Polizeiagentur, Takaji Kunimatsu, von vier Kugeln verletzt, überlebte den Anschlag aber. Als Täter wurde ein Sektenmitglied gefasst. Am 30. März 1989 wurden der Anti-Aum-Anwalt Tsutsumi Sakamoto und seine gesamte Familie in Yokohama ermordet. Der Anwalt hatte versucht, Menschen aus der Sekte zu befreien, die gegen ihren Willen dort festgehalten wurden. Auch unterhielt die Sekte so genannte Todeslisten, auf denen sich Namen japanischer Politiker und sogar auch der des damaligen US-Präsidenten Bill Clinton befanden. Es war ein Plan der Sekte, mit Sarin gefüllte Todespakete in die USA zu schicken. Auch zeigte sich, dass Asahara Mitglieder der Sekte als Versuchsobjekte benutzte, an denen er die Wirkung von chemischen und biologischen Waffen testete.

Durch die Anschläge von Tokio gewann der Terror eine neue Qualität, und wie sich gezeigt hat, haben andere inzwischen Geschmack an dieser Art des Mordens gefunden.

„Oshiyas" heißen die Mitarbeiter der Tokioter U-Bahn, die zu den Stoßzeiten die Passagiere in die Waggons pressen. In einem vergleichbaren Szenario ließen die fünf maskierten Männer die mit Sarin-Gas gefüllten Behälter in den Waggons fallen und zerstießen sie, damit das tödliche Gift austreten konnte.

Bewertung des Anschlags

„Der Anschlag von Tokio bricht mit einem Tabu und hat psychologische Bedeutung. Andere werden sich fragen, ob derartige Taktiken von ihnen übernommen werden sollen. Es ist ab jetzt sehr viel wahrscheinlicher, dass wenigstens einige Ja sagen werden."
Brian Jenkins, international führender Terrorismusexperte, 1995

Nine-Eleven

Der Terrorangriff auf die USA 2001

Das Flugzeug des United Airlines Flug 175 nähert sich um 9.03 Uhr Ortszeit dem Südturm des World Trade Centers, während aus dem Nordturm schon dichter Rauch quillt. Es schlägt in den Südturm ein und löst eine gigantische Explosion aus.

Am 11. September 2001 werden innerhalb weniger Minuten vier große Passagiermaschinen an der Ostküste der Vereinigten Staaten entführt. Zwei der Flugzeuge rasen im Abstand von knapp 20 Minuten nacheinander in die Zwillingstürme des World Trade Centers in New York, ein drittes Flugzeug stürzt in das Pentagon, das militärische Hauptquartier der USA. Diese Serie von Katastrophen fordert insgesamt 3056 Todesopfer, unter denen auch die 19 Flugzeugentführer sind. Sie sind islamistische Terroristen, die einen gigantischen Schlag gegen die Symbole der westlichen Demokratien führen wollten. Nach diesem Desaster, das unter dem Namen „Nine-Eleven" in die Geschichte eingeht, ist die Welt nicht mehr so, wie sie vorher war. Die Kluft zwischen den fundamentalistischen Staaten des Nahen Ostens und den weltlichen Demokratien der westlichen Welt ist größer geworden.

Internationaler Tag des Friedens

Am 7. September 2001 wurde in der Generalversammlung der Vereinten Nationen in New York eine Resolution verabschiedet, durch die der 21. September zum jährlichen Internationalen Tag des Friedens erklärt wurde. Nur vier Tage später wird dieselbe Stadt von einem Terrorangriff heimgesucht, den die ganze Welt bis dahin für unvorstellbar gehalten hatte. Der 11. September 2001 wird zukünftig für die Weltbevölkerung zum Sinnbild des Grauens werden, dass sinnloser Terror über unschuldige und ahnungslose Menschen hereinbrechen kann. Die amerikanische Version „9/11" des Datums 11. September steht als Kürzel für die größte Katastrophe des gerade begonnenen 21. Jahrhunderts. Ist es ein Zufall, dass genau diese Zahlenkombination „911“ die landesweite Notrufnummer in den USA ist?

American Airlines Flug 11

Um 7.59 Uhr Ortszeit gehen in Boston fünf Terroristen an Bord von Flug 11 der American Airlines. Ihr Anführer ist Mohammed Atta, der jahrelang als unauffälliger Student in Hamburg gelebt hat – er war das Musterbeispiel eine „Schläfers“, eines Terroristen, der angepasst in einer fremden Umgebung lebt und nur auf seinen Abruf wartet. Schon 30 Minuten nach dem Abflug der Maschine teilt die Stewardess Betty Ong der Verkehrsleitzentrale ihrer Fluggesellschaft mit, dass das Flugzeug entführt worden sei. Spätestens um 8.40 Uhr sitzen die Terroristen, die eigens für den Terroranschlag eine Pilotenausbildung in den USA absolviert haben, am Steuer des Jets. Der Kurs der Boing 767 wird jetzt auf New York gelenkt, das Flugzeug verliert an Höhe. Fünf Minuten später prallt die Maschine gegen den Nordturm des World Trade Centers (WTC), das mit seinen gigantischen Zwillingstürmen die New Yorker Skyline beherrscht. Das Flugzeug schlägt in Höhe des 96. Stockwerks in das Gebäude ein und dringt bis in die Mitte vor. 40 000 l Kerosin im Tank der gerade gestarteten Maschine explodieren

Die Täter

Das amerikanische Justizministerium veröffentlicht am 27.09.2001 ein Plakat mit den mutmaßlichen Tätern. Von den 19 Attentätern stammen allein elf aus Saudi-Arabien, dem Staat, aus dem auch der Topterrorist Osama bin Laden kommt.

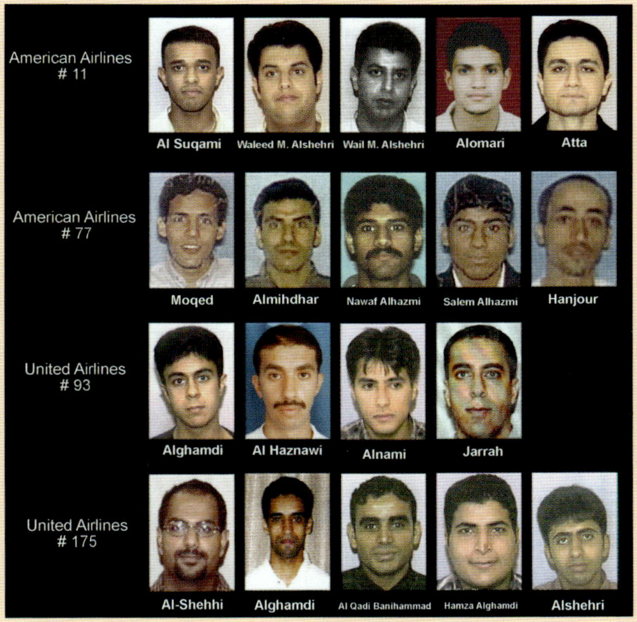

Auch das Pentagon ist Ziel des terroristischen Angriffs. Hier der eingestürzte Teil des Westflügels.

Verzweifelte Menschen stehen an den Fenstern des brennenden Nordturms des World Trade Centers und haben nur noch wenig Hoffnung auf Rettung.

Die Jumper

Im Dokumentarfilm der Brüder Jules und Gedeon Naudet hört man im Hintergrund immer wieder das donnernde Aufprallen von Menschen, die in ihrer Verzweiflung aus den Fenstern des brennenden World Trade Centers gesprungen sind. Einer dieser Jumper trifft beim Aufschlag auf einen Feuerwehrmann und tötet ihn. Die genaue Zahl der Jumper, die durch einen Sprung in die Tiefe dem Tod durch Ersticken oder Verbrennen entgehen wollten, ist unklar. Man schätzt ihre Zahl auf etwa 200. Die internationale Presse verzichtete mit Rücksicht auf die Opfer weitgehend auf die Veröffentlichung von Bildern. Lediglich auf Internetseiten, die sich der Veröffentlichung von Gewaltdarstellungen – so genannten Snuff-Videos – widmen, sind auch diese grauenhaften Bilder zu sehen.

und erzeugen ein Feuer mit einer Temperatur von 1000 °C. Die Wucht des Einschlags und der Explosion ist so groß, dass Teile aus der anderen Gebäudeseite herausgesprengt werden. Für alle Menschen, die sich oberhalb des 96. Stockwerks befinden, besteht keinerlei Hoffnung auf Rettung, alle Fluchtwege nach unten sind völlig zerstört.

United Airlines Flug 175

Nur 15 Minuten nach der ersten Maschine startet die nächste Terrormaschine vom Bostoner Flughafen. Die Boeing, Flug 175 der United Airlines, stand in der Warteschlange wenige hundert Meter hinter der Maschine, in der der Terrorist Atta saß. Kurz vor seinem eigenen Start hatte Atta per Handy noch mit seinem Hamburger Mitstudenten Marwan al-Shehhi telefoniert, der als Pilot der zweiten Maschine vorgesehen ist. Im Flugzeug befinden

sich 56 Passagiere und neun Besatzungsmitglieder. Eine halbe Stunde nach dem Start versuchen die Terroristen, ins Cockpit einzudringen. Um die Piloten zum Öffnen der Türen zu zwingen, erstechen sie mehrere Flugbegleiter.

Zu diesem Zeitpunkt schlägt gerade die erste Maschine in den Turm des World Trade Centers ein. Der Fernsehsender CNN überträgt sofort Bilder des brennenden Gebäudes. Während dieser Übertragung sehen die Zuschauer weltweit mit an, wie sich ein zweites Flugzeug den Türmen nähert, eine scharfe Kurve fliegt und um 9.03 Uhr in den bislang noch unbeschädigten Südturm einschlägt. Am Steuer sitzt vermutlich der Terrorist al-Shehhi.

Panik in New York

Die Livebilder der Katastrophe gehen um die Welt, die fassungslos und mit Entsetzen auf die Bilder starrt. Die Türme brennen, alle Feuerwehr- und Rettungseinheiten New Yorks sind im Einsatz, versuchen, die Gebäude zu evakuieren und zu den oberen Stockwerken vorzudringen. Verzweifelte Menschen springen aus den oberen Etagen in den sicheren Tod, um den Todesqualen durch Ersticken oder Verbrennen zu entgehen. Mittlerweile hat auch die amerikanische Regierung das Ausmaß der Gefahr erkannt. Es wird mit weiteren entführten Flugzeugen gerechnet, die irgendwo über Amerikas Großstädten zur tödlichen Gefahr werden könnten. Zu diesem Zeitpunkt befinden sich etwa 2200 Flugzeuge im amerikanischen Luftraum. Sie alle werden angewiesen, sofort den nächsten Flughafen anzusteuern. Abfangjäger starten, um Flugzeuge, die dieser Anweisung nicht Folge leisten, abzuschießen. Während weltweit schockierte Menschen vor den Bildschirmen sitzen, nimmt das Ausmaß

Das World Trade Center bricht in einer gigantischen Staub- und Schuttwolke zusammen. Millionen Menschen an Fernsehschirmen in der ganzen Welt werden Zeuge der Katastrophe.

der Katastrophe in New York immer grauenhaftere Züge an. Um 9.59 Uhr bricht der Südturm schließlich in sich zusammen, graue Staubwolken schieben sich durch die Häuserschluchten, panische Menschen rennen in den Straßen um ihr Leben. Der Nordturm, der zwar früher getroffen wurde, allerdings auch wesentlich weiter oben, kann dem Feuer noch eine halbe Stunde länger trotzen. Um 10.28 Uhr bricht aber auch er zusammen. Die Stahlkonstruktion in der Umgebung der Einschlagstelle war durch die Zerstörung des Aufpralls und das Höllenfeuer zu stark geschwächt worden, um das Gewicht der oberen Etagen weiter zu tragen. Die darunterliegenden Etagen werden wie durch eine Lawine einfach niedergedrückt. Insgesamt 2823 Menschen sterben bei dieser Katastrophe, darunter 343 Rettungskräfte, die ihr Leben geopfert haben, um den Verzweifelten zu helfen.

American Airlines Flug 77

Während die Bilder der New Yorker Katastrophe um die Welt gehen, sind zwei weitere Todesmaschinen bereits in der Luft. Flug 77 der American Airlines war um 8.21 Uhr in Washington mit fünf weiteren Terroristen an Bord gestartet. Sein planmäßiges Ziel ist Los Angeles an der Westküste der USA. Während die Abfangjäger schon in der Luft sind, wird diese Maschine von den Terroristen übernommen und zum militärischen Hauptquartier der USA umgelenkt. Gegen 9.40 Uhr bohrt sich die Maschine mit 53 Passagieren an Bord in die Westseite des Pentagons, in einen Trakt, der vorwiegend aus frisch renovierten und noch unbesetzten Büros besteht. Die Abfangjäger kommen zu spät. Im Gebäude selbst sterben 125 Mitarbeiter des Militärs und der Regierung.

Den Feuerwehrleuten auf den Trümmern des zerstörten World Trade Centers sind Erschöpfung und Entsetzen anzusehen.

United Airlines Flug 93

Als die vierte Todesmaschine um 8.42 Uhr auf dem Flughafen von Newark mit erheblicher Verspätung startet, steht der Anführer der Terrorgruppe, Mohammed Atta, kurz vor der Erfüllung des Plans, in das WTC einzuschlagen. An Bord von United Airlines Flug 93 sind vier weitere Terroristen, deren Anführer der dritte Student der Hamburger Zelle, Ziad Jarrah, ist. Auch er hat nach der Studentenzeit in Hamburg zunächst eine verkürzte Pilotenausbildung in den USA absolviert. Spätestens um 9.28 Uhr haben die Terroristen das Steuer der Boeing 757 übernommen. Die wenigen Passagiere an Bord dieser Maschine haben die Gelegenheit, telefonisch Kontakt mit Freunden oder Angehörigen aufzunehmen. Wenige Minuten nach der Übernahme des Flugzeugs durch die Terroristen erfahren die Passagiere auf diesem Weg von den Vorfällen in New York. Sie ahnen sofort, dass ihnen ein ähnliches Schicksal droht, dass sie dem Tod geweiht sind. Aus den vielen Telefongesprächen, die aus dem Flugzeug heraus geführt wurden, wird im Nachhinein klar, dass einige Passagiere sich angesichts des drohenden Tods dazu entschlossen hatten, die Terroristen zu überwältigen. Kurz vor 10.00 Uhr ertönt schließlich der Ruf „Let's roll!" als Kommando für die entschlossenen Passagiere, nun den Angriff auf die Entführer zu wagen.

Fassungslos stehen die Hilfskräfte vor den Ruinen der eingestürzten Zwillingstürme.

Letzte Worte

„Macht keine Dummheiten! Niemand wird etwas passieren. Wir haben mehr Flugzeuge. Wir haben andere Flugzeuge. Bleibt ruhig. Wir kehren zum Flughafen zurück."
8.29 Uhr, eine Stimme mit starkem Akzent aus dem Cockpit von Flug AA 11 an die Passagiere

„Ich sehe das Wasser. Ich sehe Gebäude. Oh, mein Gott!"
8.44 Uhr, Flugbegleiterin Sweeney von Flug AA 11 unmittelbar vor dem Einschlag in den WTC-Nordturm

„Es liegt an uns, ich glaube, wir können es schaffen ... Mach dir keine Sorgen, wir werden etwas tun."
9.54 Uhr, Passagier aus Flug UA 93 in einem Telefonat mit seiner Frau kurz vor dem Versuch, die Entführer zu überwältigen

Auf dem später wieder gefundenen Stimmenrekorder des Cockpits hört man die Geräusche des Angriffs, die Terroristen geraten offenbar in Bedrängnis. Einer von ihnen ruft wohl noch dem Piloten zu „Zieh es runter! Zieh es runter!“, dann schlägt die Maschine auf einem Acker in der Nähe von Shanksville/Pennsylvania auf. Keiner überlebt diesen Absturz. Bis heute ist unklar, welches Ziel diese vierte Terrormaschine ansteuern sollte. Einige symbolträchtige Objekte lagen in ihrer Reichweite – das Weiße Haus und das Capitol in Washington ebenso wie der Landsitz des Präsidenten in Camp David.

Ground Zero

Seit dem 11. September 2001 ist der Begriff „Ground Zero“ zum Synonym für den Ort der Katastrophe von New York geworden. Eigentlich stammt er aus der Zeit der Atombombenversuche und bezeichnete dort den Punkt der maximalen Zerstörung, den Ort der Detonation der Atombombe. Das Gelände um das World Trade Center – die Schaltzentrale der amerikanischen Wirtschaft – war nach den Anschlägen nur noch ein einziges Trümmerfeld. Die Aufräumarbeiten dauerten fast ein Jahr, die Planungen für die zukünftige Verwendung des Areals noch wesentlich länger. Selbst im April 2006 ist immer noch nicht mit der neuen Bebauung dieser überaus wertvollen Parzelle mitten in Manhattan begonnen worden. Zwar hat es Architektenwettbewerbe gegeben, und es gibt auch eine konkrete Planung zur Errichtung eines „Freedom-Towers“, aber die Finanzierung dieses gigantischen Projekts ist nicht gesichert. Und schließlich gibt es noch die berechtigten Ansprüche der Hinterbliebenen der vielen Opfer, die einen Ort des Gedenkens an die Katastrophe, die ganz Amerika erschütterte, fordern. Der Schrecken und die Angst, die mit dem Datum „Nine-Eleven“ und dem Ort „Ground Zero“ verbunden sind, stecken allerdings so tief, dass sich auch heute noch mehr als die Hälfte aller New Yorker weigern würde, an diesem Ort des Grauens zu arbeiten.

New Yorker Feuerwehrmänner im Schutt des World Trade Centers. 343 Feuerwehrleute sterben bei den Rettungsarbeiten.

Only time

Der Song „Only time" der irischen Sängerin Enya wurde ungewollt zur Hymne für die Opfer der 11. September. Die Sängerin spendete die Einnahmen der amerikanischen Version des Songs dem Fond für die Hinterbliebenen der Opfer.

Die Opfer des Anschlags auf den Zug werden sofort auf den Gleisen neben dem Zug versorgt.

Der Tod im Pendlerzug

Terroranschläge erschüttern die spanische Hauptstadt Madrid

Am 11. März 2004 wird Madrid von einer Serie von Bombenanschlägen heimgesucht. Die insgesamt zehn Bomben sind in vier Zügen der S-Bahn deponiert und töten 191 Pendler auf dem Weg in die Innenstadt. Nach anfänglichem Rätselraten stellt sich heraus, dass die Täter zu einer Gruppe moslemischer Terroristen gehören. Bei dem Versuch, die Attentäter festzunehmen, sprengen sich sieben von ihnen selbst in die Luft und reißen einen Polizisten mit in den Tod.

Eine Serie von Anschlägen

Morgens um 7.30 Uhr sind die Vorortzüge in Madrid stets mit Menschen gefüllt, die zur Arbeit ins Zentrum der spanischen Hauptstadt fahren. Für viele ist der Bahnhof „Estación de Atocha“ nahe dem Zentrum der Millionenstadt die Endstation. Hier halten alle S-Bahn-Linien der ganzen Region. Am 11. März 2004 erschüttern zwischen 7.39 Uhr und 7.42 Uhr sieben Explosionen den Bahnhof. Zwei Züge werden durch die Explosionen zerrissen, einer der beiden

Züge explodiert im Bahnhof selbst, der andere hat Verspätung und explodiert daher 500 m vor dem Bahnhof. Durch drei weitere Explosionen sind zwei Züge an den Stationen „Santa Eugenia“ und „El Pozo del Tio Raimundo“ im Südosten der Stadt betroffen. 191 Menschen werden bei dieser Serie von Anschlägen getötet, fast 2000 verletzt. Die Urheber der Anschläge wollten offenbar das Ausmaß der Katastrophe mit einem teuflischen Plan noch verschlimmern. Drei weitere Bomben sollten in einem gewissen Zeitabstand im Bahnhof selbst zur Explosion gebracht werden, vermutlich, um den zu Hilfe eilenden Rettungskräften den Tod zu bringen. Eine der Bomben war so stark, dass sie den gesamten Bahnhof Atocha hätte zerstören können. Glücklicherweise wurden diese Sprengsätze rechtzeitig gefunden und entschärft.

Die Explosion reißt ein riesiges Loch in den Pendlerzug auf einem Gleis des Atocha-Bahnhofs in Madrid.

Falscher Verdacht

Schon bald nach dem Schock des Attentats wird über die Urheber der Anschläge spekuliert. Die Präzision der Planung und das Ausmaß des Terroranschlags lassen natürlich sofort Erinnerungen an die New Yorker Terroranschläge vom 11. September 2001 wach werden. Auch die Tatsache, dass Spanien den amerikanischen Feldzug im Irak unterstützt hat, spricht für die Tatbeteiligung islamistischer Terrorgruppen. Die spanische Regierung verdächtigt allerdings unmittelbar nach der Tat die baskische Untergrundbewegung ETA. Diese terroristische Vereinigung hat in der Vergangenheit schon mehrfach kurz vor spanischen Wahlen Anschläge verübt, und drei Tage nach dem Anschlag von Atocha sollen die spanischen Parlamentswahlen durchgeführt werden. Die Zeit bis zu den Wahlen wird nun zu einer Zeit der Demonstrationen in Spanien. Zum einen demonstrieren schon am Tag nach den Anschlägen Millionen Spanier zum Gedenken an die Opfer, andererseits gibt es Demonstrationen gegen die Regierung, in denen Aufklärung über die Hintergründe der Anschläge

Der Atocha-Bahnhof liegt im Zentrum der spanischen Hauptstadt Madrid.

Als die spanische Polizei Terrorverdächtige im Madrider Stadtteil Léganes festnehmen will, sprengen sich die Verdächtigen selbst in die Luft. Das Apartmenthaus wird verwüstet, weitere unschuldige Opfer sterben.

verlangt wird. Die von der Regierung behauptete Urheberschaft der ETA wird ganz klar bezweifelt.

Die Terroristen richten sich selbst

Die am 14. März stattfindenden Parlamentswahlen führen dann zu einem völlig überraschenden Sieg der sozialistischen Oppositionspartei, und gleichzeitig wird der Verdacht, es könne sich bei den Urhebern um Terroristen aus dem Umfeld der islamischen Terrororganisation Al Kaida handeln, immer stärker. Die alte Regierung gerät in den Verdacht, dass sie die ETA lediglich verdächtigt hat, um davon abzulenken, dass die von der Regierung zu verantwortende Beteiligung am Irak-Krieg im Zusammenhang mit den Anschlägen stehen könnte. Am 3. April 2004 scheinen die wahren Terroristen dann von der Polizei umzingelt zu sein. Als die Einsatzkräfte das Apartmenthaus, in dem die Terroristen vermutet werden, stürmen wollen, sprengen sich die sieben Terrorverdächtigen selbst in die Luft. Das Apartmenthaus im Madrider Stadtteil Leganés wird stark beschädigt, und neben den sieben Attentätern kommt auch ein spanischer Polizist bei diesem Einsatz ums Leben.

Der „Wald der Abwesenden“

Am 11. März 2005, dem ersten Jahrestag der Katastrophe, wird im Madrider Retiro-Park eine Gedenkstätte für die 191 unschuldigen Opfer der Anschläge und den beim Einsatz in Leganés getöteten Polizisten eingeweiht. Auf einem Hügel ist ein Wald aus 192 Zypressen gepflanzt worden, der „Wald der Abwesenden“ (span.: „Bosque de los Ausentes“). Zusätzlich sind einige Olivenbäume als Symbol für Frieden und Versöhnung gesetzt worden. Ganz Spanien hält am Mittag dieses Tages für fünf Gedenkminuten inne, um der Opfer dieses schlimmsten Terroranschlags der spanischen Geschichte zu gedenken.

Der Ermittlungsbericht

Auch zwei Jahre nach den Anschlägen sind immer noch fast 500 der seinerzeit Verletzten in

Der Bahnhof Atocha in Madrid

Der größte Bahnhof Madrids im Zentrum der spanischen Hauptstadt ist die „Estación de Atocha". Der berühmte Jugendstilbau aus Gusseisen und Glas stammt in seinen Grundzügen vom Ende des 19. Jahrhunderts und wurde von dem spanischen Architekten Alberto del Palacio (1856–1939) und dem Franzosen Gustave Eiffel (1832–1923), dem Erbauer des Pariser Eiffelturms, errichtet. Mitten in der eleganten Halle des Bahnhofs befindet sich ein tropischer Garten, in dem bei einem konstanten Klima von 24 °C Palmen, Farne und Bananenstauden gedeihen. Am Ende des 20. Jahrhunderts wurde der Bahnhof erweitert, um dem erhöhten Verkehrsaufkommen gerecht werden zu können. Der erste Zug, der am Bahnhof Atocha im Jahr 1851 abfuhr, war der „Tren de la Fresa" (dt.: „Erdbeerzug"). Ein Nachbau dieses Zugs startet an den Wochenenden im Sommer immer noch als Touristenattraktion. Während der Fahrt werden als Spezialität frische Erdbeeren mit Schlagsahne angeboten.

medizinischer oder psychologischer Behandlung. Die Ermittlungen in Bezug auf die Hintergründe kommen nur langsam voran. Im April 2006 wird dann endlich die Anklageschrift vorgelegt. Die Ermittler gelangen zu dem Schluss, dass weder die ETA noch die internationale Extremistengruppe Al Kaida direkte Urheber der Anschläge sind, sondern eine lokale Gruppe radikaler Moslems, die allerdings durch Terror-Aufforderungen der Al Kaida im Internet zu ihren Taten motiviert wurden. Unstrittig ist, dass die sieben Islamisten, die sich in Leganés selbst in die Luft gesprengt haben, die Haupttäter waren. Angeklagt wegen Mordes und versuchten Mordes werden 29 Personen, die von den Anschlägen wussten und ihre Durchführung in irgendeiner Form unterstützt haben. Der Prozess wird 2007 beginnen und sicherlich ein ganzes Jahr dauern.

Nach den Anschlägen demonstrieren Tausende „Victimas del terrorismo" (Opfer des Terrorismus) gegen die baskische Untergrundorganisation ETA, die zunächst als Urheber der Anschläge in Verdacht steht.

Selbstmörder in der Londoner U-Bahn

Die Terroranschläge vom 7. Juli 2005

Am 7. Juli 2005 ereignen sich im morgendlichen Berufsverkehr der Londoner Innenstadt innerhalb von nur einer Minute drei Explosionen in U-Bahn-Zügen. Eine knappe Stunde später zerstört eine vierte Bombe einen Doppeldeckerbus. Vier Attentäter töten bei diesen Anschlägen mehr als 50 unschuldige Berufspendler und verletzen über 700 weitere Personen. Das Londoner Verkehrsnetz wird zur Bergung der Opfer für viele Stunden stillgelegt, die Lebensader der pulsierenden Millionenmetropole ist bis in die Abendstunden tot. Der Terror radikaler islamischer Gruppen hat in Westeuropa ein neues Stadium erreicht, der erste Einsatz von Selbstmordattentätern ist Realität geworden.

Umarmung zum Abschied

Wie man aus den späteren Auswertungen der Videoüberwachung des Londoner Verkehrsnetzes weiß, umarmen sich gegen 8.30 Uhr vier Männer ein letztes Mal zum Abschied. Sie wirken euphorisch. Mit Bomben in ihren Rucksäcken verschwinden sie im weit verzweigten Netz der Londoner Verkehrbetriebe. 20 Minuten später detonieren fast gleichzeitig in drei U-Bahn-Zügen die Bomben. Der von vielen Experten schon lange erwartete islamische Terror ist in der englischen Hauptstadt London angekommen. Die mit Berufspendlern voll besetzten U-Bahn-Züge befanden sich zum

Am Tag nach dem Anschlag in London suchen Ermittler im Umkreis des zerstörten Busses nach Spuren.

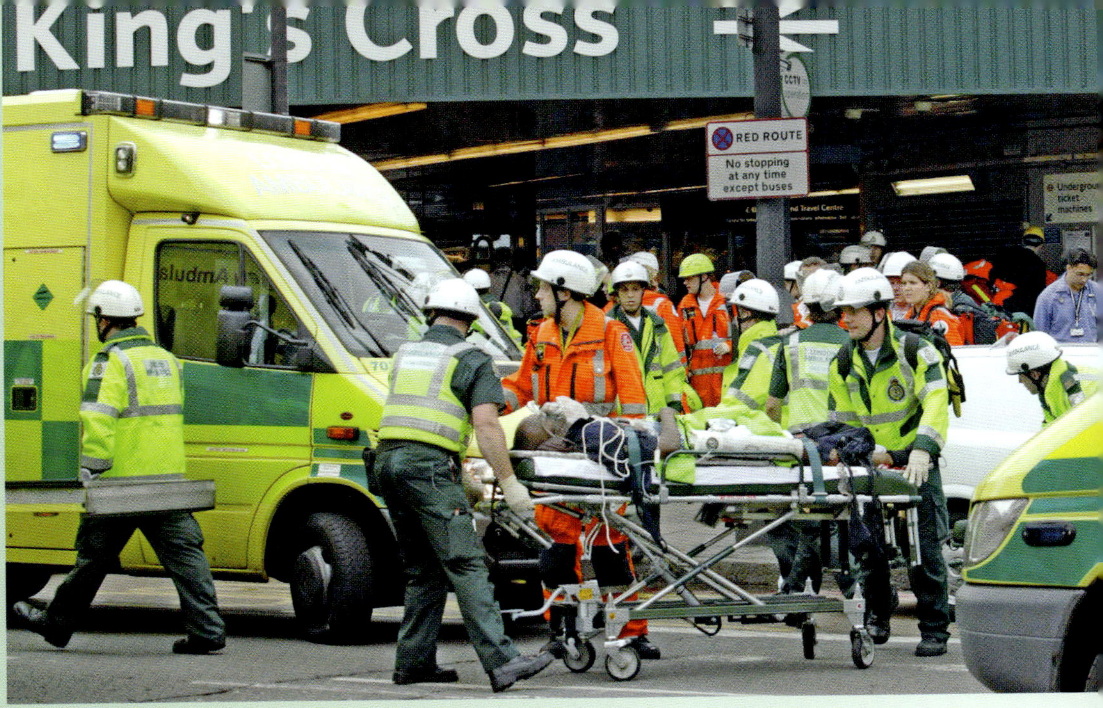

Hilfskräfte evakuieren Verletzte aus der U-Bahn-Station „King's Cross". In der Nähe der Station steht der zerstörte Zug der „Picadilly"-Linie.

Zeitpunkt der Anschläge in der Nähe der Stationen „Liverpool Street", „King's Cross" und „Edgware Road".

Schwierige Evakuierung

Am schwersten wird der Zug auf der „Picadilly"-Linie zwischen „King's Cross" und „Russell Square" getroffen. Während sich die beiden anderen Züge in der Nähe von Bahnhöfen befanden, fuhr dieser Zug gerade mitten durch einen engen Tunnel zwischen den Stationen. Die Explosion fordert allein in diesem Zug 28 Todesopfer, und der Tunnel droht einzustürzen. Hitze, Staub und beißender Gestank erschweren es für die Rettungskräfte, zum Unglücksort vorzudringen. Die Evakuierung der Verletzten und der übrigen Reisenden dauert daher bis in die Abendstunden. Erst drei Tage nach der Katastrophe können die Leichen aus dem zerfetzten Waggon geborgen werden.

„Wir haben nichts damit zu tun." Pakistanische Studentinnen protestieren gegen eine große Razzia anlässlich der Suche nach den Terroristen des Londoner Anschlags.

Ermittlungsergebnisse

Zehn Monate nach der Tat – im Mai 2006 – legen das britische Innenministerium und der Geheimdienst-Ausschuss des Parlaments ihre ersten Untersuchungsberichte vor. Das Erschreckende an diesen Berichten ist, dass es wohl kaum eine Chance gegeben hat, die Terroristen frühzeitig zu enttarnen.

Alle vier sind in Großbritannien geboren oder zumindest aufgewachsen und scheinen bis zum Abend vor der Tat relativ unauffällig in der multikulturellen englischen Gesellschaft gelebt zu haben. Eine koordinierende Organisation im Hintergrund oder lang andauernde Planungen waren offenbar nicht nötig. Die Attentäter unternahmen wenig Reisen, verkehrten nicht auffällig oft mit muslimischen Hasspredigern und besuchten keine verdächtigen Seiten im Internet. Sie benötigten wohl auch keine finanzielle Unterstützung für ihre Tat; das Innenministerium schätzt, dass sie nur 8000 Pfund (ca. 11 500 Euro) investierten, um den geplanten Terror zu verwirklichen.

Oben: Zum Gedenken an die Opfer des Anschlags legen viele Menschen Blumen an den Haltestellen nieder, wie hier ein trauerndes Mädchen am „Tavistock Square".

Unten: Noch Tage nach den Anschlägen suchen Angehörige nach Partnern, Kindern und Freunden. An den Wänden der U-Bahn-Station „King's Cross" hängen Fotos der Vermissten.

Der Ablauf der Anschläge in London war minutiös geplant.

Die vierte Bombe

Während die Rettungswagen mit heulenden Sirenen durch London rasen, um den Opfern in den U-Bahn-Zügen zu helfen, sitzt der vierte Attentäter auf dem Oberdeck eines Doppeldeckerbusses der Linie 30. Am „Tavistock Square" zündet er fast eine Stunde nach den Anschlägen in der U-Bahn seine Rucksackbombe. Das Dach des roten Busses wird von der Explosion weggefegt, 13 Menschen finden den Tod, die Unglücksstelle bietet ein Bild des Grauens. Innerhalb von einer Stunde haben die Attentäter das Verkehrsnetz der europäischen Metropole lahmgelegt. Insgesamt 52 unschuldige Menschen sind von den vier Selbstmordattentätern mit in den Tod gerissen worden, mehrere Hundert ahnungslose Fahrgäste wurden zum Teil schwer verletzt. Ganz Europa ist erschüttert.

Unmittelbare Ermittlungen

Während in den Tagen nach dem 7. Juli 2005 die Ermittlungen nach den Tätern und den Hintergründen der Tat auf Hochtouren laufen, kämpfen in den Londoner Krankenhäusern viele Schwerverletzte um ihr Leben. Am 18. Juli stirbt schließlich das 56. Opfer an den Folgen des Anschlags. Nach anfänglichen Zweifeln, ob es sich um Selbstmordattentäter gehandelt hat oder ob die Bomben über Zeitzünder zur Explosion gebracht worden sind, wird im Zuge der Ermittlungen schließlich klar, dass sich die vier Terroristen in der Tat unter den Toten befinden. Alle vier waren Briten und lebten bis zu den Anschlägen unauffällig in Leeds. Drei von ihnen waren junge Männer pakistanischer Abstammung, der vierte stammte aus Jamaika. Einige von ihnen waren kurze Zeit vorher in Pakistan gewesen, und bei mindestens einem konnte nachgewiesen werden, dass er in dieser Zeit eine Koranschule besucht hatte, in der Hass gegen den Westen und die Christen gepredigt wurde. Im Übrigen ahnten wohl selbst nächste Angehörige nichts von ihrer radikalen Gewaltbereitschaft. Am 16. Juli wird schließlich bekannt, dass in der ägyptischen Hauptstadt Kairo der mutmaßliche Bombenbauer der Anschläge verhaftet worden ist. Die britische Presse bezeichnet ihn als den „Chemiker" und sieht in ihm einen der Drahtzieher der Anschläge.

Neuer Terror am 21. Juli 2005

Genau zwei Wochen nach den schrecklichen Anschlägen auf die Londoner U-Bahn herrscht wieder Großalarm in der Stadt. Drei U-Bahn-Stationen werden evakuiert, der Verkehr auf drei Linien wird eingestellt. In drei U-Bahnen und einem Bus hatten sich kleinere Explosionen ereignet. Glücklicherweise ist nur ein Mensch verletzt worden. Die späteren Ermittlungen ergeben, dass es sich bei den Tätern offenbar um Trittbrettfahrer gehandelt hat, die eine Wiederholung der Anschläge vom 7. Juli 2005 geplant hatten. Sie scheinen aber so dilettantisch vorgegangen zu sein, dass nur die Zünder, nicht aber die Bomben selbst explodiert sind. Nach der gescheiterten Tat können alle Beteiligten fliehen, obwohl in mindestens einem Fall mutige Passanten den Täter verfolgen und ihn beinahe stellen können. Schon acht Tage nach dem versuchten Anschlag kann die Polizei in London und Rom alle Attentäter festnehmen.

SCHRECKEN DER LUFTFAHRT

Meldungen von Flugzeugkatastrophen und noch viel mehr von Raumfahrtunglücken gehen um die ganze Welt wie kaum andere Schreckensnachrichten. Nach jedem Unglück wird stets die Schuldfrage gestellt: Waren es mangelhafte Wartung, technische Probleme oder unberechenbare Wetterbedingungen? Menschliches Versagen muss häufig als Erklärung dienen und man fragt sich: Übernehmen wir uns?

Der letzte Zeppelin

Die „Hindenburg“ explodiert in Lakehurst

Am 6. Mai 1937 steuert das riesige Luftschiff „Hindenburg“ den Landeplatz in Lakehurst/New Jersey an. Es war drei Tage zuvor in Frankfurt am Main zur ersten Atlantiküberquerung der Saison gestartet. Während des Landevorgangs fängt der Zeppelin Feuer und wird innerhalb von Sekunden zu einem gigantischen Feuerball. Wie durch ein Wunder überleben 62 der 97 an Bord befindlichen Menschen die Katastrophe. Das Unglück schockiert die Menschen auf beiden Seiten des Atlantiks und führt zum Ende der zivilen Luftschifffahrt mit Zeppelinen.

Nur ein Jahr lang, von 1936 bis 1937, steht die „Hindenburg“ im Liniendienst von Deutschland nach Amerika.

Komfortable Reise mit Verzögerungen

Seit 1930 war die Entwicklung der Luftschifffahrt mit Zeppelinen so weit gediehen, dass ein regelmäßiger Transatlantikverkehr eingerichtet werden konnte. Die Reise in einem Zeppelin war jedoch ein kostspieliges Vergnügen, das sich nur wenige leisten konnten. Im Vergleich zu den luxuriösen Kabinen auf einem Ozeandampfer waren die Kabinen in einem Zeppelin zwar eng und karg ausgestattet, aber die übrigen Räumlichkeiten des Luftschiffs und der Ausblick aus den großen Panoramafenstern der Passagiergalerien entschädigten die Fahrgäste dafür. Selbst ein speziell für die Luftschiffe gebauter Flügel aus Aluminium stand im Gesellschaftsraum, und das Essen an Bord war bald für seine erlesene Qualität berühmt. Seit 1936 fuhr auch der Zeppelin „Hindenburg“ auf der Route von Deutschland nach Amerika. Die erste Saison des neuen Luftschiffs war ausgesprochen erfolgreich gewesen, sodass der Liniendienst auch in der Saison 1937 fortgesetzt werden sollte.

Die letzte Fahrt der „Hindenburg“

Die letzte Fahrt des LZ 129 „Hindenburg“ beginnt am Abend des 3. Mai 1937 in Frankfurt am Main. An Bord befinden sich lediglich 35 Fahrgäste, die von 61 Besatzungsmitgliedern betreut werden. Schon die Überquerung des Atlantiks dauert aufgrund von sehr starkem Gegenwind zwölf Stunden länger als üblich. Als man endlich das amerikanische Festland erreicht,

kommt ein Gewitter mit heftigem Wind und starkem Regen auf. Der Kapitän des Luftschiffs versucht zunächst, das Gewitter zu umfahren, entscheidet sich aber dann doch eine Stunde später zur Landung.

Wasserstoff statt Helium

Zum Zeitpunkt ihrer Jungfernfahrt 1936 ist die „Hindenburg" die größte Flugmaschine aller Zeiten. Das berühmteste Luftschiff Deutschlands war bis dahin die „Graf Zeppelin" gewesen. Sie beförderte seit 1930 eine zunehmende Zahl von Passagieren über den Atlantik. Das Nachfolgemodell „Hindenburg" sollte zu einer Entlastung der „Graf Zeppelin" führen und gleichzeitig neue Maßstäbe setzen. Sie war zwar nur wenige Meter länger als die „Graf Zeppelin", hatte aber einen deutlich größeren Durchmesser, sodass sie fast doppelt so viel Gas zur Füllung benötigte. Während die Vorgängermodelle mit dem feuergefährlichen Wasserstoffgas befüllt worden waren, wurde die „Hindenburg" speziell zur Aufnahme des unbrennbaren Gases Helium konstruiert. Helium wurde zu dieser Zeit allerdings in großen Mengen nur in den USA produziert, und die USA hatten im Hinblick auf die politisch gefährliche Situation im nationalsozialistischen Deutschland die Auslieferung von Helium an Deutschland gestoppt. Die „Hindenburg" musste also wie ihre Vorgänger mit dem gefährlichen Wasserstoff gefüllt werden.

Verzweiflung an Bord

Nach dreitägiger Überquerung des Atlantiks setzt die „Hindenburg" also am 6. Mai 1937 gegen 19.15 Uhr Ortszeit zur Landung in Lakehurst, New Jersey, an. Die Bodenmannschaft steht bereit und ergreift die langen Halteseile, die vom Luftschiff abgeworfen worden sind. Die Reisehöhe beträgt nur noch etwa 60 m. Plötzlich entwickelt sich eine kleine Rauchfahne an der Heckflosse, und Sekunden später erschüttert eine Explosion das Heck des Luftschiffs. Kurz darauf erfolgt eine zweite Explosion im Mittelteil, das Luftschiff steht in Flammen. Die „Hindenburg" sinkt tiefer, und die verzweifelten Passagiere und Besatzungsmitglieder, die diese ersten Explosionen überlebt haben, versuchen, sich durch Sprünge in die Tiefe zu retten. Der Steward Wilhelm Balla berichtet später in seinem Tagebuch, wie er beobachtete, dass eine Mutter ihre beiden kleinen

Pionier der Luftfahrt

Ferdinand Graf von Zeppelin (1838–1917) war General und Luftschiffkonstrukteur. Nach einer militärischen Karriere wandte er sich der Konstruktion von lenkbaren Ballons zu. Das Resultat, das auf Entwürfen und Patenten des ungarischen Erfinders David Schwarz beruhte, war ein starres, aber lenkbares Luftschiff, das erstmals im Jahr 1900 über dem Bodensee aufstieg. Durch Spendenaktionen und eine Lotterie verschaffte er sich weitere Geldmittel, um die Entwicklung voranzutreiben. Seit 1909 konnten die neuen Luftschiffe, die nach ihrem Entwickler Zeppeline genannt wurden, für die zivile Luftfahrt eingesetzt werden. Die größte Anzahl von Zeppelinen wurde jedoch während des 1. Weltkriegs für militärische Zwecke gebaut, wo sie als Bomber und Aufklärer eingesetzt wurden.

Die Steuerkanzel des Luftschiffs „Hindenburg" ist aus dieser Perspektive gut zu erkennen.

Am 06.05.1937 explodiert die „Hindenburg“ bei der Landung in Lakehurst in einem gigantischen Feuerball.

Söhne aus dem brennenden Schiff abwarf, während die ältere Schwester selbst den Sprung in die Tiefe wagte. Die Söhne überleben die Katastrophe, ihre Schwester und ihr Vater zählen später zu den 36 Todesopfern (13 Passagiere, 22 Besatzungsmitglieder und ein Mitglied der Bodenmannschaft). Als Letzte springen die beiden leitenden Kapitäne ab, von denen einer am folgenden Morgen seinen schweren Verbrennungen erliegt.

Ursachenforschung

Die genaue Ursache für den Auslöser der Katastrophe blieb letztendlich bis heute ungeklärt. Eine extra eingesetzte Kommission untersuchte zwar die verschiedensten Theorien, auch die Möglichkeit der Sabotage, kam aber zu keinem überzeugenden Ergebnis. Die wahrscheinlichste Erklärung ist die, dass sich die Außenhaut des Schiffs bei der Durchquerung der Gewitterfront statisch aufgeladen hatte und bei ihrer Entladung das aus einem kleinen Leck austretende Wasserstoffgas entzündete. Das Gas war allerdings innerhalb von einer Minute verbrannt, viel schrecklicher war die Brennwirkung des mitgeführten Dieselkraftstoffs für die Motoren. Er brannte noch stundenlang, was der Grund für die vielen Opfer war.

Das Desaster von Lakehurst bedeutete jedenfalls das Ende der Zeppelinära. Schon einen Tag später ordnete der deutsche Reichsluftfahrtminister Hermann Göring die vorläufige Einstellung der Luftschifffahrt mit Zeppelinen an. Da die USA auch nach der Katastrophe nicht bereit waren, Deutschland mit dem ungefährlichen Helium zu beliefern, wurde der Zeppelinbetrieb auch nicht wieder aufgenommen.

Augenzeugenbericht

„Ich sah die beiden Jungens ganz in meiner Nähe stehen und hörte sie schreien, ebenso das 13-jährige Mädel am Boden liegen mit brennenden Haaren. Ein Kamerad und ich sprangen hinzu und löschten die brennenden Haare so gut es ging, aber es war schon zu spät, drei Stunden später war sie tot und erlöst von ihren Qualen.“
Aus dem Tagebuch des Stewards Wilhelm Balla

Das Wrack der „Hindenburg" brennt wegen des Dieselkraftstoffs an Bord noch mehrere Stunden lang.

Livereportage

Der Brand der „Hindenburg" in Lakehurst hat zwar wie durch ein Wunder nur 36 Opfer gefordert, aber große Betroffenheit auf beiden Seiten des Atlantiks ausgelöst. Dies lag nicht zuletzt daran, dass es eine der ersten Katastrophen war, über die eine Livereportage im Rundfunk gesendet wurde. Herbert Morrison, Reporter eines Chicagoer Radiosenders, war am Unglücksort, um seinen Zuhörern von der Ankunft des Zeppelins zu berichten. Unvermittelt wurde er während der Reportage Zeuge der Katastrophe. Sein routinierter Bericht über das Landemanöver ging schlagartig in eine sehr emotionale Schilderung des Desasters über. Hörbar erschüttert musste er mehrfach seine Reportage unterbrechen. Sein auf Band aufgezeichneter Bericht wurde noch am selben Abend in Chicago gesendet und am nächsten Tag landesweit wiederholt. Heute zählt diese Radioreportage zu den klassischen Stücken der Rundfunkgeschichte.

Nachdem der Zeppelin schließlich ausgebrannt ist, bringen Helfer die Opfer vom Ort des Grauens weg.

Zwischen 1929 und 1931 wurde in New York das Empire State Building, entworfen von den Architekten Shreve, Lamb & Harmon, gebaut – der damals höchste Wolkenkratzer der Welt.

Albtraum im 79. Stock

Ein B-25-Bomber rast in das Empire State Building in New York

An einem nebligen Julitag im Jahr 1945 fliegt die dreiköpfige Besatzung eines B-25-Bombers von Massachusetts nach New York. Wegen dichten Nebels kann die Maschine nicht wie vorgesehen auf dem Flughafen La Guardia in Queens landen, sondern der Pilot bittet darum, nach Newark, New Jersey, weiterfliegen zu dürfen. Er glaubt, er befinde sich auf der Westseite Manhattans, fliegt aber in Wirklichkeit nur dicht am Chrysler Building vorbei, dann über die 5th Avenue bis zur 34th Street. Der letzte Satz aus dem Funkverkehr lautet: „Ich kann das Empire State Building nicht sehen."

Das Empire State Building – geboren in der Krise

1929 war ein boomendes Wirtschaftsjahr, darum tat sich John Jacob Raskob, Gründer von General Motors, mit dem geschlagenen Präsidentschaftskandidaten der Demokratischen Partei, Alfred E. Smith, zusammen, um den größten Wolkenkratzer der Welt zu bauen. Sie beauftragten das Architekturbüro Shreve, Lamb & Harmon mit dem Bau. Der Entwurf zeigte schließlich den ausgeführten einfachen und eleganten, auf einer Basis von fünf Stockwerken errichteten Turm aus grauem Sandstein mit Bändern aus Aluminium und Nickel, dezenten Art-déco-Verzierungen und einer Reihe von Stufen, die sich nach oben hin verjüngen. Zwei Wochen nach Beginn der Bauarbeiten brach die Weltwirtschaftskrise aus und beendete für ein knappes halbes Jahrhundert den Wettlauf um den höchsten Wolkenkratzer: So lange blieb das Empire State Building das höchste Haus der Welt. Allerdings eröffnete es, als die Krise auf ihrem Höhepunkt war, weshalb die meisten Büros unvermietet blieben und es den Spitznamen „Empty State Building“ erhielt. Was das Empire State Building vor dem Bankrott rettete, waren die Aussichtsplattformen auf seiner Spitze: Millionen von Besuchern zahlten Eintritt, um die Welt aus dieser „unmöglichen“ Höhe zu sehen.

Nebel in New York

Am Morgen des 28. Juli 1945 herrscht dichter Nebel, als sich ein B-25-Bomber unter dem Kommando von Oberstleutnant William Smith auf dem Weg von Boston nach Newark befindet. Die Sicht ist extrem schlecht, und als Smith meint, er befände sich im Landeanflug, lässt er das Fahrwerk ausfahren. Da reißt der Nebel plötzlich ein wenig auf, und Smith sieht, dass die Maschine auf die Radio City Music Hall, den Konzertsaal am Rockefeller Center, zuschießt. Er zieht den Steuerknüppel nach oben, kann aber nicht schnell genug an Höhe gewinnen, und wie eine gewaltige Mauer sieht er die Fassade des Empire State Buildings auf sich zukommen. Ohne es verhindern zu können, schießt der Bomber in das 79. Stockwerk des höchsten Hauses der Welt. Die drei Besatzungsmitglieder der Maschine sind auf der Stelle tot. Ein Motor löst sich, durchschneidet das Gebäude glatt und kommt auf der anderen Seite wieder heraus, wo er bis in das Dach eines 20-geschossigen Gebäudes auf der 34th Street prallt und dort ein Feuer verursacht. Die Tanks explodieren, brennender Treibstoff spritzt ins Innere und fließt an den Seiten des Wolkenkratzers herunter. Elf Menschen im 79. Stock des Empire State Buildings kommen in den Flammen um, die der Zusammenstoß verursacht hat. Weitere drei verlieren ihr Leben durch herabstürzende Wrack- und Gebäudeteile, 26 weitere werden verletzt. Der Grund für die relativ niedrige Opferzahl ist die Tatsache, dass sich die Katastrophe an einem Samstagmorgen ereignet. Daher befinden sich zu diesem Zeitpunkt nur 1500 Personen im Gebäude. Normalerweise arbeiten heute mehr als 15 000 Personen im Empire State Building, hinzu kommen weitere 10 000 bis 20 000 tägliche Besucher. Auch sind die Straßen nicht so dicht mit Passanten gefüllt wie an einem normalen

Nach dem Einschlag des B-25-Bombers ins 79. Stockwerk ist das Empire State Building eingehüllt in Rauch und Flammen.

Vor dem Empire State Building bildet sich eine Menschenmenge, die das Geschehen gebannt und entsetzt verfolgt.

Wochentag. Wäre der Bomber allerdings kein Trainingsflugzeug gewesen, sondern bestückt mit Munition, wie es normalerweise der Fall ist – eine Katastrophe ungeheuren Ausmaßes hätte sich ereignet.

Der Unfall vom 28. Juli bleibt nicht der einzige dieser Art, kaum ein Jahr später, am 20. Mai 1946, fliegt erneut ein Militärflugzeug bei dichtem Nebel in den 58. Stock eines Gebäudes auf der Wall Street. Bei diesem Unglück kommen alle fünf Insassen ums Leben.

Tragödie im Aufzug

Auch im Innern des Hochhauses kommt es an jenem denkwürdigen 28. Juli zu einer Tragödie, die allerdings im Gegensatz zu dem unmittelbaren Zusammenstoß des Bombers mit dem Haus relativ glimpflich verläuft. Der zweite Motor und Teile des B-25-Fahrwerks haben sich in das Gebäude und dort bis zu den Aufzugschächten gefressen. Der Motor beschädigt alle sechs Stahlseile des Aufzugs und stürzt als Feuerball in einen glücklicherweise leeren Schacht.

Im 80. Stock ist die Fahrstuhlführerin Betty Lou Oliver durch die Flammen leicht verletzt worden. Helfer und Feuerwehrleute, die sofort an die Unglücksstelle eilen, versorgen sie im 79. Stock und bringen sie dann zur Liftkabine Nr. 6, um sie nach unten in die Lobby und von da ins Krankenhaus bringen zu lassen. Die Helfer wissen nicht, dass die Seile genau dieses Aufzugs betroffen sind, und lassen Betty Lou einsteigen. Als sich die Aufzugtür schließt, hören sie nur noch, wie die Seile reißen – der Aufzug fällt vor den Augen der hilflosen Feuerwehrleute im freien Fall nach unten, während sich in der Kabine die Füße von Betty Lou vom Boden heben. Kabelteile schlagen auf das Liftdach, bis die Fahrstuhlkabine unten aufschlägt. Oliver wird schwer verletzt, aber sie überlebt den über 300 m tiefen Sturz dank des Luftkissens, das sich durch den Fall unterhalb der Kabine gebildet hat, außerdem hat eine Auffangvorrichtung den Fall gebremst. Oliver kann aus den Trümmern des Aufzugs geborgen werden – sie übersteht eine Katastrophe, die sie zweimal zu töten drohte.

Ist Aufzugfahren gefährlich?

Die in den Himmel strebenden Dimensionen New Yorks sind eigentlich nur realisierbar geworden, weil der Aufzug erfunden wurde, denn nur so war es möglich, die in atemberaubender Weise him-

Das gewaltige Loch, das die B-25 im Empire State Building hinterlässt, zeugt von der Wucht des Aufpralls.

Der zweimotorige B-25-Bomber fliegt mit einer Spitzengeschwindigkeit von ca. 500 km/h.

Arbeiter errichten zwei Tage nach der Katastrophe Gerüste auf der 33rd Street, um mit den Reparaturarbeiten an der Fassade des Empire State Buildings zu beginnen.

melwärts gebauten Stockwerke einfach und schnell zu erreichen. Es gibt in New York etwa 54 000 Aufzüge, die jeden Tag auf und ab etwa 27 Mio. Fahrten unternehmen. Nach einer Studie kommt es bei jeder 135-millionsten Fahrt zu einem Zwischenfall – also durchschnittlich alle fünf Tage. Die wenigsten Aufzüge fallen in die Tiefe. Außerdem hat der Mechaniker Elisha Graves Otis 1854 einen Fangmechanismus für herabstürzende Fahrstühle erfunden, der durch Klemmen die Liftkabine am freien Fall hindert und der noch heute in fast allen Fahrstühlen auf der Welt verwendet wird.

Warum stürzte das Empire State Building nicht ein?

Natürlich tauchen bei diesem Bericht über den B-25-Bomber zwingend die Bilder vom 11. September 2001 auf. Wieso stürzte das Empire State Building aber nicht zusammen?

Im Gegensatz zu einer Passagiermaschine ist ein B-25-Bomber ein sehr kleines Fluggerät, vor allem auch im Vergleich mit der massiven Stahl- und Betonkonstruktion eines Wolkenkratzers. Außerdem wird dieser Bau nicht nur von einer einzigen Konstruktion gehalten. Der Bomber beschädigte darüber hinaus kaum vertikale Träger. Es bestand nie die Gefahr, das Gebäude könnte zusammenfallen.

Etwa eine Woche nach dem Absturz entschließen sich die Überlebenden nach langer Diskussion, ihre verstorbenen Kameraden zu essen, um selbst zu überleben.

Kannibalen aus Verzweiflung

16 Passagiere überleben einen Flugzeugabsturz in den Anden

Am 13. Oktober 1972 stürzt eine kleine Propellermaschine der uruguayischen Luftwaffe über den Anden ab. Die Maschine war von Spielern einer Rugby-Mannschaft gechartert worden, die zu einem Freundschaftsspiel nach Chile fliegen wollten. 33 der 45 Insassen überleben zunächst den Absturz. Die Suche nach ihnen wird allerdings nach einigen Tagen eingestellt, da man nicht mehr mit Überlebenden rechnet. Es beginnt ein Überlebenskampf in der Schneewüste der Anden, der schließlich nach 72 Tagen mit der Rettung der letzten 16 Passagiere endet. In ihrer Verzweiflung waren die Überlebenden gezwungen, das Fleisch ihrer toten Mitreisenden zu essen, um selbst dem Hungertod zu entgehen.

Flug zum Freundschaftsspiel

Die Absolventen der Stella Maris College in Montevideo/Uruguay konnten auch nach ihrer Schulzeit nicht von ihrem geliebten Rugby-Spiel lassen. Sie gründeten daher das Old Christians Rugby Team, um sich beim gemeinsamen Spiel weiterhin regelmäßig zu treffen. 1971 wurden sie sogar zu einem Freundschaftsspiel ins chilenische Santiago eingeladen und verbrachten dort fröhliche Tage. Als im nächsten Jahr die Einladung erneut ausgesprochen wurde, begann man voller Erwartungen mit den Vorbereitungen. Freunde und Verwandte wurden aufgefordert, den Ausflug ins Nachbarland zu begleiten.

So trifft sich am Morgen des 12. Oktober 1972 eine Gruppe von 40 Personen auf dem Flughafen von Carrasco in der Nähe von Montevideo/Uruguay, um mit einer kleinen Propellermaschine vom Typ Fairchild FH-227 den Flug über die

Anden anzutreten. Die Stimmung an Bord ist ausgezeichnet, selbst das Rugby-Ei kann ohne Protest durch die Kabine geworfen werden. Gegen Nachmittag verschlechtert sich allerdings das Wetter, sodass die Piloten vor der Überquerung der Anden einen Zwischenstopp einlegen müssen, da die kleine Maschine nicht so hoch aufsteigen kann, dass sie die Gipfel der Anden überfliegen könnte. Am nächsten Tag hat sich das Wetter so weit gebessert, dass ein Flug zwischen den Gipfeln der Anden hindurch möglich erscheint.

Navigationsfehler mit schrecklichen Folgen

Die Gipfel der Berge sind allerdings immer noch in der dichten Wolkendecke verborgen, sodass die Piloten nach ihren Instrumenten fliegen müssen. Nachdem sie vermeintlich die Anden hinter sich gelassen haben, gehen sie zum Sinkflug über und durchqueren die Wolkenmassen. Als sie jedoch endlich wieder freie Sicht haben, stellen sie erschrocken fest, dass sie sich noch mitten in den Anden befinden. Offenbar haben sie den starken Gegenwind nicht ausreichend berücksichtigt. Noch bevor die Maschine wieder auf größere Höhe gebracht werden kann, kracht die rechte Tragfläche gegen eine Bergspitze und reißt ab. Kurz danach wird auch die linke Tragfläche abgerissen. Teile der zerstörten Tragfläche reißen ein Loch in das Heck der Maschine, und durch den plötzlichen Luftzug werden fünf Insassen aus dem Flugzeug gerissen und stürzen in den Tod. Der verbleibende Rumpf der Maschine rast zu Boden und rutscht über die dichte Schneedecke, bis er mit einem Krachen zum Stillstand kommt.

Die ersten Nächte im Schnee

In der Maschine herrscht Chaos. Viele Sitze sind beim Aufprall aus der Verankerung gerissen und nach vorne geschleudert worden. Zwischen den Sitzen und anderen abgerissenen Teilen stöhnen viele Verwundete. Die weniger Verletzten beginnen mit der Bergung und Betreuung der schwerer Verletzten. Langsam bricht die Dunkelheit herein, und die Nächte in der Höhenlage von 4000 m lassen Temperaturen von bis zu –30 °C erwarten. An Bord befinden sich kaum Hilfsmittel zum Schutz gegen diese extreme Kälte. Schon in der ersten Nacht sterben weitere fünf Insassen an den Folgen des Absturzes. Am Morgen des 14. Oktober 1972 leben noch 27 der ursprünglich 45 Insassen des Flugzeugs, viele von ihnen sind verletzt. Die Überlebenden helfen sich gegenseitig so gut wie möglich und hoffen gemeinsam auf baldige Rettung. Zur Trinkwassergewinnung konstruieren sie schon bald eine Anlage, die Schnee durch Sonneneinstrahlung schmelzen lässt und das Wasser in Behältern sammelt. Zum Problem wird aber das Fehlen von Lebensmitteln. Außer ein paar Tafeln Schokolade und Keksen ist nichts an Bord. Nach einer guten Woche im eisigen Schnee erfahren sie aus einem kleinen Transistorradio, dass die Suche nach ihnen abgebrochen worden ist. Für die Welt sind sie alle tot.

Die Nächte im Hochgebirge sind eiskalt, die Überlebenden sind völlig unzureichend ausgerüstet.

Der Brief

Der über den Fluss geworfene Hilferuf lautete:
„Ich komme von einem Flugzeug, das in den Bergen abgestürzt ist. Ich bin Uruguayer. Wir sind zehn Tage gewandert. Ich habe weiter oben noch einen verletzten Freund. Im Flugzeug sind weitere 14 Verletzte. Wir müssen hier schnell weg, aber wir wissen nicht wie. Wir haben nichts zu essen. Wir sind krank. Bitte kommen Sie und holen Sie uns ab. Wir können nicht weiter. Wo sind wir?"

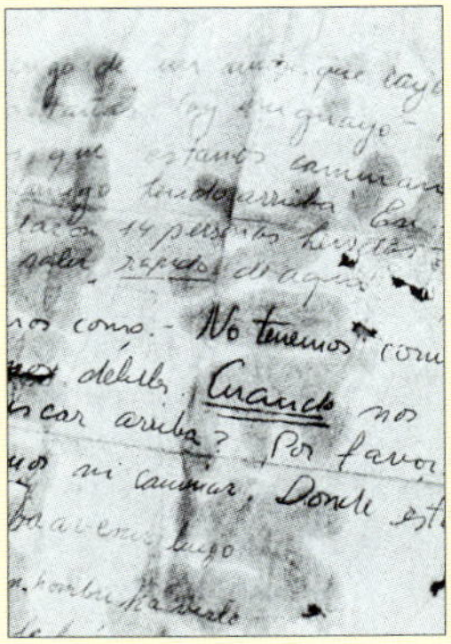

Verzweifelter Überlebenskampf

Nach einer Woche sind zwar die leichteren Verletzungen einigermaßen auskuriert, aber die Nahrungsmittelvorräte sind aufgezehrt, und der Hunger schwächt die Überlebenden zusehends. Nach langen Diskussionen entschließen sie sich, vom Fleisch der Verstorbenen zu probieren. Der Friedhof, den sie vorher angelegt hatten, wird nun zur Vorratskammer für das blanke Überleben. Nach anfänglichem Zögern schließen sich alle der vermeintlich kannibalischen Praxis an. In dieser lebensfeindlichen Höhe der Anden ohne Tier- und Pflanzenwelt bleibt den Verzweifelten keine andere Wahl, wenn sie für sich selbst die Chance auf ein Überleben erhalten wollen.

Rechts: Die Schneewüste in 4000 m Höhe liefert keinerlei Nahrungsquellen; es gibt hier weder Pflanzen noch Tiere.

Unten: Endlich, nach 72 Tagen in der Schneewüste, treffen die Hubschrauber zur Rettung der Überlebenden ein.

Expedition zurück in die Zivilisation

Nach zwei Monaten unter diesen unmenschlichen Bedingungen leben noch 16 von ihnen. Allein acht Überlebende wurden getötet, als Ende Oktober eine Lawine den Flugzeugrumpf begrub. Weitere drei starben im November und Dezember an den Verletzungen, die sie beim Absturz erlitten hatten. In der Zwischenzeit waren häufig Expeditionen von kleinen Gruppen gestartet worden, die aber stets ohne Erfolg zurückgekehrt waren. Nach 62 Tagen brechen schließlich Nando Parrado, Roberto Canessa und Antonio Vizintin zu einer erneuten Wanderung auf, und diesmal soll es gelingen. Nach drei Tagen wird Vizintin zurückgeschickt, um die Lebensmittelvorräte der Expeditionsgruppe zu schonen. Nach acht Tagen erreichen Parrado und Canessa schließlich das Ende der Schneefelder und finden einen Fluss, auf dessen gegenüberliegender Seite ein Farmer seine Herde weidet. Da sie die tosenden Wassermassen nicht überqueren können und auch ihre Hilferufe nicht verstanden werden, werfen sie schließlich einen Brief, den sie um einen Stein gewickelt haben, über den Fluss. Der Farmer alarmiert daraufhin die Behörden. Nach 72 Tagen in der Schneewüste werden die Überlebenden endlich mit Hubschraubern evakuiert.

Erinnerungstreffen nach 30 Jahren

Am 30. Jahrestag der Rettung steigen vier der Überlebenden nach einem gemeinsamen Gebet den Berg hinab, der schließlich zum rettenden Fluss führte. Unter ihnen ist Roberto Canessa (ganz rechts), einer der beiden, die damals die entscheidende Expedition unternommen hatten.

Inferno auf der Startbahn

Zwei Jumbojets kollidieren auf Teneriffa

Am 27. März 1977 krachen auf der Startbahn des Flughafens von Teneriffa zwei Jumbojets ineinander. Von den insgesamt 643 Menschen an Bord der beiden Maschinen überleben nur 61 Menschen das nachfolgende Flammeninferno. Das schrecklichste Unglück der Luftfahrtgeschichte des 20. Jahrhunderts ereignete sich somit nicht in der Luft, sondern auf dem Rollfeld eines Flughafens. Ursache der Katastrophe war offenbar eine Reihe von Kommunikationsproblemen zwischen dem Tower und den beiden Cockpit-Besatzungen.

Terrorwarnung auf Gran Canaria

Am Sonntag, den 27. März 1977 sind unter anderem zwei Großraumflugzeuge unterwegs zur spanischen Ferieninsel Gran Canaria. Der Jumbojet (Boeing 747) mit dem Namen „Rhine River" der niederländischen Fluggesellschaft KLM kommt aus Amsterdam, der Jumbojet „Clipper Victor" der amerikanischen Gesellschaft PAN AM kommt aus New York. Insgesamt haben die beiden Flugzeuge 643 Menschen an Bord. Kurz vor der Landung auf ihrem Zielflughafen in Las Palmas ereignet sich dort jedoch ein terroristischer Bombenanschlag, dessen Folge eine vorübergehende Sperrung des Flughafens ist. Die beiden ankommenden Flugzeuge werden daher zur Nachbarinsel Teneriffa umgeleitet, auf der sie gegen 14.00 Uhr kurz hintereinander landen. Der Flughafen Los Rodeos in Santa Cruz de Tenerife ist zu diesem Zeitpunkt stark überlastet, da er nicht nur den üblichen Wochenendverkehr, sondern zusätzlich die aus Gran Canaria umgeleiteten Flugzeuge aufnehmen muss. Die ankommenden und wartenden Flugzeuge werden aus Platzmangel so eng geparkt, dass sie nicht ohne Weiteres wieder zum Start gerufen werden können.

„Rhine River" behindert „Clipper Victor"

Die Piloten der beiden Jumbojets treffen für ihre Passagiere unterschiedliche Entscheidungen. Während der niederländische Kapitän Jacob van Zanten seine Passagiere aussteigen lässt, damit sie die Wartezeit in der Flughafenhalle verbringen können, behält der amerikanische Pilot die Passagiere an Bord, um so schnell wie möglich wieder starten zu können. Direkt nach der Bekanntgabe der Entwarnung aus Las Palmas

Das ausgebrannte Skelett des KLM-Jumbojets liegt auf der Startbahn des Flughafens von Teneriffa.

bereiten sich beide Besatzungen auf den erneuten Start vor. Unglücklicherweise ist die KLM-Maschine hinter der PAN-AM-Maschine geparkt worden, sodass diese warten muss, bis sich die niederländischen Fluggäste wieder an Bord befinden. Als der KLM-Jumbo endlich die Freigabe erhält, in die Startposition zu fahren, muss dies über die Startbahn erfolgen, da nicht nur das Vorfeld des Abfluggebäudes, sondern auch der seitliche Rollweg zur Startposition mit parkenden Flugzeugen verstellt ist. Kurze Zeit später kann auch die PAN-AM-Maschine auf demselben Weg zur Startposition rollen.

Eine Kette von Missverständnissen

Sobald der KLM-Kapitän van Zanten das Ende der Startbahn erreicht hat, macht er eine 180°-Drehung und meldet dem Tower mit den Worten „ready for take off" seine Startbereitschaft. Die Flugüberwachung gibt die Warteanweisung „stay at take-off", da die nachfolgende amerikanische Maschine noch über die Startbahn rollt. Diese soll nun über einen Verbindungsweg von der Startbahn zum seitlichen Hauptrollweg gelotst werden. Der PAN-AM-Kapitän verpasst aber die entsprechende Abzweigung und rollt weiter auf der Startbahn. Zwischenzeitlich ist obendrein so starker Nebel aufgekommen, dass Kapitän van Zanten die Startbahn nicht mehr komplett einsehen kann. Von der Warteanweisung hat er zu allem Unglück offensichtlich nur Bruchstücke verstanden, möglicherweise nur den Rest „... take-off". Jedenfalls ist er davon überzeugt, die Startfreigabe erhalten zu haben, und beginnt mit dem Startvorgang. Sein Bordingenieur hört währenddessen Bruchstücke der Kommunikation zwischen der PAN-AM-Maschine und dem Tower mit. Der Kontrollturm hat die amerikanische Besatzung gerade aufgefordert zu melden, wenn sie die Startbahn geräumt hat. Auf dem Cockpit-Rekorder der KLM-Maschine ist seine Bemerkung zu Kapitän van Zanten zu hören: „Ist sie nicht von der Startbahn, die PAN AM?". Sein Kapitän antwortet aber völlig überzeugt: „Oh doch!"

Auch einen Tag nach der Katastrophe bietet das Rollfeld ein Bild der Verwüstung.

Der Flughafen Los Rodeos

Der „Aeropuerto International de los Rodeos" ist der kleinere der beiden Flughäfen auf Teneriffa. Er liegt im Norden der Insel bei Santa Cruz de Tenerife. Er war immer bekannt für die dort plötzlich auftretenden Nebelbänke und starken Winde, die das Starten und Landen schwierig machen. Zum Zeitpunkt der Katastrophe von 1977 verfügte der Flughafen noch nicht über ein Bodenradar, mit dem man die Bewegungen auf dem Rollfeld auch bei extrem schlechter Sicht kontrollieren kann.

Die Katastrophe nimmt ihren Lauf

Während die amerikanische Maschine weiter über die Startbahn rollt, taucht plötzlich im Nebel die startende KLM-Maschine auf. Mit über 200 km/h rast sie die Startbahn entlang. Beide Piloten versuchen noch das Unmögliche, der Amerikaner lenkt seinen Jumbo zur Seite und gibt vollen Schub, um von der Startbahn herunterzukommen, der Niederländer reißt die Nase des Flugzeugs hoch, um über die amerikanische Maschine hinwegzufliegen. Die Katastrophe ist jedoch nicht mehr zu verhindern. Die KLM-Maschine hebt zwar noch ab, aber ihr Fahrwerk trifft den Rumpf des amerikanischen Jumbos und schlitzt ihn auf. 150 m weiter stürzt die „Rhine River" auf die Startbahn, rutscht noch 300 m auf dem Boden entlang und fängt dann Feuer. Dem nachfolgenden Flammeninferno entkommt keiner der 248 Insassen. Die „Clipper Victor" rollt noch eine kurze Strecke mit aufgeschlitzter Oberseite und abgetrennter Seitenflosse, explodiert dann aber und geht ebenfalls in Flammen auf. Von den 396 Insassen überleben nur 61, fast alle verletzt. Durch die Wucht der Explosion werden einige Passagier aus dem PAN-AM-Jumbo geschleudert, aber nur wenige entkommen der Katastrophe wie durch ein Wunder weitgehend unverletzt. Alles liegt in Trümmern, alles brennt. Radio Teneriffa sendet sofort einen Aufruf an alle Ärzte und Krankenschwestern, sich zur Erstversorgung der Verletzten zum Flughafen zu begeben. Auf der Straße zum Flughafen kommt es zu chaotischen Verhältnissen, zudem regnet und stürmt es. Im Hangar wird eine provisorische Leichenhalle eingerichtet. Auf dem Rollfeld kämpfen die Löschmannschaften gegen das Flammeninferno, aber erst nach neun Stunden gelingt es ihnen, die Flammen endlich unter Kontrolle zu bekommen.

Die Schuldfrage

Die Untersuchung der spanischen Flugsicherheitsbehörde kommt später zu dem Ergebnis, dass die Fluglotsen korrekt gearbeitet haben und auch die Wetterbedingungen nicht die wesentliche Ursache gewesen seien. Die Verständigung über Funk hatte aber eine ent-

Flugzeugunglücke auf Los Rodeos

7. Dezember 1965: Eine Douglas DC-3 der spanischen Gesellschaft SPANTAX stürzt kurz nach dem Start ab. 32 Tote.

3. Dezember 1972: Eine Convair 990 der spanischen Gesellschaft SPANTAX gerät nach dem Start in eine Nebelwand. Der Pilot verliert die Orientierung, die Maschine stürzt ab. 155 Tote.

27. März 1977: Zwei Jumbojets kollidieren bei Nebel auf der Startbahn. Das größte Unglück der zivilen Luftfahrt. 583 Tote.

25. April 1980: Eine Boeing 727-100 zerschellt beim Landeanflug an einem Berg, der durch tief liegende Wolken verhangen war. 146 Tote.

Die Trümmer des Pan-Am-Jumbojets sind über die Startbahn des Flughafens von Teneriffa zerstreut.

scheidende Rolle gespielt. Offensichtlich waren nicht die ganze Zeit über die standardisierten Formulierungen und die festgelegten Regeln für den Funkverkehr beachtet worden. Bestätigungen von gefunkten Anweisungen waren nicht abgewartet und auch nicht unmissverständlich vom Tower gefordert worden. Dem erfahrenen Flugkapitän der KLM-Maschine van Zanten wurde ein wesentlicher Schuldanteil zugewiesen, da er die klare Freigabe nicht abgewartet habe. Als Konsequenz aus der Katastrophe forderten die niederländischen und amerikanischen Untersuchungsbehörden den verstärkten Einsatz von Bodenradar auf den spanischen Flughäfen. Damit hätte an diesem nebligen Sonntag die Verkettung von tödlichen Missverständnissen möglicherweise rechtzeitig erkannt und verhindert werden können.

Ein KLM-Jumbojet des Typs 747 beim Flug über den Wolken. Die Fluggesellschaft existiert auch heute noch.

Auf dem Rollfeld liegen unzählige Trümmer, unter anderem das abgerissene Fahrwerk einer der beiden Maschinen.

Die „Challenger“ startet vom Kennedy Space Center in Cape Canaveral in Florida.

Zerplatzt in einem Feuerball

Die Explosion der Raumfähre „Challenger“

Als zweite für den Einsatz im All gebaute Raumfähre der NASA absolvierte die „Challenger“ 1983 ihren Erstflug. In ihrer dreijährigen Geschichte legte sie zehn Raumflüge zurück, verbrachte 69 Tage im All und umrundete dabei 987-mal die Erde. Auf ihren Flügen wurden unter anderem der erste Bahnverfolgungs- und Datenübertragungssatellit ausgesetzt und ein neuer Shuttle-Raumanzug getestet. Am 28. Januar 1986 kommt es jedoch zur Katastrophe – nur 73 Sekunden nach einem Bilderbuchstart explodiert die „Challenger“ auf der Mission STS-51L und reißt sechs Astronauten und eine Zivilistin in den Tod.

Beteiligt an etlichen Höhepunkten der Raumfahrt

Es war das US-Navy-Forschungsschiff „Challenger“, das bei der Namengebung der Raumfähre Pate gestanden hatte, und bereits die Mondlandefähre der Raumfahrtmission „Apollo 17“

Trauer im ganzen Land

„Wir werden sie nie vergessen, vor allem nicht dieses letzte Mal, als wir sie heute Morgen sahen, wie sie sich auf ihre Reise vorbereiteten, uns zuwinkten und die sicheren Bande der Erde verließen, um das Antlitz Gottes zu berühren.“

Ronald Reagan, US-Präsident von 1981–1989

hatte denselben Namen getragen. Bis zu dem tragischen Unfall war der Orbiter an mehreren noch nie erlebten Höhepunkten der amerikanischen Raumfahrt beteiligt: Sally Ride war die erste amerikanische Astronautin im All; als erste Raumfähre der Welt setzte die „Challenger" sicher im Kennedy Space Center auf; auf einer früheren Mission gelang es dem Astronauten Bruce McCandless als erstem Menschen, sich ohne Sicherungsleine außerhalb der Raumfähre zu bewegen und sicher zu manövrieren, er entfernte sich 30 m von ihr. Auf einer späteren Mission war Kathryn Sullivan die erste Amerikanerin, die einen Weltraumspaziergang unternahm. Auf einem anderen der zehn Flüge der „Challenger" gelangen zum ersten Mal Nachtstart und Nachtlandung. 1985 führte die „Challenger" auf drei Flügen das Weltraumlabor Spacelab mit sich, dort wurden neben anderen Experimenten auch Versuche mit lebenden Tieren im All durchgeführt. Während einer späteren Mission wurde die „Challenger" vom Raumlabor Spacelab D1 begleitet – eine Mission, die weitgehend von der Bundesrepublik Deutschland finanziert wurde. Auf dem letzten Flug dieser so erfolgreichen Raumfähre befand sich zum ersten Mal in der Geschichte der Raumfahrt eine Zivilistin an Bord, die Lehrerin Christa McAuliffe. Sie sollte, so war der Plan, Kinder vom All aus unterrichten.

Beweggründe der Lehrerin

„Ich möchte den Schülern in den Klassenzimmern zeigen, dass auch sie Teil der Geschichte sind und das Weltraumprogramm ihnen gehört. Ich will versuchen, sie mit dem Bewusstsein des Weltraumzeitalters heranwachsen zu lassen."

Christa McAuliffe, erste Zivilistin im All

Unterricht aus dem All

Mit den Jahren wurde in der amerikanischen Bevölkerung die Frage nach dem Nutzen dieser Weltraummissionen der NASA immer lauter. Das Spiel mit dem All verschlang Milliardenbeträge, ursprünglicher Zweck war nichts anderes als ein möglichst maximaler Vorsprung im Kalten Krieg gewesen. Mitte der 1980er-Jahre erreichte die Popularität des Weltraumprogramms einen Tiefpunkt, kaum mehr verfolgten Menschen die Starts und Landungen der Raumschiffe. Um das NASA-Programm wieder populär zu machen und vor allem, um eine weitere Finanzierung durch die Regierung zu garantieren, sollte die kostspielige Raumfahrt auf das Niveau eines Poperlebnisses gehoben werden. Als werbewirksamen Schritt ersann man die Idee, die buchstäbliche „Frau von nebenan" ins All zu schicken. Im Rahmen des Teacher-in-Space-Programms fiel die Wahl auf die 37-jährige Christa McAuliffe, sie wurde aus insgesamt 11 500 Bewerberinnen ausgewählt. Christa, Mutter von zwei Kindern und Lehrerin, wurde zur Astronautin gekürt. Gleichzeitig wurde unter den amerikanischen Schulkindern der Plan populär gemacht, sie würden die Zukunft unmittelbar erleben und direkt aus dem All unterrichtet werden. Die Rechnung ging auf, Millionen amerikanischer

Die Mannschaft der „Challenger". In der hinteren Reihe: Ellison S. Onizuka, Christa McAuliffe, Gregory Jarvis, Judith A. Resnik; vorne: Michael J. Smith, Francis R. Scobee and Ronald E. McNair (jeweils von l. nach r.).

Brief von Ingenieur Roger Boisjoly

Im Sommer 1985, sechs Monate vor der Katastrophe, schrieb der Raumfahrtingenieur Roger Boisjoly einen Brief an R. K. Lund, den Vizepräsidenten der Morton Thiokol Inc., die die Konstruktion des Orbiters übernommen hatte, und machte auf die Defekte an den Dichtungsringen aufmerksam:

„Dieser Brief wurde geschrieben, um sicherzustellen, dass die Verwaltung sich die Ernsthaftigkeit des Erosionsproblems der Dichtungsringe vom Standpunkt eines Ingenieurs aus betrachtet vollkommen bewusst macht ... Wenn sich dasselbe Szenarium [wie bei den Testreihen – Anm. d. A.] wiederholen sollte, dann ist das der springende Punkt, der über Erfolg oder Misserfolg der Mission entscheiden wird ... Das Ergebnis wäre eine Katastrophe höchster Ordnung – der Verlust menschlichen Lebens ... Es ist meine ehrliche und sehr reale Angst, dass, wenn wir nicht unmittelbar handeln und ein Team zusammenstellen, um das Dichtungsproblem mit höchster Priorität zu lösen, wir Gefahr laufen, einen Flug zu verlieren."

Morton Thiokol Inc. folgte Boisjolys Empfehlungen nicht.

Nur 73 Sekunden nach dem Start explodiert die „Challenger" am 28.01.1986 – vor den Augen von Millionen Fernsehzuschauern in der ganzen Welt.

Kinder wurden eingebunden, aber sie sollten keinen Unterricht aus dem All bekommen, stattdessen erlebten sie die Tragödie live am TV – und mussten nach der Katastrophe von Psychologen behandelt werden, denn 73 Sekunden nach einem Bilderbuchstart explodiert die Challenger vor den Augen der Welt.

Die Untersuchung der Katastrophe

Der damalige US-Präsident Ronald Reagan (1911–2004) ruft nach dem Unglück eine Kommission ins Leben, die sich mit der Aufklärung des Unfalls beschäftigen soll. Wie immer bei schwerwiegenden Katastrophen wird der Faktor gesucht, der das Unbegreifliche erklären soll. Schon ein halbes Jahr nach der Tragödie liegen erste Berichte vor. Es hat sich herausgestellt, dass poröse Dichtungen am rechten Feststoffbooster (Zusatzschub-Rakete) die Katastrophe verursacht haben. Wie sich weiter zeigt, hatte die NASA eine Reihe von Sicherheitsvorschriften missachtet. Es wird klar, dass die NASA Expertenwarnungen, die sich auf die Dichtungsringe beziehen, ignoriert hatte. Der Countdown lief, er musste weitergehen.

Die „Challenger" hätte an jenem Januarmorgen des Jahres 1986 nie starten dürfen, denn in Cape Canaveral herrschte Frost. Es konnte gezeigt werden, dass die extreme Kälte im Wechsel mit der plötzlichen Erhitzung durch die Zündung der Triebwerke die Gummidichtungen am Booster porös gemacht hatte. Auf diese Weise hatte sich ein Leck gebildet. Schon vor dem Start konnte man auf Fotos Rauchfahnen ausmachen. Mit der Durchführung des Starts und dem Abheben ist das Schicksal von Richard Scobee, Michael Smith, Judith Resnik, Ellison Onizuka, Ronald McNair, Gregory Jarvis und Christa McAuliffe besiegelt, das Leck vergrößert sich rasch, und in Sekundenschnelle springen Funken auf den Haupttank über. Als weitere Sekunden später der Tank endgültig Feuer fängt, explodieren rund 1,4 Mio. l Wasserstoff und Sauerstoff im Treibstofftank des Spaceshuttles, und die Trümmer verteilen sich über der Bucht der Ostküste Floridas. Monatelang sind NASA-Taucher damit beschäftigt, Teile der Raumfähre aus dem Ozean zu bergen, erst zwei Monate später, im März 1986, gelingt es, das Cockpit mit den sterblichen Überresten seiner Insassen zu bergen. Untersuchungen am Cockpit zeigen, dass die sieben Insassen die Explosion überlebten, die Ermittlungen ergeben, dass mindestens drei zu Notsauerstoffflaschen griffen und aus ihnen atmeten. Sie fielen, wie es scheint, bei vollem Bewusstsein drei Minuten lang aus einer Höhe von über 17 km, bevor sie auf der Oberfläche des Atlantiks aufprallten.

Die Folgen der Katastrophe

Das Unglück und der spätere Bericht veranlassen die zuständigen staatlichen Stellen, ein Startverbot für Shuttle-Flüge auszusprechen. Erst mehr als zweieinhalb Jahre später, am 29. September 1988, startet die inzwischen mit über 2000 Verbesserungen ausgestattete Raumfähre „Discovery". Der Feststoffbooster, der für das Desaster der „Challenger" verantwortlich gewesen war, ist komplett überarbeitet worden. Ferner wurde am Cockpit eine Notausstiegsluke angebracht, was die Astronauten zwingt, wieder Druckanzüge zur Gewährleistung ausreichender Atemluft bei Start und Landung zu tragen. Die NASA verzichtet fortan darauf, Satelliten mithilfe bemannter Raumfähren ins Weltall zu transportieren, für diesen Zweck setzt man nun unbemannte Trägerraketen ein. 1991 wird die bis dahin beste Raumfähre, die „Endeavour", fertiggestellt, und bis zum Jahr 2003 hat die NASA keinen weiteren Verlust zu verzeichnen – bis im Januar 2003 erneut ein Unglück geschieht: Die Raumfähre „Columbia" bricht beim Landeanflug auseinander, alle sieben Besatzungsmitglieder sterben.

Die Raumfähre „Challenger" fliegt mit geöffneten Transporttoren im Orbit über der Erde.

Mannschaftsmitglieder der „USS Preserver" heben ein großes Stück der zerborstenen „Challenger" aus den Tiefen des Meeres bei Florida.

Ein Jumbojet stürzt auf Amsterdam

Die rätselhafte Katastrophe in Biljermeer 1992

Am Abend des 4. Oktober 1992 stürzt eine Frachtmaschine der israelischen Fluggesellschaft El Al über dem Amsterdamer Stadtteil Bijlmermeer ab. Bei dem gerade gestarteten Jumbojet waren die beiden rechten Triebwerke ausgefallen. Die Maschine kracht in zwei Hochhäuser, und das explodierende Kerosin verwandelt die Unglücksstelle in ein wahres Höllenfeuer. Die Identität eines Teils der Fracht wird lange Zeit im Dunkeln gehalten, anfangs ist nur von Blumen, Parfüm und Unterhaltungselektronik die Rede. Erst über sechs Jahre nach der Katastrophe gibt die Fluggesellschaft zu, dass sowohl Grundsubstanzen für chemische Kampfstoffe als auch Uran an Bord waren.

Die Maschine kreist über Amsterdam

Nur wenige Minuten nach dem Start vom Amsterdamer Flughafen Schiphol fällt bei der israelischen Boing 747-200 eines der beiden Triebwerke auf der rechten Seite aus. Der Kapitän Jizchak Fuchs funkt einen Notruf zum Tower und bereitet sich auf die unmittelbare Rückkehr zum Flughafen vor. Mit 520 km/h dreht die Maschine eine große Schleife über Amsterdam, als plötzlich auch das zweite Triebwerk auf der rechten Seite ausfällt. Die Maschine lässt sich nur noch im Kreis fliegen. Als auch noch Probleme mit der Hydraulik auftreten und damit Höhen- und Seitenruder des Jumbos ausfallen, wird die Maschine manövrierunfähig und verliert dramatisch an Höhe.

Der Absturz ist unvermeidbar

„Going down, going down!", schreit Fuchs als letzte Meldung in sein Funkgerät. Die Maschine rast auf die Hochhäuser des Amsterdamer Trabantenvororts Bijlmermeer zu und kracht Sekunden später in die Wohnblocks „Groeneveen" und „Kruitberg". Das Stadtviertel wird in ein Flammenmeer verwandelt.

Der Absturz des 13 Jahre alten Fracht-Jumbojets war unvermeidbar und wurde später auf Materialermüdung an den Bolzen, die die Triebwerke halten sollen, zurückgeführt. Aber warum hatte Kapitän Fuchs nicht versucht, den schwer beladenen Jumbo im nahen Ijsselmeer notzulanden, obwohl dies möglich gewesen wäre? Warum war er mehrfach über Amsterdam gekreist, um eine bestimmte Landebahn des Flughafens anzusteuern? Dies sind nur einige der Ungereimtheiten, die den Flug LY 1862 von Amsterdam nach Tel Aviv zu einer geheimnisumwitterten Katastrophe werden ließen.

Die Boeing 747 der israelischen Gesellschaft El Al hebt ab zu ihrem letzten Flug.

Merkwürdige Aktivitäten am Unglücksort

Im Flammenmeer sterben mindestens 43 Menschen, 233 Wohnungen werden zerstört. Durch die Gluthitze des explodierenden Kerosins aus dem vollgetankten Flugzeug werden menschliche Körper allerdings geradezu verdampft, sodass nur wenige Opfer eindeutig identifiziert werden können. Es ist daher nicht auszuschließen, dass unter den Opfern weitere, illegale Bewohner der Hochhaussiedlung waren, die Opferzahl also weitaus höher ist. Die Bergungsarbeiten dauern die ganze Nacht an. Gegen Mitternacht allerdings wird die Unglücksstelle überraschend von Sicherheitsleuten völlig abgeschirmt. Feuerwehrleute, Journalisten und Schaulustige werden hinter die benachbarten Wohnblöcke zurückgedrängt, Wohnungen mit Blick auf die Unglücksstelle werden geräumt. Danach sollen Männer in weißen

Nach dem Einschlag des Jumbojets gehen zahlreiche Gebäude in Flammen auf. Übrig bleiben am Ende nur rauchende Trümmer.

Pressemeldung vom 7. April 1998

„Amsterdam (dpa) – Die niederländische Polizei hat am Dienstag eine Untersuchung nach den geheimnisvollen 'Männern in weißen Anzügen' begonnen, die nach dem Absturz einer El-Al-Maschine im Oktober 1992 in Amsterdam aufgetaucht sein sollen. Direkt nach dem Absturz auf Hochhäuser in Amsterdam hatten Augenzeugen die 'Mondmänner' zwischen den Wrackteilen der Maschine beobachtet. Anlass für die Untersuchung ist jetzt eine Aussage eines Feuerwehrmanns, der ebenfalls die Männer in den weißen Anzügen gesehen haben will; bisher hatten dies nur Bewohner ausgesagt. Unklar ist weiter, welche Ladung die El-Al-Maschine, die auf dem Weg nach Tel Aviv war, an Bord hatte. Am Montag hatte ein amerikanisches Transportunternehmen bestätigt, in der Nacht nach dem Absturz in aller Eile Ladung nach Tel Aviv geflogen zu haben. Das niederländische Fernsehen hatte zuvor eine schwedische Studie veröffentlicht, wonach bei dem Absturz der Boeing 747 auf den Stadtteil Bijlmermeer größere Mengen von schwach radioaktivem Uran freigekommen waren. Niederländische Toxikologen zweifeln jedoch diese Ergebnisse an. Bei der Katastrophe war eine Frachtmaschine der israelischen Luftfahrtgesellschaft El Al auf einen Wohnblock gestürzt. Drei Besatzungsmitglieder, ein Passagier und 39 Anwohner kamen ums Leben. Viele Anwohner mussten in den darauf folgenden Jahren wegen Haarausfall und Hautkrankheiten behandelt werden."

Schutzanzügen die Absturzstelle durchsucht haben, und gegen fünf Uhr morgens transportierten Lastwagen einen Teil der Jumbofracht ab.

Was hatte die Maschine wirklich geladen?

Auf einer Pressekonferenz nach der Katastrophe sagt die niederländische Verkehrsministerin Hanja Maji-Weggen, dass die Maschine nur Blumen und Parfüm geladen hätte. Eine Parfümwolke an der Unglücksstelle wurde in der Tat von vielen Augenzeugen bestätigt. Aber wie lassen sich die Erkrankungen einer Vielzahl von Helfern und Bewohnern des Viertels Jahre nach der Katastrophe erklären? Nierenprobleme, Haarausfall, Ekzeme und eine auffällige Häufung von Fehlgeburten wurden zweifelsfrei festgestellt. Erst fast sechs Jahre nach dem Desaster kommen immer mehr Details ans Tageslicht. Die Frachtpapiere der Maschine wurden offensichtlich manipuliert, der vermisste Voicerekorder, der die Gespräche im Cockpit aufzeichnet, soll heimlich nach Israel geschafft worden sein, und die Maschine hatte keineswegs nur Blumen und Parfüm geladen. Die Fluggesellschaft muss nach und nach immer mehr militärische Güter als Ladungsbestandteile zugestehen: Panzerteile, Komponenten für Luftabwehrraketen, chemische Grundsubstanzen für das Giftgas Sarin und letztendlich auch einige hundert Kilogramm Uran.

Die Maschine der El Al stürzt auf Amsterdam-Bijlmermeer und zerstört insgesamt 223 Wohnungen. Mindestens 43 Menschen kommen um.

Der „Baum, der alles gesehen hat"

Es besteht nur wenig Hoffnung, dass jemals die ganze Wahrheit ans Licht kommt. Selbst sechs Jahre nach dem Unglück warteten die von den Folgeschäden betroffenen Opfer immer noch auf eine amtliche Untersuchung und Anerkennung ihrer merkwürdigen Krankheiten. 1998 ist lediglich ein Monument zur Erinnerung an die Katastrophe eingeweiht worden. In der Nähe der Absturzstelle, mitten in der Zone der größten Zerstörung, war eine einsame Pappel verschont geblieben und hatte sich schnell zum Ort des Gedenkens entwickelt. Gedichte, Fotos, Blumen und Kränze wurden dort niedergelegt, um an die Opfer zu erinnern. Der „Baum, der alles gesehen hat", ein stummer grüner Augenzeuge, wurde schließlich zum Zentrum eines Mahnmals, das auf die Initiative der Amsterdamer Stadtverwaltung hin in Bijlmermeer errichtet wurde.

Für die Betroffenen ist dies allerdings nur ein schwacher Trost. Internationale Staatsgeheimnisse haben offenbar Vorrang vor den Rechten des einfachen Bürgers, Ekzeme, Haarausfall und stinkende Geschwüre bleiben das Problem der unschuldigen Opfer. Henk van der Belt, ein Augenzeuge der Katastrophe, kommentiert: „Was sollen wir mit dem Mahnmal? Sie sollen die Sache aufklären und uns den Glauben zurückgeben, dass wir eine Demokratie sind, in der die Menschen ernst genommen werden."

Königin Beatrix besucht am Tag nach der Katastrophe die Unglücksstelle.

Das Ende eines Friedenssymbols

DIE CONCORDE GEHT IN FLAMMEN AUF

Am 25. Juli 2000 stürzt Air France Flug 4590 auf dem Weg vom Charles de Gaulle International Airport, Paris, nach John F. Kennedy Airport, New York, nur Minuten nach dem Start ab. Die Concorde, das einzige Überschallflugzeug der Luftfahrtgeschichte, Symbol für Frieden und internationale Verständigung, wie Tony Benn, der ehemalige britische Technologieminister sie nannte, geht in Flammen auf. 113 Menschen verlieren ihr Leben.

Die Motoren des linken Flügels der Concorde fangen kurz nach dem Start Feuer. Auslöser des Unglücks ist ein geplatzter Reifen.

Sicherstes Passagierflugzeug der Geschichte

Die Concorde wurde von Großbritannien und Frankreich gemeinsam entwickelt und erreichte mit 2200 km/h die doppelte Schallgeschwindigkeit. Der erste Prototyp absolvierte schon 1969 seinen Jungfernflug. Seit 1976 wurde sie kommerziell genutzt und ist bis heute das einzige Überschallflugzeug geblieben, das im normalen Flugverkehr eingesetzt wurde. Die Concorde galt als das sicherste Flugzeug der Welt. Dieser Wert ergibt sich aus der Menge der Flugtoten im Verhältnis zu den zurückgelegten Meilen eines Flugzeugtyps. Im Vergleich fliegt die gesamte Boing-737-Flotte in einer Flugwoche zwar mehr Passagiermeilen ab und hat mehr Betriebsstunden als die Concorde im Laufe ihrer gesamten Fluggeschichte absolviert, aber das liegt an der Menge der Boing-Maschinen und der Ausdehnung ihres Streckennetzes.

Titaniumblech auf der Startbahn

Während des Starts der Concorde an jenem Sommertag im Juli des Jahres 2000 überfuhr das Flugzeug, das schon eine Startgeschwindigkeit von 300 km/h erreicht hatte, ein etwa 40 cm langes Stück Titanblech, das auf der Startbahn lag. Das Blech stammte von einer DC10 der amerikanischen Fluggesellschaft Continental Airlines, die vier Minuten zuvor von derselben Startbahn abgehoben hatte. Der betroffene Reifen der Concorde platzte, und ein großer Teil davon schlug mit solcher Wucht gegen die Unterseite der linken Tragfläche, dass einer der Treibstofftanks beschädigt wurde. Austretender Treibstoff entzündete sich umgehend entweder durch den Funken einer elektrischen Leitung oder durch den Kontakt mit den extrem heißen Teilen des Motors. Sekunden später, als das Flugzeug abhob, verloren die Motoren 1 und 2 gleichzeitig alle Schubkraft, welche sie aber während der folgenden Sekunden wiedergewannen. Als sich in Motor 2 eine große Flamme bildete, die wie ein Schweif hinter dem Flugzeug herzog, schaltete die Besatzung, die inzwischen über den Bordcomputer eine Feuerwarnung erhalten hatte, diesen Motor ab. Zu diesem Zeitpunkt blieb dem Piloten keine andere Wahl, als den Startvorgang fortzusetzen – er wollte zum nahe gelegenen Flughafen Le Bourget fliegen, um dort eine Notlandung zu versuchen.

Sturz in ein Hotel

Weil nur noch drei der vier Motoren funktionierten und die Landevorrichtung nicht eingefahren werden konnte, gewann die Concorde jedoch nicht weiter an Geschwindigkeit und erreichte nicht die nötige Flughöhe, sie flog weiterhin mit nur 370 km/h anstelle der erforderlichen 400 km/h, und das in einer Höhe von nur 60 m. Das Feuer sprang auf Motor 1 über, wodurch dieser ausfiel. Durch die nun asymmetrische Beschleunigung – nur noch die beiden Motoren 3 und 4 funktionierten – hob sich der rechte Flügel so sehr, dass das

Die abstürzende Concorde rast in ein nahe gelegenes Hotel und tötet vier Hotelgäste.

Flugzeug in einer Schräglage von über 100 Grad dahinraste. Um die Concorde wieder in eine horizontale Lage zu bringen, blieb dem Piloten keine andere Wahl, als die Schubkraft der beiden verbliebenen Motoren zu verringern. Als Folge verlor er durch die verringerte Geschwindigkeit jegliche Kontrolle über sein Flugzeug – es stürzte ab. Tragischerweise raste die Concorde in das Hotel „Les Relais Bleus“ in Gonesse in der Nähe des Flughafens. Bei der Katastrophe kamen alle neun Mannschaftsmitglieder, 100 Passagiere und vier Personen auf dem Boden ums Leben.

Angst vor weiteren Unglücksfällen

„Der Unfall vom 25. Juli zeigt, dass die Zerstörung eines Reifens, ein Ereignis, von dem nicht versichert werden kann, dass es sich nicht wiederholt, in kürzester Zeit so katastrophale Konsequenzen hatte, dass sie von der Mannschaft nicht behoben werden konnten.“

Französisches Amt zur Untersuchung von Luftfahrtunfällen (BEA)

Flugverbot für alle Concordes

Nur wenige Tage nach dem Unfall erhielten alle Concorde-Maschinen Flugverbot, denn die internationale Flugsicherheitsbehörde wollte den Unfall erst einmal untersuchen. Nur noch einer in New York stehenden Air-France-Maschine wurde der Rückflug nach Paris gestattet – jedoch ohne

Die Feuerwehrleute können nicht mehr tun, als die Wrackteile der Concorde zu löschen. Für die Besatzung und die Passagiere gibt es keine Rettung.

Eine British-Airways-Concorde beim Start vom John F. Kennedy International Airport. Der Flug nach Heathrow Airport in London am 26.07.2000, einen Tag nach der Katastrophe von Paris, muss ohne Passagiere durchgeführt werden.

Rekorde der Concorde

Die Concorde stellte in ihrer Geschichte mehr als nur einen Rekord auf: 1995 umrundete sie die Erde von Paris aus inklusive aller Zwischenstopps bis zum Ausgangsflughafen zurück in 32 Stunden, 27 Minuten und 49 Sekunden. Eine Concorde der British Airways legte am 7. Februar 1996 die Flugstrecke New York–London in 2 Stunden, 52 Minuten und 59 Sekunden zurück – ein Weltrekord. Im August 1999 flogen drei Concorde-Maschinen mit doppelter Schallgeschwindigkeit im Mondschatten über den Atlantik, die etwa 300 Passagiere erlebten die totale Sonnenfinsternis auf diese Weise drei- bis viermal länger als die Betrachter am Boden.

Die zerschellte Maschine hinterlässt ein Trümmerfeld – und verursacht der Air France Schäden in Millionenhöhe: Neben der Verurteilung zu hohen Schadensersatzzahlungen kommt es zu Einnahmeausfällen, da die Concordes zunächst aus dem Verkehr gezogen werden.

Passagiere. Neben der Ermittlung der Unfallursache sollten auch Vorschläge für Verbesserungen an der Maschine erarbeitet werden. Die Untersuchungen ergaben, dass einige Veränderungen vorgenommen werden mussten, vor allem aber bekamen die Maschinen eigens für sie entwickelte Reifen, die nicht platzen konnten.

Immer schon Probleme mit den Reifen

Im Jahr 2005 schließlich leiteten französische Behörden eine Untersuchung gegen Continental Airlines wegen der Verwendung des eigentlich nicht zugelassenen Titanblechs ein, das die Fluggesellschaft benutzte, weil es widerstandsfähiger als herkömmliche Metalle ist. Im selben Jahr wurde auch eine Untersuchung gegen den ehemaligen Flugingenieur Jacques Herubel eingeleitet. Wie sich gezeigt hatte, war es in den Jahren zwischen 1979 und 2000 insgesamt zu über 70 Zwischenfällen im Zusammenhang mit den Reifen der Concorde gekommen. Herubel, der verantwortliche Flugingenieur, hatte dieses Thema jedoch vernachlässigt und keinerlei Schritte eingeleitet, um die Missstände zu beheben.

Als alle Fehler behoben waren und die Concorde wieder flog, ereigneten sich die Terrorangriffe vom 11. September 2003. Eine indirekte Folge war das Ausbleiben von Kunden im Transatlantikverkehr, was letztendlich zur Einstellung aller Concorde-Flüge führte, denn bei sinkenden Passagierzahlen war das Flugzeug unrentabel geworden.

Die Concorde, das einzige Überschallflugzeug, das je im normalen Flugverkehr eingesetzt wurde, galt bis zur Tragödie von Paris als das sicherste Flugzeug der Welt.

Beim Landeanflug verglüht

Die Raumfähre „Columbia“

Die Raumfähre „Columbia“ eröffnete am 12. April 1981 ein neues Kapitel der Raumfahrt. Im Gegensatz zu den Trägerraketen, von denen Teile im All verglühen und nur eine kleine Kapsel zur Erde zurückkehrt, landete die Raumfähre gleich einem Flugzeug auf einer Piste und konnte im Ganzen wiederverwendet werden. Benannt nach einem amerikanischen Segelschiff, dem 1792 als Erstem eine Weltumsegelung gelungen war, absolvierte die „Columbia“ unzählige Flüge, bis es am 1. Februar 2003 zur Katastrophe kommt – beim Wiedereintritt in die Atmosphäre verglüht sie und reißt ihre komplette Besatzung in den Tod.

Beschädigung schon beim Start

Die Untersuchung der Ereignisse vom 1. Februar ergibt später, dass sich die Tragödie, zu der es in den letzten Minuten des Flugs der „Columbia“ kam, tatsächlich schon beim Start angebahnt hatte. Drei Monate lang untersuchten die Mitglieder einer eigens eingesetzten Kommission 50 000 Wrackteile, Computerdaten und Fotos, bevor sie zu dem Schluss kamen, dass die Raumfähre bereits 81 Sekunden nach ihrem Start eine Beschädigung erlitten hatte, die dann zwar während der gesamten 16-tägigen Mission den Belastungen standhielt, allerdings in den letzten Minuten, beim Landeanflug nämlich, dann doch zum Verhängnis wurde: Beim Start hatte sich von einem der Außentanks ein Stück Isoliermaterial gelöst und war gegen die linke Tragfläche des Raumgleiters geschlagen, wo es eine Beschädigung verursacht hatte. Beim Landeanflug traten nun an der beschädigten Stelle heiße Gase in die Tragfläche ein. Die Gase führten schließlich zum Auseinanderbrechen der „Columbia“ und zum Tod ihrer sieben Besatzungsmitglieder. Harold Gehman, der Leiter der Untersuchungskommission in Houston, sagte, die Raumfähre sei mit einem schon existierenden Problem in der linken Tragfläche in die Erdatmosphäre eingetreten. Das Problem sei klein genug gewesen, dass die Fähre es bis nach Texas schaffte, aber groß genug, dass Gase in die Tragfläche gelangen konnten, die starke Hitze verursachten und schließlich zum strukturellen Versagen führten. Gehman räumte jedoch ein, dass man wohl nie schlüssig nachweisen könne, ob sich der Unfall so ereignet habe.

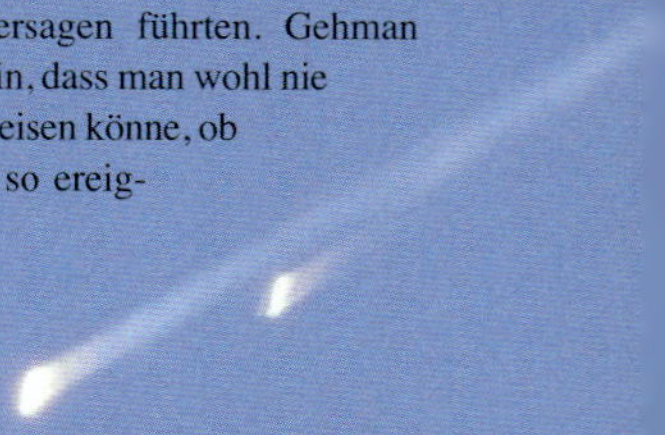

Die Raumfähre „Columbia“ startet zu ihrer 16-tägigen Mission ins All.

Ein schwieriger Moment

„Die Rückkehr in die Erdatmosphäre ist einer der schwierigsten Momente bei der Mission der Raumfähre. Eine Abweichung um einige Grad kann eine Katastrophe wie die heutige provozieren.“
Umberto Guidoni, italienischer Astronaut

Im Johnson Space Center in Houston, Texas, wurde ein Foto zum Gedenken an die Crew der „Columbia" aufgestellt.

Letzter Funkkontakt mit der „Columbia"

Die „Columbia" hatte kurz vor 15.00 Uhr (MEZ) den letzten Funkkontakt mit dem Kontrollzentrum in Houston.

Die Mitschrift hat einer inoffiziellen Übersetzung der Nachrichtenagentur AP zufolge folgenden Wortlaut:

Kontrollzentrum: „Columbia, Houston, wir sehen eure Reifendruck-Meldungen, und wir haben die letzten nicht verstanden."

Columbia: „Verstanden, uh ..."

Dann bricht die Verbindung ab.

Der NASA selbst wurde von der Untersuchungskommission ein vernichtendes Urteil ausgestellt, sie habe wichtige Hinweise von Fachleuten ignoriert, und darüber hinaus sei nicht alles getan worden, um die Besatzung zu retten. Gehman erklärte in seinem Bericht am 26. August 2003, die intensiven Untersuchungen hätten mehrere Mängel und Managementfehler aufgedeckt, vor allem eine schlechte Qualitätskontrolle. Außerdem habe die NASA in den letzten Jahren sehr viel mehr Risiken akzeptiert, als das zu Beginn des Raumfahrtprogramms noch denkbar gewesen wäre.

15 Minuten vor der Landung beginnen die Fehlermeldungen

Sieben Astronauten befinden sich an Bord der „Columbia", als sie am 16. Januar zu ihrer 16-tägigen Mission aufbricht. Rick Husband ist der Kommandant, William McCool der Pilot, Kalpana Chawla, David Brown, Michael Anderson, Laurel Clark, die so genannten Missionsspezialisten, die die über 80 wissenschaftlichen Experimente an Bord durchführen. Das siebte Besatzungsmitglied und Ladungsspezialist ist der israelische Offizier Ilan Ramon. Er war der erste Israeli im Weltraum, und seinetwegen waren noch beim Start aus Sorge vor möglichen Anschlägen besondere Sicherheitsvorkehrungen getroffen worden.

Wenn eine Raumfähre sich für die Landung bereit macht, muss in relativ kurzer Zeit die Geschwindigkeit von 29 000 km/h auf nur 1000 km/h verringert werden. Bei diesem Abbremsprozess kommt es zu sehr großer Hitzeentfaltung, die Schutzschilde müssen Temperaturen von bis zu 1650 °C standhalten können. Den Hitzeschild bilden etwa 20 000 spezielle Kacheln. Den größten Hitzepunkt erreicht die „Columbia" am 1. Februar 2003 etwa 15 Minuten vor der Landung in einer Höhe von etwa 62 km um 14.52 Uhr MEZ. Der Temperatursensor in der Bremsdruckleitung zeigt außergewöhnlich hohe Temperaturen an. Die Raumfähre befindet sich im Anflug auf die Küste Kaliforniens. Nur eine Minute später meldet ein weiterer Sensor Überhitzung in der Bremsleitung der linken Fahrwerkstrebe. Die „Columbia" überfliegt Kalifornien. Weitere vier

Herabfallende Wrackteile der Raumfähre „Columbia" lösten in der Nähe von Athens, Texas, mehrere kleine Brände aus.

Unten: Techniker beim Rekonstruktionsprojekt der Wrackteile der „Columbia". Nach dem Absturz wurden etwa 25 000 kg Material gefunden, das sind ca. 24 Prozent der Raumfähre.

Minuten später fallen die Sensoren der linken Tragfläche aus, an die Bodenstation werden keine Daten mehr übertragen. Die Raumfähre befindet sich nun über Arizona. Sekunden vor Abbruch des Funkkontakts melden die Sensoren starken Luftwiderstand an der linken Tragfläche. Die „Columbia" rast mit einer Geschwindigkeit von 20 100 km/h dahin, plötzlich nehmen mehrere Zeugen ohrenbetäubende Explosionen wahr. Die Raumfähre zerbricht in mindestens drei Teile, die brennend durch den strahlend blauen Himmel fallen – 17 Jahre nach der „Challenger"-Katastrophe haben die USA eine zweite Raumfähre verloren.

Augenzeugenbericht
„Wir wurden von einem Donnern geweckt. Es war, als würde ein Zug über unser Grundstück fahren, als wäre er direkt vor dem Haus."
Lynn Hern, Huntington, Texas

Suche nach Wrackteilen

Bei der Suche nach den Wrackteilen der „Columbia" werden nur etwa 24 Prozent gefunden, der Rest muss heute als verloren gelten. Die NASA warnt die Bevölkerung schon unmittelbar nach der Katastrophe eindringlich davor, sich den Trümmern zu nähern. Aus Angst vor Souvenirjägern erklärt man, es könne sich um giftige Teile handeln. Die NASA ruft darum dazu auf, die Teile zu fotografieren oder zu filmen, sie aber nicht zu berühren oder wegzuschaffen. Schon kurze Zeit nach dem Unglück werden in Nacogdoches, Texas, zahlreiche Trümmerstücke entdeckt. Auch werden nur Stunden nach dem Absturz erste Leichenteile gesichert. Auf einer Landstraße in Texas finden sich in der Nähe von Trümmerteilen der „Columbia" ein verkohlter menschlicher Torso, Oberschenkelknochen und ein Schädel.

Die Wrackteile der „Columbia" werden aus fünf Bundesstaaten der USA zusammengetragen.

Feuerwehrleute aus Oregon und Kalifornien kämmen Schulter an Schulter die Felder in Texas durch, um Trümmerteile der Columbia zu finden.

Chronik von Raumfahrtunglücken

27. Januar 1967: Feuer an Bord von „Apollo 1", alle drei US-Astronauten sterben.

24. April 1967: Die Fallschirme einer russischen Sojus-Kapsel öffnen sich bei der Landung nicht richtig. Ein Kosmonaut stirbt.

13. April 1970: Auf dem Weg zum Mond kommt es zur Explosion eines Sauerstofftanks an Bord von „Apollo 13". Den drei Astronauten gelingt es, unverletzt zur Erde zurückzukommen.

30. Juni 1971: Ein Druckventil öffnet sich in einer Sojus-Kapsel, und die drei Kosmonauten sterben.

26. September 1983: An Bord einer russischen Sojus-Rakete kommt es kurz vor dem Start zum Feuer. Man sprengt die Kapsel mit den drei Kosmonauten darin weg und rettet sie auf diese Weise.

28. Januar 1986: Kurz nach dem Start explodiert der Orbiter „Challenger" und reißt alle sieben Besatzungsmitglieder in den Tod.

23. Februar 1997: An Bord der Raumstation „Mir" bricht ein Feuer aus, die Kosmonauten reagieren schnell und löschen den Brand innerhalb von nur 14 Minuten, niemand kommt bei dem Unglück zu Schaden.

25. Juni 1997: Eine unbemannte Versorgungskapsel stößt mit der Raumstation „Mir" zusammen. Die Besatzung bleibt unverletzt.

Februar 2003: Beim Landeanflug der „Columbia" kommt es in 60 km Höhe zu einer Explosion, die Raumfähre rast auf die Erde zu und alle sieben Astronauten sterben.

SCHRECKEN DER SEEFAHRT

Die Titanic war ein Schiff der Superlative, ihr Untergang eine Katastrophe mit überdimensionaler Wirkung. Aber nicht nur gesunkene Träume gehören in dieses Kapitel, auch andere marine Katastrophen wie die Ölpest, die die Natur auf Jahre belastet. Analysen der Unglücke laufen stets auf Vorhersehbarkeit hinaus, beim nächsten Mal könnten sie verhindert werden – dieser Illusion bedient man sich, um die Superlative weiterhin vorantreiben zu können.

Vier Generationen einer schwarzen Sklavenfamilie in Beaufort, South Carolina. Wer einmal in diesem Kreislauf der Ausbeutung steckte, kam nicht wieder heraus.

Der Mensch als Ware

Die letzte Fahrt des Sklavenschiffs „Henrietta Marie"

Sklaverei gibt es, seitdem es Menschen gibt. Immer schon wurden und werden Menschen gegen ihren Willen zu Arbeiten eingesetzt, und über ihre Leben wurde und wird von anderen verfügt. Zwischen dem 17. und 18. Jahrhundert herrschte die große Zeit der Sklavenschiffe, die auf der Atlantikroute von Europa über die nördlichen und mittleren Küsten Westafrikas nach Südamerika und an die Südküste der heutigen USA segelten. Unter unmenschlichen Bedingungen auf den Schiffen zusammengepfercht, ohne jede Versorgung und oft fast ohne Nahrung wurden Tausende Menschen als Ware verschifft und verkauft. Neben den vielen traurigen Einzelschicksalen liegt die Katastrophe in der Tatsache der bloßen Existenz von Sklaverei begründet.

Ein offener Brief

„Mein oberstes Ziel in diesem Krieg ist es, die Union zu retten; es ist nicht, die Sklaverei zu retten oder zu zerstören. Könnte ich die Union retten, ohne auch nur einen Sklaven zu befreien, so würde ich es tun; könnte ich sie retten, indem ich alle Sklaven befreite, so würde ich es tun; und könnte ich die Union retten, indem ich einige Sklaven befreite und andere nicht, so würde ich auch das tun. Alles was ich in Bezug auf die Sklaverei und die Schwarzen tue, geschieht, weil ich glaube, dass es hilft, die Union zu retten."

Offener Brief Abraham Lincolns in der *New York Tribune* vom 23. August 1862

Die indische Regierung weiß, dass trotz des Verbots Tausende von Kindern zwischen vier und elf Jahren systematisch als Arbeitskräfte ausgebeutet werden.

Sklaverei heute

Die Menschenrechtsorganisation Terre des hommes veröffentlichte im April 2006 einen Bericht, nach dem auch heute noch etwa 12 Mio. Menschen auf der Welt unter Sklavereibedingungen leben müssen. Mehr als die Hälfte davon sind Kinder und Jugendliche, die meist in Zwangsarbeit in Ländern wie Indien, Bangladesch oder Pakistan leben. In den Industrienationen leben meist Frauen als Zwangsprostituierte unter Bedingungen, die denen Leibeigener ähnlich sind. Leider bleiben diese Tatsachen in den betroffenen Ländern – auch in den Industrienationen – ohne rechtliche oder gesellschaftliche Folgen. Solange der Appetit in diesen Ländern besteht, solange der Preis der den Markt bestimmende Faktor ist, wird es keine Änderung dieser schrecklichen Situation geben können. Überdies werden viele Kinder besonders in Afrika als Kindersoldaten versklavt. Auch dieser Missbrauch wird von Menschenrechtsorganisationen angeprangert, aber die Situation verändert sich nicht. Sklaverei, so scheint es, ist ein menschliches Grundübel, das sich nur schwer ausmerzen lässt.

Transportiert wie Vieh

Im Sommer des Jahres 1700 sank das englische Sklavenschiff „Henrietta Marie" etwa 50 km westlich von Key West, Florida. Wenige Tage zuvor, am 18. Mai, hatte man Port Royal, Jamaika, angelaufen. Die beiden Ladedecks des Seglers – man hatte ein zusätzliches Zwischendeck eingezogen, um mehr Menschen transportieren zu können – waren mit über 300 Frauen, Kindern und Männern, alle Sklaven von der Westküste Afrikas, buchstäblich vollgestopft. Man schätzt, dass über 400 Sklaven auf diesem Schiff transportiert werden konnten. Die schwarzen Sklaven waren in Afrika von anderen Afrikanern, meist feindlichen Stämmen, gefangen genommen und in die Sklaverei verkauft worden. Die englischen Sklavenhändler hatten die Menschen mit Glasperlen, mit Werkzeugen, mit Kupfer- oder Eisenbarren bezahlt. Bevor die „Henrietta Marie" in einen Hafen einlief, ließ Kapitän Thomas Chamberlain die Menschen für den Verkauf herrichten, sie wurden an Deck getrieben, gewaschen, rasiert und geölt, ihre Wunden versorgt. Nach der Ankunft wurden sie in Ketten nackt an Land geführt. Kunden begutachteten sie wie Vieh, betasteten ihre Bäuche, betrachteten ihre Zähne, untersuchten und kosteten ihren Schweiß, denn

Auf nur 0,5 m^2 pro Person verbringen Hunderte Schwarze auf dem Unterdeck eines Sklavenschiffs die Reise in die Sklaverei.

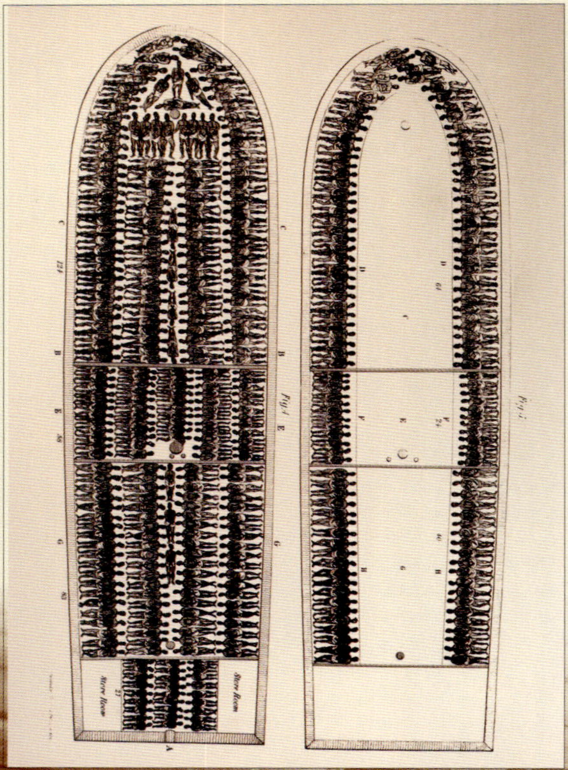

man glaubte, an dessen Geschmack und Geruch etwaige Krankheiten erkennen zu können. Sklaverei war ein lukratives Geschäft. Man schätzt, dass der Erlös der Fracht des Sklavenseglers mehr als 3000 Pfund Sterling einbrachte, das entspricht einer heutigen Kaufkraft von 450 000 Euro. Die Sklaven, die in Jamaika meist auf Zuckerrohrplantagen und in den Südstaaten der heutigen USA auf Baumwollplantagen eingesetzt wurden, hatten eine verbleibende Lebenserwartung von fünf bis zehn Jahren. Beladen mit Zucker, Baumwolle, wertvollen tropischen Hölzern und dem begehrten Farbstoff Indigo – alles Erlöse aus dem Sklavenverkauf – verließ die „Henrietta Marie“ Jamaika wieder. Auf dem Rückweg nach England lief sie auf Grund und sank. Alle auf dem Schiff verbliebenen Menschen kamen in den Fluten um.

In den sicheren Tod gerissen

1972 entdeckte der amerikanische Taucher und Schatzsucher Mel Fisher das Wrack, aber da es kein Gold mitgeführt hatte, ließ man es zunächst bis 1983 unbeachtet liegen. Bis der amerikanische Archäologe David Moore das Wrack unter-

Verteilung von Sklaven auf dem Sklavendeck – das dänische Sklavenschiff „Kron-Printzen“ sank 1706 in einem Sturm und nahm 820 angekettete Sklaven mit in den Tod.

Eine Gruppe von amerikanischen Sklaven vor der Baracke, in der sie wohnten. Die Lebensumstände waren oft nahezu unerträglich.

suchte und es wegen der vielen Eisenfesseln schließlich als Sklavenschiff identifizierte. Der englische Segler „Henrietta Marie“ ist das älteste als Sklavenschiff identifizierte Wrack, das je geborgen wurde. Dabei war die „Henrietta Marie“ nicht das einzige Sklavenschiff, England nicht die alleinige Nation, die mit der Ware Mensch Geld verdiente. Das dänische Sklavenschiff „Kron-Printzen“ sank 1706 in einem Sturm. Das stark überladene Schiff riss dabei die angeketteten 820 Sklaven mit in die Tiefe und in den sicheren Tod – alle kamen in den Fluten um.

Schwarze werden vom amerikanischen Segler „Wyandotte“ in Key West, Florida, entladen. Die „Wyandotte“ war eines von vielen illegalen Sklavenschiffen.

Sklaven sind weniger wert als die Nahrung, die sie verzehren

Die Entdeckung und Kolonisation Amerikas hatte den dortigen Bedarf an Arbeitskräften gesteigert. Zunächst waren die Ureinwohner der entdeckten Länder versklavt worden, aber als die Indianer durch Sklaverei und die eingeschleppten europäischen Krankheiten wie Masern oder Pocken so stark dezimiert worden waren, dass Arbeiter fehlten, verfiel man auf eine jahrhundertealte Form der Beschaffung billiger Arbeitskräfte: Sklavenhandel. Auf diese Weise kamen im 16. und 17. Jahrhundert 750 000 afrikanische Sklaven in die spanischen Kolonien. Allerdings waren die Bedingungen auf den Sklavenschiffen derart unmenschlich, dass – so vermutet man – weitaus mehr als die doppelte Zahl bereits auf dem Weg dorthin umkam. Die Sklavenhändler betrachteten dies sogar als besondere Art der Selektion, auf diese Weise kämen nur die Stärksten ins Land, die wiederum für die Fortpflanzung benutzt würden. Es war für die Sklavenhändler überdies rentabler, auf den wochenlangen Fahrten über den Atlantik nur wenig Geld in Nahrung zu investieren und den Tod der Menschen in Kauf zu nehmen – der Sklave war in diesem Moment weniger wert als die Nahrung, die er verzehrt hätte, um sich am Leben zu erhalten. Wert erlangte der Sklave nämlich erst mit seinem Verkauf. Jedem Sklaven standen auf dem Schiff nur 0,5 m² zur Verfügung, derart eingepfercht und angekettet mussten sie die Strapazen der oft wochenlangen Reise überstehen.

Als in der ersten industriellen Revolution auf den Plantagen der Einsatz von Dampfmaschinen begann, verschärfte sich erneut die Gangart des Lebens und der Arbeitsbedingungen der Sklaven: Sie mussten sich an die sehr viel schnelleren Maschinen anpassen. Untergebracht in Baracken und zu noch mehr Arbeitsstunden gezwungen, denn die Maschinen standen nicht still und ermüdeten nicht, verkürzte sich ihre Lebenserwartung wiederum um viele Jahre.

Onkel Toms Hütte

1852 veröffentlichte Harriet Beecher-Stowe (1811–1896) den Roman „Onkel Toms Hütte“, in dem sie die Sklaverei thematisierte. Besonders aus den Südstaaten wurde sie wegen der Inhalte dieses Buchs stark angefeindet. Dabei hatte sie sich bei ihren Recherchen ausschließlich auf authentisches Material gestützt. Von Abraham Lincoln (1809–1865), dem 16. amerikanischen Präsidenten, ist das Zitat überliefert: „... Sie sind also die kleine Frau, die das Buch geschrieben hat, das unseren großen Krieg entfesselte?“ Lincoln wurde kurz nach dem Bürgerkrieg Opfer eines Attentats; der Schauspieler John Wilkes Booth, Anhänger der Südstaaten und mit dem Ausgang des Sezzesionskriegs unzufrieden, schoss ihm in den Kopf.

Flammeninferno auf dem East River

Der Untergang der „General Slocum"

Fragt man irgendeinen New Yorker, was die größte Katastrophe vor dem 11. September und der Zerstörung der Zwillingstürme des World Trade Centers war, wird er ohne zu zögern sagen: der Untergang des Raddampfers „General Slocum". Auf dem Vergnügungsdampfer bricht am 15. Juni 1904 ein Feuer aus, während er mit über 1300 Passagieren an Bord den East River hinauffährt. Das Feuer gerät außer Kontrolle, und ein Großteil der Menschen ertrinkt im Fluss oder verbrennt an Bord.

Eine deutsche Kirchengemeinde veranstaltet einen Ausflug

Was heute in der Lower East Side New Yorks an der amerikanischen Ostküste als East Village bekannt ist, war um die Jahrhundertwende als „Kleindeutschland", „Little Germany", bekannt. Schon 1870 lebten dort mehr als 80 000 deutsche Einwanderer. Das Viertel hatte deutsche Theater, Buchläden, Lebensmittelläden, Fleischereien, Sportclubs, Kirchen und Synagogen. In Juni eines jeden Jahres veranstaltete die protestantische Kirchengemeinde von St. Mark's auf der East 6th Street einen Ausflug, um das Ende der Sonntagsschule zu begehen. Üblicherweise wurde ein Ausflugsschiff gemietet, mit dem die Gemeinde-

Feuerwehrleute versuchen, die „General Slocum" zu löschen, doch für die 1021 Opfer kommt jede Hilfe zu spät. An Bord sind alle Schläuche defekt.

mitglieder zu einem nahen Ausflugsort fuhren, um zu baden, zu picknicken, zu spielen.

Am 15. Juni 1904 hat man zu diesem Zweck den Schaufelraddampfer „General Slocum" gechartert. Das Schiff ist 76 m lang und für 3000 Passagiere zugelassen. Benannt ist es nach dem Nordstaatengeneral und späteren Kongressabgeordneten Henry Warner Slocum (1827–1894). An jenem Junitag will man zur Locust Grove auf Long Island fahren.

Kurz nach 9.00 Uhr legt der Dampfer ab und tuckert in nördlicher Richtung den East River hinauf. Das Deck ist dicht gefüllt mit Kindern, die das Ablegemanöver genau verfolgen wollen, während die Erwachsenen der Band zuhören, die deutsche Lieder spielt. Der Fluss ist zu diesem Zeitpunkt voll von Schiffen jeder Größe und Art.

Keinerlei Vorbereitung auf den Notfall

Gegen 9.30 Uhr, als das Schiff gerade die East 90th Street passiert, entdecken Besatzungsmitglieder unter Deck Feuer in einem Laderaum, das sich wahrscheinlich durch ein unachtsam fallen gelassenes Zündholz oder einen Zigarettenstummel entfacht hat. Schnell breitet sich der Brand aus. Matrosen, die nie auf einen solchen Notfall vorbereitet wurden, greifen zu Löschschläuchen, die in ihren Händen unter dem Druck bersten, weil sie alt und porös sind. Erst zehn Minuten nach Ausbruch des Feuers und den ersten gescheiterten Löschversuchen wird Kapitän William Van Schaick informiert. An dieser Stelle des East River, wegen seiner Strudel auch bekannt als „Hell's Gate", das

Der Brand der „General Slocum" breitet sich vom Laderaum rasend schnell aus. An Bord bricht Panik aus.

Der Dampfer „General Slocum" war ein häufig gechartertes Vergnügungsschiff, auf dem 3000 Passagiere befördert werden konnten.

Experten untersuchen die ausgebrannten Reste der „General Slocum", auf der am 15.06.1904 1021 Menschen den Tod fanden.

„Tor zur Hölle", liegen an den Piers vor der Stadt große Öltanks. Aus Angst, dort eine Explosion zu verursachen, und gegen die Rufe der Passanten, an Land anzulegen, gibt der Kapitän den Befehl, mit Volldampf die etwa 1,5 km entfernte North-Brother-Insel anzulaufen – aber die erhöhte Geschwindigkeit facht das Feuer weiter an.

Panik an Bord

An Bord bricht Panik aus, denn die wenigsten der Passagiere können schwimmen. Unsicher, wo sie sich vor dem Feuer verschanzen sollen, rufen Mütter ihre Kinder, Männer ihre Frauen. Noch unlängst ist das Schiff mit hochentzündlicher Farbe gestrichen worden, wie sich bei der späteren Untersuchung herausstellt, die Farbe verwandelt den Dampfer in ein Flammeninferno. Die ersten Passagiere springen über Bord, einige halten sich so lange sie können an der Reling fest, aber als die Kräfte schwinden, lassen sie einfach los, fallen ins Wasser und ertrinken. Die meisten von ihnen können nämlich nicht schwimmen. Die Mannschaft, selbst vollkommen unerfahren mit einem solchen Notfall, rettet sich selbst und bietet den Passagieren keinerlei Hilfe. Der Kork der über 3000 Schwimmwesten, die seit Jahren nicht mehr kontrolliert oder gewartet worden sind, löst sich auf, sie bieten keine Hilfe. Die, die solche Schwimmwesten angelegt haben, bevor sie ins Wasser sprangen, gehen wegen des zusätzlichen Gewichts noch schneller unter. Keines der Rettungsboote kann zu Wasser gelassen werden, denn sie kleben wegen der frischen Farbe fest. Die Taue, die sie herablassen sollen, sind ebenfalls verklebt, die Winden kaputt. Als das Schiff endlich North Brother Island erreicht, hat das Feuer vollkommenen Besitz von ihm ergriffen. Die wenigen an Bord Verbliebenen drängen sich an Stellen auf dem Dampfer zusammen, die die Flammen noch nicht erreicht haben.

North Brother Island wird damals als Quarantäne-Hospital genutzt. Krankenschwestern und Ärzte, die das brennende Schiff haben kommen sehen, eilen mit Leitern zu Hilfe, um Überlebende an Land zu bringen – auch unter ihnen sind die meisten Nichtschwimmer. Mütter werfen ihre kleinen Kinder über Bord, um sie vor dem sicheren Flammentod zu retten, und setzen sie dem Tod durch Ertrinken aus. In Minutenschnelle brennt das Schiff vollkommen nieder, legt sich auf die Seite und sinkt. Der Kapitän und einige Passagiere können von den Menschen auf der Insel gerettet werden.

Die grausige Bilanz am Ende des Tags lässt die Helfer hilflos weinen: 1021 Menschen, in der Mehr-

zahl Kinder, sind ertrunken. Man vermutet allerdings, dass die Zahl der Opfer noch höher ist, denn Kinder unter einem Jahr brauchten keine Fahrkarte und wurden so nicht durch verkaufte Tickets erfasst.

Auf der Suche nach den Schuldigen der Katastrophe

In der Woche nach dem Unglück gehen Tausende an den aufgebahrten Leichen vorbei, um sie zu identifizieren. Manche Menschen haben ihre gesamte Familie verloren. Da viele der Leichen bis zur Unkenntlichkeit verbrannt sind, bleiben 61 Opfer unidentifiziert, sie werden in einem Massengrab beigesetzt. Die Nachricht von der Katastrophe verbreitet sich schnell, Hilfsgelder für die Überlebenden treffen ein, die von Bürgermeister George B. McClellan und den Geistlichen von St. Mark's verwaltet und verteilt werden.

In der folgenden Untersuchung drängt eine bittere Frage die Behörden: Wie war es möglich, dass eine Tragödie dieses Ausmaßes in nur 200 m Entfernung vom Ufer stattfinden konnte? Noch einen Monat vor der Katastrophe war die „General Slocum" von Kaptän Van Schaick, den Verantwortlichen der Knickerbocker Steamboat Co. und dem zuständigen städtischen Inspektor als sicher und in perfektem Zustand eingestuft worden. Es häufen sich die Fragen, denen sich Kapitän Van Schaick stellen muss: Warum hatte er das Schiff nicht an einem der Piers angedockt? Warum war er flussaufwärts gefahren und hatte das Feuer sich ausbreiten lassen? Wie war es möglich, dass die Mannschaft für einen Notfall vollkommen ungeschult war? Wieso hatte er überlebt, wenn so viele ihr Leben verloren hatten?

Fragen dieser und ähnlicher Art werden nach allen Katastrophen gestellt, man will das Unbegreifliche begreifbar machen und kann doch immer nur bei dem schwächsten Faktor landen: menschliches Versagen. Kapitän Van Schaick war ein willkommener Sündenbock, die Jury verurteilte ihn wegen krimineller Fahrlässigkeit zu zehn Jahren Zwangsarbeit in dem berüchtigten Zuchthaus Sing-Sing am Hudson River. Dort verbrachte er drei Jahre, bevor William H. Taft (1857–1930), Präsident der Vereinigten Staaten von 1909 bis 1913, ihn begnadigte. Aber unfähig, mit der Erinnerung an die Katastrophe leben und umgehen zu können, verbrachte er den Rest seines Lebens in tiefen Depressionen.

Hafenarbeiter stehen neben den Opfern der Schiffskatastrophe, die bis zur Zerstörung der Zwillingstürme ein Jahrhundert später als das größte Desaster New Yorks galt.

Maßnahmen für eine sichere Schifffahrt

US-Präsident Theodore Roosevelt (1858–1919) selbst nannte die folgenden Sicherheitskriterien für Passagierdampfer: feuersichere Türen, um Brände eindämmen zu können; automatische Löschanlagen an Bord; bessere Schwimmwesten, eine pro Passagier und Besatzungsmitglied; Löschschläuche, die einem Druck von 100 kp (kp = Kilopond, 1 kp entspricht etwa 9,8 N) standhalten können; leicht zugängliche und funktionierende Rettungsboote.

Taucher bergen Tote aus dem ausgebrannten Wrack der „General Slocum". Insgesamt 175 Leichen können an Land geholt werden.

Das Ende einer Luxusfahrt

Der Untergang der „Titanic“

Auf ihrer Jungfernfahrt von Southampton nach New York kollidiert die „Titanic“, das Schiff der Superlative, am 14. April 1912 gegen 23.40 Uhr südöstlich von Neufundland mit einem Eisberg. In nur zwei Stunden und 40 Minuten versinkt der Ozeanriese im Nordatlantik. Der Untergang der „Titanic“ ist das schwerste Schiffsunglück auf offener See vor dem 2. Weltkrieg, bei dem 1504 von 2208 Passagieren und Besatzungsmitgliedern umkommen.

Wer hat das schnellste Schiff?

Die „RMS Titanic“ gehörte zur White Star Line des amerikanischen Bankiers J. P. Morgan. Sie sollte gemeinsam mit ihrem acht Monate zuvor auf Jungfernfahrt gegangenen Schwesterschiff „Olympic“ und der damals noch in Planung befindlichen „Gigantic“ (später wird sie „Britannic“ heißen) im wöchentlichen Turnus die Strecke Southampton–Cherbourg–New York zurücklegen. Alle drei Dampfer waren als „Royal Mail Ships“ (RMS) auch für den Transport von Post vorgesehen, denn die Verträge mit der Royal Mail boten zusätzliche Einnahmen für die Reederei.

Die „Titanic“ verlässt Southampton zur Jungfernfahrt ins Verderben. Elf Monate zuvor war sie von den Docks in Belfast, Irland, vom Stapel gelaufen.

In der Zeit vor dem 1. Weltkrieg befanden sich die internationalen Reedereien als Spiegel des allgemeinen nationalen Wettrüstens in einer Phase extremen Konkurrenzkampfs – wer besaß das schnellste, wer das luxuriöseste Schiff? Die „Titanic“ wurde von ihren drei Schiffsarchitekten weniger auf Schnelligkeit als vielmehr auf bislang unerreichte Größe, außergewöhnliche Sicherheit und vor allem unvergleichlichen Luxus ausgelegt. Die Presse feierte sie als Wunder der Technik, ihre Sicherheitsausrüstung als die fortschrittlichste der Welt – sie galt als unsinkbar.

Die prachtvollste 1. Klasse der Welt

Der Stapellauf des Ozeanriesen fand am 31. Mai 1911 in Belfast statt, und in dem Jahr bis zur Jungfernfahrt wurden Innenausbau und Dekoration dieses Schiffs der Superlative mit großer Schnelligkeit vorangetrieben. Von den britischen Behörden war das Schiff für insgesamt 3300 Passagiere zuzüglich der notwendigen Mannschaft zugelassen worden. Wegen der prachtvollen Ausgestaltung der 1. Klasse jedoch bot die „Titanic“ nur insgesamt 2400 Passagieren Platz, 750 von ihnen in der 1. Klasse. An den Zahlen zeigt sich die Bevorzugung der Luxusklasse, die neben allen Annehmlichkeiten wie der Größe der Suiten auch über eine Squashhalle, ein Schwimmbad, prachtvolle Rauch- und Speisesalons, Bibliotheken, Cafés, ein Promenadendeck und private, zu den Suiten gehörende Decks verfügte. Die 2. Klasse der „Titanic“ war mit demselben Komfort ausgestattet wie die 1. Klasse älterer Schiffe. Und auch in der 3. Klasse setzte die „Titanic“ neue Maßstäbe: Bisher waren die Schiffe mit großen Schlafsälen ausgestattet gewesen, die „Titanic“ jedoch bekam Kabinen, in denen jeweils nur vier Passagiere in Doppel- und Hochbetten Platz fanden. Auch für Reisende der 2. und 3. Klasse sollte die Überfahrt angenehm sein, außerdem stellten die vielen Auswanderer nach Amerika die sicherste Einnahmequelle dar. Die Preise für Kabinen der 3. Klasse begannen bei 36 US-Dollar, für die der 2. bei 60 US-Dollar.

Die Jungfernfahrt war nur zur Hälfte ausgebucht

Eine Jungfernfahrt galt zu Beginn des 19. Jahrhunderts als gesellschaftliches Ereignis, darum befanden sich auf der „Titanic“ nicht nur Passagiere, die transportiert werden wollten – diese reisten hauptsächlich in der 2. und 3. Klasse –, in den Suiten der Luxusklasse, die pro Passage 4350 US-Dollar kosteten, fuhren sehr viele berühmte und reiche Menschen der europäischen und amerikanischen Gesellschaft ausschließlich zum Vergnügen

Der 1. Offizier Hugh Walter McElroy (l.) und Kapitän Edward J. Smith auf der „Titanic“.

„Titanic“ – technische Daten
Schiffstyp: Passagierdampfer
Klasse: Olympic-Klasse
Einsatzzweck: Transatlantik-Linienverkehr
Rauminhalt: 46 329 BRT
Verdrängung: 53 147 t
Länge: 269,04 m
Breite: 28,19 m
Tiefgang (bei 53 147 t): 10,54 m
Höhe (Kiel bis Oberkante Schornstein): 56 m
Antrieb: 3 Schrauben, 2 Vierzylinder-Kolbendampfmaschinen, 1 Niederdruck-Parsonsturbine
Leistung: 51 000 PS (registriert)
Geschwindigkeit: 21 Knoten (ca. 39 km/h)
Verbrauch: Bunkervolumen 6700 t Kohle, täglicher Verbrauch um 630 t
Passagierplätze: 1. Klasse – 750; 2. Klasse – 550; 3. Klasse – 1100
Mannschaft: 897
Kosten des Baus: 1,5 Mio. Pfund, nach heutiger Kaufkraft etwa 400 Mio. US-Dollar

Die Illustration zeigt die Stelle, an der die „Titanic" wahrscheinlich mit dem Eisberg kollidierte. Außerdem sind die Decks und Lagerräume des Schiffs zu sehen.

mit. Neben vielen anderen befanden sich z.B. Isidor Strauss, Inhaber des New Yorker Kaufhauses Macy's, der Multimillionär John Jacob Astor IV., der Autor Jacques Futrelle, die texanische Ölmillionärin Margaret Brown, die amerikanische Schauspielerin Dorothy Gibson oder der Eisenbahnmagnat John B. Thayer an Bord.

Dabei war das Schiff nur etwas über die Hälfte ausgebucht. Wegen eines Streiks in der Kohleindustrie hatten sich viele Menschen gegen eine solche Fahrt entschlossen. Darum teilten sich nur 1311 Passagiere „das größte Schiff der Welt", wie die „Titanic" in der Werbung angepriesen wurde, mit 897 Besatzungsmitgliedern; von ihnen kümmerten sich 500 um die Passagiere, und der Rest sorgte für den Schiffsbetrieb.

Unter großem Werbeaufwand und mit Pauken und Trompeten der Orchester, die den Abschied begleiteten, lief die „Titanic" – Legende schon vor ihrer großen Fahrt – am 10. April 1912 von Southampton aus.

Trügerisches Gleichgewicht nach der Kollision

Nur vier Tage nach dem Auslaufen wird die Reise gegen 23.40 Uhr jäh unterbrochen, vom Ausguck wird unmittelbar vor dem Schiff ein Eisberg entdeckt und die Alarmglocke dreimal geläutet. Doch ein wachhabender Offizier hat den Eisberg bereits entdeckt und ein Manöver eingeleitet, um den Eisberg zu umfahren. Allerdings ist die Entfernung zu gering für ein Manöver, und bei voller Reisegeschwindigkeit kollidiert der Ozeanriese auf der Steuerbordseite mit dem scharfkantigen Eisgebilde. Einer der Feuerwehrleute an Bord beschreibt das Geräusch des Zusammenstoßes später wie das Zerreißen von Baumwolle. Die Kollision ist folgenschwer, eisiges Wasser dringt in den Rumpf ein. Zu Beginn kann dies noch durch Pumpen verlangsamt werden, aber allein in der ersten Stunde strömen etwa 25 000 t Wasser ins Schiff. Die vorderen fünf Abteile sind fast vollkommen geflutet, aber die „Titanic" liegt im trügerischen Gleichgewicht, die meisten Passagiere nehmen die Situation gar nicht als bedrohlich wahr. Während der nächsten 60 Minuten dringen weitere 3000 t Wasser in das Schiff ein, die Illusion vom Gleichgewicht bleibt bestehen. Plötzlich setzen allerdings die so genannten Sekundärflutungen ein, d.h., nicht wasserdichte Öffnungen des Schiffs wie Bullaugen,

Augenzeugenbericht

„Wir konnten an Bord noch Gruppen von nahezu 1500 Menschen ausmachen, die in Gruppen zusammenhingen wie schwärmende Bienen, nur um dann in Massen, in Paaren oder auch einzeln in die Tiefe zu stürzen, als sich der große hintere Teil des Schiffs, über 90 m davon, in den Himmel hob, bis er einen Winkel von 65 oder 70 Grad erreicht hatte."

John B. Thayer, Eisenbahnmagnat, von einem Rettungsboot aus

Schächte und Luken, die inzwischen unterhalb der Wasseroberfläche liegen, lassen Wasser in Massen eindringen. Der sowieso nicht mehr aufzuhaltende Sinkprozess wird nun extrem beschleunigt: 40 Minuten später ist das Schiff gesunken.

Ein unsinkbares Schiff braucht keine Rettungsboote

Die „Titanic" galt als sicherstes Schiff, das jemals gebaut worden war. Darum war sie nur mit 20 Rettungsbooten ausgestattet, die nur etwa der Hälfte der an Bord befindlichen Menschen Platz boten. Erbauer, Reeder und Behörden hatten diese ungeheure Diskrepanz bewusst geplant bzw. toleriert, denn weil das Schiff als unsinkbar galt, musste es auch nicht mit Rettungsbooten ausgestattet werden – so die fatale Logik. Die 20 Boote wurden nur mitgeführt, um Überlebende anderer Schiffe in Seenot aufnehmen zu können. Natürlich nahmen Rettungsboote auch Raum ein, Raum, den man lieber für Promenadendecks, private Decks oder Suiten zur Verfügung stellen wollte. Ursprünglich waren für die „Titanic" 64 Boote geplant gewesen, aber Bruce Ismay, der Geschäftsführer der Reederei, hatte sich dafür stark-

Die „Titanic" galt als das sicherste Schiff der Welt. Ein fataler Irrtum, der zur Folge hatte, dass nicht ausreichend Rettungsboote vorhanden waren.

Dieses Gemälde zeigt den Untergang der „Titanic" vor der Küste Neufundlands.

Augenzeugenbericht

„Plötzlich lief ein merkwürdiges Beben durch die gesamte Länge des Schiffs. Von dieser komischen Erschütterung aufgeschreckt, sprang ich auf die Füße. Aber mein Vertrauen in dieses gewaltige Schiff war ungebrochen, und ich legte mich wieder hin. Jemand klopfte an meine Tür, und die Stimme einer Freundin sagte: ‚Komm schnell in meine Kabine, ein Eisberg ist gerade an unserem Fenster vorbeigetrieben. Ich weiß, dass wir ihn gerade gerammt haben.' Keine Panik, kein Geräusch irgendeiner Art, man konnte sich nicht vorstellen, dass wir in Gefahr schwebten ... Unser Rettungsboot senkte sich langsam mit seinen 36 Personen darin auf das Meer hinab. All das geschah inmitten des größten Durcheinanders. Raue Seeleute gaben jeweils unterschiedliche Anweisungen. Kein Offizier an Bord. Als die Seile nur auf einer Seite funktionierten, war das Boot mit einem Mal in einer solchen Schräglage, dass wir glaubten, wir würden hinausfallen. Dann ging es wieder, die Seile glichen sich an, und wir sanken dem schwarzen, öligen Wasser immer näher. Die erste Berührung unseres Bootes mit dieser schwarzen See kam mir wie das letzte Adieu ans Leben vor – ein winziges Boot auf dem großen Ozean wurde weggerudert von dem Ort, der mir für die letzten fünf Tage sicheres Heim geworden war."

Elizabeth Shutes, Mitreisende aus der 1. Klasse

gemacht, diese Zahl um die Hälfte zu reduzieren, um vom Promenadendeck aus eine bessere Sicht zu garantieren. Außerdem, so argumentierte er, hätten die Passagiere, die für den Luxus zahlten, auf einem unsinkbaren Schiff zu fahren, nicht durch den Anblick zu vieler Rettungsboote verunsichert werden dürfen. Schließlich war die Anzahl der Rettungsboote dann auf 20 Stück reduziert worden.

Die „Carpathia" nimmt den Notruf auf und kommt zu Hilfe

Kapitän Edward J. Smith holt kurz nach Mitternacht die Meinung eines der mitreisenden Schiffsarchitekten über den Stand der Dinge ein. Verzweifelt über das eigene Scheitern, sagt Thomas Andrews nach genauer Untersuchung der Schäden ein unvermeidbares und schnelles Sinken voraus. Smith gibt daraufhin gegen 0.15 Uhr den Befehl, Notrufe auszusenden. Kapitän Smith soll später freiwillig auf seinem sinkenden Schiff bleiben und mit ihm in den Fluten versinken.

Die erste Antwort kommt von der „Carpathia", aber sie braucht nach der notwendigen Kursänderung vier Stunden bis zum Unglücksort. Die meisten Passagiere der 1. Klasse lehnen es währenddessen ab, Schwimmwesten anzulegen, sie spüren keine Schräglage des Schiffs und keine Notsituation. 65 Minuten nach der Kollision wird das erste Rettungsboot zu Wasser gelassen. Gemeinhin gilt der Grundsatz Frauen und Kinder zuerst, aber auf der „Titanic" hängt dies in jener schicksalhaften Nacht davon ab, auf welcher Seite des Schiffs sich die Passagiere befinden und in welcher Klasse sie reisen. Manche Offiziere auf Backbord arbeiten nach dem Motto „Männer auf keinen Fall", obwohl dadurch oft ein nur halb volles Boot zu Wasser gelassen wird, wenn keine Frau mehr bereit ist einzusteigen. Man will nicht daran glauben, dass das Schreckliche tatsächlich passiert ist. Eine Augenzeugin berichtet, sie habe nur unter großer Mühe ihren 13-jährigen Sohn in eines der Boote holen können, er erschien dem wachhabenden Offizier bereits als Mann. Auf Steuerbord ist es für Männer leichter, in ein Boot zu gelangen – dort werden viel mehr Leben gerettet als auf Backbordseite. Tragischerweise werden von den vorhandenen 1178 Plätzen in den

Ein Rettungsboot wird an Bord der „Carpathia" gehievt, die zwei Stunden nach dem Notruf der „Titanic" am Unglücksort eintrifft. Die „Titanic" ist bereits gesunken.

Rettungsbooten nur 705 genutzt. Während die Tragödie ihren Lauf nimmt, gibt der Dirigent des Orchesters, Wallace Hartley, die Anweisung, zur Entspannung der Passagiere unterhaltsame Musik zu spielen. Aber als schließlich alle Passagiere und die Mannschaft erkennen, dass das Unglaubliche tatsächlich eingetreten ist, bricht unvorstellbare Panik aus. Das Schiff ist mit ca. 40 000 t Wasser geflutet, die Decks werden überspült, die Schornsteine stürzen, und gegen 2.18 Uhr lassen die ungleich verteilten Wassermassen den Rumpf entzweibrechen. Der Bug versinkt sofort, das Heck richtet sich senkrecht in die Nacht auf und sinkt stehend um 2.20 Uhr bis in eine Tiefe von 3821 m.

Die „Carpathia" rettet um 4.10 Uhr insgesamt 705 Überlebende. 1522 Menschen haben bei der Katastrophe den Lebenskampf gegen die eiskalten Gewässer verloren. Kapitän Arthur Rostron von der „Carpathia" bleibt die traurige Pflicht, die leblos im Wasser treibenden Körper aufzunehmen.

Wer trägt die Schuld?

Sehr wenige der Opfer sind durch den Untergang umgekommen, fast alle fanden den Tod durch Unterkühlung in den Fluten. In den folgenden Untersuchungen und Ermittlungen wurde die große Zahl an Toten der unzureichenden Menge von Rettungsbooten zugeschrieben, außerdem einer fehlenden Vertrautheit im Umgang mit Rettungsbooten in einem Notfall. Seit dem Untergang der „Titanic" muss für jeden Menschen an Bord eines Schiffs auch ein Platz in einem Rettungsboot vorhanden sein.

Die Kommission zur Lösung der Schuldfrage stellte abschließend die folgenden Personen als Schuldige an den Pranger: William M. Murdoch, erster Offizier der „Titanic", Joseph Bruce Ismay, Geschäftsführer der White Star Line, und Stanley Lord, Kapitän der „SS Californian", eines Schiffs, das unmittelbar an der sinkenden „Titanic" vorbeigefahren sein soll, ohne Hilfe zu leisten. Kapitän Lord wies diese Beschuldigung allerdings Zeit seines Lebens zurück.

Der große Speisesaal der „Titanic". Das Schiff galt nicht nur als das sicherste, sondern auch als das luxuriöseste der Welt.

Versteigerung von Gegenständen, die aus dem „Titanic"-Wrack geborgen wurden

Am 10. Juni 2004 fand im South Street Seaport Museum in New York, nur ein paar Schritte entfernt vom „Titanic"-Denkmal, eine Auktion mit Funden aus dem Wrack des legendären Ozeanriesen statt.

Zu den besten Stücken aus den Hunderten zum Kauf angebotenen Objekten zählen:

- *Originalspeisekarten von der "Titanic" – es werden fünf angeboten, die aus den verschiedenen Restaurants der unterschiedlichen Klassen stammen*
- *Porzellan der White Star Line*
- *Teile des Luxusschiffs – dazu gehören Namenstafeln von Rettungsbooten, ein Liegestuhl und eine Schwimmweste von der „Titanic"*
- *seltene Fotos und Autogramme*
- *die Sammlung von John William Gill, einem der Opfer der Unglücks*
- *Modelle des Schiffs*
- *Material von James Camerons Film „Titanic"*

Die Erleichterung und Freude bei den Verwandten der Überlebenden der „Titanic"-Katastrophe ist groß, als diese schließlich in Southampton eintreffen.

Ölpest an Europas Küsten

Die Tanker „Torrey Canyon“ und „Amoco Cadiz“ verseuchen die Antlantikküste

Im März 1967 ereignet sich in der Geschichte der Tankerschifffahrt das erste große Tankerunglück an einer europäischen Küste. Die „Torrey Canyon“ läuft auf ein Riff und verursacht eine Umweltkatastrophe, für die sich in der Folge die Bezeichnung „Ölpest“ einbürgert. Trotz der danach weltweit verschärften Bestimmungen für die Sicherheit im Seeverkehr bleiben die Riesentanker eine Umweltgefahr. Elf Jahre später entsteht durch menschliches Versagen die nächste gigantische Ölpest: Beim Untergang der „Amoco Cadiz“ wird die Küste der Bretagne verseucht.

Die Havarie der „Torrey Canyon"

Im Jahr 1967 erreicht eine neue Art von Katastrophen auch die Küsten Europas. Die immer größer werdende Nachfrage der Industriestaaten nach Rohöl hatte in den Jahren zuvor den Bau von immer größeren Öltankern gefördert. So war auch die 1959 für eine Kapazität von 60 000 t gebaute „Torrey Canyon" später umgebaut worden, sodass sie nun die doppelte Menge an Rohöl transportieren konnte. Der entsprechend schwerfällige Riesentanker gehörte damit zu einer Schiffsklasse, die den internationalen Vereinbarungen entsprechend nur besonders sichere Schiffsrouten befahren durfte. Am 18. März 1967 jedoch kommt der Kapitän der „Torrey Canyon" aufgrund eines Navigationsfehlers von der sicheren Route ab und läuft auf das gefürchtete Seven-Stones-Riff vor Land's End, dem westlichsten Punkt der englischen Küste. Das Schiff schlägt leck, und 120 000 t Öl laufen aus. Eine Ölpest hat erstmals die Küsten Europas erreicht.

Der Bug des havarierten Tankers „Amoco Cadiz" ragt wie das Maul eines gigantischen Walfischs aus dem Wasser.

Hilfloser Umgang mit der Katastrophe

Zum Zeitpunkt der Katastrophe existieren noch keine Erfahrungen, wie man bei einer derartigen Umweltkatastrophe reagieren muss. Es beginnt eine Serie von Versuchen, die den Schaden eher noch vergrößern, als dass sie ihn eindämmen. Zunächst versucht man, das Schiff wieder fahrtüchtig zu machen. Nach einigen Tagen vergeblicher Mühe bricht das auf dem Riff liegende Schiff auseinander. Der auf dem Meer treibende Ölteppich wird immer größer, bedroht nun auch die englische Küste bei Cornwall und die französische Normandie-Küste auf der anderen Seite des Ärmelkanals. Man versucht daher, den Ölteppich zu verbrennen, was aber ebenfalls misslingt. Schließlich bombardiert die britische Armee das Schiffswrack. Um den riesigen Ölteppich unschädlich zu machen, besprüht man ihn großflächig mit Reinigungsmitteln, die allerdings für die Meeresfauna noch schädlicher sind als das Öl selbst.

Bilanz der ersten Ölpest

Am Ende dieser hilflos wirkenden Versuche steht eine erschütternde Bilanz: 190 km der englischen und 80 km der französischen Küste sind mit Öl verseucht. Mindestens 15 000 Seevögel sind qual-

Eine gute Woche nach der Havarie bricht die „Torrey Canyon" in zwei Teile. Sie liegt immer noch auf dem Seven-Stones-Riff vor der Küste von Cornwall.

Der Sueskanal und die Supertanker

Der Sueskanal verbindet den Indischen Ozean mit dem Mittelmeer. Er war daher nach dem 2. Weltkrieg der ideale Verbindungsweg, um das Erdöl aus den Förderregionen der arabischen Halbinsel schnell und kostengünstig zu den industriellen Verbrauchern in Europa zu transportieren. Die Abmessungen des Kanals machten allerdings eine Größenbeschränkung für Schiffe nötig, die diese Route nehmen wollten. Im Sechstagekrieg vom 5. bis 10. Juni 1967 zwischen Israel und seinen arabischen Nachbarstaaten Ägypten, Syrien und Jordanien bildete der Sueskanal die Frontlinie zwischen Israel und Ägypten. Durch Schiffe, die im Zuge der Kampfhandlungen im Kanal versenkt wurden, wurde der Verbindungsweg ab 1967 unpassierbar. Erst acht Jahre später wurden die Wracks gehoben, der Weg geräumt und wieder für den internationalen Schiffverkehr freigegeben. In diesem Zeitraum begannen die Reedereien mit dem Bau von so genannten Supertankern, da das Öl aus Arabien nun südlich um den afrikanischen Kontinent nach Europa transportiert werden musste. Diese erheblich längere Route wurde einerseits nur durch sehr große Tanker wirtschaftlich, andererseits entfiel die Größenbeschränkung der Schiffe, die der Sueskanal erfordert hatte. Im Jahr 1955 war der größte Tanker der Welt die „Al Malik Saud Al Awal", die 47 000 t Öl laden konnte. 50 Jahre später konnte das größte Schiff der Welt, der Tanker „Jahre Viking", mehr als zehnmal so viel Öl laden, nämlich 564 763 t.

Die Ölpest in Alaska

Bis zum Jahre 1989 blieben die USA von größeren Tankerkatastrophen verschont, doch dann erreichte die Ölpest auch amerikanische Küsten. Der Supertanker „Exxon Valdez“ hatte in dem kleinen Ort Valdez Öl aus der Trans-Alaska-Pipeline geladen und war in der Nacht zum 24. März 1989 auf dem Weg nach Süden. Kurz nach Mitternacht stand der noch unerfahrene 3. Offizier am Steuer, da der Kapitän betrunken in seiner Koje lag. Durch einen Fehler des Offiziers kam der Tanker von der vorgesehenen Route ab und rammte in voller Fahrt ein Riff. 40 000 t Öl liefen und verseuchten 2000 km Küste von Alaska. Hunderttausende von Me tieren und Vögeln starben dieser Katastrophe, darun 22 Schwertwale und etwa Weißkopf-Adler, dem Wap tier der USA. Noch im Jah 2006 sind die ökologische Folgen der Havarie nicht beseitigt. Amerikanische Chemiker stellten bei eine Expedition in das betroffe Gebiet fest, dass sich imm noch 100 000 l Öl im Mee befinden. Der seinerzeit b trunkene Kapitän kam mi einer Geldstrafe von 500c Dollar davon.

voll verendet und unzählige Meeresorganismen abgestorben. Europa aber ist aufgewacht, das Thema Umweltschutz tritt nun immer stärker in den Vordergrund des öffentlichen Interesses. Die Vorschriften für den Betrieb und den Verkehr von Tankschiffen werden deutlich verschärft und schließlich 1973 durch eine internationale Vereinbarung geregelt. Diese „MARPOL 73“ (International Convention for the Prevention of Marine Pollution from Ships) genannte Vereinbarung zur Verhütung einer Meeresverschmutzung durch Schiffe besitzt bis heute weltweite Gültigkeit.

Die nächste Apokalypse

Trotz international verschärfter Gesetze sind die Supertanker auf den Weltmeeren immer noch schwimmende Zeitbomben, deren Schicksal nicht nur von der Zuverlässigkeit der Technik, sondern auch von den richtigen Reaktionen der Menschen im Notfall abhängig ist. Am frühen Morgen des 16. März 1978 fällt 24 km vor der bretonischen Küste die Ruderanlage des Tankers „Amoco Cadiz“ aus. Er hat 223 000 t Rohöl an Bord und treibt nun hilflos auf dem Meer. Trotz des starken Winds aus Westen, der den Tanker auf die Küste zutreibt, versucht die Besatzung zunächst, die Ruderanlage selbst zu reparieren. Erst knapp zwei

Trotz der Schiffsbombardierung durch die Royal Navy ist ein Teil der „Torrey Canyon“ auch am 30.03.1967 noch nicht gesunken.

Stunden nach dem Ausfall der Ruderanlage fordert der Kapitän einen Schlepper an, der das Schiff mit dem Bug in den Wind ziehen soll, damit es sich dann mit eigenem Antrieb von der Küste entfernen kann. Der eintreffende Schlepper ist allerdings zu schwach, um den Giganten der Meere in die richtige Position zu ziehen. Ein stärkerer Schlepper kommt zu spät. Um 21.00 Uhr kracht die „Amoco Cadiz" auf einen Felsen vor der französischen Küste. Die Besatzung kann zwar durch Hubschrauber evakuiert werden, aber in der Nacht bricht der Tanker auseinander. 360 km der bretonischen Küste werden vom auslaufenden Öl verseucht. An einem einzigen Tag werden etwa 28 Mio. getötete Meerestiere – Fische, Muscheln, Schnecken – geborgen.

Zwei Wochen nach dem Zerbrechen der „Amoco Cadiz" ist die bretonische Küste völlig mit Öl verseucht. Freiwillige Helfer fechten einen hoffnungslosen Kampf aus.

Große Ölkatastrophen

JAHR	SCHIFF	KÜSTENABSCHNITT	AUSGELAUFENE ÖLMENGE
1967	Torrey Canyon	Cornwall (England)	120 000 t
1976	Urquillo	Nordspanien	100 000 t
1978	Amoco Cadiz	Bretagne (Frankreich)	230 000 t
1978	Andros Patria	Nordspanien	50 000 t
1992	Aegean Sea	Nordspanien	70 000 t
1996	Sea Empress	Wales (England)	147 000 t
1999	Erika	Bretagne (Frankreich)	20 000 t
2002	Prestige	Spanien	77 000 t

Das ausgelaufene Öl verklebt das Gefieder von Seevögeln, weswegen es im Zuge einer Ölpest häufig auch zu einem Massensterben von Seevögeln kommt.

Schlepper halten die gekenterte Fähre in Position, während Retter noch nach Opfern suchen. Später wird die Fähre mit großen Tauen gesichert.

Tödliche Nachlässigkeit

Die Havarie der „Herald of Free Enterprise"

Am Abend des 6. März 1987 verlässt die Kanalfähre „Herald of Free Enterprise" den Hafen von Zeebrugge. Nur 15 Minuten später liegt sie gekentert auf einer Sandbank vor der Hafenausfahrt. Trotz einer sofort eingeleiteten Rettungsaktion sterben 193 Menschen in den eiskalten Fluten des Ärmelkanals. Durch die nicht geschlossene Ladeklappe am Bug war Wasser eingedrungen, das das Schiff binnen Minuten sinken ließ.

Die RoRo-Fähre verlässt Zeebrugge

Der Fährverkehr zwischen dem belgischen Hafen Zeebrugge und dem englischen Hafen Dover ist ein Routinegeschäft. Mehrmals täglich fahren so genannte „RoRo-Fähren" (von engl. „Roll on Roll off") hin und her. Diese Fähren sind so konstruiert, dass die Fahrzeuge auf der einen Seite in den Schiffsbauch einfahren und am Bestimmungsort auf der anderen Seite das Schiff verlassen können, um zeitraubende Rangiermanöver beim Be- und Entladen zu sparen. Die Öffnungen an Bug und Heck des Schiffs werden während der Fahrt mit großen Toren verschlossen, der Laderaum selbst kann aber nicht in einzelne Sektionen abgeschottet werden. Eindringendes Wasser verteilt sich also sofort im gesamten Schiffsraum. Die „Herald of Free Enterprise" war eine solche RoRo-Fähre, die zum Zeitpunkt des Unglücks seit sieben Jahren im Kanalverkehr eingesetzt wurde.

Ein Matrose schläft

Am 6. März 1987 schiebt sich die Fähre gegen 19.10 Uhr rückwärts aus dem schmalen Hafenbecken in Zeebrugge heraus. Die Bugklappe ist noch geöffnet – ein normaler Vorgang in dieser Phase des Auslaufens, damit die Abgase der Fahrzeuge aus den Autodecks abziehen können. Vor der Hafenausfahrt wendet die Fähre und fährt mit dem Bug voraus durch die Hafeneinfahrt. Danach werden die Maschinen auf volle Kraft voraus geschaltet.

An Bord des Schiffs sind heute nur 459 Passagiere und 80 Besatzungsmitglieder, auf dem Autodeck stehen 81 Wagen, drei Busse und 47 Lastwagen. Bei voller Auslastung könnte die Fähre 1300 Gäste transportieren. Für das ordnungsgemäße Schließen der Bugklappe ist der Oberbootsmaat zuständig, der sich laut Vorschrift allerdings beim Auslaufen des Schiffs auf der Brücke aufhalten muss. Die Konstruktion der Schiffsaufbauten macht es jedoch unmöglich, von der Brücke aus die Bugklappe sehen zu können. Da auch keine Kontrollleuchten existieren, die das ordnungsgemäße Schließen der Klappe anzeigen könnten, hat der Oberbootsmaat die

Die Katastrophe passiert so schnell und überraschend, dass kein einziges Rettungsboot zum Einsatz kommt.

Augenzeugenbericht

Eine überlebende Frau berichtet, dass ihr Ehemann sich als lebende Brücke zur Verfügung stellte, damit sie und ihre Tochter über ihn aus dem Schiff klettern konnten. Als sie in Sicherheit waren, bat sie ihn zu folgen, aber er antwortete, dass da noch weitere Menschen wären, die seine Hilfe bräuchten, um aus dem Schiff zu kommen. Seitdem hat sie ihn nicht wieder gesehen.

Sieben Wochen nach der Katastrophe wird die „Herald of Free Enterprise" gehoben und zum Hafen von Zeebrugge zurückgeschleppt.

Kontrollaufgabe einem Matrosen übertragen. Am Abend des 6. März 1987 liegt dieser Matrose in seiner Koje und schläft. Es bemerkt also niemand, dass die Fähre volle Fahrt aufnimmt, während die Bugklappe noch offen ist.

Die Fähre kippt

Sofort dringt Wasser in das Autodeck ein. LKW-Fahrer, die in ihren Fahrzeugen geblieben waren, berichten später, dass an der noch nicht ganz geschlossenen Bugklappe zwei Matrosen mit Vorschlaghammern hektisch hantierten. Scheinbar hatte sich etwas verklemmt, sodass die Hydraulik die Klappe nicht vollständig schließen konnte. Die LKW-Fahrer versuchen noch, sich durch das schon kniehohe Wasser auf dem Autodeck nach oben zu retten. Um 19.35 Uhr kippt die Fähre innerhalb von zwei Minuten um, als wäre sie von einer Riesenfaust getroffen worden. Glück im Unglück ist, dass die Fähre zu diesem Zeitpunkt den Bereich der Sandbänke vor der Hafeneinfahrt noch nicht verlassen hat. Sie kippt auf Backbordseite und bleibt wie ein verendeter Wal im nur 9 m tiefen Wasser liegen.

RoRo-Fähren sorgen für einen schnellen Verkehr über den Ärmelkanal. Der Preis für die Schnelligkeit ist allerdings ein höheres Sicherheitsrisiko.

Keine Zeit für SOS

Die Katastrophe trifft das Schiff so plötzlich und schnell, dass Kapitän David Lewry keine Zeit mehr hat, SOS zu funken. Auf den Autodecks krachen die Wagen ineinander, auf den Passagierdecks bricht Panik aus. Das Licht geht sofort aus. Einige der Opfer sterben allein durch die Wucht des Aufpralls. Das ganze Unglück passiert innerhalb von wenigen Minuten knapp 2 sm (Seemeilen) von Zeebrugge entfernt. Unmittelbar nach der „Herald of Free Enterprise" ist der belgische Frachter „Seahorse" ausgelaufen, von dem aus man die Katastrophe in nur 500 m Entfernung sehen kann. Der Frachter funkt sofort SOS, sodass nur 16 Minuten nach dem Unglück die ersten Rettungshubschrauber über der Fähre schweben. Die Retter beginnen sofort, die Überlebenden an Land zu fliegen. Dank einer besonnen reagierenden Besatzung und dank einiger tapferer Passagiere, die sich an der Rettung beteiligen, können mehr als 400 Menschen gerettet werden. 193 Menschen überleben die Katastrophe jedoch nicht, insbesondere wegen der Kälte des Wassers. Viele der Opfer sind offenbar innerhalb von Sekunden tot. Amerikanische Forscher untersuchen später die Gründe für dieses schnelle Sterben. Beim Eintauchen in das nur 3 °C kalte Wasser führt der Kälteschock reflexartig zu einer Schnellatmung, die zwangsläufig Wasserschlucken und den Ertrinkungstod nach sich zieht.

Der „Sheen-Report"

Das Kentern der Fähre führt zu einer öffentlichen Untersuchung der Schuldfrage, deren Ergebnisse im Juli 1987 im „Sheen-Report" bekannt gegeben werden. Der Reederei Townsend Thorensen wird der Vorwurf der Nachlässigkeit auf allen Ebenen gemacht. Nicht nur der fahrlässige Umgang mit der risikoreichen Technik der RoRo-Fähren wird der Reederei vorgehalten, sondern auch das Fehlen von Passagierlisten, sodass zum Zeitpunkt des Unglücks nicht feststellbar war, wie viele Menschen sich an Bord befanden. Die Vorschläge, die der „Sheen-Report" zur Verbesserung der Situation macht, werden in der Folgezeit allerdings nur sehr zögernd umgesetzt. Die „Herald of Free Enterprise" wird schon kurze Zeit später gehoben und zum Hafen Zeebrugge zurückgeschleppt. Dort wird sie auf den Namen „Flushing Range" umgetauft, fahrtüchtig gemacht und dann zur Verschrottung nach Indien gefahren. Das Schwesterschiff „Spirit of Free Enterprise" wird ebenfalls umgetauft, um die zukünftigen Passagiere nicht abzuschrecken. Unter dem neuen Namen „Pride of Brugge" versieht es weiter den Fährdienst im Kanal.

Viele der Opfer haben keine Chance, das sinkende Schiff zu verlassen. Sie ertrinken im Rumpf des Schiffs.

Die Katastrophe und die Musik

Eine Reihe bekannter Popmusiker um den Ex-Beatle Paul McCartney bildete unmittelbar nach der Katastrophe eine Band mit dem Namen „Ferry Aid". Sie nahmen eine neue Version des Beatles-Titels „Let it be" auf, die dann drei Wochen lang auf Platz 1 der britischen Hitparade stand. Der Erlös kam den Hinterbliebenen des Unglücks zugute. Später textet der britische Liedermacher Robb Johnson den Song „Herald of Free Enterprise" über die Katastrophe.

Kalter Tod in der Ostsee

Der rätselhafte Untergang der „Estonia"

Zwei Monate nach dem Untergang der „Estonia" wird die Bugklappe der Fähre vom Grund des Meers geborgen.

In den frühen Morgenstunden des 28. September 1994 sinkt die Fähre „Estonia" in der stürmischen Ostsee. 852 Menschen verlieren bei dieser größten Schiffskatastrophe der europäischen Nachkriegszeit ihr Leben. Die Fähre befand sich auf einer Linienfahrt von Tallinn/Estland nach Stockholm/Schweden. Als offizieller Grund für den Untergang wird das Abreißen der Bugklappe genannt, das zum ungehinderten Eindringen des Wassers geführt haben soll. Bis heute verstummen aber die Spekulationen nicht, dass die wahren Hintergründe der Katastrophe verschleiert worden sind.

Die letzte Fahrt

Am Abend des 27. September 1994 wird im Hafen der estnischen Hauptstadt Tallinn die Linienfähre „Estonia" beladen. Ihr Zielhafen ist die schwedische Hauptstadt Stockholm, die normalerweise in etwa 15 Stunden Fahrtzeit erreicht werden kann. Die Fähre ist an diesem Tag nur etwa zur Hälfte belegt. Auf den Bordlisten sind 803 Passagiere, 186 Mann Besatzung und 100 Fahrzeuge gemeldet. Ein Überlebender berichtet später, dass im letzten Moment vor dem Auslaufen der Hafen abgesperrt worden sei und zwei große Lastzüge von einem Militärkonvoi zum Schiff geleitet worden seien. Nach dem Verladen der Lastzüge wären die Auffahrrampe und das Bugvisier des Schiffs geschlossen worden. Die „Estonia" legt im Anschluss daran, um 19.15 Uhr, mit etwa 15-minütiger Verspätung zu ihrer letzten Fahrt ab.

Der Untergang

Die herbstliche Ostsee ist in dieser Nacht unruhig und eiskalt. Die Wellenhöhe beträgt etwa 4 m, die Wassertemperatur 13 °C. Nach Mitternacht schaukelt die „Estonia" sehr stark, und die Wellen krachen über den Schiffsbug. Gegen 0.45 Uhr hören die Passagiere mehrere dumpfe Schläge, die sich deutlich von den Geräuschen der Wasserbrecher, die das Schiff laufend treffen, unterscheiden. Eine halbe Stunde später ist schon so viel Wasser in den Schiffsraum eingedrungen, dass das Schiff 25 Grad Schlagseite bekommt. Offensichtlich ist das Bugvisier der Fähre abgerissen worden. Die dahinter als Sicherheitswand gedachte Auffahrrampe kann das Eindringen des Wassers nicht verhindern. Um 1.22 Uhr sendet das Schiff den ersten SOS-Ruf, und die Alarmsirene ruft die Besatzung auf die Rettungsstationen. Als zwei Minuten später der zweite SOS-Ruf gesendet wird, hat das Schiff schon eine Schlagseite von 45 Grad. Danach nimmt die Katastrophe in rasendem Tempo ihren Lauf. Bereits um 1.48 Uhr ist die „Estonia" endgültig von den Radarschirmen verschwunden, sie versinkt in der etwa 80 m tiefen, kalten Ostsee.

Hoffnungslose Rettungsaktion

Auf der relativ stark befahrenen Ostsee hören immerhin elf Schiffe den zweiten Notruf, sodass die Rettungsaktion sofort beginnen kann. Eine gute Stunde nach dem Untergang sind die ersten Schiffe vor Ort, aber selbst diese kurze Zeitspanne ist zu lang, um im kalten Meer zu überleben. Viele Passagiere, die das Schiff noch rechtzeitig verlassen konnten, erfrieren in der Ostsee oder im eisigen Wind auf den Rettungsflößen. Der größere Teil der Passagiere findet dagegen gar keine Zeit mehr, das schnell sinkende Schiff zu verlassen. Sie werden mit der sinkenden Fähre in die Tiefe gerissen. 852 Menschen verlieren ihr Leben. Der Untergang der „Estonia" wird damit zum schwersten Schiffsunglück seit dem 2. Weltkrieg in Europa. Nur 137 Menschen überleben die Katastrophe.

Die „Estonia"

Die „Estonia" wird im Jahr 1980 auf der Meyer-Werft im deutschen Papenburg gebaut. In den ersten zwölf Jahren befährt sie unter den Namen „Viking Sally", „Silja Star" und „Wasa King" für verschiedene Reedereien die Ostsee. Ab 1992 kreuzt sie für ein schwedisch-estnisches Gemeinschaftsunternehmen unter dem Namen „Estonia" auf der Route Tallinn – Stockholm. „Estonia" ist der englische Name für Estland. Die Fähre ist zum damaligen Zeitpunkt das modernste und größte Schiff unter estnischer Flagge. Sie ist eine so genannte RoRo-Fähre (engl.: „Roll on Roll off"), bei der die Fahrzeuge durch große Bug- und Heckklappen auf die Ladedecks fahren und das Schiff wieder ohne Wendemanöver verlassen können. Da die Ladedecks keine Zwischenschotten haben, droht bei einem Wassereinbruch sofort eine starke Schräglage. Wegen dieser Sicherheitsproblematik war die „Estonia" nur für kurze Fahrten von maximal 37 km in sicheren Gewässern vorgesehen. Die Seeaufsichtsämter duldeten allerdings 14 Jahre lang, dass sie auf deutlich längeren Strecken eingesetzt wurde.

Die Überlebenden der Katastrophe werden mit Rettungshubschraubern der Marine in die umliegenden Krankenhäuser geflogen.

Der Kinofilm „Baltic Storm"
In Jahr 2003 kam der Film „Baltic Storm" in die Kinos, in dem der Untergang der Fähre „Estonia" in Form eines Polit-Thrillers dargestellt und aufgearbeitet wird. Die Story basiert auf Recherchen der deutschen Journalistin Jutta Rabe und des Anwalts Henning Witte, der 1000 Angehörige von Opfern der Katastrophe vertrat. In dem Film wird die bis heute nicht bewiesene Behauptung vertreten, dass der Untergang durch ein Attentat des russischen Geheimdiensts KGB ausgelöst wurde.

Viele der Passagiere, die es noch in die Rettungsboote der „Estonia" geschafft haben, erfrieren im eisigen Wind, bevor sie von Rettern gefunden werden.

Merkwürdige Ungereimtheiten

Schon bald nach dem Unglück wird eine offizielle Untersuchungskommission gebildet, die den Hergang und die Gründe für die Katastrophe untersuchen soll. Die Ergebnisse der Untersuchungen laufen auf Konstruktionsmängel an der Fähre und das stürmische Wetter hinaus. Die Meyer-Werft will sich mit eigenen Untersuchungen gegen die Vorwürfe der Fehlkonstruktion wehren und stellt fest, dass wichtige Beweismittel für eine unabhängige Untersuchung nicht freigegeben werden. Merkwürdig ist auch, dass die schwedische Regierung ein niederländisches Unternehmen, das auf die Neutralisierung von atomaren Unterwasserabfällen spezialisiert ist, damit beauftragt hat, die gesamte Wrack-Fundstelle in einen Beton-Sarkophag einzuschließen. Damit würden weitere Untersuchungen des Wracks für immer unmöglich gemacht. Die Betonierungsaktion scheitert allerdings. Die heftigen Spekulationen, dass an Bord der „Estonia" militärisches Geheimmaterial transportiert wurde, sind aber weder zu beweisen noch überzeugend zu entkräften. Im September 2004 strahlt dann das schwedische Fernsehen einen Bericht aus, in dem ein pensionierter Mitarbeiter des schwedischen Zolls aussagt, dass die „Estonia" vor ihrem Untergang tatsächlich zum geheimen Transport sowjetischer Militärtechnologie in den Westen benutzt worden sei. Die Zollmitarbeiter hatten den Befehl, gewisse Fahrzeuge unkontrolliert einreisen zu lassen, obwohl sonst sämtliche Fahrzeuge beim Verlassen der „Estonia" genau überprüft wurden.

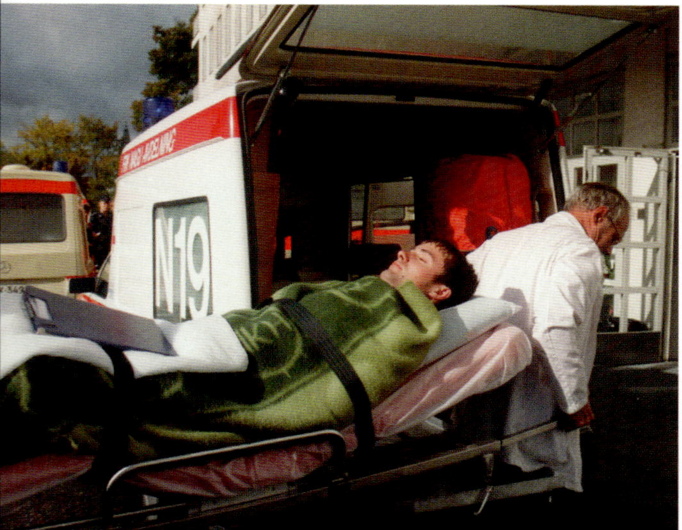

Verschwundene Überlebende

Zu den Ungereimtheiten, die einer Verschwörungstheorie immer wieder neue Nahrung gaben, gehört auch ein merkwürdiger schwarzer Koffer, den Taucher gezielt im Wrack gesucht haben sollen und dessen Existenz später geleugnet wurde. Und schließlich sind da noch die Aussagen von

Nur 137 der fast 1000 Menschen an Bord der Fähre überleben die schlimmste Schiffskatastrophe der europäischen Nachkriegszeit.

Angehörigen, die unmittelbar nach der Katastrophe die Nachricht erhielten, dass ihre Kinder oder Ehemänner den Untergang überlebt hätten. Von Überlebenden wird beispielsweise bestätigt, dass die Zwillinge Hannely und Hannika Veide in ein Rettungsfloß klettern konnten. Auch auf den Listen der schwedischen Rettungsleitstelle tauchen sie als Überlebende auf. Danach aber verliert sich ihre Spur für immer. Merkwürdigerweise gehören sie zu einer ganzen Gruppe von Personen, die zunächst als Überlebende gemeldet worden waren, von denen aber später keine Spur mehr zu finden war.

Im März 2006 schließlich wird der Bericht einer neuen Untersuchungskommission veröffentlicht, die gewisse Zweifel am offiziellen Abschlussbericht der ersten Untersuchungskommission bestätigt. Die wahren Hintergründe scheinen also bis heute nicht geklärt zu sein.

Die Karte zeigt die Fahrtroute der Unglücksfähre über die Ostsee. An der markierten Stelle ist die Fähre gesunken.

Die geborgenen Opfer der Katastrophe werden in ihre Heimat überführt. Am 20.10.1994 findet in Stockholm eine Trauerfeier für die 28 schwedischen Opfer statt.

DER STOLZ DER RUSSISCHEN MARINE SINKT

DAS ATOM-U-BOOT „KURSK“ EXPLODIERT

Am 12. August 2000 wird der vordere Teil des russischen Atom-U-Boots „Kursk“ durch eine Explosion völlig zerstört. Ein zum Abschuss bereiter Torpedo hatte Feuer gefangen und war noch innerhalb des Schiffs explodiert. Von den 118 Männern der Besatzung überleben zunächst nur 23 die ersten Minuten nach der Katastrophe. Die ganze Welt hofft noch tagelang auf das Wunder einer Rettung der Überlebenden. Später jedoch stellt sich heraus, dass auch diese Seeleute schon vier Stunden nach dem Unglück keine Überlebenschance mehr hatten. Der Stolz der russischen Marine liegt mit den 118 Todesopfern auf dem Grund der Barentsee.

Flottenmanöver

Am 9. August 2000 läuft die russische Nordmeerflotte zu einem Manöver in der Barentsee, einem Teil des Nordpolarmeers, aus. An der Übung, bei der moderne Waffen getestet werden sollen, nehmen 30 Kriegsschiffe teil. Unter ihnen sind der schwere Raketenkreuzer „Peter der Große“, der Flugzeugträger „Admiral Kusnetzov“ und der Stolz der Marine, das Atom-U-Boot „Kursk“. Dieses ist mit über 150 m doppelt so lang wie ein Jumbojet. Das gigantische U-Boot steht in dem Ruf, unsinkbar zu sein, da es selbst von einem Volltreffer nicht zerstört werden könne. Der 12. August soll ein wichtiger Tag für die „Kursk“ werden, denn für diesen Tag ist geplant, einen neuen, streng geheim gehaltenen Torpedotyp zu testen. Daher sind auch prominente Gäste an Bord, fünf hohe Offiziere aus dem Flottenhauptquartier. Zu den Aufgaben der „Kursk“ gehört die Zerstörung feindlicher Flugzeugträger, und zu diesem Zweck trägt sie Lenkwaffen an Bord, die mit 700-kg-Sprengköpfen ausgerüstet sind.

Explosion unter Wasser

Vier Minuten vor der Katastrophe bittet der Funker der „Kursk“ den Kommandanten der Nordmeerflotte, der sich an Bord des Raketenkreuzers „Peter der Große“ befindet, um Feuererlaubnis. Die Feuererlaubnis wird erteilt, und der Kommandant der „Kursk“ gibt den Befehl: „Feuer!“.

Um 9.30 Uhr MESZ registrieren norwegische Seismologen zwei Explosionen im Manövergebiet etwa 180 km nordöstlich des russischen Nordmeerhafens Murmansk. Irgendetwas ist beim Abschuss des Torpedos missglückt. Vielleicht lag es an einem Baufehler der Rakete, oder die Luke zum Auslassen des Torpedos hat sich nicht vollstän-

Die „Kursk“ gehört zu einem Flottenverband der russischen Nordmeerflotte, der im August 2000 ein Manöver in der Barentsee durchführt.

Nur wenige Monate vor dem Untergang liegt die „Kursk“ noch in ihrem Heimathafen Widjajewo auf der Halbinsel Kola.

dig geöffnet. Der Treibstoff der Rakete explodiert und tötet auf der Stelle die sieben Seeleute der Torpedostation. Der Kommandant gibt sofort seine letzten Befehle. Die Ballasttanks sollen entleert werden, die Mannschaft soll sich zum Notausstieg bereithalten. Weniger als eine Minute nach der Explosion beginnt das U-Boot mit voller Kraft den Aufstieg, aber aus der Kommandozentrale kommen keine weiteren Befehle mehr. Das in der Torpedostation mit ungeheuerer Hitze wütende Feuer bringt nun auch den Sprengkopf des Torpedos zur Explosion. Die Kraft von 1 t TNT sprengt das ganze Vorschiff weg. Die Druckwelle der Explosion rast mit unglaublicher Gewalt durch das U-Boot und tötet auf der Stelle 79 Besatzungsmitglieder in den ersten vier Sektionen, darunter alle Seeleute in der Kommandozentrale und im Funkraum. Eine dicke Stahlwand schützt lediglich den Abschnitt, in dem sich der Antriebsreaktor des Atom-U-Boots befindet.

Die „Kursk“ wird nicht vermisst

Die „Kursk“ steigt nun nicht mehr auf, sondern rast mit voller Kraft auf den Meeresgrund zu. Drei Minuten nach der Explosion schlägt sie auf dem Meeresboden auf. Durch den Aufprall werden weitere Besatzungsmitglieder getötet, nur 23 Mann leben noch, als sich die Reaktoren selbstständig abschalten und das Boot in 100 m Tiefe auf dem Grund liegen bleibt. Die Überlebenden kriechen in den hinteren Teil des Schiffs, in dem sich die Luft gesammelt hat. Die Luft ist aber so vergiftet, dass sie nur in Notanzügen überleben können. Doch die Luft in diesen Anzügen reicht maximal für vier Stunden. Die Notstrombatterien versagen, im Schiff wird es dunkel.

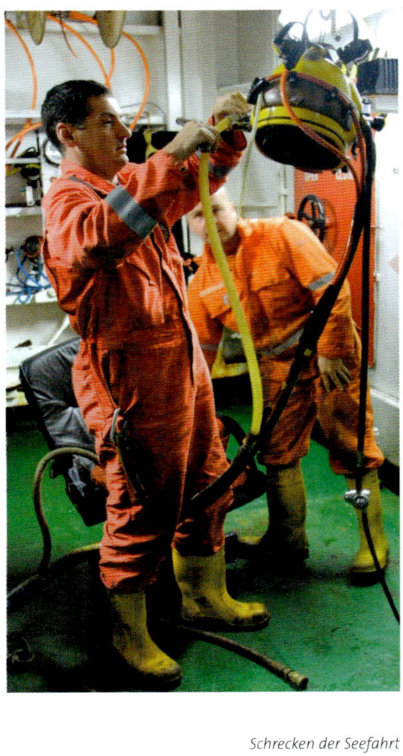

Taucher bereiten sich darauf vor, zum Wrack der gesunkenen „Kursk“ vorzudringen.

Am 30.07.2000, also knapp vier Wochen vor der Katastrophe, nimmt die „Kursk" noch an einer Flottenparade teil.

Über Wasser hat offenbar niemand die Katastrophe bemerkt. Da die „Kursk" noch mehr als drei Stunden unter Wasser bleiben sollte, wird auch vorläufig nicht nach ihr gesucht. Vier Stunden nach der ersten Explosion sind auch die letzten 23 Überlebenden tot, keines der 118 Besatzungsmitglieder hat die Katastrophe überlebt.

Politische Sturheit

Erst zwei Tage nach der Katastrophe bestätigt die russische Marine den Untergang der „Kursk" und beginnt mit Rettungsversuchen, die allerdings scheitern. Nach tagelangem Zögern werden die westlichen Hilfsangebote angenommen. Gleichzeitig äußert das Flottenkommando die Vermutung, dass die Ursache des Untergangs eine Kollision mit einem ausländischen U-Boot gewesen sei. Und erst fünf Tage nach dem Untergang treffen norwegische und britische Spezialisten an der Unglücksstelle ein. Am 21. August finden Tiefseetaucher dann das Wrack in 100 m Meerestiefe. Es ist vollständig mit Wasser gefüllt. Der Tod der gesamten Mannschaft wird offiziell bestätigt.

Der Abschiedsbrief

In der Uniformjacke des toten Kapitänleutnants Dimitrij Kolesnikow finden Taucher einen Abschiedsbrief. Er berichtet darin zunächst, dass sich alle 23 überlebenden Seeleute in die 9. Sektion des Boots geflüchtet haben.

Danach folgen die Sätze: „Es gibt keinen Grund zum Verzweifeln. Es ist zu dunkel zum Schreiben, ich werde versuchen, es nach Gefühl zu tun. Es scheint, als gebe es keine Hoffnung. Lasst uns zu 10 bis 20 Prozent hoffen, dass dies noch jemand liest."

Die Bergung

Im Oktober 2000 befindet sich endlich die norwegische Tauchplattform „Regalia" über der Unglücksstelle. Russische und norwegische Taucher beginnen mit ersten Bergungsversuchen. Nun kann auch bestätigt werden, dass von den beiden Atomreaktoren, die zum Antrieb der „Kursk" an Bord waren, keine Gefahr ausgeht. Tauchroboter stellen fest, dass in der Nähe des Wracks keine erhöhte Radioaktivität messbar ist. Am Meeresgrund werden große Einstiegslöcher in den Rumpf des U-Boots gebohrt, um im Innern

Offiziere tragen den Sarg eines verunglückten Offiziers der „Kursk"-Mannschaft. Die Beerdigung fand am 17.01.2001 in St. Petersburg statt, über ein Jahr nach der Katastrophe.

des Schiffs nach den Toten zu suchen. Die norwegischen Taucher dürfen allerdings nur außen am Wrack arbeiten. Aus Gründen der militärischen Geheimhaltung ist es allein russischen Tauchern erlaubt, in das zerstörte Innere des Schiffs vorzudringen. Nach der Bergung von zwölf Leichen werden die Arbeiten eingestellt. Erst im Mai 2001 bestätigt auch die Regierung in Moskau das, was westliche Experten schon längst vermuteten. Nicht die angebliche Kollision mit einem U-Boot der NATO war die Ursache des Untergangs, sondern die Explosion eines Torpedos an Bord. Einer niederländischen Bergungsfirma wird nun der Auftrag erteilt, das Wrack zu heben und in ein Dock nach Murmansk zu schleppen. Erst hier werden die mehr als 100 toten Seeleute endlich aus dem Wrack geborgen.

Nach der offiziellen Bestätigung, dass kein Besatzungsmitglied den Untergang überlebt hat, besuchen trauernde Angehörige den Ort der Katastrophe.

FLUCH DER TECHNIK

Der Fortschritt sollte stets dem Wohl der Menschen dienen, doch die Technik kann auch neue Horrorszenarien schaffen. Als 1986 in Tschernobyl der Super-GAU eintritt, erleidet der Technikglaube einen schweren Schlag. Und der Mensch versagt immer wieder aufs Neue: z. B. im maßlosen Verbrauch von Pestiziden, wenn Giftstoffe in Flüsse eindringen oder chemische Explosionen zu radioaktiver Verseuchung führen.

Die Brücke über den Tay

Ein Wunderwerk der Technik hält den Kräften der Natur nicht stand

In der stürmischen Nacht des 28. Dezember 1879 überquert ein Postzug mit 75 Personen an Bord die Firth-of-Tay-Brücke. Die Brücke an der Mündung des längsten schottischen Flusses in die Nordsee war zwei Jahre zuvor eingeweiht und als Meisterwerk der Ingenieurkunst gefeiert worden. Die Windkräfte, die ein Orkan auf Brücke und Zug ausüben kann, waren jedoch ganz erheblich unterschätzt worden. Bei der Überfahrt des Postzugs bricht der Mittelteil der Brücke ein und stürzt zusammen mit dem Zug in die tosenden Fluten des Tay. Keiner der Reisenden überlebt die Tragödie.

Ein Wunderwerk der Technik

Südlich der schottischen Stadt Dundee schneidet eine große Meeresbucht tief in das Landesinnere ein, der „Firth of Tay" (schott. firth = „Förde, Meeresarm"). Seit Mitte des 19. Jahrhunderts war das Schienennetz der Eisenbahn immer dichter geworden, und die Bucht des Tay stellte als natürliches Hindernis eine enorme Schwachstelle für eine schnelle Verbindung von Dundee nach Edinburgh dar. Eine der Eisenbahngesellschaften, die sich am Ausbau des schottischen Schienennetzes beteiligte, war die „Edinburgh and Northern Railway". Ihr Chefingenieur Thomas Bouch (1822–1880) machte den kühnen Vor-

Der Zusammenbruch der Tay-Brücke wird auch im Film dargestellt, unter anderem im Spielfilm „Hatter's Castle" (dt.: „Der Hutmacher und sein Schloss") von 1942.

Die englische Königin Victoria (1819–1901) überquerte noch im Unglücksjahr 1879 die Tay-Brücke und adelte anschließend voller Begeisterung den Konstrukteur Thomas Bouch.

Die Brück' am Tay

Der Schriftsteller Theodor Fontane (1819–1898) verfasste unter dem unmittelbaren Eindruck der Tay-Katastrophe die berühmte Ballade „Die Brück' am Tay". Die Ballade behandelt das Spannungsfeld zwischen überheblicher Technikgläubigkeit und der Unbeherrschbarkeit der Naturwalten. In der Eingangsstrophe treten drei Sturmhexen auf, mit denen Fontane einen Bezug zu Shakespeares Drama „Macbeth" herstellt. Ihr berühmter Dialog lautet:

„Wann treffen wir drei wieder zusamm'?"
„Um die siebente Stund', am Brückendamm."
„Am Mittelpfeiler."
„Ich lösch die Flamm'."
„Ich mit."
„Ich komme vom Norden her."
„Und ich vom Süden."
„Und ich vom Meer."
„Hei, das gibt ein Ringelreihn,
und die Brücke muss in den Grund hinein."
„Und der Zug, der in die Brücke tritt
um die siebente Stund'?"
„Ei, der muss mit."
„Muss mit."
„Tand, Tand,
ist das Gebild' von Menschenhand."

schlag, die beiden Buchten „Firth of Tay" und „Firth of Forth" mit großen Eisenbahnbrücken zu überspannen und damit die Reisezeiten zwischen Dundee und Edinburgh erheblich zu verkürzen. Seine Pläne wurden angenommen, und 1871 wurde mit dem Bau der ersten Brücke über den Tay begonnen. Die Dimensionen der Konstruktion waren für die damalige Zeit ein technisches Abenteuer. Bei ihrer Fertigstellung im Jahr 1877 war sie mit 3264 m Gesamtlänge die längste Eisenbahnbrücke der Welt.

Königin Victoria adelt den Konstrukteur

Der Bau der Brücke war von Anfang an mit technischen und finanziellen Schwierigkeiten verbunden. Aus finanziellen Gründen wurde offenbar an der Qualität des Baumaterials gespart, aus technischen Gründen wurde die Anzahl der Pfeiler verringert und damit die Spannweite des Mittelteils

Der Bau der Eisenbahnbrücken über Tay und Forth verkürzte die Reisezeit zwischen Dundee und Edinburgh ganz erheblich.

Aus Angst vor weiteren verheerenden Unglücken wurde die Konstruktion der Brücke über den „Firth of Forth“ ab 1883 extrem verstärkt.

der Brücke stärker vergrößert, als Bouch es ursprünglich geplant hatte. Am 26. September 1877 rollte dennoch der erste Zug über die neue Brücke, und die britische Öffentlichkeit war von diesem Triumph der Technik begeistert. Selbst Königin Victoria (1819–1901) war von dem Bauwerk beeindruckt. Auf ihrem Rückweg aus dem schottischen Hochland überquerte sie 1879 die Brücke und erhob danach den Konstrukteur in den Adelsstand. Er durfte sich fortan Sir Thomas Bouch nennen.

Die Schicksalsnacht

Nur wenige Monate nachdem der königliche Zug die Brücke passiert hat, geschieht das Unfassbare. Am 28. Dezember 1879 tobt schon nachmittags ein gewaltiger Orkan über der Nordsee, und seine Ausläufer erreichen die Bucht des Tay. Der Orkan wird immer stärker und gerade, als er gegen 19.00 Uhr seinen Höhepunkt erreicht, nähert sich ein Postzug mit sechs Personenwagen von Edinburgh kommend der Brücke. An der Auffahrt zur Brücke muss er halten, um den so genannten Kontrollstab zu übernehmen. Da die Brücke eingleisig ist, hat man ein einfaches System erdacht, mit dem sichergestellt wird, dass sich immer nur ein Zug auf der Brücke befinden kann. Der Zugführer muss bei der Auffahrt einen Stab vom Brückenwärter übernehmen, den er am anderen Ende wieder abgibt. Da nur ein Stab existiert, kann auch immer nur ein Zug auf der Brücke sein. Nach der Übergabe des Stabs fährt der Zug mit seinen 75 Reisenden in die stürmische Nacht hinaus. Nur kurze Zeit später stellt der Brückenwärter fest, dass alle Telegrafenleitungen zur anderen Brückenseite unterbrochen sind. Da die Leitungen in die Brückenkonstruktion eingebaut sind, kann dieser Umstand nur ein böses Omen sein. Der Brückenwärter schickt zwei Mitarbeiter hinaus auf die Brücke, um die Ursache der Störung zu klären. Nach etwa 1 km stehen die beiden vor dem Nichts. Der komplette Mittelteil der Brücke ist mit dem Zug in die Tiefe gestürzt und in den tosenden Fluten des Tay verschwunden. Die Suche nach Opfern bleibt ergebnislos.

Ursachen und Konsequenzen

Der Ausschuss, der zur Untersuchung der Katastrophe eingesetzt wird, kommt schon fünf Monate später zu einem vernichtenden Urteil.

Die Firth-of-Forth-Brücke

Bereits 1879 hatte man nach den Plänen von Thomas Bouch mit dem Bau der nächsten Riesenbrücke begonnen. Diese sollte als Eisenbahnbrücke den südlich der Tay-Brücke gelegenen „Firth of Forth" überspannen. Nach dem Einsturz der Tay-Brücke wurde der weitere Bau sofort gestoppt. Die Ingenieure John Fowler (1817–1898) und Benjamin Baker (1840–1907) wurden mit dem Entwurf einer stabileren Konstruktion beauftragt. Mit dem Bau dieser neuen Brücke wurde 1883 begonnen. Die extrem stabile Brücke besteht aus drei rautenförmigen Fachwerkträgern, die dem Bauwerk ein wuchtiges Aussehen geben. Die Stahlkonstruktion wird mitunter mit drei Dinosauriern verglichen, die hintereinander den „Firth of Forth" durchwaten. Durch den Schock der Tay-Katastrophe verunsichert, war auf die Stabilität der Konstruktion der größtmögliche Wert gelegt worden. Mit heutigen, modernen Berechnungsmethoden kommt man auf eine statische Sicherheit, die fünfmal so hoch ist, wie es nötig gewesen wäre.

Konstruktionsfehler und Schlamperei haben zu dem Unfall geführt. Das beim Bau verwendete Gusseisen war für eine solche Konstruktion ungeeignet und obendrein von zu schlechter Qualität. Luftlöcher im Guss waren während der Bauzeit einfach mit einer Mischung aus Harz und Metallstaub zugeschmiert worden. Nach dem Anstrich waren diese Fehlstellen nicht mehr zu erkennen gewesen. Der Konstrukteur Thomas Bouch hatte bei der Dimensionierung der Brücke den seitlichen Winddruck ganz erheblich unterschätzt. Seine Schätzungen der Windlast bei einem Orkan lagen bei lediglich 20 Prozent der Werte, mit denen zu dieser Zeit schon in Frankreich und Amerika gerechnet wurde. Die zusätzliche Angriffsfläche, die der Zug mit seinen Waggons bei der Überfahrt bot, hatte er überhaupt nicht berücksichtigt. Er wurde aller seiner Ämter enthoben und starb verbittert nur wenige Monate nach der Schreckensnacht.

Die Brücke über den Tay wurde ab 1887 vollständig neu gebaut und ist bis heute in Betrieb.

„Jetzt gehen wir alle als Dreckschweine in die Geschichte ein“

Die Atomtests im Südwesten der USA

In den Jahren zwischen 1945 und 1992 führten allein die USA 1039 Atomtests durch, die meisten in der Wüste von Nevada nur unweit der Stadt Las Vegas. Zunächst wurden auch Tests im Südpazifik unternommen, aber als die Kosten stiegen, blieb man im eigenen Land. Insgesamt waren 380 000 Soldaten abgestellt, die Bomben zu beobachten und die Wirkung der Strahlen zu testen. Zahllose Menschen erkrankten an Krebs und siechten dahin.

Schaulustige stehen 1962 am Rand eines gewaltigen Kraters in Nevada, um die Wirkung der „Bombe“ zu sehen.

Die Wüsten Nevadas und New Mexicos als Testorte für Atombomben

In Nevada, dem siebtgrößten Bundesstaat der USA, leben heute fast 3 Mio. Menschen. In den 1940er-Jahren allerdings sind es nur etwa 1 Mio.; die Bevölkerungsdichte ist mit vier Personen pro km^2 sehr gering. Hinzu kommt, dass die meisten Einwohner in den Städten Las Vegas und Reno leben, denn fast der gesamte Staat besteht aus Wüsten, die kaum besiedelt sind. Seit dem Ende der 1940er-Jahre ist Nevada aufgrund dieser Voraussetzungen neben dem Südpazifik der wichtigste Ort für Atomtests; hier finden in den Jahren bis 1992 weit über 900 ober- und unterirdische Tests statt, und die Gegend der Yucca Mountains (Nellis Air Force Range), etwa 160 km nordwestlich von Las Vegas, ist eine der größten US-amerikanischen Lagerstätten für radioaktive Abfälle.

Unter dem Testnamen „Trinity“ wurde am 16. Juli 1945 in Alamogordo im benachbarten Bundesstaat New Mexico die erste Atombombe in

Dies ist eine von über 900 nuklearen Explosionen in der Wüste Nevadas in den Jahren zwischen 1945 und 1992.

Trinitrotoluol (TNT)

Im Zusammenhang mit der Sprengkraft von Atombomben ist immer von deren Sprengwirkung als x-tausend Tonnen TNT die Rede. TNT ist hauptsächlich ein militärischer Sprengstoff mit einer Detonationsgeschwindigkeit von 6900 m/sek. – eine Bombe wie die erste in der Wüste gezündete Testbombe mit 20 000 t TNT hat also eine Detonationsgeschwindigkeit von 13 800 km/sek. Allerdings findet TNT auch im zivilen Bereich Verwendung, da der Sprengstoff relativ sicher ist und nur mit Sprengkapseln zur Detonation gebracht werden kann.

der Geschichte der Menschheit getestet: Es handelt sich um eine in den Los-Alamos-Laboratorien entwickelte Plutoniumbombe vom gleichen Typ, wie sie am 9. August desselben Jahres auf Nagasaki (s. S. 178 ff.) geworfen wurde.

Die Uranbombe, die am 6. August unter dem Namen „Little Boy" über Hiroshima abgeworfen wird, bedurfte keines Tests, sie galt bei den Spezialisten im Gegensatz zur Plutoniumbombe als „sicher". Außerdem verfügte man nicht über eine ausreichende Uranmenge für eine zweite Bombe. In US-amerikanischen Militärkreisen galt daher der Bombenabwurf auf Hiroshima als der „zweite Atomtest" der Geschichte – dieser „Test" forderte bis zu 250 000 Tote. Der militärische Leiter des Projekts, General Leslie Groves, zeigte sich von „Trinity" beeindruckt. „Der Krieg ist aus. Eine oder zwei von diesen Dingern, und Japan ist erledigt", sagte er.

Nicht nur die USA testeten Atombomben

Das Areal für Atomtests in Kasachstan ist fast so groß wie Belgien. Zwischen 1949 und 1989 wurden hier 461 Bomben gezündet, davon 113 über der Erde und 348 nach dem Stopp der atmosphärischen Bombentests 1963 unterirdisch. Der Boden des Gebiets ist bis heute mit Plutonium verseucht. Ähnlich wie in den USA wollte auch die UdSSR Atombomben „friedlich" nutzen, man glaubte, man könnte sie einsetzen, um Gletscher zu schmelzen, Stollen und Tunnel in die Erde zu sprengen. Ebenso wie die USA dokumentierte man alles mit Kameras und Messgeräten der verschiedensten Art. Auch die Tierversuche sahen wie auf der anderen Seite des Eisernen Vorhangs aus, Schweine, Pferde, Schafe, Hunde wurden dem Atomblitz ausgesetzt, um dessen Folgen untersuchen zu können. Die Bevölkerung, die um das Testgebiet lebte, erkrankt noch heute doppelt so oft an Krebs wie der Durchschnitt der Bevölkerung der ehemaligen Sowjetunion.

Eine denkwürdige Einschätzung

„Jetzt gehen wir alle als Dreckschweine in die Geschichte ein!"

Kenneth Bainbridge, Leiter des Projekts „Trinity"

Atomtest „Trinity"

Der Sprengsatz der ersten Bombe wurde auf ein 30 m hohes Gerüst montiert, um dort gezündet zu werden. Die Besucher und Zuschauer dieses ersten Tests trugen Sonnenbrillen, und sie hatten sich reichlich mit Sonnencreme eingerieben, um sich vor dem grellen Lichtblitz, den man ihnen vor-

Im September 1945 untersuchen unter anderem Robert Oppenheimer und General Leslie Groves (Mitte) die Überreste eines 30 m hohen Turms.

Um Soldaten gegen die Auswirkungen von Atomexplosionen abzuhärten, werden sie schon kurz nach der Detonation ins Zentrum der Explosion geschickt.

ausgesagt hatte, zu schützen. Der Test sollte um 16.00 Uhr stattfinden, aber die Bombe wurde erst knapp anderthalb Stunden später, um 17.29 Uhr, gezündet. Zur Unterhaltung der Gäste spielte man Tanzmusik. Die Explosion begeisterte die in 15 km Entfernung zur Bombe sich aufhaltenden Zuschauer über die Maßen, sie sahen einen fast 12 km hohen Atompilz und einen Explosionsblitz, der noch in 300 km Entfernung zu erkennen war. Die Bombe mit einer Sprengkraft von etwa 20 000 t Trinitrotoluol (TNT) schmolz die sandige Erde um den Turm zu einer glasigen Kruste, und der Turm war nicht mehr existent, denn an seiner Stelle klaffte ein 3 m tiefes und 330 m breites Loch. Die Ergebnisse dieses ersten Tests jedoch blieben unter militärischem Verschluss, die Öffentlichkeit erfuhr nichts davon.

Die Folgen der Tests

In den folgenden Jahren wurden die Atomtests in ungewöhnlicher Weise und mit außerordentlicher Detailfreude dokumentiert. Immer jedoch verschob man die Tests, wenn der Wind nach Westen blies, denn man wollte „unter allen Umständen" verhindern, dass der Fallout nach Las Vegas oder Los

Die Beschreibung der Atomexplosion

„Das ganze Land war erhellt von einem versengenden Licht, dessen Stärke viele Male größer war als das der Mittagssonne ... 30 Sekunden später kam zuerst die Explosion, der Luftdruck prallte hart gegen die Leute und Dinge, und dann folgte fast unmittelbar ein lautes anhaltendes schauerliches Donnern, wie eine Warnung vor dem Jüngsten Tag, das uns spüren ließ, dass wir winzige Wesen in blasphemischer Weise wagten, an die Kräfte zu rühren, die bis dahin dem Allmächtigen vorbehalten waren. Worte reichen nicht aus, um denen, die nicht dabei waren, den Eindruck wiederzugeben, den wir körperlich, geistig und seelisch erfuhren. Man muss Zeuge gewesen sein, um es sich vorzustellen."
Thomas Farrell, General

Angeles trieb. Im Laufe der Jahre jedoch bildeten sich so genannte „Hot Spots", d.h. radioaktiv überbelastete Orte, in den gesamten USA bis hinüber in den Staat New York. Einer der Orte, der am meisten unter den Explosionen und ihren Folgen gelitten hat, ist die Mormonenstadt St. George im Nachbarstaat Utah. Viele Zeugen berichten noch heute, wie sie als Kinder Blitze und Atompilze in den Himmel ragen sahen. Sie berichten auch, wie ihre Mitschüler und Geschwister an Leukämie erkrankten. Als man sich von Staatsseite darüber klar wurde, dass es einen unmittelbaren Zusammenhang zwischen Krebstoten und Atomtests gab, war es für die meisten Menschen bereits zu spät. Seit 1988 bietet die Regierung 50000 US-Dollar für jeden Krebsstoten – eine Summe, die von vielen Bürgern als Blutgeld nicht angenommen wird.

Die in Nevada stationierten Soldaten befanden sich meist nicht weiter als 3 km von den Explosionsorten entfernt. Zwar hatte die Atomic Energy Commission 11 km vorgeschrieben, aber die militärische Leitung wählte die kürzere Distanz und schickte die Soldaten auch schon nach 45 Minuten in das Zentrum der Explosion, um sie gegen atomare Schäden „abzuhärten". 380000 Soldaten mussten an den Tests teilnehmen, viele starben an Krebs.

Jonathan Parfrey von der Organisation „Ärzte für soziale Verantwortung" in Los Angeles spricht von 11000 Krebstoten durch die Atomtests und 100000 bis 150000 schwer erkrankten Personen sowie allein 120000 Fällen von Schilddrüsenkrebs durch freigesetztes radioaktives Jod 131.

Tests mit „Mini-Nukes"

Land und Leute in den USA leiden auch heute noch unter dem atomaren Albtraum von 1945. Spätfolgen von bestimmten Krebsarten treten immer noch bei den Beobachtern, den Soldaten oder den zivilen Kameramännern auf, die zu Hunderten um die Explosionsorte verteilt waren, um alles auf Millionen Meter Film festzuhalten. Böden und Gewässer sind verseucht. Bald jedoch soll wieder getestet werden. Im Jahr 2003 verabschiedete der Senat ein Gesetz zur Entwicklung und zum Testen der „Mini-Nukes", wie die Regierung George W. Bush sie verspielt nennt, und gab damit grünes Licht für neue Atomtests in Nevada.

Aber auch Russland arbeitet wieder an der Entwicklung neuer Atomwaffen, sie seien, so Staatschef Wladimir Putin, der wichtigste Garant für andauernden Frieden durch das strategische Gleichgewicht der Kräfte.

Ein Testort in der Wüste – am 25.05.1953 findet hier die Explosion der Bombe „Grable" statt.

Tabelle der Atomtests nach Anzahl der Versuche je Land

STAAT	ANZAHL DER ATOMBOMBENVERSUCHE	ZEITRAUM
USA	1039	1945–1992
Sowjetunion	718	1949–1990
Frankreich	198	1960–1996
Volksrepublik China	45	1964–1996
Großbritannien	45	1952–1991

Das Paradies und die Bombe

Die Atomtests auf dem Bikini-Atoll

1946 zündeten die Amerikaner auf den paradiesischen Inseln des pazifischen Bikini-Atolls die erste einer langen Serie von Atombomben, um deren Wirkung besser studieren und ihre Zerstörungskraft besser bewerten zu können. Die Bewohner hatte man zuvor auf benachbarte Inseln umgesiedelt. Im Gegensatz zu Robert Oppenheimer, dem „Vater der Atombombe", der nach den Schrecknissen von Hiroshima und Nagasaki seine Position revidiert hatte, war der Physiker Edward Teller auch 1946 noch ein begeisterter Anhänger der Bombe – inzwischen „seines Kindes", wie er fand. Hatte er 1945 noch beschworen, die Bombe könne Berge versetzen, ließ er nun zwar alle Berge, wo sie waren, aber es gelang ihm, die Insel Elugelab, Teil des Bikini-Atolls, mit einer Wasserstoffbombe zu versenken.

„Able" markiert den Beginn des Kalten Kriegs

„Able" war der Name, den die erste in der Südsee gezündete amerikanische Atombombe trug. Sie wurde am 30. Juni 1946 aus einem Flugzeug abgeworfen und explodierte auf dem Bikini-Atoll, das zu den Marshall-Inseln gehört. „Able" hatte eine Sprengkraft von 23 kt (Kilotonnen; Maßeinheit, die zur Größenangabe von Atomwaffen verwendet wird), und sie leitete in den folgenden zwölf Jahren eine Atombombentestreihe ein, während der im gesamten südpazifischen Testgebiet 67 Bomben gezündet wurden, 24 davon allein auf dem Bikini-Atoll. Das Pentagon definierte die Menge der gezündeten Bomben als die 7000-fache Sprengkraft der Hiroshima-Bombe. Neben allen nie wieder gutzumachenden Schäden auf den Inseln leitete diese erste Bombe 1946 den Kalten Krieg ein, indem sie die Verbindung zwischen der Sowjetunion und den USA endgültig zerschnitt. Es begann auf beiden Seiten ein Wettrüsten, das erst mit dem Fall der Berliner Mauer 1989 enden sollte und die Welt, solange es währte, mehrmals an den Rand der nuklearen Katastrophe brachte.

Zum Wohl der Menschheit

Die Amerikaner hatten für ihre Versuche die Marshall-Inseln gewählt, weil sie weit genug von den USA entfernt lagen, um bei der amerikanischen Bevölkerung keine Proteste auszulösen. Dabei ähnelte die Anreise der amerikanischen Militärs, Wissenschaftler und Experten einer Invasion, etwa 42 000 Amerikaner kamen, um das neue, bislang erst zweimal verwendete Spielzeug aus der Nähe und in Ruhe studieren zu können. In der Heimat forderten Regierung und Presse eine perfekte Dokumentation, und diese wurde auch geliefert: Über 600 Kameras waren um das Atoll positioniert. Man ließ sogar einige unbemannte Flugzeuge in die Atompilze hineinfliegen. Zum Wohl der Forschung und der Menschheit wurden während der zwölf Jahre etwa 5000 Tiere, Ziegen,

Mit der ersten Atombombe auf dem Bikini-Atoll am 30.06.1946 begann eine lange Testreihe, das gesamte Atoll wurde vollkommen verstrahlt.

Der Physiker Edward Teller Sitting hatte schon 1945 geschworen, die Bombe könne Berge versetzen.

Schweine und Ratten auf vor den Inseln fest verankerten Schiffen gehalten. Man wollte sehen, wie sie pulverisierten, karbonisierten, verglühten, in Stücke gerissen wurden oder unter schrecklichen Leiden verendeten, um die Wirkung des „Babys" zu testen, das insbesondere der Physiker Edward Teller (1908–2003) als sein eigenes betrachtete. Der Slogan, den man verwendete, sollte sie auf ewig reinwaschen: For the Good of Mankind.

Die Bewohner störten und mussten weg

Natürlich mussten die Inseln des Atolls, auf denen Tests stattfinden sollten, zunächst von deren Bewohnern befreit werden. Ihre Bevölkerung wurde auf andere Inseln umgesiedelt – diese Menschen träumen noch heute davon, in ihre Heimat zurückkehren zu dürfen. Hier spielte und spielt sich auch der eigentliche Teil der Katastrophe ab, denn viele der Bewohner jener paradiesischen Inseln starben und sterben an den Spätfolgen der Verstrahlung. Darüber hinaus sind andere Inseln durch Tests mit Plutonium auf Jahrtausende verseucht und unbewohnbar geworden.

Etwa 1 Mrd. US-Dollar Wiedergutmachungszahlungen haben die USA bis heute an die Marshall-Inseln geleistet. Sie hätten gelernt, ihre Tränen mit den Dollarscheinen der Amerikaner zu trocknen, sagen die Bewohner resigniert. Natürlich haben sich die Einwohner von Bikini mit den Jahren angepasst, denn so stark, wie die internationale Aufmerksamkeit auf das Atoll gelenkt wurde und wie sich die allgemeine Sensibilität für dieses Thema etablierte, stiegen auch die Forderungen der Bewohner des Atolls. Inzwischen fordern die Bikinianer Schadensersatz für Bluthochdruck, Diabetes oder Rheuma von den USA. Dabei lässt sich tatsächlich „nur" der Schilddrüsenkrebs mit den Tests in Zusammenhang bringen. Weitere Gelder aus den USA fließen inzwischen zäher, viele Jahre sind seit den Tests vergangen. So hat der amerikanische Kongress unlängst die Zahlung der geforderten 365 Mio. US-Dollar abgelehnt, die nötig wären, das Bikini-Atoll zu säubern, d. h., den verstrahlten Boden abzutragen.

Während der zwölf Jahre andauernden Versuche wurden ca. 5000 Ziegen, Schweine und Ratten zu Testzwecken gehalten, um die Wirkung auf sie auswerten zu können.

Cäsium

Cäsium ist ein chemisches Element mit dem Symbol Cs und der Ordnungszahl 55. Von allen stabilen Elementen des Periodensystems hat es den größten Atomradius. Cäsium ist das weichste aller Elemente und sehr dehnbar, nach Quecksilber hat es den niedrigsten Schmelzpunkt, er liegt bei 28,45 °C. In seiner radioaktiven Variante Cäsium-137 hat es eine Halbwertzeit von 30 Jahren. Es sammelt sich in Pflanzen und Böden, besonders in bestimmten Pilzsorten, an, und ist zudem hochgradig krebserregend.

Eingeborene Kinder der Bewohner des Bikini-Atolls heute. Sie träumen von einer Rückkehr auf die Inseln ihrer Vorfahren.

Hoffen auf die Rückkehr

Wirkliche Kritik an den Zuständen kommt jedoch nicht von den evakuierten und kranken Bewohnern, sie kommt von internationalen Hilfsorganisationen. Die Bewohner beziehen alle ein Gehalt, das ihnen monatlich von den USA gezahlt wird. Eine Summe, mit der sie leben können und die sie gleichzeitig zur Untätigkeit verdammt. Untätigkeit auch schon deshalb, weil sie ja ständig auf die Rückkehr in ihre Heimat und in ihr Leben dort hoffen. Dabei sind inzwischen 60 Jahre vergangen, und das, was die Kinder und Kindeskinder der damals Evakuierten heute leben, hat schon lange nichts mehr mit dem Leben zu tun, das ihre Vorfahren bis 1946 gelebt haben.

Der atomare Club

Der Club der beiden Supermächte, USA und Sowjetunion, bekam schon bald nach Ausbruch des Kalten Kriegs neue Mitglieder. 1953 entwickelte Großbritannien die Bombe, 1964 waren es Frankreich und die Volksrepublik China. Diese fünf Nationen bildeten den atomaren Club, und sie sind es, die im Sicherheitsrat der Vereinten Nationen sitzen und über einen speziellen Status verfügen: das Vetorecht. Später gesellten sich weitere Nationen dazu, ohne jedoch je die Privilegien zu genießen, die die ersten Mitglieder haben. Israel, Indien und Pakistan schlossen sich an, der Iran bastelt seit geraumer Zeit an seiner Beitrittskarte. Die später eingestiegenen Clubmitglieder müssen sich jedoch darauf beschränken, nur eine gefährliche Bedrohung für den Frieden und das Wohlergehen der Welt darzustellen – eine Rolle in der UNO spielen sie nicht.

430 000 Krebstote durch Atomwaffentests

Bis heute hat man versäumt, eine genaue Statistik über die Verstrahlungsopfer zu erstellen, es gibt keine genauen Zahlen über sie. Das Pentagon gibt keine Informationen weiter und verschanzt sich hinter militärischer Geheimhaltung. Zahlen von unabhängigen Institutionen wie der Organisation IPPNW (Internationale Ärzte für die Verhütung des Atomkrieges) aber können nicht allein die Krebsopfer des Bikini-Atolls erfassen, dafür fehlen ihnen die Daten. Ihren Schätzungen nach geht man von mehreren tausend Krebsopfern für das Bikini-Atoll und die gesamten Marshall-Inseln aus. Sie stellen sie in eine Gruppe mit insgesamt etwa 430 000 Krebstoten weltweit, die bis zum Ende des 20. Jahrhunderts durch Atomwaffentests verursacht wurden.

Inseln von der Erdoberfläche getilgt

Der „König von Kwajalein“ ist der Stammeshäuptling des Atolls, auf dem die Amerikaner auch heute noch ihre Raketenbasis unterhalten. Er lebt im Exil und hat seine Inseln für 12 Mio. US-Dollar Jahresmiete an die Amerikaner vermietet. Das meiste davon fließt in seine private Kasse, ein Teil wird für seinen Hofstaat ausgegeben, und den Rest verteilt er unter seinem Volk. Aber niemand nimmt ihn richtig ernst, vor allem die Amerikaner nicht, sonst müssten sie wahrscheinlich irgendwann doch seine Forderungen nach dem Bikini-Atoll und dessen Pfründen erfüllen.

Die Fahne des Bikini-Atolls hat fünf schwarze Sterne. Drei davon sollen an die drei Inseln erinnern, die 1954 durch die Wasserstoffbombe „Bravo", einer 15-Megatonnen-Bombe, von der Oberfläche der Erde getilgt wurden. Schon zwei Jahre zuvor, 1952, war auf dem benachbarten Eniwetok-Atoll eine Insel durch eine Wasserstoffbombe ausgelöscht worden.

Die Bombe bekommt Sex-Appeal

Wie die Journalisten Follath und Mascolo zeigen, gewann die Bombe in der kriegslüsternen und technologiegläubigen amerikanischen Gesellschaft schnell einen gewissen Status, ja, eine Art von Sex-Appeal. Das „Sands Hotel" in Las Vegas veranstaltete eine Miss-Atombomben-Wahl und steckte die Gewinnerin in eine gewaltige Wattewolke in der Form eines Atompilzes. Das „Atomic View Motel" in Nevada warb mit einem exklusiven Blick auf die zahlreichen unterirdischen Atomversuche dort. Der Slogan besagte, die Gäste müssten nicht einmal den Swimmingpool verlassen, um alles bestens zu sehen. Man sagt, dass nur vier Tage nach dem ersten Atomtest auf dem Bikini-Atoll der erste Strandbikini vorgestellt wurde, seine Designer sprachen von seiner weltweiten „Explosivkraft", denn damit hatte jede „Sexbombe" plötzlich „Atombrüste". Bill Haley sang einen Rocksong mit dem Text über einen atomaren Big Bang, der von nur 13 Frauen und einem Mann überlebt wurde – ihm.

Oben: Soldaten beobachten 1958 die Explosion einer Wasserstoffbombe auf den Marshall-Inseln.

Am 26.03.1954 wurde die Elf-Megatonnen-Bombe „Romeo" über dem Bikini-Atoll gezündet. Ein gewaltiger Atompilz wächst in den Himmel.

Das Wunder von Lengede

Die dramatische Rettungsaktion nach dem Bergwerksunglück von 1963

Am 24. Oktober 1963 bricht der Boden des Klärteichs 12 der Eisenerzgrube „Mathilde“ im Ort Lengede in der Nähe von Hannover. 460 000 m^2 Wasser und Schlamm überfluten die Grube. Von den 129 unter Tage befindlichen Bergleuten können sich 79 direkt in Sicherheit bringen. 21 weitere Menschen werden in dramatischen Aktionen in den folgenden 14 Tagen gerettet. Das „Wunder von Lengede“ wurde zu einer der technisch kompliziertesten Rettungsaktionen der Bergbaugeschichte.

Die unter Tage eingeschlossenen Bergleute werden durch eine Versorgungsbohrung mit Nahrung und trockener Kleidung ausgestattet.

Der Wassereinbruch

Seit fast 100 Jahren wird in dem kleinen Ort Lengede Erzbergbau betrieben, von dem die Mehrheit der 9000 Einwohner lebt. Die unbekannte Kleinstadt in Niedersachsen erlangt quasi über Nacht – wenngleich aus traurigem Anlass – weit über die Stadtgrenzen hinaus Berühmtheit, als am Abend des 24. Oktober 1963 der Boden eines Klärteichs über der Eisenerzgrube bricht. Der Druck reißt sofort einen Trichter, durch den das Wasser in Grubenteile unterhalb des Teichs fließen kann. Unter Tage befinden sich zu diesem Zeitpunkt 129 Bergleute. Als die ersten die Gefahr erkennen, schlagen sie sofort Alarm. Der telefonische Notruf eines Steigers erreicht gerade noch den Betriebsführer, dann ist die Leitung tot, die Verbindung zur Grube abgebrochen. 79 Bergleute finden panisch noch geeignete Schlupflöcher, durch die sie vor den eindringenden Wassermassen fliehen und sich somit retten können. Oberirdisch wird die Bruchstelle des Teichs durch einen schnell errichteten Damm gesichert, um das Eindringen weiterer Wassermassen zu stoppen, aber 50 Bergleute gelten zunächst als vermisst.

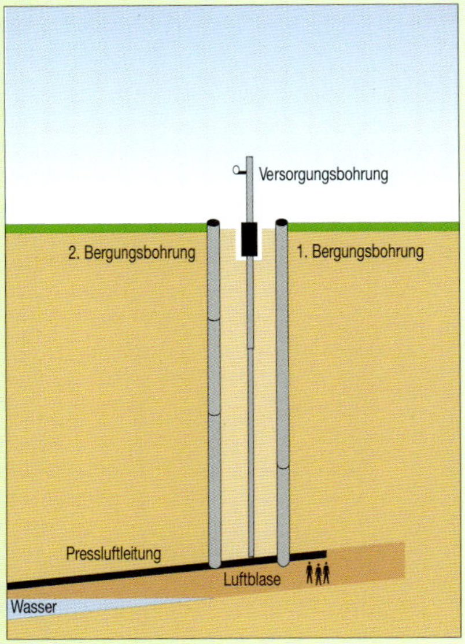

Die Bergleute in der Luftblase werden durch einen eigens gebohrten Schacht gerettet. Zur Erhaltung der rettenden Luftblase muss bei der Bergung Pressluft in den Hohlraum geblasen werden.

Rettung auf dem Floß

Noch in der Nacht machen sich ohne Erlaubnis einige Steiger mit Scheinwerfern auf die Suche nach ihren Kollegen. Sie entdecken tatsächlich sieben Bergleute auf einem selbst gebauten Floß. Einzeln werden diese dann über eine 80 m lange Strecke unter dem First des Stollens herausgeflößt. Als der Morgen dämmert, hat sich die Zahl

Im Jahr 1955 wurde auf der Zeche Dahlbusch in Gelsenkirchen ein Gerät zur Bergung verschütteter Bergleute entwickelt. Diese torpedoförmige Dahlbuschbombe wurde erfolgreich in Lengede eingesetzt.

Das „Wunder von Lengede" im Film

Schon 1969 wurde vom Zweiten Deutschen Fernsehen ein Dokumentar-Fernsehspiel über das „Wunder von Lengede" gedreht. Bestandteil des Films waren auch Originalaufnahmen aus den Tagen der Katastrophe – das deutsche Fernsehen hatte 1963 das erste Mal überhaupt live von einem Katastrophenort berichtet.

40 Jahre nach dem Unglück wurde das Thema wiederum vom Fernsehen aufgegriffen. Der Zweiteiler, der zuerst im deutschen Fernsehen ausgestrahlt wurde, erzielte einen erstaunlichen Erfolg, der sicher auch ein Zeichen dafür ist, wie stark die wunderbare Rettung der verschütteten Bergleute noch in der Erinnerung der Bevölkerung verankert ist. Der Film erhielt 2004 die „Goldene Kamera" als bester deutscher Fernsehfilm, im selben Jahr den Adolf-Grimme-Preis sowie viele weitere Preise.

Auf internationaler Ebene wurde der Film in 35 Länder verkauft, unter anderem nach Spanien, Schweden, Tschechien und Ungarn.

der Vermissten auf 43 reduziert. Die gleichzeitig mit der Bergung gelaufenen Suchbohrungen an anderen Stellen sind allerdings erfolglos geblieben. Die Stimmung ist verzweifelt.

Die drei Geretteten von Barbecke

Auf den Rübenäckern der Umgebung gehen die Suchbohrungen auch am nächsten Tag ununterbrochen weiter. Aus den angebohrten Hohlräumen ist aber nichts als das Tropfen von Wasser zu hören. In der Zwischenzeit berechnen die Techniker des eilig gebildeten Rettungsstabs, an welchen Stellen im Labyrinth der Gänge und Schächte Luftblasen entstanden sein könnten, groß genug zur Aufnahme geflüchteter Bergleute. Die chancenreichste Stelle liegt am Sportplatz von Barbecke. Eine Suchbohrung wird vorsichtig eingebracht, man rechnet mit vier Überlebenden. Als tatsächlich Klopfzeichen am Bohrgestänge zu hören sind, ist der Jubel der Suchmannschaft groß. Nun erfolgt ganz vorsichtig die Rettungsbohrung, die breit genug zur Aufnahme der so genannten Dahlbuschbombe sein muss, aber gleichzeitig den Hohlraum nicht zum Einsturz bringen darf. Diese torpedoförmige Rettungskapsel war erst acht Jahre zuvor auf der Zeche Dahlbusch in Gelsenkirchen entwickelt worden und benötigt einen Schacht von etwa 50 cm Durchmesser. Am siebten Tage nach dem Wassereinbruch erreicht die Bohrung die Luftblase. Drei der vermissten Männer sind noch am Leben, der vierte ist ertrunken. Erleichtert kehren sie am achten Tage nach der Katastrophe an die sichere Erdoberfläche zurück.

Einer der Verschütteten ist gerade in der Dahlbuschbombe ans Tageslicht geholt worden.

Totenglocken

Für die übrigen Bergleute scheint es so viele Tage nach dem Unglück keinerlei Hoffnung mehr zu geben. Der Hüttendirektor lässt sie für tot erklären, schickt die Bohrtrupps und Rettungsmannschaften nach Hause. Trauerbeflaggung wird angeordnet, die Trauerfeier vorbereitet. In den Dörfern der Umgebung läuten die Totenglocken. Aber die Bergleute, die das Unglück überlebt haben und gerettet worden sind, geben keine Ruhe. Sie hoffen darauf, dass sich einige ihrer Kollegen in den „Alten Mann“ geflüchtet haben, einen stillgelegten Stollen, aus dem die Stützbalken entfernt worden sind, um ihn dem Berg zu überlassen. Der Hüttendirektor hält das für ausgeschlossen, muss aber schließlich dem öffentlichen Druck nachgeben. Mehr als 400 Journalisten waren zur Rettungsaktion angereist und setzen in der Hoffnung auf eine Sensation den Direktor unter Druck. Ohne jegliche Erfolgserwartung werden die Suchbohrungen wieder aufgenommen, zumal man die genaue Lage des „Alten Mannes“ nicht bestimmen kann.

Im „Alten Mann“

Derweil harrt unter Tage tatsächlich eine kleine Gruppe Überlebender verzweifelt in der Kälte und Dunkelheit des „Alten Mannes“ aus. 21 Männer haben sich dorthin flüchten können, unter ihnen der Elektromonteur Adolf Herbst und der Bergmann Bernhard Wolter, die schon auf den vorbereiteten Totenlisten stehen. Herbst hatte am Unglückstag eine Doppelschicht gefahren, weil er am nächsten Tag seine Verlobung feiern wollte. Nun sitzt er seit neun Tagen unter der Erde gefangen und muss miterleben, wie die Gruppe der Überlebenden kleiner wird. Immer wieder ist es im Schacht zu Gesteinsabbrüchen gekommen, durch die Kumpel erschlagen oder verletzt worden sind. Am 3. November, zehn Tage nach dem Wassereinbruch, erreicht die Suchbohrung tatsächlich den Hohlraum im „Alten Mann", eine Kammer von 5 x 2 m Grundfläche und 3 m Höhe, 50 m unter der Erde. Und das, obgleich es bei der Ortung des Hohlraums zu mehreren Fehlern gekommen und der Bohrmeißel ungewollt um 2,20 m aus der geplanten Richtung abgedriftet ist. Das „Wunder von Lengede" wird Wirklichkeit.

„Herr Wolter, bitte melden!"

Nachdem die Überlebenden mit dem Notwendigsten unter Tage versorgt worden sind, beginnt die vorsichtige Planung der eigentlichen Rettung mithilfe der Dahlbuschbombe. Bernhard Wolter wird zum Sprecher der Eingeschlossenen und hält über eine Mikrofonverbindung den Kontakt zu den Rettern. Immer wieder erklingt der Aufruf „Herr Wolter, bitte melden!", um die Rettungsbohrungen justieren und weitere wichtige Nachrichten austauschen zu können. Vier weitere Tage müssen die elf Überlebenden im „Alten Mann" ausharren, bis endlich die Rettungsbohrung ihr Ziel erreicht. Im Zeitlupentempo wurde der Hohlraum angebohrt, um ein Zusammenbrechen im letzten Moment nicht zu riskieren. Als endlich der rettende Schacht nach oben installiert ist, fahren zwei Freiwillige nach unten, um die völlig erschöpften Bergleute einzeln auszuschleusen. Am 7. November, zwei Wochen nach dem Wassereinbruch, sehen die elf Geretteten das Tageslicht wieder. Für 29 Kumpel gab es keine Rettung mehr.

Oben: Die Fahrt der Geretteten in die nahe liegenden Krankenhäuser wird vom Jubel der wartenden Angehörigen begleitet.

Unten: Helfer des Roten Kreuzes stützen einen völlig erschöpften, aber geretteten Bergmann nach dem Verlassen der Rettungskapsel.

Weltweite Grubenunglücke

Jährlich ereignen sich weltweit immer wieder Grubenunglücke mit einer Vielzahl von Toten. Wunderbare Rettungen sind leider sehr selten. Im Januar 2006 löste ein Blitzschlag eine Explosion in einem Kohlebergwerk im amerikanischen Tallmansville (West Virginia) aus. Nach ersten Rettungsaktionen blieben zunächst zwölf Bergleute vermisst. Wie damals in Lengede versammelten sich Hunderte von Verwandten und Freunden der Vermissten am Unglücksort und hofften auf Rettung. Als das Gerücht aufkam, die Vermissten seien alle gerettet, brach Jubel unter den Wartenden aus. Betroffenheit und Erschütterung waren daher umso größer, als kurz danach mitgeteilt wurde, dass elf der zwölf Vermissten das Unglück nicht überlebt hatten. Das „Wunder von Lengede" hatte sich leider nicht wiederholt.

Ein Flugzeug der amerikanischen Armee besprüht während des Vietnamkriegs die Wälder mit dem Entlaubungsmittel „Agent Orange". Den gegnerischen Kämpfern sollte dadurch das Untertauchen in den Wäldern erschwert werden.

„Agent Orange" und das Seveso-Gift

Das Supergift Dioxin bedroht seit 50 Jahren die Menschheit

Dioxin, eines der schlimmsten künstlich erzeugten Gifte, hatte in den letzten 50 Jahren immer wieder katastrophale Auswirkungen auf Mensch und Umwelt. Zunächst sorgte es als Beimischung des Entlaubungsmittels „Agent Orange" im Vietnamkrieg für Folgeschäden bei Hunderttausenden von Betroffenen. 1976 trat es in einer Giftwolke bei einem der schlimmsten Chemieunfälle der Geschichte im italienischen Seveso auf. Schließlich sorgte es für erhebliche öffentliche Unruhe, als 2004 im ukrainischen Wahlkampf der Verdacht aufkam, dass einer der Kandidaten mit Dioxin vergiftet worden sei.

Operation „Bauernhilfe"

In den 60er-Jahren des 20. Jahrhunderts waren die amerikanischen Truppen über viele Jahre in einen schon seit langem schwelenden Konflikt zwischen dem kommunistischen Nordvietnam und dem westlich orientierten Südvietnam verwickelt. In diesem Krieg, der als „Vietnamkrieg" in die Geschichte eingegangen ist, war der dichte Dschungel, der zwei Drittel des Landes bedeckt, eines der Hauptprobleme der amerikanischen Armee. Aus dem Schutz der Wälder heraus erfolgten immer wieder Überfälle der vietnamesischen Guerillakrieger auf amerikanische Truppen. Um dem Feind diese natürliche Deckung zu nehmen, wurde die Operation „Ranch Hand" (dt.: „Bauernhilfe") entwickelt. Von 1962 bis 1971 wird die Waldfläche immer wieder von Flugzeugen oder Helikoptern aus großflächig mit Entlaubungsmitteln besprüht. Als wirksams-

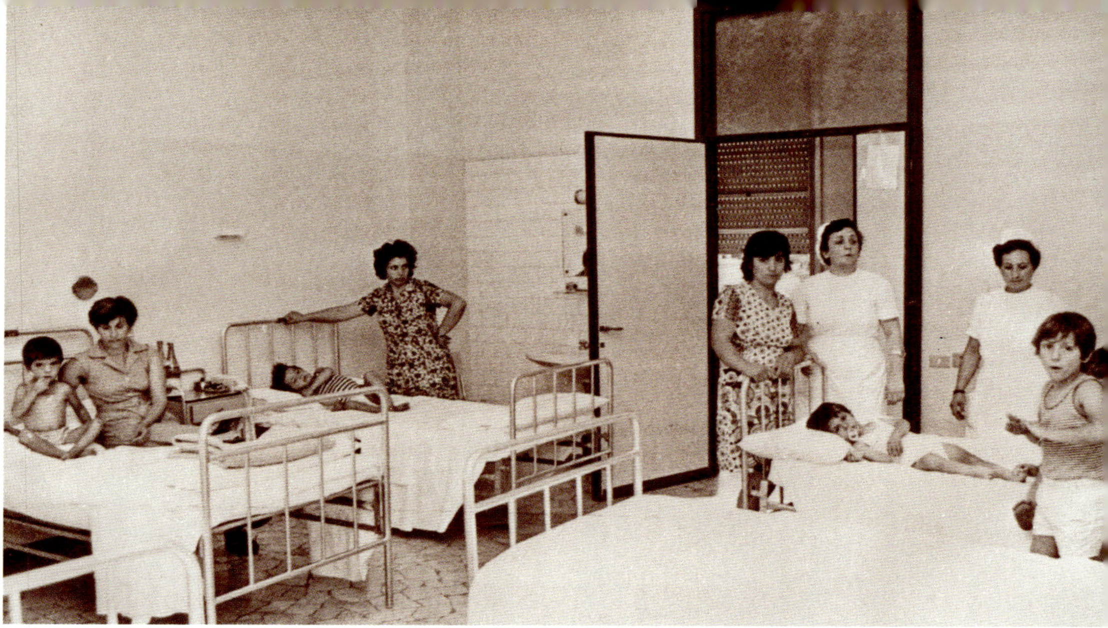

tes Mittel erweist sich dabei eine Mischung, die intern „Agent Orange“ genannt wird. Dieser chemische Cocktail enthält allerdings auch geringe Mengen Dioxin, die sich durch den jahrelangen Einsatz allerdings zu mehreren hundert Kilogramm summieren, da dieser Giftstoff in der Natur nur extrem langsam abgebaut wird. Die Spätfolgen dieser flächendeckenden Vergiftung sind katastrophal. Noch heute leiden etwa 100 000 Vietnamesen an den Nachwirkungen, die infolge der Schädigung des Erbguts bei Neugeborenen noch in der dritten Generation zu schweren Missbildungen führen können. Auch die im Krieg eingesetzten US-Soldaten leiden an Spätfolgen.

Die Giftwolke von Seveso

Eine der schlimmsten Umweltkatastrophen des 20. Jahrhunderts in Zusammenhang mit Dioxin ereignet sich am 10. Juli 1976 in der kleinen Stadt Seveso bei Mailand. Durch menschliches Versagen explodiert an diesem Tag um 12.37 Uhr ein Kessel in der kleinen Chemiefabrik ICMESA (Industrie Chimiche Meda Società Azionaria), die damals Kosmetika produziert. Die Giftwolke, die sich daraufhin bildet, geht wenig später über Seveso und einigen angrenzenden Ortschaften nieder. Eine ganze Woche lang versucht man, die wahre Gefährlichkeit der Wolke geheim zu halten, bevor schließlich mit der Evakuierung des Gebiets begonnen wird. Die Wolke enthielt etwa 2 kg des

Nach dem Dioxin-Unfall im italienischen Seveso werden die verseuchten Kinder im Krankenhaus versorgt.

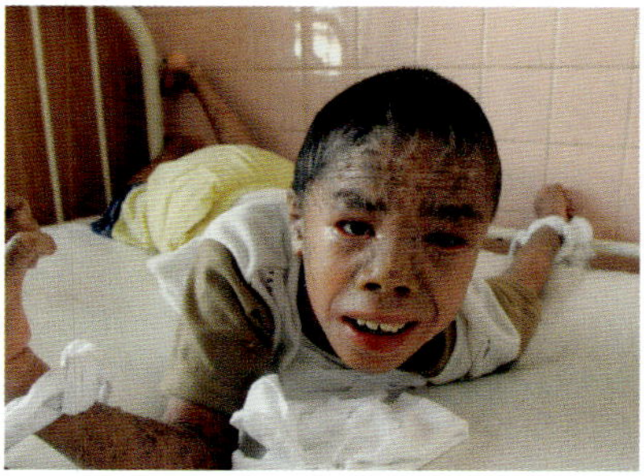

Auch im Jahr 2005 sind die Folgen der Dioxin-Verseuchung in Vietnam noch nicht überwunden. Die Schäden im Erbgut treten noch in der dritten Generation auf.

Supergift Dioxin

Der deutsche Professor Wilhelm Sandermann (1906–1994) forschte nach dem 2. Weltkrieg im Bereich der Holzchemie. Im Zusammenhang mit diesen Forschungen stellte er im Jahr 1957 erstmals den künstlichen Stoff TCDD (Tetrachlordibenzo-p-Dioxin) her. Dioxine sind sozusagen chemische Abfall- oder Nebenprodukte, die unter anderem bei der Herstellung von Holzschutzmitteln entstehen. Unter den bekannten Dioxinen gilt TCDD als die giftigste Sorte überhaupt. Bereits ein Mikrogramm (1/1000 g) pro Kilogramm Körpergewicht kann für den Menschen tödlich sein. Das Zellgift schädigt das Erbgut, führt zu schweren Leberschäden und entstellt die Menschen durch die so genannte Chlorakne. Es wird in der Natur extrem langsam abgebaut und lagert sich daher als lauernde Gefahr in der Umwelt ab. Unklar ist noch, ob es für sich alleine genommen krebserzeugend ist.

hoch giftigen Dioxins und machte die Region von Seveso auf Jahre hin unbewohnbar. 75 000 vergiftete Tiere müssen getötet werden, und Hunderte von Menschen erleiden schwere Hautschäden. Die seit dem Vietnamkrieg bekannten Spätfolgen sind für Seveso heute noch nicht abschätzbar.

Die verschwundenen Giftfässer

Im Herbst 1976 beginnt man mit Versuchen, das betroffene Gebiet zu entseuchen. Bis 1982 hat man endlich weite Gebiete von den verseuchten Materialien und der vergifteten Erde befreit, allerdings den Bereich um den explodierten Kessel noch unangetastet gelassen. Erst im Sommer 1982 beginnen freiwillige Arbeiter in schweren Schutzanzügen mit dieser hoch gefährlichen Arbeit. Der Schutt wird in Fässer gepackt, die dann im September 1982 in Richtung Frankreich abtransportiert werden. Kurze Zeit danach erfährt die Presse, dass diese Fässer verschwunden seien, und löst einen öffentlichen Skandal aus. Monatelang wird nach dem Verbleib der Fässer gefahndet, bis sie schließlich im Mai 1983 in Nordfrankreich wiedergefunden werden. 1985 werden sie mit einem neuen Verfahren, das Rückstände verhindert, in Basel endlich verbrannt.

Ein Polizist mit Schutzanzug und Gasmaske stellt Warnschilder in der Umgebung von Seveso auf, um auf die Verseuchung des Gebiets durch die Giftwolke hinzuweisen.

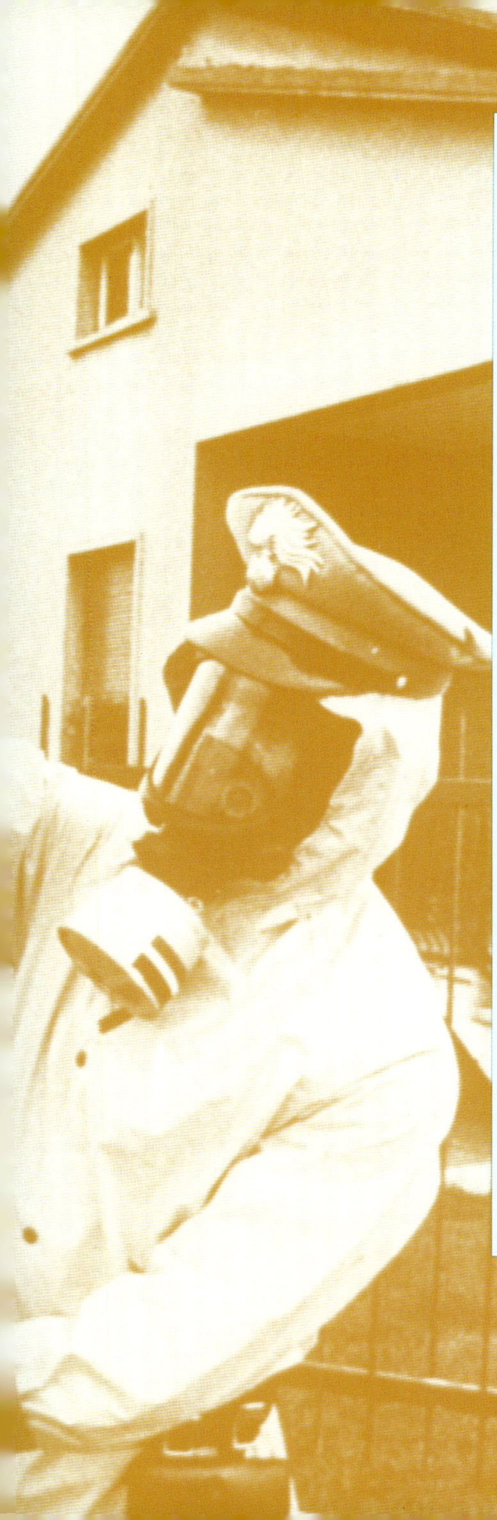

Giftanschlag mit Dioxin

Als im Jahr 1991 die letzten Staaten der ehemaligen Sowjetunion die Auflösung dieses Staatenverbands erklären, wird auch die Ukraine wieder ein selbstständiger Staat. Dennoch bleibt die politische Verbundenheit der ehemaligen Partnerstaaten noch lange Jahre erhalten. Erst im Jahr 2004 steht eine Wahl an, die sich zu einer Richtungswahl für eine West- oder Ostorientierung des Landes entwickelt. Während der Kandidat Viktor Janukowytsch einer engen Bindung an Russland zugeneigt ist, tritt Viktor Juschtschenko als Gegenkandidat für einen Umschwung der Politik mit einer Öffnung hin zu den westlichen Demokratien ein. Nach einer Stichwahl zwischen den beiden Kandidaten, die von Janukowytsch gewonnen wird, setzen wochenlange friedliche Proteste gegen eine Wahlfälschung ein. Diese Proteste gehen als Orangefarbene Revolution in die Geschichte ein und führen schließlich zu einer Wiederholung der Wahl, aus der dann Juschtschenko als Sieger hervorgeht. Der ganze Wahlkampf wird allerdings überschattet von dem Verdacht, dass auf den Kandidaten Juschtschenko im September 2004 ein Giftanschlag mit Dioxin verübt worden sein könnte. Nach einem Essen mit dem ukrainischen Geheimdienstchef traten bei Juschtschenko starke Vergiftungserscheinungen auf, die ihm vier Wochen lang die Fortsetzung des Wahlkampfs unmöglich machten. Eine der Folgen der Erkrankung ist eine Entstellung des Gesichts, die den vitalen Politiker innerhalb von Wochen äußerlich um Jahre altern lässt. Der anfangs vielfach bezweifelte Verdacht auf eine Vergiftung wird schließlich im Dezember 2004 nach einer Untersuchung im Wiener Krankenhaus Rudolfinerhaus bestätigt. In Blut und Gewebe Juschtschenkos fand sich das 1000-fache der normalen Konzentration an Dioxin. Die Vergiftung mit Dioxin wird nach gerichtsmedizinischen Untersuchungen im November 2005 von der ukrainischen Staatsanwaltschaft bestätigt.

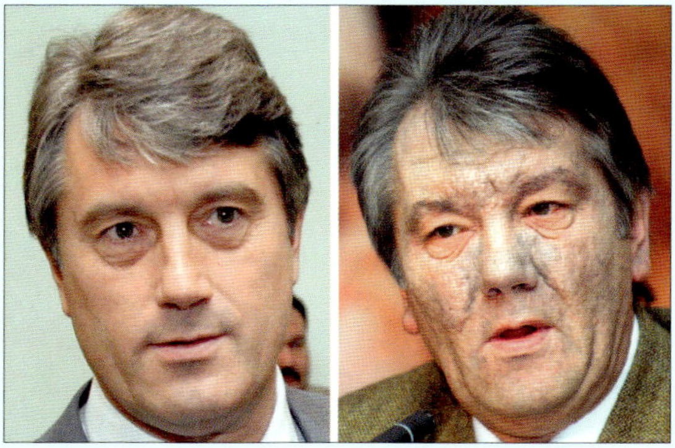

Viktor Juschtschenko vor und nach dem Giftanschlag.

Die Union-Carbide-Corporation-Fabrik in Bhopal, Indien. Hier ereignete sich in der Nacht vom 02. zum 03.12.1984 eine der größten Katastrophen der chemischen Industrie.

Eine todbringende Wolke nach Mitternacht

Die Chemiekatastrophe von Bhopal

In der Nacht vom 2. auf den 3. Dezember 1984 kommt es in Bhopal, der Hauptstadt des Bundesstaats Madhya Pradesh in Zentralindien, zu einer der größten Chemiekatastrophen aller Zeiten. In einem Werk der Union Carbide Corporation, einer Chemiefabrik für Pestizide, werden durch eine Tankexplosion eine große Menge Methylisocyanat (MIC) in die Atmosphäre abgegeben. Eine Giftwolke treibt dicht über dem Boden zunächst auf ein Elendsviertel zu. Über 3800 Menschen sterben unmittelbar, mehrere Hunderttausend werden verletzt. Die Schäden sind bis heute nicht behoben.

Amerikanische Chemieindustrie investiert in Indien

Bhopal, Hauptstadt des Bundesstaats Madhya Pradesh in Zentralindien, ist eine Industrie- und Universitätsstadt mit über 1,5 Mio. Einwohnern. Zur Zeit der Katastrophe lebt dort weniger als die Hälfte der heutigen Bewohnerzahl. Einer der wichtigsten Industriezweige der Stadt ist die

Augenzeugenbericht

„Diejenigen, die stürzten, wurden von niemandem aufgehoben, sie fielen um und wurden von den anderen niedergetrampelt. Die Menschen kletterten und stolperten übereinander, um ihr Leben zu retten – selbst Kühe rannten umher und versuchten, ihr Leben zu retten, und sie trampelten Menschen auf ihrer Flucht tot."

Champa Devi Shukla, Führerin der Gasopfer-Bewegung in Bhopal

Chemie. 1934 hatte die Union Carbide Corporation (UCC) als einer der ersten amerikanischen Investoren in Indien die Chemiefirma Union Carbide India Limited (UCIL) gegründet, denn man versprach sich gute Renditen in dem neuen Land. Das Werk in Bhopal wurde Ende der 1970er-Jahre gebaut, und ca. 9000 Menschen waren in der Chemieindustrie tätig. 1984 zählte die UCC mit einem Umsatz von 9,5 Mrd. US-Dollar zu einem der größten Chemiekonzerne der Welt.

Augenzeugenbericht
„Um 12.30 Uhr wachte ich auf und hörte mein Baby schlimm husten. Im Dämmerlicht sah ich, dass der Raum von weißem Rauch erfüllt war. Ich hörte die Schreie vieler Menschen. Sie riefen: ‚Lauf! Lauf!' Da begann ich auch zu husten, und jeder Atemzug war, als würde ich Feuer einatmen. Meine Augen brannten."
Aziza Sultan, Sozialarbeiterin in Bhopal

Giftgas treibt auf Wohngebiete zu

In der Nacht vom 2. auf den 3. Dezember 1984 kommt es jedoch zur Tragödie – kurz nach Mitternacht tritt Methylisocyanat (MIC) aus einem Tank aus. 3828 Menschen sterben unmittelbar, Hunderttausende werden dem Gas ausgesetzt. Schon am folgenden Tag reist der Präsident der Union Carbide Corporation mit einem Rettungsteam aus Connecticut/USA an, um vor Ort gegen die Katastrophe arbeiten zu können. Warren Anderson wird jedoch von der indischen Regierung unter Hausarrest gestellt, und man legt ihm nahe, das Land binnen 24 Stunden wieder zu verlassen. Die Union Carbide Corporation organisiert dennoch medizinische und technische Hilfe, um mit den Rettungskräften in Bhopal zusammenzuarbeiten.

Von den etwa 500 000 Menschen, die damals dem Gas ausgesetzt waren, leidet 2006 immer noch ein Fünftel unter entweder chronischen oder unheilbaren Krankheiten, viele Menschen sind erblindet. Man verzeichnet vor allem auch ein erhöhtes Vorkommen verschiedener Krebsarten. Darüber hinaus ist noch heute in Bhopal jede vierte Geburt eine Totgeburt. Die Union Carbide Corporation zahlte im Lauf der Jahre zunächst widerwillig insgesamt 690 Mio. US-Dollar an den indischen Staat, von denen jedoch beklagenswerterweise nur ein geringer Teil an die wirklichen Opfer weitergeleitet worden ist.

Wie es zum Unglück kam

In der Nacht zum 3. Dezember 1984 gewahren Mitarbeiter den Geruch von Methylisocyanat (MIC) und machen sich auf die Suche nach einem möglichen Leck in einem der Behälter. MIC wird seit 1979 in diesem Werk hergestellt und nicht mehr, wie zuvor, aus den USA importiert. Temperatur und Druck in Tank 610 steigen während der folgenden Minuten so weit an, dass ein Sicherheitsventil anspricht: So können 24 t MIC und 12 t sonstige toxische Produkte an die Luft gelangen und eine dicht über dem Boden schwebende Giftwolke bilden.

Bei den nachfolgenden Ermittlungen stellt man fest, dass der Tankdruck als Folge eines Wassereintritts angestiegen war. Für einen solchen Wassereintritt gibt es drei mögliche Ursachen: (a) ein nicht sachgerechter Waschvorgang; (b) Sabotage eines Mitarbeiters, denn man findet eine Wasserleitung, die direkt an den Tank angeschlossen war, was regelwidrig ist; (c) Fehler der Mitarbeiter bei der Suche nach dem Leck, Unachtsamkeit und eigenmächtiges Handeln könnten zu einem versehentlichen Öffnen der Wasserleitung geführt haben.

In den engen Gassen des Elendsviertels um das Werk kam es zu chaotischen Zuständen, als die Giftgaswolke dicht über dem Boden dahintrieb.

Bericht des Gesundheitsamts Bhopal 1995

„Niemand wusste, was los war. Menschen starben einfach auf die schrecklichste Weise, die man sich vorstellen kann. Manche erbrachen sich unkontrolliert, fielen in Zuckungen und starben. Andere erstickten, ertranken an ihren eigenen Körperflüssigkeiten. Viele wurden einfach in den engen Gassen zu Tode getrampelt, wo die Straßenlaternen nur als schwache bräunliche Lichter in den Gaswolken auszumachen waren ... Die Gase verätzten die Schleimhäute der Augen und Lungen und befielen das Nervensystem. Die Menschen verloren die Kontrolle über ihren Körper, Urin und Exkremente liefen ihnen die Beine hinunter. Frauen verloren ihre ungeborenen Kinder im Laufen, ihre Gebärmütter öffneten sich spontan in einem blutigen Abortus."

Nicht auf dem neuesten Stand der Technik

In ganz Bhopal existierten im Jahr 1984 nur 37 öffentliche Telefone und nur zwei Fernleitungen. Dies verdeutlicht, in welchem Zustand sich die Infrastruktur in dieser gerade erst einen Aufschwung beginnenden Stadt zum Zeitpunkt des Unglücks befunden hat. Die mangelhaft entwikkelte Infrastruktur hatte tragische Folgen für das Unglück. Eine Information der meist ländlichen und schlecht gebildeten Bevölkerung hatte zuvor niemals stattgefunden, niemand hatte die Bevölkerung über mögliche Risiken bei der Herstellung von Pestiziden unterrichtet. Also wusste niemand, wie man sich in einem Unglücksfall verhalten sollte. Hätten sich die Menschen flach auf den Boden gelegt und ihre Gesichter mit nassen Tüchern bedeckt, viele Menschenleben hätten gerettet werden können. Stattdessen flohen die Menschen in blinder Panik und atmeten durch die körperliche Anstrengung das Gift noch viel tiefer und intensiver ein.

Insgesamt hatte das Unternehmen vor dem Unglück nicht so rentabel gearbeitet wie geplant, was zur Einstellung vieler Produktionsbereiche und zu Umstrukturierungen in der Fabrik geführt hatte. Als Folge waren Anlagenteile außer Betrieb genommen oder nicht entsprechend gewartet worden und befanden sich daher zum Zeitpunkt der Katastrophe in einem unzureichenden technischen Zustand. Dies galt vor allem auch für die Sicherheitssysteme und war hinsichtlich des täglichen Umgangs mit solch heiklen chemischen Produkten äußerst fahrlässig. Auch unter den langjährig tätigen Führungskräften hatte es in der Vergangenheit Massenentlassungen gegeben, und die neuen Manager hatten meist keine Erfahrung in der chemischen Industrie. Das Betriebsklima war schlecht, und vor dem tragischen 3. Dezember hatte es schon zahlreiche kleine Sabotageakte gegeben.

Als Schlussfolgerung kann man sagen, dass ein Unfall gleich welcher Dimension unweigerlich zur Katastrophe hatte werden müssen. Die Leitung des Unternehmens wurde verhaftet, gegen Anderson ein Haftbefehl erlassen, der freilich nie vollstreckt wurde.

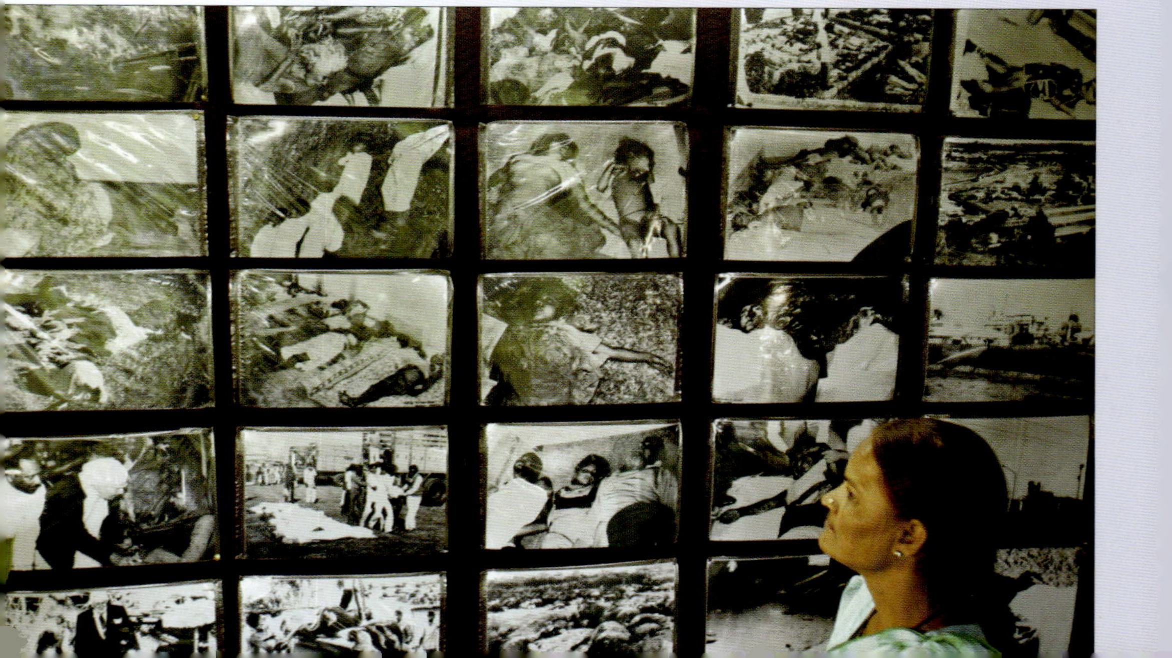

Am 02.12.2004 beging man in Bhopal den 20. Jahrestag der Gas-Tragödie. Aktivisten schätzen die Zahl der Todesopfer auf ca. 33 000.

Oben: Maskierte Frauen demonstrieren 2002 in Bhopal und fordern erneut, Warren Anderson vor Gericht zu stellen.

Methylisocyanat (MIC)

Methylisocyanat ist eine leicht entzündliche, farblose Flüssigkeit mit stechendem Geruch. Sie wird unter anderem zur Herstellung von Insektenschutzmitteln verwendet. Bei einem Kontakt mit Wasser und beim Erhitzen bildet die Substanz toxische Gase, Cyanwasserstoff und Stickoxide. Immer besteht akute Brand- und Explosionsgefahr. Der Stoff kann oral, über eine Inhalation oder über die Haut aufgenommen werden und ätzt die Haut, die Augen und die Atemwege – es handelt sich um ein so genanntes Kontaktgift. Schon bei 20 °C kommt es zu einer Vergiftung der Luft. Besonders die Augen erleiden Verbrennungen, Verätzungen und Sehbeeinträchtigungen bis hin zur Blindheit. Gelangt die Substanz in den Körper, kommt es zu Übelkeit, Erbrechen, abdominellen Krämpfen, Halsschmerzen und Verätzungen, Bewusstseinsstörungen bis zur Bewusstlosigkeit. Als schlimmste Folge tritt ein toxisches Lungenödem auf, was zum Tod führen kann. Die Substanz darf aufgrund ihrer Schadwirkung auf Säugetiere unter keinen Umständen in die Umwelt gelangen.

Weiterhin leiden und sterben Menschen

Eine schreckliche Folge bleibt: Die Union Carbide Corporation und der neue Besitzer DOW Chemicals informierten nie über die genaue Zusammensetzung der Gifte. Hierbei handle es sich um Betriebsgeheimnisse, sagt man. Als Folge konnten und können Ärzte die Opfer nicht bestmöglich medizinisch versorgen. Greenpeace informierte im Dezember 1999 und im Februar 2002 darüber, dass die Gegend um die Fabrik mit Schwermetallen und anderen giftigen Stoffen verseucht sei. DOW jedoch weigerte sich, das Fabrikgelände zu entgiften. Die Kosten seien zu hoch, die Gewinne in Bhopal inzwischen zu niedrig. Die Gifte befinden sich im Trinkwasser, und bei Trockenheit verweht der Wind sie von den trockenen Böden. Immer noch werden in Bhopal missgebildete Kinder geboren. In einem Artikel in der amerikanischen medizinischen Zeitschrift *The Lancet* heißt es in einem Artikel, dass Kinder mit Missbildungen wie gespaltenem Gaumen, drei Augen, zusammengewachsenen Fingern, mehr als fünf Fingern, einem Hoden, abweichenden Schädelformen und Down-Syndrom geboren werden.

Und während diese Zeilen gelesen werden, leiden und sterben weiterhin Menschen an der Katastrophe von 1984.

Kommentar der Union Carbide Corporation (UCC) aus dem Jahr 2005

„Der Gasaustritt in Bhopal 1984 war eine schreckliche Tragödie, die auch 21 Jahre später die Gemüter verständlicherweise erregt. In der unmittelbaren Folge des Gasaustritts arbeiteten die Union Carbide Corporation und ihr damaliger Präsident, Warren Anderson, gewissenhaft daran, Hilfe für die Opfer zu leisten und den Prozess in Gang zu setzen, ihre Forderungen zu erfüllen.

Kurz nach dem Gasaustritt begann die Union Carbide den intensiven Versuch, die Ursachen zu identifizieren. Die Ingenieur Consulting Firma Arthur D. Little führte eine umfangreiche Untersuchung durch und kam zu dem Ergebnis, das Gasleck müsse durch vorsätzliche Sabotage verursacht worden sein. Jemand muss vorsätzlich Wasser in den Gastank geleitet haben, wodurch die chemische Reaktion verursacht wurde. Sicherheitssysteme waren vorher installiert worden, die verhindert hätten, dass Wasser in den Tank gelangte.“

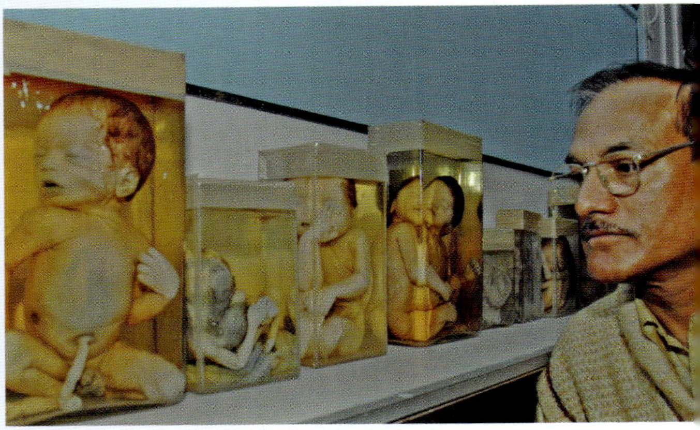

Im Gandhi Medical College werden die 2500 Föten aufbewahrt, die 1984 nach der Katastrophe tot geboren wurden.

Der zerstörte Reaktor Nr. 4 wurde durch einen „Sarkophag" aus Eisen und Beton ummantelt. Er wird aber mit der Zeit immer brüchiger. Erst im Jahr 2001 werden alle Blöcke des Kraftwerks abgeschaltet.

Der GAU tritt ein

Die Reaktor-Katastrophe von Tschernobyl

In der Nacht vom 25. auf den 26. April 1986 explodiert im ukrainischen Tschernobyl einer von vier Reaktoren des dortigen Kernkraftwerks. Das, wovor die Gegner der friedlichen Nutzung der Atomkraft immer gewarnt haben, ist nun tatsächlich eingetreten: der atomare GAU, der „größte anzunehmende Unfall". Die bei der Explosion freigesetzten radioaktiven Stoffe werden durch den Auftrieb, den die enorme Hitze der verbrennenden Anlage abstrahlt, bis zu 1700 m in die Höhe getragen. Die sich dort bildenden radioaktiven Wolken verteilen sich in den darauf folgenden Tagen über ganz Europa. Die gesundheitsschädlichen Auswirkungen werden nicht auf die heutige Generation beschränkt bleiben.

Ein fataler Test

Am 25. April 1986 soll im Reaktorblock Nr. 4 des Kernkraftwerks im ukrainischen Tschernobyl ein Experiment durchgeführt werden. Man will überprüfen, ob die Turbinen bei einem kompletten Stromausfall im Kraftwerk noch genügend elektrische Restleistung erbringen, damit das Kühlsystem noch so lange weiterläuft, bis der Reaktor sicher abgeschaltet werden kann. Um den Test unter realistischen Bedingungen durchführen zu können, wird das Notprogramm zum Havarieschutz abgeschaltet. Die Durchführung des Experiments verzögert sich allerdings, sodass die unvorbereitete Nachtschicht die Fortsetzung der Übung übernehmen muss. Durch Bedienungsfehler gerät der Reaktor immer stärker außer Kontrolle, sodass die Operatoren das

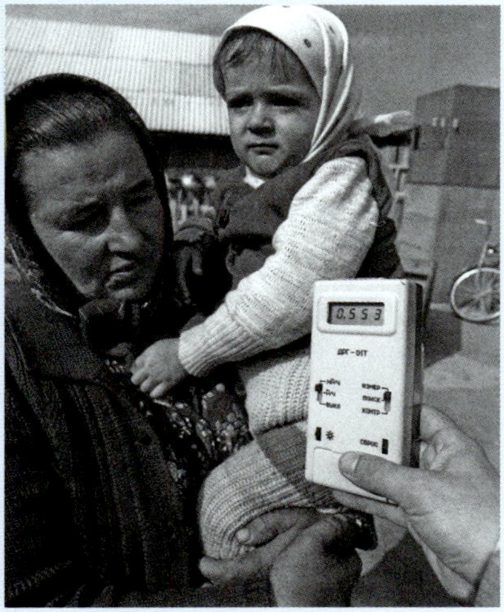

Einige Familien bleiben freiwillig in ihren Heimatdörfern innerhalb der stark verseuchten 30-km-Sperrzone. Sie bezahlen die Heimatverbundenheit mit einer hohen Strahlenbelastung.

2006: Beinahe-GAU in Schweden

Auch 20 Jahre nach der Katastrophe von Tschernobyl ist die Gefahr einer nuklearen Katastrophe in Europa nicht gebannt. Am 26. Juli 2006 gab es einen Kurzschluss in der Umgebung des schwedischen Kernkraftwerks „Forsmark-1". Durch diesen Zwischenfall wurde das Kraftwerk vom allgemeinen Stromnetz getrennt, was innerhalb der Anlage sofort zum Anlaufen der Notstromversorgung hätte führen müssen. Zwei der vier Dieselaggregate für diesen Notfall sprangen allerdings nicht an. Glücklicherweise funktionierte wenigstens die nächste Stufe des Sicherheitssystems, die automatische Reaktorschnellabschaltung und die Notkühlung, wodurch eine Überhitzung der Reaktoren verhindert werden konnte. Durch diese Panne stark verunsichert, schaltete Schweden vorübergehend vier der zehn Atomkraftwerke des Landes ab. Durch die Presse gingen weltweit Nachrichten über einen „Beinahe-GAU".

Die sofortige Überprüfung des Vorfalls durch die schwedische Kernkraftinspektion SKI führte allerdings zu einer weniger dramatischen Einschätzung von offizieller Seite. Der Vorfall sei zwar ernst zu nehmen, aber von einem atomaren GAU sei man weit entfernt gewesen.

Experiment schließlich abbrechen wollen. Der stellvertretende Chefingenieur des Kraftwerks drängt aber auf eine Fortsetzung. Als endlich um 1.23 Uhr der abgeschaltete Havarieschutz manuell wieder eingeschaltet wird, ist es bereits zu spät. Wichtige Teile, die zum korrekten Ablauf beim Abschalten des Reaktors benötigt werden, sind in der unkontrollierten Hitzeentwicklung bereits geschmolzen. Eine knappe Minute später zerreißt eine heftige Knallgasexplosion das 3000 t schwere Dach von Block Nr. 4, und 1500 t Graphit im Innern des Reaktors geraten in Brand. Das nun entstehende Höllenfeuer treibt die freigesetzten radioaktiven Partikel so hoch in die Atmosphäre, dass die radioaktive Verstrahlung noch Tausende Kilometer weit entfernt messbar wird.

Späte Reaktion

Am 27. und 28. April 1986 werden in Finnland und Schweden erhöhte radioaktive Werte gemessen. Da die Ursache unbekannt ist, wird zunächst nach Störungen in schwedischen Kernkraftwerken geforscht. Erst am Abend des 28. April gibt die sowjetische Regierung bekannt, dass in einem 100 km nördlich von Kiew gelegenen Kernkraftwerk ein Störfall aufgetreten sei. Ebenso lange, wie die internationale Öffentlichkeit auf diese Information warten muss, werden auch die Bewohner der unmittelbaren Umgebung von Tschernobyl in Ungewissheit gelassen.

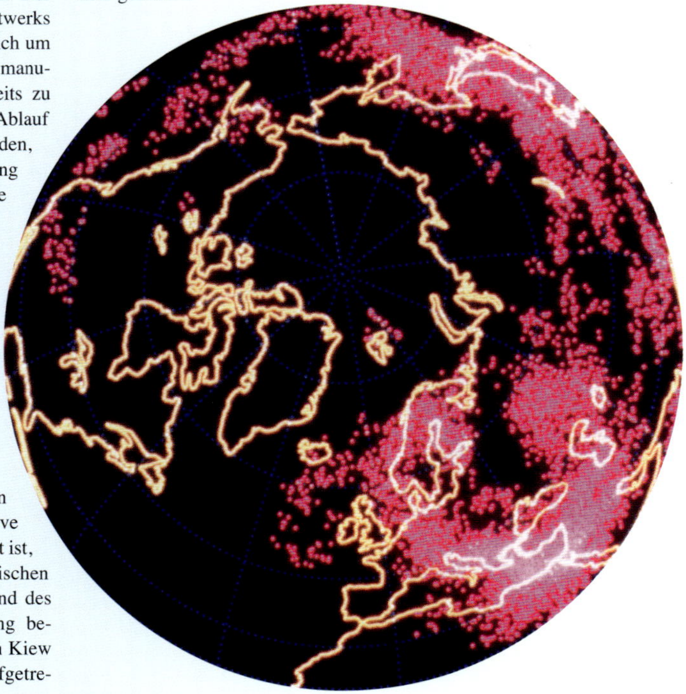

Die Computersimulation zeigt die Ausbreitung der radioaktiven Wolke am Tag 10 nach der Katastrophe.

Erst 36 Stunden nach der Explosion beginnt man mit der Evakuierung der Menschen in den besonders betroffenen Regionen. Die fast 50 000 Einwohner der nur 3 km vom Kraftwerk entfernten Stadt Pripjat werden mit einer gigantischen Autobus-Flotte aus der Gefahrenzone gebracht. Heute ist diese Stadt eine unbewohnbare Geisterstadt. In den folgenden Wochen werden weitere 67 000 Einwohner aus einer 30-km-Sperrzone rund um den Unglücksort evakuiert.

Die Liquidatoren

Um die unmittelbaren Auswirkungen der Katastrophe einzudämmen, muss der zerstörte Reaktor gelöscht und abgedeckt werden. Für diese Arbeiten werden Helfer eingesetzt, die oft von weit her herantransportiert werden und kaum etwas von der Gefährlichkeit ihres Auftrags wissen. Diese Truppe wird später „Die Liquidatoren" genannt und setzt sich aus Wehrpflich-

Noch 1990 werden im Gebiet von Tschernobyl immer wieder missgebildete Tiere geboren. Sie haben nur eine Lebenserwartung von wenigen Stunden.

Schon im November 1986 werden die Blöcke Nr. 1 und Nr. 2 des Kraftwerkes wieder in Betrieb genommen. Die Beschäftigten werden in Bussen zu ihren Arbeitsplätzen gefahren.

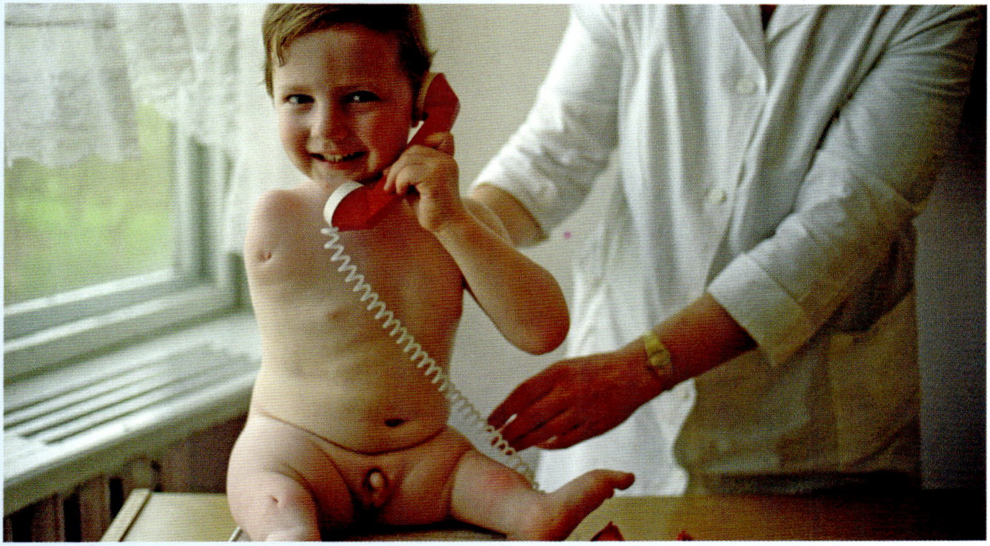

tigen, Reservisten, Studenten und Bergarbeitern zusammen. Die exakte Zahl der Liquidatoren ist bis heute unbekannt – man schätzt sie auf 1 Mio. –, aber bis Anfang der 1990er-Jahre wird immerhin 600 000 Menschen der Status des „Liquidators" offiziell zuerkannt. Damit ist für sie wenigstens eine kostenlose Krankenversorgung gesichert. Mindestens 50 000 dieser Menschen sind bis heute an den Spätfolgen ihres Einsatzes gestorben. 20 Jahre nach der Katastrophe schätzen unabhängige Experten die Zahl der direkten oder indirekten Todesfälle infolge des GAUs auf 500 000 Menschen. Offizielle Stellen sprechen dagegen nur von etwa 4000 Opfern.

Dieses Foto eines „Tschernobyl-Kindes" ging weltweit durch die Presse. Das Kind wurde später von einer britischen Familie adoptiert.

Tschernobyl-Aids

Von Anfang an wurde befürchtet, dass Leukämie und Schilddrüsenkrebs noch lange nach der Katastrophe verstärkt auftreten würden. 20 Jahre nach dem radioaktiven Niederschlag hat sich dies bestätigt, in einigen Gebieten wurde ein Anstieg dieser Krankheiten bis zum 50-Fachen der üblichen Raten festgestellt. Das Hauptproblem ist jedoch die weite Verbreitung einer allgemeinen Immunschwäche bei Kindern, ein Phänomen, das unter der Bezeichnung „Tschernobyl-Aids" zunehmende Beachtung findet. Die Kinder sind so geschwächt, dass ihre Körper mit kaum einer Krankheit fertig werden. Erkrankungen der Atemwege, des Verdauungssystems, der Knochen und der Muskeln sind auffällig angestiegen. Die Kinder sind dauernd müde, können sich nur für kurze Zeit konzentrieren und fühlen sich psychisch schlecht.

Die Liquidatoren benötigen eigentlich schwere Schutzkleidung. In den ersten Tagen nach dem Unglück wurde dies kaum beachtet.

Eine Chemiefabrik brennt

Löschwasser verseucht den Rhein

Am Allerheiligentag des Jahres 1986 wird der Albtraum aller Menschen, die in der Nähe chemischer Großbetriebe wohnen, bittere Wahrheit: Es brennt im Chemiewerk! Mit dem Löschwasser aus der Firma Sandoz wird eine Unmenge giftiger Substanzen in den vorbeifließenden Rhein geschwemmt. Doch erst einmal bleibt die Gefahr, in der die Bevölkerung von Basel zu diesem Zeitpunkt tatsächlich schwebt, unerwähnt. Derweil treibt eine Giftwelle den Rhein hinunter, vernichtet auf viele hundert Kilometer das Leben im Fluss und verseucht vorübergehend das Trinkwasser von mehr als 5 Mio. Menschen. Das Vertrauen in Behörden und Verantwortliche der Chemieindustrie wird auf lange Zeit schwer geschädigt.

Feuer auf dem Sandoz-Gelände

In der Nacht zum 1. November 1986 gerät nach Mitternacht die Halle 956 auf dem Areal der schweizerischen Chemiefirma Sandoz in der Nähe von Basel in Brand. Auf dem Firmengelände lagern über 1300 t Chemikalien. Das Feuer wird stundenlang von pausenlosen Explosionen mit 40 m hohen Feuerbällen begleitet. Der Baseler Bevölkerung wird auf dramatische Weise schlagartig klar, dass sie im wahrsten Sinn des Wortes auf einem Pulverfass sitzt. Erschreckender als die Brandkatastrophe selbst ist allerdings das unangemessene Vorgehen von Polizei und Behörden, das der Bevölkerung eine unglaubliche Unaufgeklärtheit beschert. In der Brandnacht heult keine einzige Alarmsirene im nahen Basel – sie sind wegen Überholungsarbeiten abgeschaltet. Stattdessen müssen Polizeiwagen mit Lautsprechern die Bevölkerung dazu auffordern, in den Häusern zu bleiben.

Unten: Mit schwerem Schutzgerät arbeitet die Feuerwehr auf dem Gelände der brennenden Chemiefabrik.

Rechte Seite: Chemische Großanlagen und Tanklager prägen das Hafenbild an der Rheinfront in Basel.

Millionen ohne Trinkwasser

Am 13. November 2005 ereignete sich im Ort Jilin im Nordosten Chinas eine Umweltkatastrophe, die Erinnerungen an den Sandoz-Unfall wach werden ließ, obwohl sie diesen in ihren Ausmaßen bei weitem übertraf. Eine Serie von Explosionen, bei der mindestens 5 Menschen getötet wurden, erschütterte den Betrieb Nr. 101 der Firma „Jilin Petroleum an Chemical Company". Mehrere zehntausend Menschen wurden vorübergehend in Sicherheit gebracht. Die wahre Katastrophe entwickelte sich aber erst in den nächsten 14 Tagen. Bei den Explosionen waren etwa 100 Tonnen Benzol in den Fluss Songhua gelaufen, die sich dort zu einem Giftteppich von 80 km Länge verteilten. Unerbittlich floss die Giftbrühe flussabwärts und hinterließ Unmengen toter Fische. Nach elf Tagen erreichte das Gift die chinesische Millionenstadt Harbin, in der die Trinkwasserversorgung abgestellt werden musste. 3,8 Mio. Menschen mussten vier Tage lang ohne fließendes Wasser auskommen.

Die Informationslage ist katastrophal

Am Morgen des 1. November wird Entwarnung gegeben. Unter Kontrolle ist allerdings lediglich das Feuer, die Luft stinkt immer noch bestialisch, und das Rheinwasser verfärbt sich rot. Große Mengen des Löschwassers sind direkt in den Fluss gelaufen. Die Ängste der Bevölkerung werden sowohl von den Behörden der Stadt Basel als auch von den Verantwortlichen des Chemiekonzerns Sandoz beschwichtigt, die Gefahren werden heruntergespielt. Die Behörden versichern, dass die Luftmessungen keine schädlichen Werte ergeben hätten, und die Firma Sandoz behauptet, dass die Verfärbung des Rheins nur durch einen ungiftigen Markierungsfarbstoff verursacht worden sei. Erst als am folgenden Tag Tausende von toten Fischen im Rhein treiben und Interviews mit unabhängigen Experten gesendet werden, dämmert der Bevölkerung, dass sie mit leeren Worten ruhig gestellt worden ist. Es kommt zu heftigen Demonstrationen und tumultartigen Pressekonferenzen, bei denen Tische umgestoßen werden und vergiftetes Rheinwasser auf das Podium gespritzt wird. Die Podiumsteilnehmer müssen unter Polizeischutz durch den Hintereingang flüchten. Der Sandoz-Brand erweist sich als totale Informationskatastrophe.

Weitreichende Auswirkungen

Es stellt sich schließlich heraus, dass der Farbstoff, der zur Rotfärbung des Wassers führte, zwar ein Markierungsfarbstoff ist, allerdings einer, der giftige Substanzen markieren sollte. Der Rhein ist tagelang rot-orange verfärbt und stinkt. Eine Welle mit 30 t Pestiziden und 200 kg hochgiftigen Quecksilberverbindungen wälzt sich langsam rheinabwärts durch Deutschland. Auf mehrere hundert Kilometer Länge beginnt ein gigantisches Fischsterben. Viele Städte am Rhein müssen zeitweilig ihre Trinkwasserbrunnen schließen, da diese aus dem Uferfiltrat des Rheins gespeist werden. Selbst im 600 km entfernten Köln sind die Menschen noch direkt von den Auswirkungen der Katastrophe betroffen.

Glück im Unglück

Auf dem Grund des Rheins bei Basel erlischt das Leben völlig. Der rote Giftschlamm muss in

Der Rhein ist nach dem Abzug der Giftwelle auf weiten Strecken biologisch tot. Die Natur erholt sich allerdings schneller als erwartet.

mühevoller Arbeit abgesaugt werden. Auch noch in vielen hundert Kilometern Entfernung ist der Rhein schwer geschädigt. Es wird ein Rheinfond gegründet, um die Qualität des Wassers wiederherzustellen, an dem sich auch die Firma Sandoz großzügig beteiligt. Überraschenderweise erholt sich der Rhein erstaunlich schnell von der Verseuchung, ein Glück, mit dem keiner zu rechnen gewagt hatte. Erst bei der späteren Aufarbeitung der Geschehnisse stellt sich heraus, dass die Baseler Bevölkerung gerade noch einmal einer Katastrophe mit unvorstellbaren Ausmaßen entgangen ist. Direkt neben der brennenden Lagerhalle befand sich nämlich ein Tank mit großen Mengen von Phosgen, das im 1. Weltkrieg als hochgiftiges Kampfgas eingesetzt worden ist. Hätte die Brandhitze zum Platzen des Tanks geführt, so wäre die Zahl der Todesopfer vermutlich in die Tausende gegangen.

Greenpeace-Aktivisten seilen sich am 17.12.1986 von einer Brücke ab, um die Schifffahrt auf dem Rhein zu blockieren. Sie protestieren damit gegen die Verseuchung des Rheins.

Spekulationen über die Ursache

Zunächst ist die Brandursache völlig unklar. Spekulationen werden in die Welt gesetzt, und – wie immer bei Unglücken ohne klare Ursache – natürlich wird auch die These einer Sabotage aufgestellt. Diese Vermutung erhält kräftige Nahrung durch ein Interview mit dem ehemaligen CIA-Agenten Vincent Cannistraro, der behauptet, dass der Staatssicherheitsdienst der DDR im Auftrag des sowjetischen Geheimdiensts den Brand gelegt habe, um die Aufmerksamkeit der Weltöffentlichkeit von der Reaktorkatastrophe in Tschernobyl ein halbes Jahr zuvor am 26. April 1986 abzulenken. Neben vielen anderen Argumenten für diese These wird auf Fußspuren hingewiesen, die vom Brandort zum Zaun des Sandoz-Geländes geführt haben. Das Expertenteam der Züricher Stadtpolizei, das den Brand untersucht, kommt allerdings zu einem völlig anderen Ergebnis, bei dem keine Fremdeinwirkung festzustellen war. Die verdächtigen Fußspuren stammten von Arbeitern, die über den Zaun geklettert waren, um außerhalb des Geländes eine Zigarettenpause einzulegen. Der Brand selbst wurde durch die Entzündung des Farbstoffs „Preußisch Blau“ ausgelöst. Wie in späteren Versuchen gezeigt wird, ist dieser Farbstoff wesentlich feuergefährlicher, als man vorher angenommen hatte. Ein Arbeiter hatte offenbar in der Nähe von Säcken dieses Farbstoffs mit offenem Feuer hantiert und unbemerkt einen Glimmbrand ausgelöst. Bis ein solcher Glimmbrand zum offenen Feuer wird, kann es sehr lange dauern, wodurch der spätere Ausbruch des Feuers zunächst unbemerkt blieb und sich zur Katastrophe entwickeln konnte.

Die unmittelbare Folge der Sandoz-Katastrophe ist ein gigantisches Fischsterben im Rhein.

Der seit 1991 eingesetzte ICE (Inter City Express) ist das „Flagschiff" der Deutschen Bahn. Die Schnellzüge sollen eine Alternative zu Kurzstreckenflügen bieten.

Ein technischer Defekt mit grauenhaften Folgen

Ein Schnellzug zerschellt an einer Brücke

Der Intercityexpresszug „Wilhelm Conrad Röntgen" ist am 3. Juni 1998 auf seiner planmäßigen Fahrt von München nach Hamburg, als kurz vor dem kleinen Ort Eschede in der Lüneburger Heide plötzlich der erste Waggon aus den Schienen springt. Einer der nachfolgenden Wagen prallt ungebremst vor die Pfeiler einer Straßenbrücke, die gerade vom Zug unterquert wird. Die Brücke stürzt ein, und die restlichen Wagen werden an der Brücke zertrümmert. 101 Menschen überleben das schwerste Zugunglück in der Geschichte der Bundesrepublik Deutschland nicht, fast 100 Menschen werden schwer verletzt. Die Ursache der Katastrophe war ein defektes Rad an dem modernen Hochgeschwindigkeitszug.

Die Notbremse wird nicht gezogen

Am Morgen des 3. Juni 1998 ist der ICE 884 namens „Wilhelm Conrad Röntgen" mit einer Geschwindigkeit von 200 km/h durch die Lüneburger Heide in Richtung Hamburg unterwegs. Er ist um 5.47 Uhr in München gestartet und hat etwas Verspätung. Gegen 10.56 Uhr werden die Passagiere des ersten Wagens hinter dem Triebkopf durch einen lauten Knall aufgeschreckt. Ein Metallteil hat sich durch den Fußboden in den Fahrgastraum gebohrt. Die Reisenden sind verunsichert, wagen aber nicht, die Notbremse zu ziehen. Ein Fahrgast geht auf die Suche nach dem Zugbegleiter und findet ihn im dritten Wagen. Auch der Zugbegleiter zieht nicht die Notbremse, da er sich – den Vorschriften entsprechend – erst von dem Schaden überzeugen will.

Der zerstörte Radreifen

Die Wagen des ICE sind seit kurzem mit einem neuen Radtyp ausgerüstet. Die alte Konstruktion hatte zu Beschwerden der Fahrgäste geführt, da das Vibrieren der Räder zu stark in den Fahrgastraum übertragen worden war. Bei den neuen Rädern soll ein Hartgummiring zwischen dem Kern und dem äußeren Radreifen die Vibrationen dämmen.

Ein solcher Radreifen war am ersten Wagen abgesprungen, ein Teil von ihm war durch den Wagenboden geschlagen und hatte die Verunsicherung der Fahrgäste ausgelöst. Ein anderer Teil des zerstörten Radreifens schlägt kurz danach gegen eine gerade zu überfahrende Weiche. Ein Sicherheitsteil der Weiche wird durch den Aufprall abgesprengt, durchbohrt ebenfalls den Boden des ersten Wagens und rammt mit voller Wucht gegen das Dach. Durch diesen Schlag springt eines der hinteren Räder des ersten Wagens aus den Schienen. Das entgleiste Rad stellt eine folgende Weiche um, wodurch der nächste Wagen ungebremst auf ein Nebengleis gezwungen wird. Der Zug befindet sich gerade unter einer Straßenbrücke kurz vor dem kleinen Ort Eschede.

Die Gedenkstätte in Eschede

Am Ort der Zugkatastrophe wird im Jahr 2001 eine Gedenkstätte eingeweiht. Für jedes der 101 Todesopfer ist ein Kirschbaum gepflanzt worden, dazwischen steht eine Gedenktafel mit den Namen der Opfer. Von den Kirschbäumen führt eine Treppe hinauf zur Straße, die an einem symbolischen Tor endet. Dort findet sich die Inschrift:

„Am 3. Juni 1998 um 10.58 Uhr zerschellte an dieser Stelle der ICE 884 'Wilhelm Conrad Röntgen'. 101 Menschen verloren ihr Leben, ganze Familien wurden zerstört; mehr als hundert Reisende wurden schwer verletzt, viele tragen lebenslang an den Folgen. Das Unglück hat die menschliche Zerbrechlichkeit, Vergänglichkeit und Unzulänglichkeit gezeigt. Beispielhaft und aufopfernd haben Retter, Helfer und Bürger des Ortes selbstlos eine schwere Aufgabe angenommen, haben geholfen und getröstet. Durch ihren Einsatz ist Eschede auch ein Ort der Solidarität und gelebter Mitmenschlichkeit geworden."

Der Hochgeschwindigkeitszug kracht mit 200 km/h vor den Pfeiler einer Straßenbrücke. Durch den Aufprall werden die Wagen wie eine Ziehharmonika zusammengefaltet.

Die zahlreichen herbeigeeilten Helfer arbeiten selbstständig in kleinen Rettungsgruppen auf den Bergen von Trümmern.

Psychische Belastung der Helfer

Vielfach bleibt die psychische Belastung der Rettungskräfte bei einer Katastrophe relativ unbeachtet. Bei einer so grauenhaften Katastrophe wie dem Zugunglück von Eschede müssen nicht nur Verletzte aus den Trümmern gerettet, sondern auch Leichen und Leichenteile geborgen werden. Helfer müssen nicht nur Tote, die bis zur Unkenntlichkeit verstümmelt sind, zur Sammelstelle tragen, sondern auch abgetrennte Gliedmaßen. Während des Einsatzes wird den Helfern ihre eigene psychische Belastung oft gar nicht völlig bewusst. Erst in den Folgetagen, wenn sie zur Ruhe kommen, setzen die belastenden Erinnerungen ein. Beim Unglück von Eschede wurden gleich am ersten Tag Seelsorger eingesetzt, die nicht nur für die Betreuung der Angehörigen, sondern auch der Hilfskräfte zuständig waren. Psychologen boten zur Verarbeitung des Grauens Einzel- und Gruppengespräche an, eine Hilfestellung, die von mehr als 500 Helfern genutzt wurde.

Zerschellt an der Brücke

Zwei Minuten, nachdem ein erster Knall die Fahrgäste erschreckt hat, kracht der dritte Waggon gegen einen der Brückenpfeiler und bringt die Brücke zum Einsturz. Der fünfte Wagen wird von der einstürzenden Brücke zerschmettert, und die nachfolgenden Zugteile werden wie eine Ziehharmonika vor der Brücke zusammengefaltet. Innerhalb von Sekunden hat sich aus der Brücke und dem Zug ein riesiger Trümmerhaufen gebildet. Der Zugführer im automatisch gebremsten Triebwagen rollt in diesem

Moment mit den beiden ersten Waggons noch durch den Bahnhof in Eschede, ohne das Ausmaß der Katastrophe bemerkt zu haben. Er vermutet einen technischen Defekt als Grund für die automatische Bremsung und erfährt erst vom Fahrdienstleiter des Bahnhofs, dass er nur mit dem vorderen Teil des Zugs durch den Bahnhof gerollt ist.

Schnelle Hilfe

Vier Minuten nach der Katastrophe heulen in Eschede die Sirenen, und die ersten Bewohner eilen zur Unglücksstelle. Mit bloßen Händen beginnen die freiwilligen Helfer, die Fahrgäste aus den zerstörten Wagen zu ziehen. Kurz danach wird Großalarm ausgelöst, Bundeswehr, Technisches Hilfswerk und alle Feuerwehren der Umgebung werden angefordert. Eine Stunde später werden die ersten Schwerverletzten von Hubschraubern in die umliegenden Krankenhäuser geflogen. Zufälligerweise findet gerade an der medizinischen Hochschule im nahen Hannover eine Tagung für Unfallchirurgen statt, deren Hilfe höchst willkommen ist. Am Unglücksort sind mittlerweile mehr als 1000 Helfer im Einsatz. Von den etwa 300 Fahrgästen des Unglückszugs überleben 98 die Katastrophe nicht. Auch drei Streckenarbeiter, die sich zum Unglückszeitpunkt gerade im Bereich der Brücke befanden, werden getötet. Weitere 88 Menschen erleiden schwere Verletzungen.

Suche nach den Schuldigen

Zwei Jahre nach dem Unglück müssen sich drei Personen vor Gericht verantworten – zwei Mitarbeiter der Bahn und der Konstruktionsleiter des Herstellers der Radreifen. Der Prozess wird allerdings im Mai 2003 eingestellt, da den Angeklagten keine Schuld nachgewiesen werden kann. Die Deutsche Bahn hat nach dem Unglück alle gummigefederten Räder sofort austauschen lassen, einen ICE mit dem Namen „Wilhelm Conrad Röntgen" wird es nie wieder geben.

Professionelle Rettungskräfte und viele freiwillige Helfer sind unermüdlich im Einsatz zur Rettung der Verletzten.

Die seelische Belastung der Helfer nach Katastrophen wird vielfach unterschätzt. In Eschede wurde dieses Problem vorbildlich beachtet.

Höllenfeuer im Tunnel

Brandkatastrophen in Alpentunneln

Im Jahr 1999 ereignen sich innerhalb von nur zehn Wochen zwei katastrophale Brände in verschiedenen Autobahntunneln, die die Alpen durchqueren. Zunächst gerät am 24. März im Mont-Blanc-Tunnel, der Frankreich mit Italien verbindet, ein LKW in Brand. Das nachfolgende Flammeninferno wütet 53 Stunden im Tunnel, lässt sogar Beton schmelzen und kostet 39 Menschen das Leben. Am 29. Mai verursacht ein LKW im österreichischen Tauerntunnel einen Auffahrunfall. 60 Fahrzeuge geraten dabei in eine Massenkarambolage, durch die ein verheerender Brand entsteht. Zwölf Menschen überleben die Katastrophe nicht. Die beiden Desaster lösen eine langjährige Diskussion über die Sicherheitsstandards von Tunneln in ganz Europa aus. Und schon im Oktober 2001 fordert ein Brand im Gotthard-Tunnel die nächsten Menschenleben.

Höllenhitze

Am 24. März 1999 lenkt der belgische Fahrer Gilbert Degrave seinen mit Margarine und Mehl beladenen Lastwagen in den 11,6 km langen Mont-Blanc-Tunnel. Der 35 Jahre alte Tunnel besitzt nur eine Röhre für den Verkehr in beide Richtungen. Wenige Kilometer nach der Tunneleinfahrt fallen dem Fahrer die Lichtzeichen entgegenkommender Fahrzeuge auf – sie wollen ihn warnen, denn sein LKW rast qualmend durch den Tunnel! Degrave ist zu diesem Zeitpunkt allerdings noch ahnungslos. Ziemlich genau in der Tunnelmitte – bei Kilometer 5,6 – hält er schließlich den Laster an, um nach dem Grund für die Lichtzeichen zu sehen. Er sieht gerade noch Diesel aus dem Auspuff tropfen, dann steht plötz-

Fahrzeuge brennen im Gotthard-Tunnel in der Nähe des Südausgangs. Der Tunnel gleicht einem Backofen.

Feuerwehrkräfte müssen untätig vor dem Tunnel warten. Die starke Rauchentwicklung macht zu diesem Zeitpunkt eine Annäherung an die Unglücksstelle unmöglich.

lich alles in Flammen. Degrave hat Glück im Unglück, ein entgegenkommender Wagen nimmt ihn auf, und er kann sich zum Tunnelausgang retten. 39 andere Menschen haben dieses Glück jedoch nicht. Ihre Wagen stehen mitten im Tunnel, in dem sich schnell beißender Rauch und eine Höllenhitze entwickeln. Am Brandherd steigen die Temperaturen auf 1200 °C, die Feuersbrunst greift rasch auf 24 Lastwagen, neun PKW und ein Motorrad über.

Fehlentscheidungen mit tödlichen Folgen

Die Feuerwehr wird durch den Qualm und die Gluthitze bereits 1 km vor der Unglücksstelle gestoppt. Die Betreibergesellschaft auf der italienischen Seite lässt Luft in den Tunnel blasen, um den Qualm zu vertreiben, entfacht aber durch die verstärkte Sauerstoffzufuhr das Feuer nur umso mehr. Wie man später feststellt, ersticken die meisten Opfer in ihren Autos. Anstatt die Fahrzeuge zu verlassen und zu Fuß zu flüchten, fühlen sie sich in ihren Wagen sicherer als im Tunnel selbst – eine tödliche Fehlentscheidung! Sicherheitsexperten werfen später auch dem Fahrer des Unglückslasters todbringende Dummheit vor. Anstatt sein qualmendes Fahrzeug mitten im Tunnel zu stoppen, wäre er besser weiter in Richtung Tunnelausgang gefahren. Möglicherweise hätte er die restlichen Kilometer bis zum Tunnelausgang noch geschafft und so das Inferno verhindern können.

Der Brand im Tauerntunnel

Die Mont-Blanc-Katastrophe war kaum aus den Schlagzeilen heraus, als sich ein ganz ähnlicher Unfall in einem anderen Alpentunnel ereignet. Der 1975 fertiggestellte 6,4 km lange Tauerntunnel gehört zu den meistbefahrenen Tunnel Österreichs und besteht zum Zeitpunkt der Katastrophe ebenfalls aus nur einer Röhre für beide Fahrtrichtungen.
Am 29. Mai 1999 muss 800 m vor der nördlichen Tunnelausfahrt ein Lastwagen vor einer Baustelle stoppen. Ein nachfolgender PKW kann gerade noch bremsen, wird aber kurz darauf von einem Sattelschlepper in den vorderen LKW hineingeschoben. Der mit Lackfarben beladene Lastwagen geht nach dem Zusammenstoß explosionsartig in Flammen auf. Bis zu 60 weitere Fahrzeuge rasen in die Unglücksstelle und verursachen eine Massenkarambolage. Es bricht Panik aus, Menschen fliehen schreiend aus dem brennenden Tunnel. Allein die Tatsache, dass die Unglücksstelle nahe am Tunnelausgang liegt, ermöglicht 80 Menschen, der Brandhölle zu entkommen. Mit teilweise schweren Schocks erreichen sie zu Fuß den rettenden Ausgang.
Wie schon bei der Katastrophe im Mont-Blanc-Tunnel können auch hier die Rettungskräfte nicht sofort zur Unglücksstelle vordringen, Hitze und Rauchentwicklung sind einfach zu extrem. Die Feuerwehr muss wegen der Temperatur, die fast 1000 °C erreicht, zunächst umkehren. Als auch noch Teile der Betondecke des Tunnels einstürzen, müssen die Rettungsarbeiten zunächst eingestellt werden. Wie durch ein Wunder kommen nur zwölf Menschen in dem Flammeninferno zu Tode, 50 Menschen werden verletzt. Gutachter stellen später fest, dass acht Opfer schon bei der Massenkarambolage getötet worden sind und nur vier Todesfälle auf den nachfolgenden Brand zurückzuführen sind.

Die ersten Wracks der völlig ausgebrannten Fahrzeuge werden aus dem Mont-Blanc-Tunnel entfernt. 39 Menschen haben die Katastrophe nicht überlebt.

Entschädigung nach sieben Jahren

Das Feuer wütet insgesamt 53 Stunden lang im Tunnel. Die Hitze an der Brandstelle hat sogar Beton zum Schmelzen gebracht. Die Opfer sind bis zur völligen Unkenntlichkeit verbrannt, selbst goldene Zahnkronen und Eheringe sind geschmolzen. Die Klärung der Brandursache nimmt Jahre in Anspruch. Letztendlich war es wohl eine achtlos weggeworfene Zigarettenkippe des belgischen Lastwagenfahrers, die den Brand ausgelöst hatte. Aber es gab noch andere Ursachen für das katastrophale Ausmaß des Infernos: die niedrigen Sicherheitsstandards des Tunnels, die von italienischer Seite zugeführte Luft, das schlechte Isoliermaterial des Lastwagens. Im Jahr 2006 werden schließlich zehn Personen und drei Firmen wegen fahrlässiger Tötung verurteilt. Den Hinterbliebenen der 39 Opfer werden rund 27 Mio. Euro als Entschädigung zugesprochen.

Konsequenzen

Gleich nach der Mont-Blanc-Katastrophe wurden die Tunnel, in denen der Verkehr in beide Richtungen durch eine gemeinsame Röhre geschickt wird, als tickende Zeitbomben bezeichnet. Eine entscheidende Verbesserung der Sicherheit brächte im Fall des Mont-Blanc-Tunnels nur eine zweite Tunnelröhre für den Gegenverkehr, die im Unglücksfall gleichzeitig als Rettungsweg dienen könnte. Die Kosten für notwendige Umbauten wären allerdings immens. Schon die Tunnelsanierung nach der Katastrophe verschlang 450 Mio. Euro und dauerte drei Jahre, in denen die Durchfahrt gesperrt blieb.

Feuerwehrmänner kämpfen drei Tage lang gegen das Flammenmeer im Mont-Blanc-Tunnel.

Vier Tage nach dem Unfall verlässt der letzte Rettungswagen den Ort der Katastrophe im Mont-Blanc-Tunnel. Jahrelange Renovierungsarbeiten stehen bevor.

Dichter Qualm dringt aus einem Lüftungsschacht des Gotthard-Tunnels

Der fast 17 km lange Gotthard-Tunnel in der Schweiz ist ein wichtiges Teilstück des Verbindungswegs von Deutschland nach Italien. Trotz der starken Verkehrsbelastung dieser Strecke hatte man während der Bauphase von 1970–1980 aus Kostengründen auf getrennte Röhren für die beiden Verkehrsrichtungen verzichtet. Am 24. Oktober 2001 stoßen gegen 9.45 Uhr im Tunnel zwei Lastwagen frontal zusammen. Einer der beiden LKWs hat Reifen und Kunststoffplanen geladen, die durch den Unfall in Brand geraten und zu dichtem Qualm führen. Das Feuer breitet sich auf einer Länge von 300 m rasch aus, die Entlüftungssysteme des Tunnels sind nicht in der Lage, zu einer Minderung der Rauchentwicklung beizutragen. Die Temperaturen des Feuerinfernos erreichen wiederum 1000 °C. Erst in der folgenden Nacht gelingt es der Feuerwehr durch Einsatz eines Hochdrucklüfters, die Temperatur im Tunnel deutlich abzusenken. Elf Menschen verlieren bei der Katastrophe ihr Leben. Die Untersuchungen des Unglücks werfen ein erschreckendes Bild auf das Gefahrenpotential des LKW-Verkehrs in Europa. Einer der beiden beteiligten Lastwagen hatte keine gültige Betriebserlaubnis, der Fahrer des anderen LKWs hatte keine Arbeitsgenehmigung.

Eine rabenschwarze Rauchsäule steigt furchterregend über dem brennenden „Buncefield Depot" in den Himmel.

Ein Tanklager explodiert

Das Treibstofflager in Hemel Hempstead brennt zwei Tage lang

Am 11. Dezember 2005 erschüttert eine gewaltige Explosion die Umgebung eines riesigen Tanklagers in Hemel Hempstead nördlich von London. Dies ist der Beginn des schlimmsten Großbrandes in der europäischen Nachkriegsgeschichte. Die Feuerwehr benötigt zwei Tage, um das Flammenmeer unter Kontrolle zu bekommen. Wie durch ein Wunder sind nur wenige Verletzte zu beklagen. Die anfängliche Befürchtung, es könne sich um einen neuen Terroranschlag handeln, bestätigt sich nicht.

Detonation am Sonntagmorgen

Es passiert am frühen Sonntagmorgen kurz nach 6.00 Uhr. Die Bewohner von Ortschaften im weiten Umkreis des Tanklagers von Hemel Hempstead werden durch eine gewaltige Explosion aus den Betten gerissen. Fensterscheiben zerbersten, die Erde bebt. Gerade eben ist eines der größten Tanklager Europas explodiert. Die Detonation ist sogar noch in den Außenbezirken des 40 km entfernten London zu hören. Der ersten Explosion folgen 20 Minuten später noch zwei weitere Detonationen.

Eine gigantische Feuersäule

Über dem Treibstofflager „Buncefield Depot" steht eine riesige Feuersäule, die nach Augenzeugenberichten 100 bis 200 m hoch aufsteigt. Aus der Feuersäule entwickelt sich schnell eine Rauchwolke, die drohend in den Himmel steigt. In der Luft liegt ein strenger Benzingeruch. Die Polizei sperrt Autobahnen und viele weitere Straßen in der Nähe der Unglücksstelle. Die schwarzen Wolken verbreiten sich über weite Teile Südostenglands und sind später sogar auf Satellitenbildern aus dem All zu erkennen.

Tagelange Löscharbeiten

Erst einen Tag nach der Katastrophe können die Löscharbeiten beginnen. Zum einen konnten sich die Feuerwehrleute wegen der enormen Hitze vorher dem Brandort nicht nähern, zum anderen mussten die Vorbereitungen zur Bekämpfung des Brandes gründlich koordiniert werden. Der Brand kann nur mit gigantischen Mengen von Schaum erstickt werden, die zunächst einmal aus allen Landesteilen gesammelt werden mussten. Am Ende sind es 250 000 l chemisches Schaumkonzentrat, die zum Einsatz kommen. Zwei Tage nach der Explosion ist das Feuer endlich in allen 20 brennenden Tanks gelöscht.

Viele Gebäude in der Umgebung des Tanklagers werden durch die Druckwelle der Explosionen schwer beschädigt.

Wenige Verletzte

Wie durch ein Wunder kommt bei dem Inferno kein Mensch zu Tode. Etwas mehr als 40 Menschen werden verletzt. Diese vergleichsweise glimpfliche Bilanz hätte erschreckender ausgesehen, wenn das Feuer nicht an einem Sonntag, sondern an einem normalen Arbeitstag ausgebrochen wäre. Dann hätten Hunderte von Angestellten in unmittelbarer Nähe des Explosionsortes gearbeitet, und die Folgen wären nicht absehbar gewesen. Ein weiterer Glückfall war die Großwetterlage zum Zeitpunkt des Unglücks. Sie führte dazu, dass der Qualm schnell in große Höhen entweichen konnte und von dort durch den Wind in alle Richtungen verteilt wurde. Dadurch blieb der Schaden für die Umwelt vergleichsweise gering.

Spekulationen über die Ursache

Noch während das Flammeninferno tobt, werden vielfache Spekulationen über die Hintergründe und Ursachen laut. Die noch von den großen Terroranschlägen in New York und Madrid beeindruckte Bevölkerung befürchtet natürlich sofort, dass hier ein weiterer geplanter Anschlag vorliegt. Augenzeugen wollen sogar kurz vor den Explosionen Flugzeuggeräusche in der Nähe gehört haben. Ist ein Flugzeug in das Depot gestürzt? Der Londoner Flughafen Luton liegt schließlich in unmittelbarer Nähe. Einen Monat nach der Katastrophe legen britische Experten dann einen ersten Untersuchungsbericht vor. Für einen Anschlag gibt es keinerlei Hinweise. Die Ursache der Katastrophe scheint ein Leck in einem Tank gewesen zu sein. Durch das austretende Benzin ist vermutlich ein Luft-Gas-Gemisch entstanden, das dann durch einen unglücklichen Zufall zur Explosion gebracht wurde. Was genau dieser zündende Funke war, wird sich wohl niemals feststellen lassen. Denkbar wäre sogar, dass ein Mobiltelefon die letztendliche Ursache war.

Durch die Hitze des Brands schmelzen die Tanks und sehen danach wie zerquetschte Konservendosen aus.

Literatur

Anton, Ralph: Die Versenkung der „Lusitania" am 7. Mai 1915. In: Kaiserliche Marine, 2000–2006, http://www.deutsche-schutzgebiete.de/lusitania.htm

apl/AFP: Briten wählen Concorde zur schönsten Design-Ikone. In: Spiegel online, 17.03.2006, http://www.spiegel.de/reise/aktell/0,1518,406490,00.html

Barth, Heinrich/Schiffers, Heinrich: Die große Reise. 1849–1855. Stuttgart, 2. Aufl. 1986

Boccaccia, Giovanni di: Il Decamerone, Einleitung. Nach Stefan Winkle: Geißeln der Menschheit. Düsseldorf/Zürich 1997, S. 446

Boisjoly, Roger M.: Memo on O-Ring Erosion. In: Online Ethics Center for Engineering and Science, 1995–2005, http://onlineethics.org/moral/boisjoly/MTImemo1.html

Brandenburger, Maik: Bombenlast. In: Mare. Die Zeitschrift der Meere, Februar/März 2006, S. 10–26

Brantley, Steven R.: Volcanoes of the United States, USGS General Interest Publication, online version 1.1, 1999

Creutz, Rudolf/Steudel, Johannes: Einführung in die Geschichte der Medizin in Einzeldarstellungen. Iserlohn 1948

Davie, Michael: Titanic. The Death and Life of a Legend. New York1986

dpa/AFP: Raumfähre Columbia beim Landeanflug abgestürzt. In: ZDFheute.de magazin, 01.02.2003, http://www.heute.de/ZDFheute/inhalt/12/0,3672,2032396,00.html

Follath, Erich/Mascolo, Georg: The Cold War Heats up. In: Spiegel online, 08.08.2005, www.spiegel.de/international/spiegel/0,1518,369220,00.html

Fontane, Theodor: Die Brück' am Thay, 1880. In: Lyrische Werke. Gedichte von Theodor Fontane, http://www.fontanetheodor.de/lyrik_8.html

Gardener's Chronicle and Agricultural Gazette, 1845

Harms, Robert: Das Sklavenschiff. Eine Reise in die Welt des Sklavenhandels. München 2004

Heine, Heinrich: Sämtliche Werke. München 1964

Kingston, Jeremy/Lambert, David: Katastrophen und Krisen. Klagenfurt 1980

Kortländer, Bernd: Interpretationen: Gedichte von Heinrich Heine. (Lernmaterialien). Ditzingen 1995

Labunska, I./Stephenson, A./Brigden, K./Stringer, R./Santillo, D./Johnston, P.A.: The Bhopal Legacy – Toxic contaminants at the former Union Carbide factory site Bhopal, India: 15 years after the Bhopal accident. Greenpeace, 01.11.1999, http://www.greenpeace.org/usa/press/reports/the-bhopal-legacy-toxic-cont

London, Jack: The Story of an Eyewitness. In: Collier's special Correspondent. Collier's, the National Weekly, 5. Mai 1906

Merlin, Tina: Sulla pelle viva. Come si costruisce una catastrofe. 4° edizione, Verona 1997

Moody, Nekesa Mumbi: An awakening: India.Arie's eyewitness of AIDS in Africa teaches and transforms her. In: Essence. Lifestyle magazine for Afro-American women, Ausgabe Dezember 2005

Morrisroe, Patricia: Mapplethorpe: A Biography. New York 1997

Müller, Karlheinz/Korth, H. G.: Viermastbark „Pamir"/DKEF. In: Seefunk und Seeschifffahrt, 01.07.2005, http://www.seefunknetz.de/dkef.htm

N.N.: Bhopal's health disaster continues to unfold. In: The Lancet, Volume 360, Number 9336, 14. September 2002

N.N.: Russia to Develop New Nuclear Weapons, Putin Says. In: Global Security Newswire by the National Journal Group, 11.05.2006, http://www.nti.org/d_newswire/issues/2006/5/11/45258cb9-d17a-4cb3-be71-a6c5915bdf80.html

N.N.: Trinity. Der erste Atombombentest. In: IPPNW. Internationale Ärzte für die Verhütung des Atomkrieges, Ärzte in sozialer Verantwortung e. V., 2006, http://www.ippnw.de/Atomwaffen/Atomtests/article/Trinity.html

Ohler, Norbert: Sterben und Tod im Mittelalter. München 1994

Plinius der Jüngere: Der Briefwechsel mit Kaiser Trajan. Das 10. Buch der Briefe. Hrsg. Marion Giebel, Ditzingen 1985

Scarantino, Alexis J.: Historia del Accidente – dia a dia. In: ¡Viven! El Accidente de los Andes, o. J., http://www.viven.com.uy/571/historia.asp

Union Carbide Corporation: Statement regarding the Bhopal tragedy. In: Bhopal Information Center, 2001–2005, http://www.bhopal.com/ucs.htm

Vandenberg, Philipp: Nero: Kaiser und Gott, Künstler und Narr, München 1981

Winau, Rolf: „Seit Amors Köcher auch vergiftete Pfeile führt. Die Ausbreitung der Syphilis in Europa." In: Fundiert. Das Wissenschaftsmagazin der Freien Universität Berlin. Heft 1 (2002), S. 58–65

Winkle, Stefan: Geißeln der Menschheit. Kulturgeschichte der Seuchen. Düsseldorf/Zürich 1997

Yong, Chen u. a.: The Great Tangshan Earthquake of 1976. An Anatomy of Disaster. New York 1988

Zaun, Harald: Ein tragischer Tag für die NASA-Familie. In: Telepolis, 02.02.2003, http://www.heise.de/tp/r4/artikel/14/14097/1.html

Zaun, Harald: Lautlos im Orbit? In: Boing. Das teamübergreifende SETI @home Forum, 27.05.2003, http://setiboard.com/viewtopic.php?t=1039

Bildnachweis

Corbis: 2 Jeremy Horner, 5 Alain Nogues/Corbis Sygma (l), 5 Corbis (r), 6 Reuters (l), Group of Survivors (r), 7 Vauthey Pierre/Corbis Sygma (l), Bettmann (r), 8 Corbis, 12 Jeremy Horner, 13 Gail Moone (o), Corbis (u), 14 Gianni Dagli Orti (o u. u), 15 Kristi J. Black, 16 Bettmann, 17 Dennis Marsico, 18 Dennis Marsico, 19 Araldo de Luca (o), Tibor Bognàr (u), 20 Corbis, 21 Christie's Images, 22 Sean Sexton Collection (o), Bettmann (u), 23 Sean Sexton Collection (o), Bettmann (u), 24/25 Douglas Peebles, 26 Bettmann, 27 Reuters/Lisbon City Museum (o), Lisbon City Museum/Handout/Reuters (u), 28 Lisbon City Museum/Handout/Reuters, 29 Hans Georg Roth (o), Patrick Field; Eye Ubiquitous (u), 30 Corbis, 31 Corbis (u), 32, Charles O'Rear, 33 Sergio Dorantes (o u. u), 34/35 Bettmann, 35 Underwood & Underwood (o), 36 Bettmann (o u. u), 37 Lloyd Cluff (o), Jim Sugar (u), 38/39 Lloyd Cluff, 39 Bettmann, 40 Bettmann, 41 Reuters, 42 Bettmann (u), 44 Gary Braasch, 45 David Muench, 46 Gary Braasch (o), Macduff Everton (u), 47 Corbis, 48 Michael S. Yamashita, 49 TW Photo (o), Lloyd Cluff (u), 50 Michael S. Yamashita, 51 Kimimasa Mayama/ Reuters (o), 52 Michael S. Yamashita, 56/57 Reuters, 58 Bettmann, 59 Hulton-Deutsch Collection (o), Skyscan (u), 60 Paul Almasy (gr), Bettmann (kl), 61 Fridmar Damm/zefa (o), Bettmann (u), 62 Hulton-Deutsch Collection, 65 Michael S. Yamashita (u), 66/67 Bettmann, 66 Bettmann (u), 67 Bettmann (kl), 68 Bettmann, 70 David Lees, 71 David Lees (o), Bettmann (u), 72 Eric Nguyen/Jim Reed Photography, 73 Bettmann, 74 Bettmann, 75 Smiley N. Pool/Dallas Morning News, 78 Richard Cummins, 80 Euroluftbild.de/Reuters, 81 Reuters, 82 Langevin Jacques/Corbis Sygma, 83 Reuters (o), 84/85 Jeremy Horner, 85 Kim Kyung-Hoon/Reuters, 86 Benjamin Lowy (o u. u), 87 Benjamin Lowy, 88 Lynsey Addario, 89 Philip A. McDaniel/CNP, 90/91 Mike Theiss/Jim Reed Photography, 91 Mike Theiss/Jim Reed Photography, 92 Shannon Stapleton/Reuters, 93 Peter Turnley for Harper's (o), Smiley N. Pool/Dallas Morning News (u), 95 NOAA (o) , Warren Faidley (u), 96/97 Alain Nogues/Corbis Sygma, 98 Stapleton Collection, 99 Gustavo Tomsich (o), Patrick Ward (u), 100 Alinari Archives (o), Bryan Knox; Papilio (u), 101 Dave Bartruff, 102 Corbis, 103 Corbis (o u. u), 104 Hulton-Deutsch Collection, 105 Patrick Johns (u), 106/107 Corbis, 108 David Woods (u), 109 Arthur Rothstein, 110 Alain Nogues/Sygma (o), M. ou Me. Desjeux, Bernard (u), 111 Alain Nogues/Corbis Sygma, 112/113 Alain Nogues/Corbis Sygma, 114 Patrick Robert/Sygma (o), Henri Bureau/Sygma (u), 115 Bob Krist, 116 William Campbell/Sygma (o), Remi Benali (u), 117 Michel Philippot/Sygma, 118/119 Corbis, 120 Bettmann, 121 CDC/PHIL (o), Bettmann (u), 122 Bettmann, 123 Corbis, 124 Nicole Duplaix, 125 Corbis (o), Nicole Duplaix (u), 126 Corbis, 127 Gordon R. Gainer (o), Lester V. Bergman (u), 128 Bettmann (o), Corbis (u), 129 Corbis Sygma (o), Penny Tweedie (u),

130 Jeremy Horner, 131 Earl & Nazima Kowall (o), Michael T. Sedam (u), 132 Paul A. Souders (o u. u), 133 Michael T. Sedam, 134 Bettmann, 135 Bettmann (o), Hulton-Deutsch Collection (u), 136 Tim Page, 137 Bettmann (gr), Hulton-Deutsch Collection (kl), 138 Jon Jones/Sygma, 139 Bettmann (r u. l), 140 Bettmann (o), Peter Turnley (u), 141 David Turnley, 142 Corbis, 143 Lan Shu Wing/Next Photo/Corbis Sygma (o), Howard Sochurek (u), 144 Bettmann, 145 Wally McNamee (o), 146 CDC/PHIL, 147 Michael Freeman (o), Jehad Nga (u), 148 Anna Clopet (o), Tarmizy Harva/Reuters (u), 149 Hulton-Deutsch Collection, 150 Gideon Mendel/ActionAid, 151 Louise Gubb/Corbis Saba (o u. u), 152 Gideon Mendel (o), Peter Turnley (u), 153 Michael Freeman, 154 Gideon Mendel (o), Karen Kasmauski (u), 155 Lee Snider/Photo Images, 156 Bettmann, 157 Bettmann (o u. u), 158 Bettmann, 159 Bettmann (r), Lester V. Bergman (l), 160/161 Reuters, 162/163 Hulton-Deutsch Collection, 163 Bettmann (kl), 164 Bettmann, 165 Bettmann (o u. u), 166/167 Hulton-Deutsch Collection, 167 Hulton-Deutsch Collection (u), 168/169 Hulton-Deutsch Collection, 168 Underwood & Underwood (o), 169 Reuters, 172 Hulton-Deutsch Collection (o), 174/175 Bettmann, 174 Corbis (l), 175 Bettmann (o), 175 Corbis (u), 176 Bettmann (o u. u), 177 Bettmann, 179 Bryn Colton/Assignments Photographers, 180 Bryn Colton/Assignments Photographers, 181 Reuters (o u. u), 182 Reuters (o), Corbis Sygma (u), 183 Bernard Bisson/Corbis Sygma, 184 Issey Kato/Reuters, 185 Tokyo Shimbun/Corbis Sygma (o), 185 (u), 186 Corbis Sygma (gr), Nichinichi/Shimbun/Corbis Sygma (u), 187 Hulton-Deutsch Collection, 188 Sean Adair/Reuters, 189 Reuters (o), Ron Sachs/CNP (u), 190 Reuters, 191 Reuters, 192 Peter Turnley, 193 Peter Turnley, 194/195 Neville Elder, 196 Pablo Torres Guerrero/El Pais/Reuters, 197 Andrea Comas/Reuters (o u. u), 198 Dusko Despotovic, 199 Vincent West/Reuters (l), Carlos Dominguez (r), 200 Sion Touhig, 201 David Parry/Newscast/Handout/Reuters (o), Mian Khursheed/Reuters (u), 202 Dylan Martinez/Reuters (o), Toby Melville/Reuters (u), 204/205 Group of Survivors, 206/207 Bettmann, 206 Corbis, 207 Bettmann (o), Underwood & Underwood (u), 208/209 Bettmann, 208 (o), 209 Bettmann (o u. u), 210/211 Bettmann, 210 Underwood & Underwood, 211 Bettmann (o u. u), 212 Bettmann, 213 Bettmann (o u. u), 214 Group of Survivors, 215 Group of Survivors (o), Bettmann (u), 216 Group of Survivors, 217 Group of Survivors (gr), Reuters/Max Montecinos (kl), 218 Hulton-Deutsch Collection, 221 George Hall (o), 222 Roger Ressmeyer, 223 Corbis (gr), Bettmann (u), 224 Corbis, 225 NASA (kl), Bettmann (u), 226 Corbis Sygma, 227 Vanderplas Ton/Corbis Sygma, 228 Patrick Robert/Sygma, 229 De Telegraaf/Corbis Sygma, 230 Buzz Pictures/Corbis Sygma, 231 Langevin Jacques/Corbis Sygma (o), Cardinale Stephane/Corbis Sygma (u), 232 Reuters (o), 232/233 Bisson Bernard/ Corbis Sygma (u), 233 Orban Thierry/ Corbis Sygma (o), 234/235 Robert McCullough/Dallas Morning News, 234 Mark M. Lawrence (l), 235 Brooks Kraft (o), 236 Reuters (o u. u), 237 Brad Loper/Dallas Morning News (r), Bob Daemmrich (l), 238/239 Vauthey Pierre/ Corbis Sygma, 240 Corbis, 241 Sophie Elbaz/Sygma (o), Historical Picture Archive (u), 242 Louie Psihoyos (o), Bettmann (u), 243 Corbis, 244 Bettmann, 245 Bettmann (o), 246 Underwood & Underwood (o), 247 Bettmann, 248 Ralph White, 249 Bettmann, 252 Bettmann, 253 Underwood & Underwood (o), 254 Bettmann, 255 Vauthey Pierre/Corbis Sygma (o), 255 Corbis (u), 256 Bettmann, 257 Alain DeJean/Sygma (o), Martin Harvey (u), 258 Reuters, 259 Reuters, 260 Reuters (o u. u), 261 Jacques Langevin/ Corbis Sygma, 263 Epix/ Corbis Sygma (o), 264 Corbis Sygma (o), Il Talehti/ Corbis Sygma (u), 265 Corbis Sygma (u), 266 Trh Pictures Bradle/ Corbis Sygma, 267 Corbis Sygma (o), Reuters (u), 268 Reuters, 269 Reuters (o), Tutov Yuri/ Corbis Sygma (u), 270/271 Bettmann, 272 Hulton-Deutsch Collection, 273 Bettmann (o l), Hulton-Deutsch Collection (o r), Hulton-Deutsch Collection (u), 274/275 Hulton-Deutsch Collection, 275 Angelo Hornak (o), Colin Garratt; Milepost 92 1/2 (u), 276 Corbis (o u. u) 277 Corbis, 278 Bettmann, 279 Corbis, 280 Corbis, 281 Corbis (o), Bettmann (u), 282 Jack Fields, 283 (o u. u), 290/291 Hulton-Deutsch Collection, 292 Tom Pietrasik, 293 Alain Nogues/Corbis Sygma, 294 Raj Patidar/Reuters, 295 Reuters (o), Pallava Bagla (u), 296 Igor Kostin/Sygma, 297 Igor Kostin/Sygma (o), 297 Corbis (u), 298 Igor Kostin/Sygma (o u. u), 299 Igor Kostin/ Sygma (o u. u), 300 Jacques Pavlovsky/Sygma, 300/301 Charles E. Rotkin, 302/303 Charles E. Rotkin, 302 Jacques Pavlovsky/Sygma, 303 Reuters (o), Frank Lukasseck/zefa (u), 304 Règis Bossu/Sygma, Règis Bossu/Sygma (u), 306 Règis Bossu/Sygma, 307 Règis Bossu/Sygma (o u. u), 308 Reuters, 309 Grazia Neri/Corbis Sygma, 310 Ruet Stephane/Corbis Sygma (o u. u), 311 Sestini/ Grazia Neri/Corbis Sygma, 312 Hertfordshire Police/Handout/Reuters, 313 Chiltern Air Support Unit/Handout/Reuters (o), Stefan Rousseau/PA/WPA Pool/Reuters (u)

Diederichs, Uwe: 305 (o)

DRK-Archiv: 282, 283 (o), 284, 285

Fillery, Burga: 31 (o), 76 (l), 83 (u), 166 (u), 203, 265 (o)

Getty Images: 4 Ernst Haas/Hulton Archive (l), 10/11 Ernst Haas/Hulton Archive, 42 Keystone/Hulton Archive (o), 43 China Photos, 52 Nicolas Asfouri/AFP, 53 Miguel Riopa/AFP (o u. u), 54 Miguel Riopa/AFP, 55 David McNew (o), Miguel Riopa/AFP (u), 63 Howard Sochurek/Time Life Pictures, 64 Keystone, 65 Howard Sochurek/Time Life Pictures (o), 67 Keystone (r), 69 David Lees/Time Life Pictures, 76 Keystone (r), 77 Keystone/Hulton Archive, 78 Hulton Archive (o), 93 (u) Carlos Barria-Pool, 94 Marianne Todd, 105 Illustrated London News /Hulton Archive (o), 145 Martha Fein (u), 170 Keystone(l), 170/171 Hugo Jaeger/Timepix/Time Life Pictures, 171 Harrison/Topical Press Agency/Hulton Archive, 172/173 Harrison/Topical Press Agency/Hulton Archive, 173 London Express (u), 178 Keystone, 218/219 CORR/AFP, 219 CORR/AFP, 206 Central Press, 221 CORR/AFP (u), 245 HultonArchive/Illustrated London News (u), 246/247 HultonArchive/Illustrated London News (u), 250 Time Life Pictures/Mansell, 251 Hulton Archive (o), Time Life Pictures/Mansell (u), 253 Hulton Archive (u), 262 Jaacko Avikainen/AFP, 263 Kimmo Mantyla/AFP (u), 288 Dick Swanson//Time Life Pictures, 289 AFP (o), Hoang Dinh Nam/AFP (u), 291 STF/AFP (u)

Register

Vorsatz:
Der Terrorangriff auf das World Trade Center, 9.11.2001
© Reuters/Corbis

Queen Street House
4 Queen Street
Bath BA1 1 HE, UK

Producing:ditter.projektagentur GmbH
Projektkoordination:Irina Ditter-Hilkens

Texte:
HerbertGenzmer:8–57,84–97,106–113,118–119,160–165,
174–187,204–205,210–213,222–225,230–253,270–271,
276–283,292–295
Sybille Kershner:98–101,114–117,120–141,146–159
Christian Schütz:58–83,102–105,142–145,166–173,
188–203,206–209,214–221,226–229,254–269,272–275,
284–291,296–313

Lektorat:Ulrike Kraus
Bildredaktion:Claudia Bettray
Design und Satz:Claudio Martinez
Lithografie:Klaussner Medien Service GmbH

ISBN: 978-1-4454-3914-3

Printed in China